剩餘價值與價值剩餘

——資本論批判

張春津 著

蘭臺出版社

國家圖書館出版品預行編目資料

剩餘價值與價值剩餘／張春津 著 -初版-
臺北市：蘭臺出版社 2013.5
15*21公分　含參考書目
ISBN：978-986-6231-61-2（平裝）
1.資本主義 2.剩餘價值
550.187　　　102008338

經濟學研究叢刊 1

剩餘價值與價值剩餘──資本論批判

著　　者：張春津
執行主編：郭鎧銘
執行美編：康美珠
封面設計：鄭荷婷
出 版 者：蘭臺出版社
地　　址：臺北市中正區重慶南路1段121號8樓之14
電　　話：（02）2331-1675　傳真：（02）2382-6225
劃撥賬號：18995335　　　戶名：蘭臺出版社
網路書店：http://store.pchome.com.tw/yesbooks/
　　　　　博客來網路書店、華文網路書店、三民書局
E - m a i l：books5w@gmail.com 或 books5w@yahoo.com.tw
總 經 銷：成信文化事業有限公司
香港總代理：香港聯合零售有限公司
地　　址：香港新界大蒲汀麗路36號中華商務印書館大樓
電　　話：（852）2150-2100　傳真：（852）2356-0735
出版日期：2013年5月初版
定　　價：新臺幣880元
ISBN：978-986-6231-61-2

作者與著名學者、教育家、天津理工大學經濟與文化
研究所原所長、特聘教授、天津文史研究館館員李正中合影

「理論只要說服人，就能掌握群眾；而理論只要徹底，就能說服人。所謂徹底，就是抓住事物的根本。但人的根本是人本身。」

—— 卡爾・馬克思

（《黑格爾法哲學批判》導言。
《馬克思恩格斯選集》第1卷，人民出版社，1972，頁9。）

「不能說服人的理論，就會失去信賴；而群眾只要不真正信服，就說明理論不徹底。所謂不徹底，就是沒有抓住事物的根本。但事物的根本不是單純的『人本身』，而是理論和實踐相統一。」

—— 一個・無名氏

（道聽途說，街談巷議，不知是哪個沒有職稱也沒有學位的老百姓所言。）

到該書不但具有較高的學術價值，而且還具有一定的社會價值。其社會價值就體現在，該書不但從資本運作的基本規律中通過對社會無形虧損的分析，有針對性地提示投資者，關注並有效維護勞動者的權益以保持勞動關係和諧，乃是企業資本運作獲得成功的必要條件之一；該書還從總結出社會財富兩種增長方式及其各自的規律入手，用量化的方式將新的勞動價值量的科學計算方法創建起來，徹底地解決了長期以來人們爭論不休的「勞動價值論」所涉及的難點問題，由此可以使人們正視自己的勞動價值評定，知曉剩餘價值與價值剩餘不同的社會財富的產生過程，以此為基礎，建立起公正的價值觀，形成科學、理性的思想意識，這對緩解潛在的社會矛盾、使人們的經濟思想意識統一到科學的世界觀上來是極為有利的。

此外，中國大陸在改革開放的實踐中所做的、已經被實踐檢驗證實完全做對了的經濟發展戰略，與現今意識形態領域仍緊抱著的傳統政治經濟學理論明顯難以同步，也就是「說的」與「做的」不是一致的，這足以證明大陸的經濟學理論的滯後狀態和虛偽狀態。從最基本的邏輯上講，如果以《資本論》為奠基的傳統政治經濟學理論是絕對正確的話，那麼大陸的改革開放政策就很難站住腳；反之，如果大陸現今大力發展非公有制經濟以及開放資本市場的路線和方針是正確的話，那麼以《資本論》為奠基的傳統政治經濟學理論中的某些觀點就是不合時宜的，不可能出現「二者都對」的二律背反情況。否則的話，那可真是把所有人都搞糊塗了。

總之，錯誤的就應該批判，別管它過去多麼有權威，多麼受人崇拜，有錯必糾，求真務實，實事求是，不能再讓它誤人子弟。而該書對於《資本論》的批判，更是一針見血地道出《資本論》的缺陷和當今大陸在經濟發展中內在的理論隱憂。

只要人們能仔細認真地讀一讀這本書，人們也許會達成一種共識：這是自大陸改革開發以來在經濟學領域學術觀點最具創新意識的一部力作，是具有中國特色的《國富論》；它有可能會在很長的時間裏對包括中國大陸在內的很多國家的經濟政策的制定及其發展的走向產生一定的影響，為發展中國家的經濟發展提供新的理論指導，在統一人們的經濟思想、降低內耗、和諧勞動關係等諸多方面，發揮出積極的作用。

只有理論的創新和發展，社會進步才更有生命力。因為理論雖然來源於實踐，但它高於實踐同時又能反作用於實踐、指導實踐。創新理論能更好地適應於客觀規律，對實踐的指導作用更強，從而推動實踐活動的層次、質量不斷提高和更新，為社會創造更多的精神財富和物質財富，推動社會的進步和發展。

癸巳年正月於古月齋

啤酒與海鮮

要說 啤酒的味道，乍一喝並不一定覺得有多麼甜美，好像喝了第一口之後還感覺有些淡淡的苦味，可是再喝幾口，細細品味，從中似乎能領略到一種清新、淡爽的口感，過後很容易讓人回想，隱隱約約總是惦記它，令人難忘，甚至能夠讓人上癮。據說，啤酒的營養成分非常豐富，每升啤酒中一般含有50克糖類物質，3.5克蛋白質的水解產物──「一肽」和氨基酸，甚至還有抗衰老物質，這些都是對人體非常有益的。海鮮的味道和營養成分就更不在話下了，說到過去，海鮮絕對不是一般人能吃得起的。

啤酒和海鮮都是好東西，可是我經常聽人說，吃海鮮的同時喝啤酒，過後特別容易痛風發作。當去醫院就診時，醫生往往會叮囑：「海鮮中大量含有一種叫做『嘌呤』的物質，它經過代謝之後會轉化為尿酸，尿酸過多會導致痛風，尤其不要邊吃海鮮邊喝啤酒。」於是，且不管這條飲食搭配禁忌到底有什麼科學道理，但它幾乎人人皆知。

從吃海鮮的同時別喝啤酒的常識中不難弄懂一個道理：一個好東西加上另一個好東西，並不一定等於更好的東西，甚至有可能變成了壞東西。

　　我常常回想過去閱讀《資本論》時的感覺，不由自主
地就會聯想到喝啤酒。那是我於1984年考入南開大學後，專
門學習馬列主義基礎理論。當時所學的課程當中並沒有《資
本論》，但我好奇，課餘時間非要自己讀一讀。說實話，讀
《資本論》真的不是一件快樂的差事，就如同初次喝啤酒感
覺有些淡淡的苦味一樣，沒有多少吸引力，完全是在「半強
迫」的狀態下「生吞活咽」。若是沒有點耐心，恐怕很難能
夠堅持讀下去。但是一旦帶著種種疑惑和問題深入進去，越
讀就越有興趣，也同喝啤酒一樣多少有點上癮。我讀《資本
論》的體會是，在19世紀那個特定的歷史時代和特定的空間
地域，《資本論》絕對是好東西，正是這部驚世之作喚醒了
天下的勞苦大眾，也正是這部警世之作同時也拯救了資本主
義。

　　我在南開大學學習期間，除了自學《資本論》以外，
還閱讀了包括西方經濟學理論在內的很多書，尤其是中國歷
史和傳統文化，從古代，到近代，再到現代，從《論語》，
到《毛澤東選集》，我發現中國歷史文化中有很多的精華值
得繼承和發揚，學了之後獲益匪淺，就如同吃了海鮮不但解
饞而且還補養身體一樣。我學習中國傳統文化以及「最高指
示」的體會是，在延續了幾千年封建歷史的那個特定的歷史
時代和特定的空間地域，《論語》等絕對都是好東西，正是
這些大作讓中國的勞苦大眾一輩又一輩地安分守己，多苦多
累毫無怨言，也正是這些大作讓多少個王朝曾經實現過社會
和諧，哪怕是一時的繁榮。

　　然而，就如同吃海鮮時喝啤酒一樣，在中華人民共和國成立之後的經濟建設中，將《資本論》的精髓與中國傳統文化結合起來，結果是什麼呢？中國大陸在長達數十年的時間裏痛風發作，雖然還沒有發展到不治之症的地步，但已經是骨瘦如柴了。為什麼在中華人民共和國成立之前，《資本論》的精髓與中國傳統文化結合起來會有那麼大的魔力？那是因為在「血與火」的戰場上，容不得人們理性地去思辨，只要能將人們的激情調動起來就萬事大吉。而在經濟建設的「商場」上，每個人都會不由自主、瞻前顧後地精打細算，別說是犧牲性命，就是讓他們幹虧本的買賣都難以奏效。若不是鄧小平放開膽子大刀闊斧地進行改革（儘管這種改革並不徹底，它只是撇開了《資本論》的桎梏，不再被它所誤導），現在的中國大陸還不定是個什麼窮相呢！正是將《資本論》完全拋之一邊地進行改革開放，使中國的經濟建設自此之後就有了明顯的起色。

　　不僅是中國，其它那些所謂的社會主義國家也是如此。有些所謂的社會主義國家一開始對中國大陸的改革還耿耿於懷，認為中國大陸已經「變修」了；而如今他們都不得不承認，在搞經濟建設上，只吃海鮮不喝啤酒的政策，要比吃海鮮的同時又喝啤酒的政策絕對是高明的。

　　如今，我覺得我們只是停留在實踐中「吃海鮮時不再喝啤酒」的水平上是不夠的，我們更應該進一步地分析啤酒的質量以及它同海鮮一起吃為什麼會產生副作用的內在機理，對啤酒可能會給人們帶來的誤導和侵害進行批判，目的就是

要人們對「飲食搭配禁忌」從感性認識上升到理性認識。

在本書中，我不但創立了社會財富增長方式的新理論——社會成本經濟學原理，而且還對《資本論》中的很多論述都進行了批判，其主要原因有三個：

第一，《資本論》偏重倡導的「公有制」，就資本主義發展初期所顯現出來的過分私有化的社會病態傾向而言，它絕對是應能起到校正作用的良方。但是，它無意中與中國傳統文化中人們慣用的「無為」、「平凡」、「仇富」的思維方式結合在一起，便變成了「大鍋飯」的代名詞，尤其是它的「均貧富」的思想體系，不但扼殺了投資者、企業家的創業熱情，泯滅了人們追求財富享受富裕生活的天然人性，而且還束縛了人們創新進取的動力，也就徹底地阻礙了社會經濟的正常發展。

第二，《資本論》的思想實質，是用表面上的經濟分析的方法，來達到本質上倡導「鬥爭哲學」的政治目的，就資本主義發展初期所出現的壓迫和剝削的社會病態傾向而言，也絕對是應能起到以毒攻毒作用的良方。但這一以毒攻毒作用的良方，只是在一個特定的歷史時期才能起到積極的作用，是特殊時期的特殊產物，可它具有的極其危險的副作用，卻對社會的長治久安和經濟發展損害無窮。當它無意中與中國傳統文化中人們慣用的「與人鬥其樂無窮」等文化體系結合在一起，便誤導人們將「鬥爭哲學」看成是「常態」，不但破壞了一個國家本應將經濟建設和經濟發展作為主旨的政策策略，而且極大地破壞了社會和諧的局面，使人

性扭曲。中國大陸的「大煉鋼鐵」、「無產階級文化大革命」等等運動，就是在社會實踐中貫徹《資本論》所得到的必然結果。

第三，《資本論》將壓迫和剝削的根源歸結於商品經濟，是從經濟理論上來附和空想社會主義者的論調，是對按需分配的理想社會的嚮往。就資本主義發展初期所表現出來的政府失控、無社會保障的社會病態傾向而言，也絕對是應能起到啟發和引導作用的良方。但是，它的理論體系無意中與中國傳統文化中人們慣用的「皇權」、「治民」、「等級制」的思維方式結合在一起，便成了維護「產品經濟體制」為基礎的封建主義的幫凶。

這是因為，僅從以「平等價值觀」為基礎的經濟學方面而言，中國的傳統理論，不管是儒家學說，還是道家學說，包括法家等學說也在內，本質上都是「君家學說」。由孔夫子到孟子，再到董仲舒，很多中國古代的思想家都有不少可圈可點的精華，但遺憾的是，由於歷史的局限性，他們都是「產品經濟體制」的維護者。「產品經濟體制」培養的是「等級的價值觀」。「商品經濟體制」培養的是「平等的價值觀」，在孔孟之道蔑視商品經濟的傳統文化薰陶下，又在《資本論》錯把商品經濟當作「資本主義」批得沒頭沒腦的現代文化的引導下，中國大陸的經濟發展之路在20世紀80年代以前始終就沒有脫離開「產品經濟體制」。很多人可能都不是很清楚，這種「產品經濟體制」雖然並不等同於封建主義，但它最大的特徵是靠「權力」來貫徹實施的。一旦人們

與「權力的產生無緣」，「權力」很快就會變成「特權」。於是，它就最容易滋生並且繁榮封建主義。甚至可以說，在一個經濟發展水平還遠沒有達到資本主義階段的國家裏，「產品經濟體制」就是封建主義滋生的土壤，它們是相輔相成的。

　　本書的寫作雖然最初始於我在南開大學上學期間，但開始僅僅是廣泛地閱讀各種理論書籍和記筆記、寫出疑問和思考。但這個「準備階段」對於我後來的研究和寫作是非常重要的，因為很多的問題和懷疑都是始於這個「準備階段」，而我在讀書學習中所養成的「問題意識」和「懷疑精神」，又都是受益於我下了一定的功夫學習邏輯學。當時我把力量都下在《人權論》一書的寫作上，它於1989年4月由天津人民出版社出版。遺憾的是，該書後被當局查禁。

　　要說本書真正開始動筆，還是應從我自1990年自己投資承包了企業進行資本運作實踐以後算起。2000年我進入天津工人報社之時，這本書的大部分已經全部完成。進入天津工人報社以後，尤其是我所從事的群工部的工作，使我有機會接觸很多上訪的職工和群眾，同時也接觸了很多企業和管理部門，可以更多地傾聽來自不同方向的意見和觀點。這對我的研究和寫作是大有好處的。

　　老實說，我在南開大學所學的專業不是經濟學，是「馬列主義基礎理論」，但我閱讀自學了很多西方經濟學方面的著作，尤其是我在閱讀中有很多思考，提出很多的問題。不但如此，其他同學、同事們不敢思考的我敢思考，他們

不敢提問的我敢提問。只要沒搞明白，非得「打破砂鍋問到底」！

　　不管是哪個門派的經濟理論，在我虛心求學的同時，我絕對不會盲目地迷信它，總是要打上幾個問號，除非它得到了實踐的驗證。尤其是對那些被實踐驗證行不通的理論，管它是什麼主義，我都要指出它的毛病，該駁的駁，該批的批，決不含糊。

　　正因為我從一開始就沒有依附於哪個經濟學門派，沒有教學科目的束縛，沒有教學大綱的限制，更沒有哪個領導指手畫腳地干涉，所以我比那些科班出身、正統地學習過經濟學課程的人更容易保留自己的主見。

　　我自己一直這樣認為，我的研究與寫作，不是跟在某個經濟學派的屁股後面亦步亦趨，而是根據自己的親身實踐，意圖獨自開闢一個新領域，意欲創建一個自成一體的新的經濟理論體系。在此把我心裏的秘密告訴讀者：在研究和寫作中，我對自己提出的嚴格要求是，應盡力使它成為「經典」之作。是否做到了？真心地希望專家、學者和讀者們給出一個公正的評判。

張春津

於天津工人報社

別再回頭
只向前看

「通常，偉大的經濟學家們所留下的思想和理論遺產會為其他大多數經濟學家所接受，並成為經濟學寶庫的一部分，傳播給下一代的學生們。少數幾個經濟學家之所以能夠在歷史上留下自己的印迹，是因為他們敢於越出主流，獨樹一幟，並能夠感召一批學生或追隨者。」

—— [美]史蒂文·普雷斯曼

第1章 困惑引出的探索

1-1 「公說公有理，婆說婆有理」

有的人說財富是資本創造的；有的人說財富是勞動創造的；有的人說土地等自然價值給予了人類恩惠；有的人說人的知識架起了財富的階梯……誰是誰非？讓天下多少經濟學研究者摸不著頭腦！

人類社會財富的總量是從哪裏增長出來的？對此問題，從古至今很多的經濟學家曾從不同的角度作過分析、進行過探討。

從托馬斯・孟和弗朗索瓦・魁奈，到約翰・梅納德・凱恩斯；從亞當・斯密的《國富論》和托馬斯・羅伯特・馬爾薩斯的《人口論》，到卡爾・馬克思的《資本論》；從歐根・馮・龐巴維克、克努特・威克塞爾，到約瑟夫・熊彼特；從瓊・羅賓遜和約翰・肯尼思・加爾布雷斯，到保羅・薩繆爾森……很多經濟學家和經濟學理論都曾用不同的方法企圖找到財富的真正來源，進而找出經濟學的科學依據及其發展的內在規律。他們為人類社會經濟的發展在理論研究上確實都做出過巨大的貢獻。

　　但是，我學來學去，學到了今日，仍爲眾多經濟學家在社會財富的來源問題上爭論不斷而感到困惑。事實上，所有的人都可以看到，各個經濟學派的理論觀點越來越趨向於遠離，分歧越來越大，而不是越來越趨向於集合。有的人說財富是資本創造的；有的人說財富是勞動創造的；有的人說土地等自然價值給予了人類恩惠；有的人說人的知識架起了財富的階梯……誰是誰非？讓天下多少經濟學研究者摸不著頭腦！

　　就同一個議題而言，科學的結論應該只有一個，就如同行星圍繞著太陽公轉一樣，無論過去出現過多少爭論，現在都必須承認這一事實；不管有多少個天文學派，都不得不承認這一科學的結論。如果總是「公說公有理，婆說婆有理」，認識上的差距越來越大了，甚至劃分出「階級」動刀動槍，我只能持懷疑的態度保持警惕，絕對不會盲目地完全輕信任何一種理論，也不會輕易地崇拜或歸順任何一個學派。那種可以被人們稱之爲唯一科學正確的理論，應該是同現實生活完全一致，能夠得到實踐的驗證，能夠指導實踐，並能夠經得住實踐反反覆覆檢驗的理論。

　　我在南開大學上學期間，既系統地學習了馬克思的《資本論》等著作，又學習了西方經濟學理論。兩種截然不同甚至在某些觀點上完全對立、非要拼個你死我活的理論，使我感覺就如同兩支槍口從不同的方向頂在太陽穴上，把我夾在當中，讓我無所適從。

　　然而，我卻不肯向任何一方完全屈服，不願做任何一方無知的俘虜。原因很簡單，他們都沒有徹底地說服我。

1-2 探索中出現的困惑

原始時代、奴隸社會時期以及封建社會的最早期所出現的財富積累的象徵和財富充裕的全盛景象，無不說明人類社會財富的總量在「資本主義」形成之前就一直不斷地在增加，被稱作「剩餘價值」的社會財富始終不斷地被創造出來，它怎麼會是「資本主義」社會所獨有的經濟規律呢？

探索財富的來源問題，就是探索社會財富的總量是如何增長出來的問題，就是探索價值是如何產生的問題。對於《資本論》所總結出來的「剩餘價值理論」，至今沒見到一位西方經濟學家能在《資本論》曾劃定的理論領域裏採取過面對面的有力爭辯，更無法提出一個能讓《資本論》「甘拜下風」的價值理論。不管是西方的宏觀經濟學，還是微觀經濟學，涉及到價值來源即社會財富的總量是從哪裏增長出來的問題時，不是裝聾作啞，就是所問非所答地巧妙繞開這個話題。只有「邊際效用」理論，正面地探討過這個問題，但它完全以人的主觀心理的東西即「邊際需求」來作爲對價值的判斷，就顯得極爲牽強附會。

奧地利的經濟學家弗里德里克‧馮‧維塞爾說：「在需要的任何一個周期中間，同類和等量的財物所帶來的滿足的每一次追加，要被估計得較前一次爲低。」[1]

【1】維塞爾：《自然價值》，商務印書館，1982，頁57。

對此說法，我不以爲然，因爲海洛因作爲一種商品就不是這樣。「滿足的每一次追加」，不但不會「被估計得較前一次爲低」，而且還會被估計得較前一次爲高。

政客對政治權力的追求也是如此：當了區長想當市長；當了市長想當省長；當了省長想當總理。「野心」或者是「志氣」只會越來越大。

投資者對利潤的追求那更是不得了，沒有什麼「飽和點」，甚至在人死後還「死不瞑目」呢！

由此，把需求商品最末一個單位的效用作爲價值標準，怎麼會有剩餘價值出現呢？這是我對西方經濟學所感到的困惑之一。

還有的西方經濟學家認爲，自然資源乃是財富在不斷增加的源泉。乍一看還真使人覺得有道理，但是仔細一琢磨，有些問題就說不通了。地球上的自然資源並非是專爲人類增加財富而存在的，自它生成的那一天起，所有的動物（包括高級動物──人類）在它面前都是享有平等權利的。也就是說，自然資源既是人類的財富，也是其它動物的財富。既然自然資源本身就是財富不斷在增加的根本原因，那麼不管它是誰的財富，是人類的還是其它動物的，它都應該增加才對，不應該只偏愛人類而有親有疏、有薄有厚。

但事實上，自然資源在人類的手中會變成財富不斷積累增加，而在其它動物那裏好像一點作用也不起，甚至連它們自身也被人類歸類到自然資源中爲人類所擺佈。看來，財富的增加固然與自然資源有關，但人類的主動性、社會性因素占據著主導地位。

說到這，是不是以《資本論》爲奠基的「教科書」所總結出來的「剩餘價值理論」是完美無缺的？對此我也同樣有許多困惑。

其一，在「剩餘價值」問題上，「教科書」所下的結論歸根到底只有一條：勞動是一切財富的源泉。我搞不明白，如果沒有任何自然資源，如果所有的動植物都沒有繁衍增殖的自然能力，虛無的太空中只剩下人的「勞動」能有何作爲？它又怎麼能創造剩餘價值？在這一點上，我基本贊同恩格斯的觀點，「其實勞動和自然界一起才是一切財富的源泉，自然界爲勞動提供材料，勞動把材料變爲財富。」【2】然而，在「教科書」的「剩餘價值理論」中，我看不到任何自然界本應有的作用。

其二，假若是勞動獨自創造了財富，這就更使我糊塗了，好像人一生下來就會勞動。如果一個人出生之始根本不會勞動，相反還需要吸取各種有價值的東西逐漸地將一個人培養成勞動者，那麼我看到的事實是：價值首先創造了勞動，其後才是勞動再反過來創造價值。同樣，整個人類的歷史也是如此：當人還不成其爲人——即人類的祖先同動物一樣還「不會勞動」時，是不是人類的祖先所面對的一切都是沒有價值的？人類的祖先由「不會勞動」到「會勞動」，是某種價值創造了勞動，還是「勞動創造了勞動」？在這一點

【2】恩格斯：《自然辯證法》，《馬克思恩格斯選集》第3卷，人民出版社，1972，頁508。

上，我不贊同恩格斯「勞動創造了人本身」【3】的觀點。這是因爲，我們必須首先弄清楚這樣一個問題：「是什麼創造了勞動？」

其三，「教科書」將剩餘價值規律即人類社會財富的總量不斷在增加的規律說成是「資本主義」社會所獨有的基本經濟規律，認爲創造「剩餘價值」的勞動力商品是在封建主義社會後期，在農奴制度瓦解、手工業者分化使一些農民源源不斷地流入城市的過程中逐步形成的。這使我產生歷史被割斷了的感覺，好像原始社會時期、奴隸社會時期、封建社會的前期，社會財富的總量總是靜止不變的，即沒有剩餘價值出現。可是，埃及的古金字塔，中國的萬里長城，以及歐洲荷馬時代【4】希臘人所創造的「完善的鐵器、風箱、手磨、陶工的轤轆、榨油和釀酒、轉爲手工藝的發達的金屬加工、貨車和戰車、用圓木和木板造船、作爲藝術的建築術的萌芽、由設雉堞和炮樓的城牆圍繞起來的城市……」【5】等等原始社會後期、奴隸社會時期以及封建社會的最早期所出現的財富積累的象徵和財富充裕的全盛景象，無不說明人類社會財富的總量在「資本主義」形成之前就一直不斷地在增加，被稱作「剩餘價值」的社會財富始終不斷地被創造出來，它

【3】《自然辯證法》，《馬克思恩格斯選集》第3卷，頁508。

【4】荷馬是希臘古代詩人，在他的詩篇中記述了很多古希臘時期的社會面貌。

【5】恩格斯：《家庭、私有制和國家的起源》。《馬克思恩格斯選集》第4卷，頁22。

怎麼會是「資本主義」社會所獨有的經濟規律呢？難道原始
社會時期、奴隸社會時期、封建社會時期，人類的生產勞動
不創造財富、沒有財富的積累嗎？既然沒有財富的積累，且
不管它被誰占有，那創造資本主義繁榮景象的「資本」是從
哪裏蹦出來的？

1-3 「不入虎穴，焉得虎子」

最虛僞、最缺乏公正的經濟學就是從自己一方的利益出
發而攻擊對立的一方，把經濟學變成「政治學」。如果能夠
從不以維護自己一方利益的立場出發，而是爲了維護真理，
甚至從維護對立一方利益的立場出發，專門揭露和抨擊自己
一方的種種弊端，這才是最可信的經濟學。

非常幸運的是，我從南開大學畢業後曾遇到過一次
「臥底」的機會，「冒名頂替」（個人投資經營
但掛靠集體）地滲入到資本家的陣營中，扮演了一次地地道
道的資本家的角色，從他們那裏，我邊學邊幹邊研究，終於
獲取到有關剩餘價值等一系列問題的重要「情報」。

如果說，「教科書」的鼻祖是在一座圖書館裏苦心研究
並創造出來的話，那麼它最大的不足就是缺少資本運作的親
身實踐。正如美國的經濟學家巴巴拉·R·伯格曼所說的那
樣：「經濟學家必須走入真實社會中去研究經濟實際上是如
何運行的」。她批評那些待在「象牙塔」裏與真實的世界幾
乎沒有聯繫的經濟學家，這些經濟學家是通過內省或者是通
過用政府彙編的數據進行經濟學理論的統計性驗證來研究經

　　不錯，經濟離不開政治，但不能用政治的手段來作爲研究經濟問題的方法。經濟學的出發點應是經濟，而不應該是政治。

　　經濟學家，就其「角色」而言，他應該是一位「裁判員」，而不是一位「運動員」。在經濟領域的「體育比賽」中，經濟學家如果充當一名「運動員」而站在某一方的立場上去攻擊對立的一方，甚至由自己所在的一方制訂「比賽規則」，那顯而易見，這很難做到「公正」二字。因爲在我們看來，對方在「拼搶」中所做出的每一個不友好的舉動，包括企圖欺騙我們的假動作，都會被我們視爲對我們的侵害。只要對方一伸手或一擡腳，我們就可以隨時吹響哨子，判對方犯規，想給個黃牌就給個黃牌，想給個紅牌就給個紅牌，不給對方一點申辯的權利，把對方看作是「階級敵人」，這樣一種經濟領域的「體育比賽」哪裏還有什麼公理可言？這樣的「經濟學家」純粹是政治學家，是「政治軍事家」、「政治鬥爭家」。

　　在成爲一名經濟學家之前，經濟學研究者可以成爲「運動員」，投入到親身的實踐中，既要體驗一方「運動員」的生活，又要體驗另一方「運動員」的生活。當各方的實踐經驗都積累起來以後，脫離開與任何一方建立起來的感情，按市場規律秉公執法，不吹「黑哨」，不偏不倚，主持公道，只有這樣，才能使經濟學徹底擺脫「階級鬥爭」的桎梏，讓經濟成爲經濟，就如同讓體育成爲體育一樣。

　　有道是：「知己知彼，百戰不殆。」「不入虎穴，焉得虎子？」

在資本家的陣營中，從我親自從事市場調查進行項目策劃，到自己籌措資金進行資本運作；從制訂企業內部的管理及分配制度，到研究營銷策略進行市場競爭。摸爬滾打，酸甜苦辣，親身的實踐使我對有關產品、商品、貨幣、利潤和資本等問題有了更全面、更深刻的認識。尤其是在我對職工進行毫無情面的「剝削」實驗中（很多職工被我「剝削」得在20世紀90年代初就購買了摩托車，家中就安裝了電話，甚至有的個別職工月效益工資比我還多好幾倍），在我被捕入獄（關押528天後被宣判無罪）付出慘重的代價之後，終於探索到剩餘價值的真正來源。

對《資本論》中的某些錯誤觀點進行批評並重新探索價值來源即財富來源的問題，其目的並不是要批判什麼主義、宣揚什麼主義，而是要找到財富產生的真正源泉，總結出科學的經濟規律，更重要的是：不管是古今還是中外，所有行業的資本運作和經營活動都保證與它相符，可以用它來指導任何一個國家中任何一個企業的經營實踐；不管是大集團還是小商販，盈利和虧損的原因都可以用它來對照；任何一個想獲得財富的人，都可以從中得到啟發，吸取到科學的經驗。

第2章　剩餘價值與價值剩餘

2-1 剩餘價值的創造

　　產品的單數量的偶然交換並不能創造剩餘價值，它只是把一種價值剩餘轉變成另一種價值剩餘。這是因為，交換雙方的社會產品成本並沒有因為偶然的交換而出現市場化的節省。但是，當某一種產品提高了產量並擴大了市場後，就會出現社會產品成本的節省，由此創造剩餘價值。

所謂的經濟增長，「不單是要注意到生產總值的增長，即實際國民（內）生產總值和國民收入的增長，而且要注意到人均產量的增長」；【8】僅此還不夠，不單是要「按人口平均的實際國民生產總值或國民收入的增長作為衡量的尺度」，【9】而且應該關注到國民財富的人均實際擁有量及其增加或減少的趨勢。國民財富淨值的增加，才準確地體現為經濟增長。因此，經濟增長說的應是人類社會財富

【8】石景雲：《經濟增長與波動》，商務印書館，1997，頁2。

【9】王朗玲、孟慶琳：《西方經濟思想庫》，經濟科學出版社，1997，頁534。

積累的增長。人類社會財富積累的方式應該區分為兩種：一種是剩餘價值的創造，另一種是價值剩餘的創獲。

剩餘價值是從哪裏產生出來的？我們以製作衣櫃為例來進行深入的分析。

如果我自己製造一個衣櫃產品用於自己消費，那麼：買木料、膠、油漆、釘等原材料共花了50元，又購買鋸、刨、鑿等必備的製作工具花了100元，共用了5天勞動時間將衣櫃製作好。假設當時的社會平均勞動力價值是按每日10元計算的話，那麼5天的勞動成本就是50元，合計這個衣櫃的總價值是（50+100+50）200元。就是說，製作這個衣櫃的總投入量是200元，而產出這個衣櫃產品的價值量也是200元，投入量與產出量是相同的。

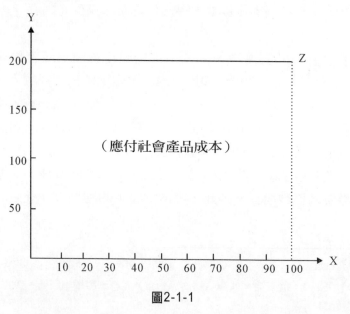

圖2-1-1

假如，一個社會中共有100人，這100人每人都需要一個衣櫃，並且都像我一樣自己投入資金購買原材料和生產工具等，都自己親手製作且衣櫃製成後都用於自己消費，也就是所有的人都自給自足。那麼，整個社會產品成本的總投入量爲：1個衣櫃產品成本200元×100個＝20 000元。

如圖2-1-1所示，Y代表滿足需求成本；X代表滿足社會需求數量（又可稱作市場率）；Z代表應付社會產品成本。

$$Z = X \times Y$$

所謂應付社會產品成本，即是社會中每個成員各自生產相同的一單位產品整個成本投入的連續相加，因此Z線永遠是水平運行的。這樣的社會生產，由於它的總投入量與總產出量是相同的，因此不會有財富的節省，也就不會有財富的剩餘和積累。

現在，我們換一種情況，看看會出現怎樣令人驚奇的結果。

還是這100人的社會，每個人都需要1個衣櫃。這次不同的是，所有採購和生產任務都交由我一個人來完成。這樣我們再來計算一下：

1、買木材、膠、油漆、釘等原材料。原來製作1個衣櫃需花50元，現在要購買製作100個衣櫃的原材料，總計要花5 000元。其計算公式爲：耗費量H_1（5 000元）＝ 單位耗費（50元）× 數量（100個）。

2、耗費勞動力。原來製作1個衣櫃，勞動力耗費量是50元，現在需製作100個衣櫃，勞動力耗費量爲5 000元。其計

算公式爲：耗費量H_2（5 000元）＝ 單位耗費量（50元）×數量（100個）。

由上可看出，購買原材料和耗費勞動力都屬於可變耗費，即：每一種資源的耗費都是隨著產品數量的增加而增加。可變耗費不見得只有原材料和勞動力兩種，其總耗費的計算公式是：

$$H = H_1 + H_2 + H_3 + \cdots\cdots H_N$$

3、買生產工具。原來製作1個衣櫃要花100元，實際上這套工具的使用價值不是只能製作1個衣櫃，而是能夠製作出100個衣櫃它才損耗完。這樣一來，只需買1套工具，共花100元。

經對照可發現，類似購買生產工具這樣的花費（例如購買廠房等）屬於不變耗費，即：在一定量的產品生產中，並不隨產品數量的增加而增加或減少而減少，是較爲固定不變的。不變耗費U也可以有多種，其總耗費的計算公式是：

$$U = U_1 + U_2 + U_3 + \cdots\cdots U_N$$

最後再來計算一下：

可變耗費10 000元（H）＋不變耗費100元（U）＝10 100元。這10 100元即是實付社會商品成本（用S代表），比應付社會產品成本的20 000元降低了9 900元。換句話說，我用10 100元的實付社會商品成本耗費，創造出20 000元的應付社會產品價值，且所有購買衣櫃的人實際並沒有比原先多支付1分錢。這節省的9 900元產品成本的耗費，就是在實付社會商品成本耗費之外所創造的剩餘價值（G）。

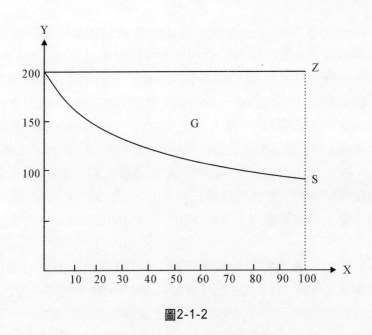

圖2-1-2

　　如圖2-1-2所示，由於集中性生產擴大市場銷售，在保持社會總產出量不變的情況下降低了總投入量，相對地減少了財富（自然資源）的投入，從而出現了財富的節省，形成財富的剩餘和積累。

　　我們的結論是：$S=H+U$；$G=Z-S$。創造剩餘價值較重要的經濟參數公式是U/X；X值（即市場率）越大，創造的G就越多。

　　因此，創造剩餘價值的核心問題是擴大市場率。

　　就可變耗費與不變耗費而言，其中都含有不確定因素，都可以在一定程度上進一步減少耗費。例如，我不想自己生產製作衣櫃，可以用購買勞動力商品的方法雇傭10個工人，

根據他們各自的技術專長，讓他們各自只負責一道生產工序，這樣工資支出就可以實現節省。這是因為，過去每天10元的勞動力耗費量用於1個人製作衣櫃上，要求他凡是與製作衣櫃有關的工種都得會，缺少哪一門技術都不行。而現在，只會鋸的工人雇3人，每人每天工資7元；只會刨、鑿、釘的工人雇4人，每人每天工資8元；只會打磨、油漆的工人雇3人，每人每天工資9元。這樣，雇傭10個工人1天的勞動力耗費量共80元。於是我們就可以計算出，製作100個衣櫃所耗費的勞動力價值總額是（80元×50天）4 000元，比原來節省了1 000元。

另外，在購買原材料上，過去製作1個衣櫃所需的原材料須花運輸費5元，現在製作衣櫃100個，計劃應花運輸費500元，而實際上因集中運輸定會節省運費，可能只需300元就足夠了。此外，批量購買原材料還可在零售價的基礎上享受優惠批發價，按95折計算（即少收貨款5％），又可節省225元。這樣的話，僅H就又減少花費1 425元，使生產製作衣櫃的利潤（即剩餘價值G）由原來的9 900元上升到11 325元。U也是如此，如果所購買的這套生產工具，由原來製作100個衣櫃即損耗完變成可製作200個衣櫃，延長了生產工具的使用壽命，豈不是又實現了新的節省？

一些動物和人類一樣，也具有社會性。但是，只有人類可以獨享經濟所帶來的好處，所有動物都望塵莫及。其主要原因之一是：具有社會性的動物無法在滿足需求的同時降低應付社會產品成本，也就無法創造剩餘價值。

在我們前面所舉的例子中並沒有將這些不確定因素考慮

進來，就已經確確實實地創造出9 900元的剩餘價值；就是說，創造剩餘價值並不依賴於這些不確定因素，使剩餘價值創造的過程不折不扣、準確無誤地體現出來。如果再將這些不確定因素考慮進來，正常的情況下，只可能使剩餘價值增多，不會使剩餘價值減少。

剩餘價值的產生，往往有賴於價值剩餘的出現。但有了價值剩餘，不見得必然會有剩餘價值產生出來，它受到一定條件的制約。這個條件就是市場，就是市場的規模是大還是小。

原始社會的中後期，隨著各個原始公社出現的剩餘產品的增加，尤其是各個原始公社所生產的產品種類的不同，為產品的商品性交換創造了條件。

產品的單數量的偶然交換並不能創造剩餘價值，它只是把一種價值剩餘轉變成另一種價值剩餘。這是因為，交換雙方的社會產品成本並沒有因為偶然的交換而出現市場化的節省。但是，當某一種產品提高了產量並擴大了市場後，尤其是原始公社將自己的產品當成了與其它各個原始公社交換不同產品的「一般近似等價物」的時候，即一種產品供給多個原始公社，就出現了社會產品成本的節省，由此創造出剩餘價值。

譬如，專門從事挖掘鹽礦的原始公社，為採取到鹽所投入的類似生產工具和勞動力價值等社會成本投入，就可以通過鹽的商品性交換而無須其它的原始公社重複投入社會成本即可滿足鹽產品的需求。如果所有的原始公社都必須自己製造生產工具，自己投入勞動力價值，才能獲得鹽的話，那麼

整個人類社會產品成本的投入就必然要加大，也就使剩餘價
值無從產生。

2-2 價值剩餘的創獲

如果某個階級的勞動不能使價值量的消耗少於創獲，甚
至使消耗大於創獲，那麼社會就不會有財富的剩餘和積累，
人們就不會有富裕的生活。因此，簡單低劣的勞動沒有什麼
偉大之處，也就沒有什麼先進性可言。只有提高生產力，才
能在價值創獲量不變的情況下降低對自然價值的消耗，或是
在消耗量不變的情況下提高創獲量，才能獲得更多的價值剩
餘。

價值剩餘是指一生產單位在一定量的產品生產勞動成
本投入中，通過勞動力的產品延伸（即通過創
造發明先進的生產工具、設備等來提高勞動生產力），而使
維持勞動所實際消耗的自然價值量低於本應消耗的自然價值
量，由此在保持自然價值消耗量不變的情況下，相對增加勞
動產品的創獲，使其價值量在價值之內出現剩餘。

譬如，某個農民維持其生存，其半年的糧食消耗最低限
需要60千克。由於當時他的勞動生產力水平低，其半年的勞
動成果正好只能收獲60千克糧食，於是我們就會發現，他的
價值創獲量與消耗量是相同的。這樣一種勞動創獲量與其維
持生存的消耗量相同的狀況，我們稱它為「價值平衡」。一
個人維持其生存以求「價值平衡」所進行的勞動，這樣的勞
動量化，我們把它叫做「必要勞動」。在「必要勞動」內所

進行的勞動，只能保持價值平衡，不能額外創獲價值剩餘。

　　道理很簡單，一邊勞動創獲，一邊消耗一空，沒有財富的剩餘和積累，這樣的「勞動價值論」是一點說服力也沒有的。就是說，在「必要勞動」內所進行的勞動，沒有價值剩餘，更沒有剩餘價值；這樣的勞動，即使人們勞動了，甚至累得死去活來，可仍不會有財富的剩餘。換句話說，勞動能否創獲價值剩餘，並不取決於「勞動」與否本身，而是取決於勞動生產力水平的高低，取決於能否通過不斷創造先進的生產工具和設備而實現勞動力的產品延伸，取決於能否在保持產品創獲量不變的情況下減少對自然價值的消耗，或是在保持自然價值消耗量不變的情況下相對增加勞動產品的創獲量。

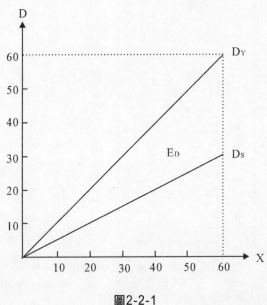

圖2-2-1

　　由此，不管是農民階級的勞動，還是工人階級的勞動，偉大不偉大，並不在於勞動不勞動，而是在於勞動創新及其發展的水平。如果某個階級的勞動不能使價值量的消耗少於創獲，甚至使消耗大於創獲，那麼社會就不會有財富的剩餘和積累，人們就不會有富裕的生活。因此，簡單低劣的勞動沒有什麼偉大之處，也就沒有什麼先進性可言。只有提高生產力，才能在價值創獲量不變的情況下降低對自然價值的消耗，才能獲得更多的價值剩餘。

　　原始社會的早、中期，爲什麼社會經濟發展速度異常遲緩？其原因不是人們不勞動，而是人們的勞動生產力水平低。

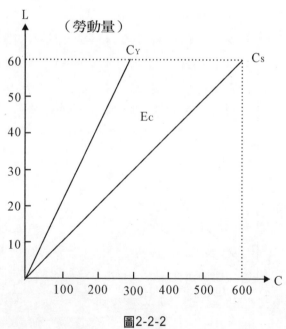

圖2-2-2

　　我們換一種情況看看會出現什麼不同的結果。還是這個人，他苦思冥想地通過腦力勞動生出智慧，創新性地構想出一個耕犁，並且異想天開地把犁拴在牛身上去耕地，代替了以前的木鋤頭，用加大腦力勞動量的方法提高了體力勞動的生產力，在創獲量不變的情況下降低了消耗量，或是在消耗量不變的情況下提高了創獲量。因此，價值剩餘E的創獲區分爲兩種：一是提高創獲量EC；另一是降低消耗量ED。這兩種方式都可以使社會財富增加。如圖2-2-1所示，D代表消耗量，C代表創獲量；DY代表應該消耗量，DS代表實際消耗量。當DS＝DY時，就是一個人的「必要勞動」所能維繫的最低生活保障。可是，同樣還是生產創獲60千克糧食，他只需消耗30千克糧食，從而出現了價值剩餘。

　　這就好比，有同等價值量的某個產品，張三用落後的生產技術須用10天才能製造出來，而李四通過研究創新出一種先進的生產工具，實現了勞動力的產品延伸，他僅用3天就將同樣的產品生產出來。在這裏，李四在研究創新的腦力勞動過程中，用腦力勞動成本投入的價值量替代了另外本應投入7天的體力勞動成本價值量。

　　也就是說，張三和李四他們在不同勞動時間的前提下，其勞動價值量的總投入是相同的，但其結果卻不盡相同：張三的勞動沒有創獲任何財富的剩餘，而李四卻能夠創獲財富的剩餘（ED）。因爲李四所節省的那7天，可以說等於節省了對自然價值的耗費，或者說可以利用節省的這7天從事別的工作和勞動，可以由此創獲更多的價值剩餘。甚至於，李四所創新出的這種先進的生產工具，所有使用它的人都能實現

社會性的節省，所有個人或社會所實現的節省，都是李四腦力勞動帶來的「剩餘勞動」，是創獲價值剩餘的源泉之一。

用一公式表示：ED=DS＜DY。

意思是價值剩餘ED等於實際消耗量小於應該消耗量。

另一公式是：EC=CS＞CY。

意思是價值剩餘EC等於實際創獲量大於應該創獲量。

舉例說，水稻本身的產量若為每畝300千克，但通過人的（腦力勞動）科學研究和科學耕種，還是這畝地，也還是付出基本相同的體力勞動，其產量可以翻一番達到600千克甚至更多，這樣一種使自然價值量增加的創獲過程，可以使財富增加。

以上所舉的例子，從社會成本的意義上說，李四的腦力勞動（精神或知識）價值量替代了一大部分體力勞動（對物質的消耗）價值量，在價值創獲總量不變的情況下，通過實現勞動力的產品延伸降低對自然價值的耗費而達到節省資源的目的，這就是價值剩餘的基本原理。創獲價值剩餘的核心問題是提高生產力。提高生產力最重要的問題是如何通過腦力勞動的發明、發現和創造，創新出可供社會滿足需求的新產品或新的生產工具以實現勞動力的產品延伸，在創獲新價值的同時減少對自然資源的耗費。

同樣是勞動，從其能否創獲價值剩餘的本質上說，本是可以區分出高與低、貴與賤來的。當一個人或一個社會DY=DS或CS=CY時，就是勞動價值低賤的時候；當DS＜DY或CS＞CY時，其間的差距越大，這樣的勞動價值就越高貴。

同時，勞動能否創獲價值剩餘，應該以動態的完整過程

來加以考核，並不是以某一次勞動過程或某一階段勞動成果來作體現。這是因爲，今天創獲了價值剩餘，並不意味著明天仍能創獲價值剩餘；前一階段獲得了勞動成果也並不意味著後一階段也肯定能獲得勞動成果。過去創獲的價值剩餘用於補充現在的日常所需，有可能將過去積累起來的財富又全部耗費一空。因此，能否創獲價值剩餘，不該靜止地考核某一天或某一段的勞動過程，而是應動態地考核全部過程。

針對不同的人，DS=DY或CS=CY是因人而異的，不會完全相同。一個體重100千克的強勞力一天的飯量可能最低要達到1千克，那麼他每天勞動創獲量就不能低於1千克糧食才能維持他的生存。另一個體重只有50千克的弱勞力一天的飯量僅需0.5千克，那麼他每天勞動創獲量就不能低於0.5千克糧食。前者DS和DY 都是1千克，後者DS和DY都是0.5千克，差了整整一倍。社會性的DS和DY，就是按照社會人口的總和所計算出來的總數值除以人口數量所得出來的平均數。

所謂的必要勞動，它是指一個人的勞動成果剛好只能滿足自己的生存需要，不能再多也不能再少，使勞動的總投入與勞動的總成本正好持平，相互抵消。如果勞動成果多了，那就會出現價值剩餘；如果勞動成果少了，這個人就會餓死。因此，必要勞動說的就是生存上的必要，而不是時間上的「必要」。這是因爲，原始人從早幹到晚，甚至沒黑沒白，累死累活，卻有時連生存都無法保障。如果我們給原始人規定出什麼「必要勞動」和「剩餘勞動」，實在是沒有意義。因爲所有的勞動時間都用上，別說仍然見不到什麼剩餘產品，甚至還餓得慌。其原因很簡單，當時的生產力水平

低，低得不成樣子。

如果我們非要將勞動與時間掛上鉤，那麼，在生產力水平低的時代，其必要勞動的時間就長；在生產力水平高的時代，其必要勞動的時間就短。正如馬克思所說，「勞動生產力越高，生產一種物品所需要的勞動時間就越少……相反地，勞動生產力越低，生產一種物品的必要勞動時間就越多」。低劣的勞動儘管持續的時間長，但其勞動的質量仍然是差的，可是延長了勞動時間的結果是：加大了勞動耗費，因為每天都要吃飯。為了使勞動達到一定的質量——滿足生存的最起碼的質量，低水平的勞動就不得不用延長時間的辦法來彌補，有時延長了勞動時間都不管用。由於傳統理論認為「商品的價值量是由體現在商品中的勞動量來決定的」，勞動本身的量「是由勞動的持續時間來計量的」，而勞動時間「又用一定的時間單位如小時、日等作為尺度」，【10】從來不管維持這種勞動所必須進行的投入是多少，就使得社會勞動成本問題被忽略。

道理很簡單，如果一邊勞動創獲，一邊消耗一空，就沒有財富的剩餘和積累，這樣的「勞動價值論」是缺乏說服力的。就是說，勞動能否創獲價值剩餘，它並不取決於「勞動」與否本身，而是取決於勞動生產力水平的高低，取決於能否通過不斷創造先進的生產工具和設備來實現勞動力的產品延伸，取決於能否在保持產品創獲量不變的情況下減少對自然價值的消耗，或是在保持自然價值消耗量不變的情況下

【10】蔣學模主編：《政治經濟學教材》，上海人民出版社，1983，頁27。

相對增加勞動產品的創獲量。

　　一些涉及知識經濟的著作中雖然沒有直接提到「價值剩餘」這一概念，但它們都從不同的側面間接地或直接地談到精神價值量的獨特作用，應該說是值得稱道的。僅就勞動力的產品延伸問題而言，物質價值量可以決定精神價值量，精神價值量也能反過來決定物質價值量，尤其是從哲學領域延伸到社會科學、經濟科學領域的時候，後者的地位更不能忽視。

2-3 互為條件、缺一不可

　　創獲價值剩餘的能力越高，那麼它所能生產的產品就肯定越複雜、越不容易製造。越複雜、越不容易製造的產品，在產品生產和市場銷售中，它的應付社會產品成本與實付社會商品成本之間就會出現較大的價值差距，這樣的產品製造和市場銷售會帶來更多的剩餘價值。

　　回顧人類社會歷史，我們會很容易地發現，越古老的年代，經濟發展的速度就越慢，這究竟是何原因？

　　原始社會時期，生產工具極其簡陋，生產力水平低下。雖然有了一些產品剩餘，但財富的積累非常有限，經濟發展的速度非常緩慢。在價值剩餘的創獲中，由於勞動總投入量（主要是腦力的創新勞動）不足導致勞動力的產品延伸緩慢，使得價值的消耗在價值的創造和創獲中並未相對出現大幅度的下降。與此同時，原始社會產品的「公有制」分配制

度，以及氏族部落之間的閉塞狀態，限制了商品性交換，影響了市場交易，也就直接阻礙了剩餘價值的創造。因此，人類社會歷史的早期，創獲價值剩餘的能力和創造剩餘價值的水平同樣低下。

從奴隸社會發展到封建社會，各個氏族部落之間原來封閉的柵欄被逐漸打開了，國家的統治地域擴大了。在一個完整的國家地域之內，市場的繁榮景象到處可見，商品性交換已異常活躍。此歷史階段，市場的發展爲創造剩餘價值提供了條件，但市場的成熟極其單方面的發展並沒有能夠使經濟高速增長，其原因之一就是創獲價值剩餘的潛力未能完全挖掘出來，使得創造剩餘價值的經濟熱點並不多見。因此，人類社會歷史的這一階段，由於創獲價值剩餘的能力受到制約，由此影響了剩餘價值的創造水平。

進入了資本主義社會，經濟飛速發展起來了，其主要原因就是人的創新能力突飛猛進，使創獲價值剩餘的巨大潛力被挖掘出來，爲創造剩餘價值奠定了新的台基。自這一歷史時期始，價值剩餘的創獲能力和剩餘價值的創造水平並駕齊驅，使經濟得到迅猛的發展。

爲了實現經濟快速發展、財富不斷積累的目的，創造剩餘價值與創獲價值剩餘二者之間，雖然它們屬於不同的經濟學概念不能混爲一談，但它們又是互爲條件、缺一不可的。

這是因爲，創獲價值剩餘的能力越低，那麼它所能生產的產品就肯定越簡單、越容易研製，這樣的產品在製作和市場銷售中，它的Z值與S值之間的價值差距就越小，也就會直接影響到在Z值與S值之間商品價格J的定位，最終導致貨

幣剩餘價值的創造力降低。反之，當創獲價值剩餘的能力提高後，在提高勞動成本投入的同時必然會提高產品的科技含量，這樣的產品就越複雜、越不容易研製，它的Z值與S值之間的價值差距就越大，就會為商品價格J的定位騰出較大的空間，就會為創造更多的貨幣剩餘價值提供基礎條件。（注：圖中的K為虧損區域）

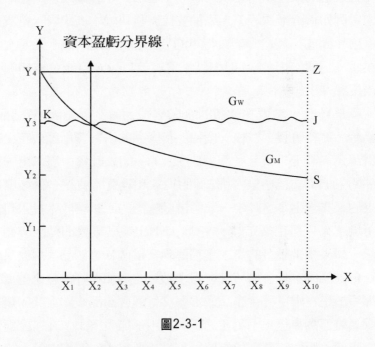

圖2-3-1

我們所說的剩餘價值是由兩部分組成的：貨幣剩餘價值GM和資源剩餘價值Gw。GM產生於資本盈虧分界線之後的S

與J之間；Gw產生於虧損區域之外的Z與J之間。前面我們曾舉過的製作衣櫃的例子，它的價值差距即Z值與S值是非常有限的，其主要原因是：U：U/H ＝1：1（100元：100元）。如果我們對照一下製作自行車產品，就會發現其中的奧秘。

由於自行車是一種較衣櫃而言要複雜得多的產品，為製造這輛自行車所購買的原材料成本可能與衣櫃相差無幾，但是為製造這輛自行車所必須購置的生產工具和設備以及其它的投入（例如購置廠房等），恐怕要比原材料成本高出幾十倍或幾百倍。因此，製造一輛自行車的Y值可能要達到幾千元甚至上萬元。這樣一來，U：U/H就不會等於1：1，可能會是400：1或更懸殊。

為什麼生產電腦軟體的企業發了大財？那是因為電腦軟體產品更難研製，往往一個軟件新產品的研製費用就要花上幾百萬元甚至上千萬元（屬於U投入）。如果社會中需求這一產品的人們都自己研製，那Z值的投入和耗費將會是一個多麼驚人的天文數字？這其中，一個電腦軟體的原材料成本投入可能平均下來只需花幾元錢，使U：U/H出現破天荒的差距。想一想，如果相當數量的需求者都要購買這個軟體商品，那麼實付社會商品成本就會隨著社會需求數量的增加而降得越來越低，那等於是在應付社會產品成本與實付社會商品成本之間，將每個人幾百萬甚至上千萬元的研製費用都節省下來。在這麼懸殊的價值差距中，那剩餘價值豈不是如魚得水，遊刃有餘？人家不賺錢誰賺錢！

由以上分析我們可以作出判斷，剩餘價值的創造和價值剩餘的創獲，早在原始社會的中後期就開始了，只不過其創獲

和創造的水平及速度比不上後來的社會形態。社會越進步，社會經濟發展的速度越來越快，恰恰是同剩餘價值的創造水平和價值剩餘的創獲能力是同步的。因此，我們可以作出結論：社會財富的總量之所以不斷地在增加，是不斷地有剩餘價值被創造出來，是不斷地有價值剩餘被創獲出現。其根本原因是：自給自足式的產品小生產逐漸地發展爲市場化的商品大生產；低附加值的簡單產品逐漸地開發成高附加值的複雜產品；是提高生產力和擴大市場率共同的傑作。

　　資本主義社會的經濟繁榮，並不完全歸功於資本主義的政治制度，而是歸功於它在這個歷史階段能夠創造出高科技產品，歸功於市場化的商品大生產。假若資本主義不研製開發新產品，靠生產「小兒科」的產品過活；假若資本主義羞於見人，閉關自守，把自己束縛在大市場之外，那它連一天的好日子也沒得過！經濟繁榮與否，起決定作用的是產品的水平和市場的規模，資本只不過是「枴棍」。倘若沒有了新產品的市場需求，資本主義再有錢，沒有魚兒的池塘也會使資本的魚餌打水漂。光投入不產出，哪來的經濟繁榮？光消耗不創收，哪來的經濟發展？

　　當然，只遵循價值剩餘的經濟規律而忽視了剩餘價值的經濟規律也是不行的。創獲價值剩餘的能力提高後，主要是將H中的部分價值（系指勞動力——通過腦力勞動）轉換到U中去，使U值增加，並相對使U/H中的H值減少，但它並不能保證擴大市場率。沒有市場，生產力再高，生產出來的產品也只能積壓在倉庫裏，不但不會有剩餘價值創造出來，而且還會造成資本的虧損。如前面所說，擴大市場率就是使U/X公式中的

X值增大，從而使更多的消費者參與分攤U的投入。

現今，我們尤爲重視提高生產力，把它看成是重視科學技術的標誌，這是不全面的。科學技術是第一生產力，科學技術還是最優市場率。企業的管理科學、營銷科學、廣告科學等，都在爲企業擴大市場率提供著科學指導。忽視了擴大市場率這一重要內容，譬如那些在「專利倉庫」中仍在沉睡的發明創造，就無法通過資本運作使社會財富增加，甚至成爲社會無效的勞動，白白耗費了財富。這樣的話，科學技術就等於折了一隻翅膀，經濟的發展與騰飛就會遭受挫折。一句話，生產力與市場率都有賴於科學技術：提高生產力創獲價值剩餘屬於基礎性科技；擴大市場率創造剩餘價值屬於發展性科技。二者互爲條件、缺一不可。

因此，提高生產力和擴大市場率都是科學技術的重要內容，這是不可否認的客觀經濟規律。

2-4 價值剩餘與剩餘價值

剩餘價值與價值剩餘的出現都是節省的功勞；財富的積累和增長，都是首先在實現了大量節省的前提下被創造或創獲出來的。

價值剩餘可以獨立於資本運作圖之外，而剩餘價值則必定是在資本運作之中產生的。

首先，價值剩餘的出現分爲兩種途徑：第一，它是生產者自身通過減少投入增加產出或是通過加大腦力勞動投入量實現勞動力產品延伸增加產出而相對減少投入所實現的

節省。例如某個人研製並使用某種先進的收割機提高了勞動生產力，擴大了收割糧食的面積，減少了體力消耗和對自然資源的損耗。第二，它是非市場化的單一的交換所實現的盈餘。例如某人發明了一種專利（自身如利用屬於無形資產的價值剩餘），其研製費用是1萬元，後以2萬元的價格將專利賣給另一個人。其特徵是，他所取得的貨幣的數額應多於為研製這項專利所投入的數額才能獲得盈餘，創獲價值剩餘，如果得到的數額比當初投入的少，則他即使勞動了也不會獲得價值剩餘，甚至還會給自身帶來虧損。

可見，不管價值剩餘產生的途徑是哪一種，都無法在資本運作圖中標示出來，它是獨立於資本運作圖之外的。主要原因是其經濟賦權所授予的對象只是一人（單位）次。如果某人將其專利分別授權給多個人使用，那麼他所獲得的貨幣既有價值剩餘又有剩餘價值。

其次，剩餘價值必定出自資本運作之中，除此之外沒有其它途徑。如果排除了市場化的前提，靠單一性的交換，其結果是：要麼投資者入不敷出；要麼購買者負債累累；要麼是兩敗俱傷。不管是哪一種結果都不會有剩餘價值產生，帶給我們的只有虧損。

但是，在所有的剩餘價值中，都會有價值剩餘的成分，或是已被成本消化，或是還沒有被成本消化。例如，某企業無償使用了別人發明的專利，但是它並沒有支付一分錢為發明專利者創收價值剩餘，這一本應增加成本支出的價值剩餘在沒有進行成本消化的前提下就參與了資本運作，所以從理論上講，它所創造的剩餘價值之中就包含著價值剩餘。現今

我們的企業所無償使用的所有前人發明的科技成果，很多都未在我們的成本中消化而支出價值剩餘。「劣幣驅逐良幣」現象的「假冒偽劣」商品的生產和銷售，其所獲得的剩餘價值中也包含著本應支付的巨額價值剩餘。所舉的兩個例子都是無償使用了別人的成果，只不過有的是合法的，有的是非法的。

廉價使用勞動力的問題也是如此。勞動者的勞動成果如果本應是1 000元，而投資者只給了500元，那麼在投資者所實現的剩餘價值之中就包含了這500元的價值剩餘。這種價值剩餘有可能是靠投資者「聰明」、勞動者「愚笨」得來的，但它終歸是屬於不勞而獲的一部分。在這裏，關鍵的問題是，如何確定勞動者的勞動成果應該是多少錢？其計算的標準是什麼？以誰計算的標準爲標準？是以投資者計算的標準爲標準，還是以勞動者計算的標準爲標準？這些極易引起爭議的問題，我們放在後面的專題中再進行探討。

綜上所述，剩餘價值與價值剩餘的出現都是節省的功勞；財富的積累和增長，都是首先在實現了大量節省的前提下被創造或創獲出來的。試想，如果一項通過腦力勞動所完成的發明必須人人都重複去做的話，先別說恐怕很多人不管吃多少年的飯也無法完成，就是所有的人都具備這一素質，那他們爲完成這一重複性的工作所消耗的自然資源將會是多麼的巨大呀？好就好在，當某一個人完成了某項科研發明之後，其他人用不著再重複進行大量的投入，或是用極少的報酬獲取到這一成果（例如專利技術），或是直接購買科研成果轉化成的商品，甚至有些科研成果無須支付任何費用也可

免費享用。價值剩餘的創獲，即是他人或社會以有償的方式
使用你的發明成果所支付給你的報酬，這一報酬的數量，必
定是比他們自己投入獨自重新研究這一成果而消費的成本要
少得多，要節省得多。與此相同，剩餘價值也是如此。如果
每個人都自己投入生產設備，生產供自己使用的電話機，那
整個社會的總投入將會是個多長的天文數字？對自然資源的
耗費將會是多麼巨大？正是因爲直接購買商品比自己投入自
給自足地製造產品要節省得多，才會產生出節省的購買動
機，所以商品市場才會越來越繁榮。

　　價值剩餘的經濟規律告訴我們，若使國民富強，首要的
任務是提高國民的素質。提高國民的素質的主要方法，是學
習和教育。而提高國民素質的目的，應是提高國民的創新能
力。所謂學習和教育，是體現在整個社會用「必要勞動」的
代價，換得大量的「剩餘勞動」，其整個過程均以腦力勞動
爲核心。受過專門教育（包括訓練）的人，在他們所接觸的
行業中，都大大地減少了重複性的投入，或是將這必不可少
的投入大大地壓縮了。所謂提高創新能力，是體現在通過深
入研究和探索，在未知的領域中，通過發明、發現，來實現
開拓性的創新工作。每一項創新，都有可能帶來一個經濟增
長點。

　　一個人爲創造發明所消耗的腦力勞動價值，正好是
$CS>CY$ 和 $DS<DY$ 之間的差額。僅就一個個體而言，他所實現
的財富的增加正好是他腦力勞動的價值體現。但是，如果一
個社會中所有的人都能無償地使用這一創造發明，在不用進
行任何重複性投入的前提下，所實現的財富的增加都屬於剩

餘勞動，均是價值的剩餘。這說明，E的「增長」實際上也是「節省」出來的。因爲如果每個人都必須自己重新創造發明，且不說有些人不管再消耗多少財富也創造發明不出來，就算都有這種本事，那社會成本的耗費也是一個驚人的數字。

創新，創新，再創新，很多新的財富都會由它而生。知識就是力量；知識就是價值；知識就是財富。實現價值剩餘最重要的因素之一就是提高生產力；而提高生產力最重要的事情就是重視科技創新。

剩餘價值的經濟規律告訴我們，若使國民富強，就要想方設法地將更多的科研成果和科技發明轉化成會有市場需求的產品，並且盡可能讓更多的人參與消費這一產品。同時，還要更徹底地開放商品市場，讓生產企業和商業企業都能更自由地按照經濟規律去進行資本的運作。

2-5 財富增長的方式和實質

財富增長的方式有兩種：一種是剩餘價值的創造，另一種是價值剩餘的創獲。兩種財富增長的方式及其來源是完全不同、有所區別的。

所謂的經濟增長，它並不是額外生出來的價值量，而是在總的價值量投入與產出、消耗與創獲過程中所出現的節省。「增長」是相對的增長，是相對產出量不變的情況下減少投入或在創獲量不變的情況下降低消耗而出現的價值量的節省。與其說增長，不如直接說節省。

人類社會財富的總量在不斷增長，這是有目共睹、顯而易見的。但是，財富究竟是怎樣增長出來的？財富的增長方式有幾種？財富的增長有否規律性？財富增長的經濟規律對於一個企業、一個國家的經濟發展能夠起到哪些指導作用？在所有的經濟學問題中，有關財富增長的規律問題應是最首要的問題。

人類社會財富的總量一直在增長著，其增長的方式區分為兩種：一種是剩餘價值的創造，另一種是價值剩餘的創獲。兩種財富增長的方式及其來源是完全不同、有所區別的。

剩餘價值：它是貨幣資本在滿足市場產品的需求中運作，靠集中性的生產和科學管理擴大市場銷售，以此來降低實付社會商品成本，在商品成本價值之外所創造的財富。創造剩餘價值的核心問題是擴大市場率。

價值剩餘：它是人的勞動在科學技術的創新中，通過實現勞動力的產品延伸，尤其是通過腦力勞動發明創造而提高勞動生產力，即相對地降低了人對自然價值消耗的成本，在產品價值內創獲的財富。創獲價值剩餘的核心問題是提高生產力。

由於剩餘價值是在商品成本價值之外所創造的財富，是相對產出量不變的情況下減少投入所增加的「新價值」，故我們將它稱作剩餘價值。而價值剩餘是在產品價值之內所創獲的財富，是以加大勞動（主要是腦力勞動）成本投入而相對地降低對自然價值的消耗所增加的「老價值」，故我們將它稱作價值剩餘。

增加的「新價值」和「老價值」，並不是額外生出的價值量，它們的出現都是有前提的。價值剩餘是在加大勞動成本投入的同時而相對地降低人類社會對自然價值的消耗；剩餘價值是在降低實付社會商品成本的同時相對地實現應付社會產品成本的剩餘，它的所謂的「新價值」雖然是在商品成本價值之外創造的，但它們在應付社會產品成本所實現的節省剩餘之中，這是我們必須首先弄清楚的一個非常重要的問題。

通常我們習慣將社會財富的增加說成是經濟增長，好像是原本不該有的卻額外生了出來，這就不得不使很多的經濟學家煞費苦心地尋找財富增加的源泉，用以解釋經濟增長的原因。其實，所謂的「增長」，它並不是額外生出來的價值量，而是在總的價值量投入與產出過程中所出現的節省，「增長」只是相對的增長，是相對產出量不變的情況下減少投入，或在創獲量不變的情況下降低消耗而出現的價值量的節省。因此，「增長」的實際上是節省的。就經濟學而言，與其說「增長」，不如直接說節省。如果我們已經習慣用「增長」來表述社會財富的增加，那麼現在應該達成這樣一個共識：說「增長」就是說節省。

財富的節省自然會出現財富的剩餘，不斷有財富的剩餘當然就會形成財富的積累，這就是人類社會財富的總量不斷在增加的原因所在。但是，剩餘價值與價值剩餘是兩個完全不同的經濟學概念；研究經濟學，絕對不能把這兩個概念弄混了。一些經濟學理論之所以缺乏說服力，其原因之一，就是沒有將剩餘價值與價值剩餘這兩個有區別的、非常重要的

經濟學概念區別開且弄明白。

2-6 重複性投入的利與弊

　　每一種新的產品或新的服務形式最初都是從U/X起步的。但隨著時間的推移，U/X中的U慢慢地就會由單數變成複數，可能會是2U、3U、4U……甚至是20U、30U、40U。

由資本運作圖表中所體現出來的重要的經濟參考公式U/X，是以在整個社會需求中只有一個廠商生產經營為前提的。這樣的一種投入，即社會中每一種產品的生產投入只限於一個廠商來進行，它所獲得的利潤空間肯定是最大的，也肯定是資源投入得最少的。然而，它的最大的弊端是會導致壟斷，壟斷下所形成的高利潤還會形成「貨幣腫瘤」，阻礙社會經濟的發展。所謂的「貨幣腫瘤」是指新增加的社會財富以貨幣的形式過於集中在少數人手裏，其數量遠遠地超過了他們的最大限度的消費水平，且又不能形成新的投資，更沒有金融機構「替代投資」，於是，這些貨幣就會阻礙正常的流通，在經濟領域內形成「病變體」，最終極可能會轉變成「惡性腫瘤」危及整個社會經濟。對此問題，我們在本書的後面再進行詳述。

　　每一種新的產品或新的服務形式最初都是從U/X起步的。但隨著時間的推移，U/X中的U慢慢地就會由單數變成複數，可能會是2U、3U、4U……甚至是20U、30U、40U。譬如一座城市中會興建很多的飯店、賓館。它的直接後果就是：U前面的數字（即投資生產同一產品的廠商）越多，重複

性的投入就越多；重複性的投入越多，就意味著參與瓜分X的廠商就越多，每個廠商所能平均分攤到手的市場份額就越少。然而，雖然市場份額少了，但卻能刺激競爭，促使廠商增強質量意識、創新意識和服務意識，有效地控制住暴利行為，化解「貨幣腫瘤」，有利於擴大消費。不過，一旦經濟過熱，出現過度的惡性競爭，則結果是使各個廠商都面臨虧損的危險，這對社會財富的增長是不利的。

對於一個廠商而言，它應該想方設法使自己的產品獨享市場，實現壟斷。而其它廠商則肯定會想方設法搶市場份額，打破這種壟斷。從經濟延伸到軍事戰略，當初美國為了研製原子彈所投入的資金肯定不是個小數，當然希望能夠獨享這一高科技，但後來的蘇聯、中國、法國、英國等等很多國家都曾重複性地投入資金，研製原子彈的製造技術，整個人類社會為此浪費了多少資源和財富？只有天曉得！正因為它是一種威力巨大的戰爭武器，因此至今尚未掌握核技術的國家可能都不惜財力地暗地裏研製開發，還將浪費更多的資源和財富。當原子彈由「單極」轉變為「多極」之後，殘酷的競爭使蘇聯因經濟「虧損」和政治動盪而解體。市場份額分配得雖然不算公平，但總算形成了核平衡。可是，麻煩就麻煩在，原子彈這種特殊的產品，X值應該說不算小，但「廠商」絕對不敢供應，因為這種產品在消費的時候，它是要毀滅大量財富包括人類生命的。最想得到它的人就是那些恐怖分子，這些特殊的「消費者」沒有一日不想得到原子彈。總之，任何一種產品不可能總能獨享市場，它必然要面臨著競爭。重複性的投入固然會加大對資源的耗費，但它所

激起的競爭，會有效地促進科學技術的發展。不僅如此，競爭還會在防患「貨幣腫瘤」、促進就業方面給社會帶來好處，因此有些重複性的投入對社會經濟快速發展是有利的。但是，對這樣的重複性投入要在宏觀上調控，把它限制在正常的競爭秩序之內，不能讓它形成惡性競爭。在U前面的數字究竟應該是多少？依據產品的特性、X值的大小，實在不好規定出一個統一的數字，對此還需要根據客觀的具體的情況進行更深入的研究。

綜上所述，對於企業的經營者來說，應著重注意兩個方面的問題：擴大市場率和提高商品價格。前者是使U/X公式中的X值增大，從而使更多的消費者參與分攤U的投入；後者是使H/U中的H值減少，並把減少的部分通過知識資本的投入途徑轉換到U中去，使U值增加，即提高了技術含量，增大了附加值，從而使商品更難製造，商品價格的定位更易於定高。

一個企業開拓市場從而創造GM，其最簡單又最重要的經濟參數是：H+U/X 。 只有當X值達到一定數量時才能保證資本越過盈虧分界線，且其X的數值越大，創造的GM就肯定越多。

另外一個問題，不但企業要予以關注，而且國家還要在宏觀上注意調控，那就是市場競爭。即：某一種產品的生產所體現的N個投資者和通過H+U的投入爭奪消費者X，它的公式是：X/N・（H+U）。在這裏，N值越大，重複性的投入就越多，整個社會成本就越高。如果X值除以N（H+U）之後使所有投資者的資本運作都剛好等於資本盈虧分界線時，則這樣一種社會化的大生產儘管產值GDP很高，一派繁榮景象，

但社會財富並沒有由此而增加，所有投資者都處於不虧不盈的狀態中。如果連資本盈虧分界線都到達不了，則社會財富還會因此而減少。

如何使N保持在適當的水平上，既不要控制過死，又不能放任其泛濫而導致惡性競爭，這是每一個國家政府部門都不能輕視的重大的經濟管理問題。

需求數量X值的大小，將在一定程度上決定社會財富增加的數量。如果某種商品沒有多少人購買，那麼投資者就肯定入不敷出。因此，參與市場購買商品的人越多，對資本的正常運作就越有利，創造的社會財富就越多；反之則反。由這一點我們可以得出結論，如果一個國家的大多數人都因為口袋裏沒有錢而被關在消費市場的門外，則商品的生產就會受阻。因為並不是人們不參與市場消費，而是因為人們沒有經濟能力參與市場消費。於是，商品就會在一定程度上出現積壓，資本周轉不靈甚至出現虧損，導致蕭條的連鎖反應，國民財富增長的正常秩序就會被打亂。為了使經濟能夠持續繁榮，政府就必須關注大多數人的收入。只有人們的收入水平提高了，可支配的貨幣多了，他們才能具備更高的消費能力，才能使X值在各個商品市場領域內都呈現增大的趨勢。故而，僅僅關注解決就業問題，只是滿足在有限的低水平消費市場達到增加X值的一種手段，這樣的一種經濟發展戰略是短視的。在解決好就業問題的同時，還要更加關注就業者的收入水平，在他們的收入增加得越來越多的前提下增強消費意識，更多地參與市場的消費，就能使企業的資本運作邁入持續增值的天堂。最終，國家的財富就會不斷增長。

第3章 商品價格與「二道販子」

3-1 銷售商品謀利不可恥

以應付社會產品成本作爲一般商品的價格，是不會有人
接受的。要想讓消費者接受，就得想方設法降低商品價格，
就得讓「利」於人。想謀利，就得先讓利；先讓利後謀利，
這有什麼不道德的？這有什麼可恥的？

商品價格的確定，單從最一般的經濟動機上看，人人
都是圖利的，正所謂「無利不起早」。賣商品的
人是這樣，買商品的人也是這樣。但是，道德的說教者們對
此總是有異議，好像銷售商品謀利乃是一件可恥的事情，把
商人的行當說成是「傷人」的行當。

有關在經濟上謀利的是與非問題，本不應該用道德的概
念去空發議論。即使非要這樣做，也該先把商品是怎樣獲利
的問題弄清楚，找到它的科學的答案，最後才好下結論。

不管人們怎樣喜歡用道德的眼光看世界，總應該看到一
些實實在在的現象：人們有各種各樣的需求，這些需求有很

多需要依靠他人的幫助才能得到滿足。於是有一些人投資開辦工廠，專門製作人們有所需求的商品，在滿足了市場需求的同時，也使自身的投資增值盈利。

我們假設：有一個消費者需求一輛自行車，另一個人為了滿足這個人的需求投資開辦工廠，只生產一輛自行車賣給需求它的人。請問，這輛自行車應該賣多少錢才是道德的？

要知道，為生產這輛自行車，投資者的應付社會產品成本有可能要達到幾萬元。先別說謀利不謀利，只要他不想虧損，那麼他所生產的自行車的商品價格就要賣到幾萬元。這麼貴的自行車，人家會買嗎？道德的說教者們總是看到商人在謀利，卻總是不見消費者也在「利」上算計。不算經濟賬，人們不成傻子了？

很顯然，花幾萬元買一輛自行車，這樣的傻事誰也不會幹。於是我們可以非常肯定地作出結論：以應付社會產品成本作為一般商品的價格，一般情況下是不會有人接受的。要想讓消費者接受，就得想方設法降低商品價格，就得讓「利」於人。想謀利，就得先讓利；先讓利後謀利，這有什麼不道德的？這有什麼可恥的？

很顯然，製造商品並銷售商品的人，是在滿足消費者需求、為消費者實現了大量的節省的前提下，在這大量的節省之中謀取一點小利，這點小利與為消費者所實現的大量的節省相比，簡直可以說是微不足道的。即使那些賺取了「暴利」的人，這「暴利」的金額也遠遠比不上為消費者所實現節省的金額。更何況，市場競爭使「暴利」者的日子絕不好過，「暴利」的效果也就是在一種新產品剛剛面世時才能有

機會施展，但它絕對不會長久。

　　如果消費者在滿足需求的過程中不能實現節省，那麼消費者通常不會當冤大頭。爲什麼人們不天天下館子就餐而大都是自己做飯？其原因就是：下館子就餐不但不會爲消費者帶來節省，甚至還要超支。它比自己回家做飯要貴得多。表面上看，在家自己做飯，其應付社會產品成本也不低，鍋、碗、瓢、勺所有必需的炊具、餐具都得一次性投入。假若人們一生之中就在家做一次飯，那應付社會產品成本的費用就太高了，還不如下館子節省呢。好在人們幾乎天天要做飯，那一次性的成本投入要一年一年、一月一月、一日一日地分攤到每一次的烹飪之中，累計計算，費用就會降下來。

　　換一種情況，人們寧願多花一些錢去飯店，也不願意自己在家辦。例如，城市裏的年輕人操辦婚事，預訂二三十桌招待親朋好友。如果自己在家辦，那得購買多少傢俱、炊具、餐具？得花多少錢雇用廚師、服務員？要租多大的房廳去放置那些桌椅板凳？這一次性的投入肯定不是一個小數字，也不可能天天結婚去分攤這巨大的投入。與此相比，到飯店裏去訂餐，則省人省力省錢，即使人們知道飯店要謀利，而且有的要謀30%~50%的「暴利」，人們照樣覺得合適而踴躍前往。並不是不會算賬，是太會算賬了，算得還非常地精明。

　　在商品的正常買賣關係中，是談不上什麼「奸商」不「奸商」的。如果謀利是「奸商」，那節省也是「奸商」；就謀利與節省的數額對比關係來看，謀利只是小「奸商」，節省可是大「奸商」。

3-2 商品價格是由誰確定的

一般的規律：「越便宜越好」是每一位消費者的本能，買商品的人，只有嫌貴的，沒有嫌賤的；與此相反，「投資盈利」是每一個投資者的本能，賣商品的人，只有嫌賤的，沒有嫌貴的。

商品價格既不是買商品的人自己確定的，也不是賣商品的人自己確定的，而是由市場說了算。

既要降低商品價格，使消費者接受，又要確保投資盈利，從一開始，投資者就面臨著巨大的考驗。若想達到目的，只有一條出路，那就是擴大市場率X。正如我們在前一章中所說的，如果需要自行車商品的人特別多，使商品的生產上規模，那麼實付社會商品成本S就會隨著需求數量的增加而降得越來越低。只有當應付社會產品成本Z與實付社會商品成本S之間的價值差距不斷加大，才能為商品價格J的定位贏得空間。

從總的趨勢上看，商品價格J必須是在應付社會產品成本Z之下，因為超過了Z，消費者就無須從別人那裏購買，自己足可以自行生產出來了。J定位在Z之下，這就使消費者在產品的消費中實現了節省；J距離Z越遠，實現的節省就越多。

消費者「謀利」的經濟動機是節省，希望J越低越好；投資者「謀利」的經濟動機是增值，希望J越高越好。消費者與投資者之間在J上出現的矛盾，怎樣來化解呢？

若J定位高，讓消費者多花錢，這不是不可以，但這要看

消費者願不願意接受，來不得半點強迫。一般的規律：「越便宜越好」是每一位消費者的本能，買商品的人，只有嫌貴的，沒有嫌賤的。因此，用將J定位高、讓消費者多花錢的辦法來解決矛盾，這是行不通的。

若J定位低，讓投資者虧本，這也不是不可以，但這也要看投資者願不願意接受。一般的規律：投資圖謀的是增值，而不是虧損，「投資盈利」是每一個投資者的本能，賣商品的人，只有嫌賤的，沒有嫌貴的。因此，用將J定位低、讓投資者虧本的辦法來解決矛盾，這也是行不通的。

圍繞著J定位問題，消費者與投資者誰也不肯出賣自己的利益，用什麼辦法來化解這一矛盾呢？

在商品市場的競爭中，在J定位的問題上，投資者處於被動地位，他不得不將J在力所能及的情況下定位越低越好，使所有的投資者在生產經營商品的初始階段都是虧損營運的。就是說，初始，J的定位既在Z之下，又在S之下，使投資者入不敷出。但是，投資者的一線希望，就在於想方設法增加滿足社會需求的數量X，即：一個投資者面對的消費者越多越好。購買商品的消費者越多，S就會隨著需求數量的增加而降得越來越低，使之降至J以下。

J定位越高，S降至J之下的時間就越早；J定位越低，S降至J之下的時間就越晚；S降至J之下的時間越晚，那麼投資者獲利的時間就越晚，風險就越大。因此，J的定位是高還是低，最主要的依據是市場的需求量X是大還是小。市場需求量小，J定位想低也低不了，除非投資者願意虧損；市場需求量大，J定位就可適當降低，定位的空間就較大。

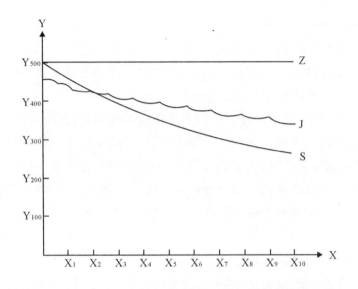

圖3-2-1

　　在J定位的空間問題上，附加值低的商品，其J距離Z就較近，定位的空間小。J的走勢接近水平狀態。附加值高的商品，其J距離Z就較遠，定位的空間大。J的走勢是一種「滑梯」狀態，開始高，後來低，如圖3-2-1所示。

　　按照上述分述，像那些一般性的農產品、日用小商品，由於它的科技附加值低，產品簡單容易製造，故它的商品價格走勢是比較平緩的，定價不會太高，但也不會降得太低。就是說，在它的高定價與低定價之間，不會有太大的價值差距，其上下調整的幅度不會太大。與此相比，科技含量較高的商品，其價格走勢就有了區別。由於高附加值的商品其Z較高，它的高科技、高性能和創新性，使消費者容易接受高

價格。廠商在初始階段的生產成本太高也使商家不得不提高J，因此某種科技含量較高的新產品其J一上來都會高定位。例如：電視機、電冰箱、電腦、手機等商品，剛進入市場的時候價格都不低，即使價格高，有時還供不應求呢。但是，隨著市場率的擴大，即生產數量的增多，高附加值商品的J會出現較大的波動，尤其是在市場的競爭中，其J會出現大幅度的下降。這種下降，使商品的高定價與低定價之間，會出現非常大的價值差距，其上下調整的幅度有時會把消費者驚得目瞪口呆。例如手機商品就是如此。一上來，它的J會高達萬元，後來轉眼會下降至幾百元，人們把此俗稱爲價格「大跳水」。

人們可以看到，電器產品的J也是一降再降，其原因是：高科技產品的J一上來定位較高，它可以很早地就躍到了S之上，由於S在滿足市場需求數量不斷加大的同時大幅度地下降，致使J與S盈利的空間不斷加大，使得投資的回報率異常豐厚，簡直可以說是「暴利」！ S不斷下降，爲J的「跳水」早早地就做好了充分的準備。就是說，不管後來J如何「跳水」，它都不會跳到S之下（特殊情況除外）。一旦J真的跌到了S之下的時候，那就預示著這個企業步入了虧損的泥潭。

根據以上的分析，商品價格的確定，最終的決定者，不是廠商，也不是某個消費者，而是市場需求，是市場的供求關係，由市場說了算，是市場的需求數量起了決定性的作用。就是說，市場的需求數量多而生產的數量少，商品價格的確定不想高也得高；市場的需求數量少而生產供應量大，商品價格的確定不想低也會低下來，這是難以違背的。

當然，市場需求在商品價格的確定上起了決定性的作用，這並不排除廠商和消費者在此問題上也會起到積極或消極的作用。這種作用，是圍繞著市場供求關係的客觀規律上下波動，被這支「看不見的指揮棒」暗中支使著，聽任它的擺布。

3-3 價格的評價和估算

高明的廠商，不但要遵循自己所掌握的兩個客觀價值依據，而且還仔細地研究、認真的調查消費者的兩個客觀價值依據是怎樣的；高明的消費者，也不是僅僅遵循自己所掌握的兩個客觀價值依據去核定商品價格，也要對廠商的兩個客觀價值依據進行評定分析。在遵循產品價值規律的前提下，再去進行探尋商品價值規律的主觀心理分析，這就是經濟學中的「知彼知己」。

如果說西方經濟學中的「邊際需求」理論確實有些道理的話，那麼它的道理集中表現在商品價格的範疇中。因為商品價格純粹是一種交換關係。在交換關係中，商品價格實際上不是由交換的一方來決定，而必須經雙方達成一致。一方，例如廠商，可以首先提出商品價格的要約，另一方接受就成交了，不接受還可以議價。總之，商品價格最終都是由交換的雙方自願協商的結果。這種協商，不是一方的評價和估算，而是雙方的評價和估算。就評價和估算的表現來說，它完全是交換雙方的心理活動，遵循的是商品價

值規律。「邊際需求」或「邊際效用」，【11】所發生的心理活動，也不是什麼空穴來風，也有其客觀的基礎，那就是產品價值規律。

作爲廠商來說，實付社會商品成本是一個比較準確的客觀價值基礎。應付社會產品成本也是一個基本準確的價值基礎。有了這兩個價值依據，就可以參照資本的投入量和市場的需求量以及對利潤的預期，在價值差距之間確定一個基本的商品價格。

作爲消費者來說，其貨幣產品的儲蓄量（即存款的多少）是一個比較準確的客觀價值基礎，每月應得的勞動工資包括對未來收入的預期也是一個基本準確的價值基礎。有了這兩個價值依據，就可以參照各種商品價格之間的對比以及對某一商品需求的程度、該商品的市場供應數量等因素，確定出一個心理上可承受的基本的商品價格。可見，主觀上的

【11】17世紀英國巴貢、18世紀法國杜爾閣等人的著作中已有這種主觀價值論的思想。19世紀中葉，德國戈森提出一種觀點，說同一享受如繼續下去，其感受程度就會不斷遞減，直至最後出現感受上的飽和狀態。這就是有名的「戈森定律」。後來，奧地利龐巴維克總結出主觀的價值理論。這種理論斷言：商品的價值取決於人們對它的效用的主觀評價；人們在消費一種商品時，每增加一個單位，所增加的效用遞減；最後一個消費單位的效用最小，決定商品價值的，不是它的最大效用，也不是它的平均效用，而是它的最小效用。奧地利維塞爾首先稱這最小效用爲邊際效用，用此來說明市場價格的形成，說各個買主和各個賣主對一種商品在主觀上都有不同的評價，市場價格就取決於主觀評價高於它的買主的人數與主觀評價低於它的賣主的人數恰好相等之點。

心理活動所碰撞出來的商品價值規律，都是以客觀上的產品成本所體現出來的產品價值為基礎；是產品價值規律在客觀上形成了一隻「看不見的手」【12】在暗中操縱，而不是商品價值（即商品價格）規律主觀上在舞台中獨自的木偶表演。

在評價和估算商品價格的問題上，高明的廠商，不但要遵循自己所掌握的兩個客觀價值依據，而且還仔細地研究、認真地調查消費者的兩個客觀價值依據是怎樣的；高明的消費者，也不是僅僅遵循自己所掌握的兩個客觀價值依據去核定商品價格，也要對廠商的兩個客觀價值依據進行深入分析。在遵循產品價值規律的前提下，再去進行探尋商品價值規律的主觀心理分析，這就是經濟學中的「知彼知己」。

如今的商品市場，已經把經濟學中的商品價格當成了兒戲，「打折」之風已經把商品價格本身糟蹋得一錢不值了。至少使它失去了信用。

一件襯衣原價30元，現價8折出售賣24元，誰知道原價30元是根據什麼定的？如果把原價改成40元，8折出售後比原價30元還多2元呢。如此一來，消費者完全有理由懷疑，這件襯衣原價也就20元，「8折」的目的是可以多騙消費者4元錢。結論一出，市場的商品價格就出現了恐慌，出現了信用危機，以至於消費者對所有的商品價格都產生一種「砍一半」（即劃價5折）的評價心理。這種消費心理的扭曲，使廠商為了保證自己的既得利益，毫不猶豫地將商品價格翻一倍，即：讓消費者「砍一半」之後還是原價。如此這般，市

【12】亞當·斯密：《國富論》，商務印書館，1979，第4編，第2章。

場價格就被搞得混亂不堪。本不想買的，在「打折」的誘騙下花錢上了當；本想買的，為「打折」所疑惑，唯恐上當而放棄。

　　健康的商品市場，是不允許出現「原價×元，現價×元」這樣一些廣告欺騙的，報出的都應該是實價而不應是虛價。價高賣不出就說明商品價格定高了，降低價格就是了；賣不出的「原價」是廠商定的，不是消費者定的，誰知道廠商定的是「實價」還是「虛價」。是實還是虛，由市場來決定，但商品只能標明一個價格，不得有另一個帶有誘惑性的價格同時出現。在一個價格之後，可以說明「可議價」或「不議價」。

　　有一個事實是誰也無法否認的：再聰明的廠商，它也無法準確地評價和估算出面前的這個消費者家中到底有多少存款，每月的工資收入是多少元；再聰明的消費者，他們也無法準確地評價和估算出面前的這件商品其應付社會產品成本是多少元，實付社會商品成本是多少元，利潤是多少元。因此，商品價格的最後確定，或者說它的成交價，不得不摻雜著一些主觀的心理活動。這些心理活動，有些是合理的，有些是極不講理的，這與很多人根本不具備經濟學知識有關。因此在市場上，總是聽到賣商品的人喊賠了，總是聽到買商品的人叫貴了，弄不清誰是誰非。

　　例如，我和張柘合著的《破解太陽系形成之謎》一書【13】，第一版印刷了1 200冊，定價是每本300新台幣，有些

【13】台北九州圖書文物有限公司2003年1月出版。本書以現代天文科學觀測

讀者對我說，「書價貴了」。這就是一種不講理的評價和估算。

　　讀者買書，購1本就夠了，買多了沒有用，內容都是一樣的。假若出版社爲了滿足這位消費者的需求只印刷1本書的話，它的生產成本——即應付社會產品成本Z應是多少錢？從寫作，到編輯；從打字，到校對；從排版，到印刷；從裝訂，到運輸；出版社應該投入的總成本恐怕要超過2萬元。如果出版社按生產成本賣給那位消費者的話，就是打死他，他也不會肯花2萬元購買1本書。300新台幣還嫌貴呢，2萬元是個什麼數字？如果出版社按定價300新台幣賣這本書，出版社有多少錢往裏賠？

　　實付社會商品成本S的規律是：印數越多，書的定價就越低，因爲類似寫作、編輯、打字、校對、排版等成本投入U都是一次性的。印10本書，這一次性的U就要分攤到10本書中，印10 000本，就會有10 000本書來分攤這一次性的投入，這當然是印數越多成本越低嘍。這個道理不難弄懂。因此，讀者在購買書的時候，不但要看紙張、印刷、裝訂質量，還應該關注它的生產數量，這樣才能較合理地評價和估算出它的價

數據爲依據，創建了天體反彈理論，總結出天體反彈定律，解決了萬有引力定律所解決不了的行星公轉的動力起源問題；同時，天體反彈理論在使用一個「初始條件」的前提下，不但破解了行星、衛星、彗星及小行星的起源之謎，而且將金星逆向自轉、衛星逆向「公轉」、行星公轉橢圓軌道偏心率起源、各行星自轉軸傾角不同的原因、角動量特殊分布……等等有關太陽系形成之謎的十大難題，以令人信服的科學觀點逐一地破譯出來，開創性地破解了太陽系形成之謎。

值值不值。

　　爲了使消費者更方便地評價和估算商品價格，國家的經濟管理部門應該要求廠商在商品的價目表上注明生產數量，消費者也就不會在「高價」或「低價」面前被弄得莫名其妙了。譬如，1件時裝，售價8 000元。消費者一見就罵開了：「黑，太黑了！」馬路邊上賣的服裝五六十元有的是，不也是套在身上穿嗎？這種價格是不是欺負人啊？但是，如果在商品的價目表上另注明這件時裝的生產數量僅爲1件時，那消費者買不買放一邊，至少是百分之百理解了。人家整個服裝廠上上下下忙乎這1件時裝，8 000元能說貴麼？

　　注明生產數量，廠商沒有必要在這上面作文章。注明的生產數量越多，越說明該產品的市場銷售好，這麼多人都買，我們爲什麼不買？故而所注明的生產數量多，這本身就是引導消費的活廣告。但是同時，消費者也都非常聰明，廠商生產的數量越多，那麼實付社會商品成本S就越低，價格下降的空間就越大。反過來，注明的生產數量越少，儘管銷售價格可以提高，但也起了反作用，容易讓消費者產生「沒有人買」的感覺。有一利，就有一弊。廠商在標明的生產數量上，最好的辦法就是實事求是，順其自然。

　　什麼時候市場上的商品價目表上開始標明了生產數量，才標誌著商品價格發展到有秩序的階段；什麼時候消費者在購買商品時，在關注質量、服務、價格的同時，都自然而然地關注商品的生產數量時，才標誌著消費者的素質進入到成熟的階段。

3-4 「二道販子」也創造剩餘價值

　　把經商的買賣人說成是「二道販子」，把他們看成是坐享其成、惟利是圖的「奸商」，對於商品的流通渠道來說實在是一種誤解。事實上，商人不但越來越多，而且已經職業化了；商業的不斷繁榮足以說明，「二道販子」不但不多餘，而且大有作為，他們也是創造剩餘價值的功臣。

直接生產商品的企業如果盈利了，人們也許不會過多地責怪，覺得挺自然。但對那些不直接進行商品生產、只是從事商品買賣的商業來說，人們大都不給好臉。人們經常說的「奸商」，罵的就是這些人。

　　既不是直接生產商品的企業，又不是消費者，置於二者之間的流通渠道，人們習慣稱之為「二道販子」。這一稱謂，明顯地帶有貶義的色彩。

　　從字面上理解，「二道販子」似乎是一種多餘的行當，是對消費者的額外盤剝，所以人們對它不說是恨之入骨，至少也是沒有好感。曾經一時，人們還給「二道販子」定了一項罪名——「投機倒把」。

　　把經商的買賣人說成是「二道販子」，把他們看成是坐享其成、惟利是圖的「奸商」，對於商品的流通渠道來說實在是一種誤解。

　　其實，如果「二道販子」真的盤剝了消費者，加重了消費者的經濟負擔，那麼商人恐怕很難生存下來。事實上，商人不但越來越多，而且已經職業化了；商業的不斷繁榮景象

足以說明「二道販子」不但不多餘，而且大有作爲。他們也是創造剩餘價值的功臣。

　　如果「二道販子」就是商業的代名詞，那麼我們可以非常肯定地說，「二道販子」也創造剩餘價值。

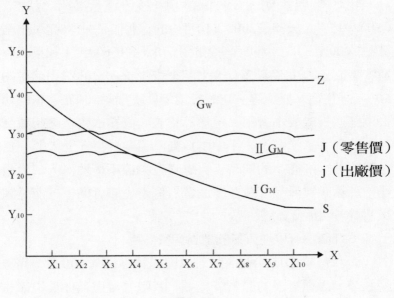

圖3-4-1

　　按圖3-4-1所示，生產廠的商品價格j並不是社會商品零售價格J，J高於j，其價值差距有時大、有時小。J雖然高於j，但它仍然遠遠地低於Z，所以零售商品的購買者仍能實現節省。同時，從圖中還可以看出，生產廠創造了貨幣剩餘價值ⅠGM，「二道販子」也能創造貨幣剩餘價值ⅡGM。

　　也許有人會說，消費者如果購買了出廠價，節省的不是更多麼，爲何非要去商人那裏讓人家加價再購買呢？問題並非這麼簡單。是的，消費者去生產廠直接購買，撤開了所有的中間商，這確實是個節省的好辦法，但這並不一定能夠達到節省的目的。

　　我們舉例說明。２９寸長虹牌彩色電視機（型號：CHD2915），天津市2003年10月份的零售價是３ 588元，出廠價約３ 000元。「二道販子」中間牟利大約是600元。如果某個消費者直接去生產廠購買，來回來去光乘火車的費用就得約500元，住宿、托運等其它的費用還要支出約500元，花的功夫也應該折成成本費用，這樣算起來，直接去生產廠購買商品，比從「二道販子」手中購買商品還要貴得多。人們一邊在咒罵著「奸商」的同時，一邊又在源源不斷地從「二道販子」那裏購買商品，這並非消費者們是「賤骨肉」，而是因爲消費者們都會算經濟賬。

　　「奸商」可以理直氣壯地對消費者說：

　　「我每賺你10元錢，就可以隨之爲你節省100元；我賺得越多，爲你實現的節省就越多；我賺的錢與爲你實現節省的錢相比，可以說是九牛一毛，你們有什麼理由來仇恨我們？」

　　正因爲商業活動爲消費者實現了節省，而不是增加了消費者的經濟負擔，所以商業日趨繁榮，一派蒸蒸日上的景象。

　　因此，商業投資者拿出自己的資本來向產業投資者整批買進商品，然後再零售賣給消費者，並非是產業投資者「心

甘情願地將自己剝削得來的剩餘價值瓜分一部分給商業資本家」，【14】而是這一商業活動的過程，本質上能夠實現社會成本的節省。試問：如果所有欲購買彩色電視機的消費者都千里迢迢地跑到四川綿陽去提貨，這無形中得加大多少社會財富的投入與耗費？消費者要為此多支付多少錢？恰恰是因為商業投資者的經營活動能夠使消費者實現節省，消費者才心甘情願地接受商品的價格。

　　至於說到商業投資者和商業職工創不創造剩餘價值的問題，「教科書」中所得出來的個別結論實在是難以服人。所謂的「商業職工的勞動，就其從事商品買賣來說，既不創造價值，也不創造剩餘價值。」【15】「商業職工的工資來源於產業工人所創造的剩餘價值」【16】「因為商人資本本身不生產剩餘價值，所以很清楚，以平均利潤的形式歸商人資本所有的剩餘價值，只是總生產資本所生產的剩餘價值的一部分。」【17】這樣一些有錯誤的結論，實際上是在抹殺商業投資者和從事商業勞動的勞動者在社會經濟發展中，在創造剩餘價值和創獲價值剩餘的活動中所做出的不可磨滅的貢獻。

【14】《政治經濟學教材》，頁116。

【15】《政治經濟學教材》，頁117。

【16】《政治經濟學教材》，頁118。

【17】《資本論》第3卷上，頁314。

　　產業資本也好，商業資本也好，它們都各自遵循著自身的資本運作規律，在自己的經濟領域創造剩餘價值，與此同時也承擔著各自的資本虧損的風險。也就是說，產業資本與商業資本從來就是「自己顧自己」，產業資本就其資本的本性而言，它是不會同意把自己應該得到的一部分剩餘價值奉送給商業資本而白白養著商業資本的，賺錢只有嫌少的，沒有嫌多的！

　　事實上，眼前的很多實例足以證明這一點。一些生產某種商品的企業幹的熱火朝天，創造的剩餘價值無以數計，但是，一些銷售同一種商品的企業卻虧得一蹋糊塗，入不敷出。如果商業資本只是寄生在產業資本之上的「白吃飽」，那麼在產業資本回報豐厚的同時，商業資本為什麼會一敗塗地？鄭百文的事聽說過嗎？如果說，產業資本可以源源不斷地將自己剝削得來的剩餘價值瓜分一部分給商業資本的話，商業資本怎麼會出現虧損呢？如果說，商業職工的工資來源於產業工人所創造的剩餘價值的話，那麼在產業工人正幹得「腳底朝上」的時候，商業職工為什麼會下崗失業呢？類似這樣的問題，「教科書」是難以說清的。

　　正如前面的圖3-4-1所示，生產廠的商品價格j與銷售商的商品價格J都處在產品價值（Z）之下，均能使消費者實現節省。一般情況下，同一種商品，其J總是處於j之上，但這並不等於產業資本與商業資本混合在一塊運作，而是它們各自在自己的經濟領域內運作，它們都要想方設法擴大市場率，降低實付商品成本，創造歸屬於自己的剩餘價值。當然，如果它們某一方經營不慎出現了虧損，相信誰也不會白

白地往對方的泥潭裏扔錢去填滿窟窿，更不會在自己身上割肉去讓對方「瓜分」，因為它們維護的都是自己的經濟利益，沒有被「瓜分」的義務。

在中國，「工農兵學商」，「商」排到了最後；上千年的抑商傳統風俗影響了國家的經濟發展。雖然現在不斷完善的市場經濟使商人有限地提高了社會地位，但是在人們的潛意識中，「無商不奸」的舊觀念仍然嚴重束縛著人們的思想，不知這種狀況還要持續多久？

在國外恐怕也是如此。當初馬克思對恩格斯沒有好感，其原因就是恩格斯是個商人。後來馬克思承認把人看錯了，並不是因為看到恩格斯這個商人也創造剩餘價值，而是因為恩格斯沒有看到商人也創造剩餘價值。

本章我們所說的商品價格問題，說的就是商品價值問題，商品價格是商品價值的表現。但必須說明的是，它遵循的是商品價值規律而不是產品價值規律。

第4章 有形剩餘價值 與無形剩餘價值

4-1 「忠孝難兩全」

作為企業的經營者來說，社會商品價格的定位自然是越高越好：定位越高，貨幣剩餘價值出現的起點就越早，單位利潤就越多。但是，價格高就會影響消費者的數量，使數量利潤減少。同時，價格的定位又是越低越好：定位越低，購買商品的消費者就越多，市場競爭力就越強。但是，價格低就會影響單位利潤，使投資的風險加大。

在應付社會產品成本Z與實付社會商品成本S之間所形成的剩餘價值G是由兩大部分組成的：有形剩餘價值GM與無形剩餘價值Gw。

有形剩餘價值GM又可稱為貨幣剩餘價值，它指的不僅是企業所獲得的純利潤，還包括國家部分稅收和其它收費。例如國家按利潤的比例徵收的所得稅等，都本應是企業利潤的一部分。只有與企業利潤有直接關係的稅費才是貨幣剩餘價值的一部分。像企業營業稅、個人所得稅這樣一些稅種，

都不屬於貨幣剩餘價值的一部分，而是貨幣價值剩餘的一部分。

　　有形剩餘價值的產生，與社會商品價格密切相關。社會商品價格的一般規律是，它在應付社會產品成本以下的範圍內圍繞著實付社會商品成本上下波動。尤其是高附加值的產品，哪個消費者也不會願意按照它的應付社會產品成本去支付價款。如果按照應付社會產品成本去購買某件產品，倒不如自己投入自己製作。況且，消費者的「自私和貪欲」，就是商品的價格越便宜越好；少花錢，多辦事，這是每一個消費者天生的本能。但是，產品生產者的「自私和貪欲」，正好與消費者相反，他們總是希望商品的價格越高越好；投資少，利潤多，這是每一個廠商天生的本能。

　　這樣一來，在應付社會產品成本與實付社會商品成本之間，就出現商品價格定位的問題：定高了，消費者不幹；定低了，廠商又有意見。也難怪，社會商品價格的定位，決定了有形剩餘價值出現的起點是早還是晚，甚至它還可以決定有形剩餘價值能否產生，決定著單位利潤和數量利潤的對比關係，決定著企業是盈利還是虧損等問題。

　　我們所說的單位利潤YG，是指平均銷售一個單位的商品所獲得的利潤，用銷售商品的總利潤除以銷售商品的數量。商品生產成本在不變的情況下，其價格定位越高，單位利潤就越多；反之則反。我們所說的數量利潤XG，是指商品銷售數量的增加，增加的越多，總利潤就越多。在相同的商品生產成本的前提下，其價格定位越低，數量利潤就會隨著銷售商品數量的增加而越來越多；反之則反。

　　單位利潤和數量利潤，它們之間各有利弊，在它們的面前，投資經營者總是難以作出決擇，「忠孝難兩全」。高明的企業經營者，能將兩種利潤都追到手；一般的企業經營者，只能把重點放在一種利潤的追求上。

　　作為企業的經營者來說，社會商品價格的定位自然是越高越好：定位越高，貨幣剩餘價值出現的起點就越早，單位利潤就越多。但是，價格高就會影響消費者的數量，使數量利潤減少。同時，價格定位又是越低越好：定位越低，購買商品的消費者就越多，市場競爭力就越強。但是，價格低就會影響單位利潤，使投資的風險加大。

　　譬如，某企業生產並銷售出檯燈1 000個，它的銷售價是每台230元，每台獲得的利潤是110元，共計獲利11萬元。如果這個企業將售價下降為180元，擴大了市場銷售達到了3 000個，共計獲利可達到18萬元。表面上看，降低之後單位利潤減少了，每台才賺60元，但低價格擴大了市場占有率，通過銷售數量的增加而增大了數量利潤，最終使總利潤沒有因價格的降低而減少，反而還增加了。但是，降價之後如果不能擴大市場率，使銷售數量達到一定的規模，那麼這樣一種情況就會使企業既放棄了單位利潤，又沒有抓到數量利潤，「賠了夫人又折兵」，這就是一些企業資本運作沒有獲得成功的原因之一。

4-2 「資本盈虧分界線」

在資本的運作中，只有超過了「資本盈虧分界線」，才能創造出貨幣剩餘價值。如果社會商品價格低於實付社會商品成本，無法順利地到達「資本盈虧分界線」，即使貨幣轉化爲資本，即使投資者「剝削」了工人，也不會帶來貨幣剩餘價值，甚至造成資本的虧損。

無形剩餘價值GW產生於應付社會產品成本以下、未超過「資本盈虧分界線」的實付商品成本以上和超過「資本盈虧分界線」的社會商品價格（商品零售消費價格）以上的那一部分剩餘價值中。有形剩餘價值GM則產生於超過「資本盈虧分界線」的實付社會商品成本以上、商品價格以下的那一部分剩餘價值中。

有形剩餘價值即貨幣剩餘價值GM產生的起點，就是「資本盈虧分界線」。這個分界線就是實付社會商品成本S隨著社會需求數量X的增多而在下降的過程中與商品價格J的相交點。如果商品價格定位高了，那麼實付社會商品成本就會較早地越過「資本盈虧分界線」，也就能較早地實現利潤。但是，它同時又有不利之處：商品價格高，購買商品的消費者就會減少；滿足需求數量少，實付社會商品成本就無法降下來。如果滿足需求數量少到了使實付社會商品成本連「資本盈虧分界線」都到達不了，那麼企業根本無法獲得貨幣剩餘價值，而且肯定會造成資本虧損。

反過來，如果商品價格定位低了，那麼實付社會商品

成本就會較晚地越過「資本盈虧分界線」，使得資本虧損的風險加大，實現利潤的時間較晚。但是，它同時又有有利之處：商品價格低，購買商品的消費者就會增多；滿足需求數量的增多，實付社會商品成本就會降得越來越低。實付社會商品成本能在滿足產品需求數量不斷增多的過程中降得越來越低，那麼這種資本的運作就會進入良性循環中：購買商品的人越多，企業的實付社會商品成本就會越降越低；成本越降越低，商品價格也就又有了下降的空間；商品價格越下降，購買商品的消費者就越多……後面可再一次重複前面的良性循環過程。如此下去，企業所實現的利潤就會越來越多，並且還可以使企業在市場競爭中處於非常有利的地位。

　　表現商品價值的商品價格，通常總是在應付社會產品成本以下運行，但有時也可以運行到應付社會產品成本以上。商品價格超過應付社會產品成本，只是經濟學的特殊，不會形成經濟學的一般。這是因爲，如果能用5元錢自己製造一個產品，那麼就絕對不會願意用10元錢去購買一個別人製造的產品。哪怕花6元錢也會覺得吃虧上當。這5元錢的利潤誰都想掙，1元錢的利潤也不見得沒有人想要。但是，自己不會製造的產品，或者是不清楚這種產品實際生產成本，由此多花了5元錢，即使這樣，這種昂貴的「學費」應該只能是偶然交納的。因爲有誰肯花10元去買一個值5元的產品？誰肯長久地把自己的經濟利益出賣給別人？俗話說，「上當就一次」，說的就是這個道理。總之，花300元買一個衣櫃商品，就不如花200元自己製作一個衣櫃產品省錢，這是最基本的經濟道理。但是，自己沒製作過衣櫃產品，怎麼能清楚地知道產

品的成本？好在「學費」不白交，花錢買了教訓也買了知識
和經驗，故而商品價格想長久地停留在應付社會產品成本以
上，那是不可能的。除非人們不是變得越來越聰明，而是變
得越來越糊塗。

　　不過，一些特殊的產品，尤其是那些無論怎樣交「學
費」也無法學會自己製造的產品，卻可以始終停留在應付社
會產品成本以上。例如古董、字畫等。它們只是個別商品，
不是社會商品。不能通過減少社會商品成本耗費來實現利潤
的個別商品，不創造剩餘價值，只能獲得價值剩餘。

　　商品價格在應付社會產品成本以下運行，使所有購買商
品的消費者具有了經濟實惠的動機，這才使商品市場頗具吸
引力。

　　在「資本盈虧分界線」以前的資本動作中，社會商品
價格是不可能高於與其「同步」（滿足需求數量）的實付
社會商品成本的。因為實付社會商品成本在生產最初一單位
產品整個成本的投入中，與應付社會產品成本是相同的。就
是說，實付社會商品成本與應付社會產品成本是從一個共同
的起點開始運行的，只不過它們運行的路線不一樣：應付社
會產品成本不管滿足需求數量是多還是少，它總是水平運行
的；實付社會商品成本則會隨著滿足需求數量的增加而降低
成本線，越降越低。由此，實付社會商品成本一開始是運行
在社會商品價格之上。這一區域，是資本的「沼澤地」，不
管資本如何掙扎，它都是創造貨幣剩餘價值的「墊腳石」。
只有隨著商品銷售數量的增加，在實付社會商品成本線逐漸
下降過程中與社會商品價格線相交時，才「扭虧為盈」地使

資本運行到「資本盈虧分界線」。只有超過了「資本盈虧分界線」，使實付社會商品成本線S低於社會商品價格線J的時候，才能創造出貨幣剩餘價值。就是說，如果社會商品價格低於實付社會商品成本，即使貨幣轉化爲資本，即使投資者「剝削」了工人，也不會帶來貨幣剩餘價值，甚至造成資本的虧損。那些跳樓的資本家就是如此。

在資本運作圖表中，單個廠商的應付社會產品成本線、實付社會商品成本曲線和商品價格曲線以及我們將要在後面闡述的無形虧損線這幾項指標線，與同行業的所有其它廠商相對說都是完全獨立運行、獨立測算統計的。整個行業的某一指標線的測算和統計得自於該行業中每個廠商的這一指標線的簡單累加。當每一項指標線的數據都得到累加後，這一行業的總資本運作圖表就可以完整地繪製出來。

與上述道理一樣，某一行業的總應付社會產品成本線、總實付社會商品成本曲線和總商品價格曲線以及總無形虧損線這幾項指標線，又與其它行業各不干擾，也是相對獨立的。整個國家的各項指標線的測算和統計，得自於所有行業的各項指標數據的簡單累加，此後，國家的總資本運作圖表就可以完整準確地繪製出來。整個人類社會的各項指標線的測算和統計，得自於所有國家的各項指標數據的簡單累加，最後，人類社會的總資本運作圖表就可以完整準確地繪製出來。當這一工作完成後，人類社會新增加的財富數量——即貨幣剩餘價值GM，就準確無誤地被統計出來。這一統計結果才具有真實性，才真正具有了統計的意義。

　　由此我們可以得出結論：我們總結出來的資本運作圖表對於一個小攤販是適用的，對於一個企業是適用的，對於一個集團是適用，對於一個城市是適用，同時還可適用於一個國家甚至適用於整個人類社會；它既可以在微觀經濟領域發揮作用，而且同時可以在宏觀經濟領域發揮作用。

4-3 GW也是社會財富

　　如果以應付社會產品成本自給自足的形式滿足社會成員的消費需求，這樣一種產品性的勞動必將是零散的、混亂的、低效的和高損耗的。與此相反，當以實付社會商品成本社會化大生產的形式滿足社會消費需求時，這樣一種商品性的勞動必將是集中的、有序的、高效的和低損耗的。

無形剩餘價值又可稱其為資源剩餘價值GW。即是指社會商品生產在滿足社會消費需求時，由於集中規模性的生產所減少的社會重複性投入以及由此節省下來的各種資源的損耗。在節省的資源中，除了自然資源以外，還包括節省出來的一部分勞動力資源。因為如果以應付社會產品成本自給自足的形式滿足社會成員的消費需求，這樣一種產品性的勞動必將是零散的、混亂的、低效的和高損耗的。與此相反，當以實付社會商品成本社會化大生產的形式滿足社會消費需求時，這樣一種商品性的勞動必將是集中的、有序的、高效的和低損耗的。

　　過去我們所看到的「社會財富」，都被局限在貨幣剩餘價值GM的範圍內，而無形剩餘價值GW則往往被人們所忽

視。其實，在滿足人們各種各樣需求的時候，所生產的商品越複雜，科技含量越高，那它所帶來的無形剩餘價值ＧＷ就越多，甚至會比有形剩餘價值ＧＭ多不知多少倍。同時，人們殊不知，節省下來的大量勞動力也是社會財富的一部分，只是人們視而不見罷了。過去10個人幹的活，現在1個人就都幹了，剩下的9個人的勞動力不就是無形剩餘價值嗎？他們可以去幹新的工作，有利於社會的進一步分工。

因此，投資者（包括資本家在內）在賺取了有形剩餘價值的同時，他們也是對人類社會有所貢獻的。不承認這一點，那就不是實事求是的態度。有人之所以看不見，那是因為某些人為社會所做出的貢獻被隱蔽在無形剩餘價值中，以至於連急於為自己辯護的資本家也不真正清楚貢獻所在，總是拿不是理的東西當理說，能讓「無產者」心服口服麼？不但如此，結果還相反，資本家的「罪惡」（有的是剝奪家的真罪惡，有的是資本家被戴上罪惡帽子的）卻毫不忌諱地附在貨幣上，從貨幣剩餘價值中直接露骨地體現出來。在本是「均貧富」大產品經濟意識的社會文化傳統下，能不讓「無產者」眼紅嗎？尤其是在誰也沒有真正弄清剩餘價值到底是從哪裏產生出來的時代，「無產者」覺得不舒服，恨不能將貨幣剩餘價值說成是大家的，似乎資本的本身不該有任何價值增殖的權益，只有勞動力商品才可以享有一切利潤。這是由歷史的局限性造成的。

投資者投資的本能，是想獲得經濟回報，是想獲得利潤，這本沒有什麼錯，與學習雷鋒精神不是一回事。儘管投資者的本能具有自利性，但其客觀結果是自覺不自覺地要服

務於社會，要滿足社會的需求。不但如此，他們獲得的回報越多，創造的利潤越多，不見得這些增加了的財富他們都要消耗掉，更多的是最終留給了社會，增加的是整個人類社會的財富。在他們創造貨幣剩餘價值的同時，還創造了無形剩餘價值，在社會財富增長越來越快的同時，使節省的自然資源和人力資源越來越多，這不是一種貢獻是什麼？

　　現今，很多富豪都樂於做慈善事業，紛紛許願死後將所有財富的50％甚至100％都捐獻給社會，他們如果真的兌現了的話，比雷鋒要強百倍。因為雷鋒只是在一無所有的狀況下獻愛心，是一種最原始的精神體現，可如果他突然成了富豪，那可就不敢保證還能保留那份精神。

4-4 「羊毛出在羊身上」

　　用增加資源剩餘價值損耗的辦法來增加貨幣剩餘價值，這是「羊毛出在羊身上」，並沒有真正使社會財富的總量絕對增長，只是變換了價值形式，是社會財富的相對增長。在這種變換的過程中，儘管它可以使國民生產總值增加，表面上帶來經濟的繁榮，其實這才是泡沫經濟，危害無窮啊！

單就某個廠商而言，它在創造了貨幣剩餘價值的同時，還創造了資源剩餘價值，這是毫無疑問的。但是，就整個社會而言，問題就變得複雜了。有些廠商在創造貨幣剩餘價值的同時，會使資源剩餘價值減少，就是說，加大了資源的損耗，在沒有相應增加貨幣剩餘價值的前提下，使社會投入的成本加大，使社會經濟效益降低。

譬如，某個企業從國外引進彩色電視機生產線。假設這條生產線的費用是100萬元，假如只有這一個企業引進了電視機生產線，那麼社會成本的總投入只有這100萬元。成本低、回報高，這才最有利於人類社會財富的快速增長。可是，當人們看到生產彩色電視機可獲得豐厚回報時，就爭先恐後地紛紛引進彩電生產線，甚至一個城市就引進了三四條，當初全國總共引進了多少條沒有統計過。我們假定共引進了100條生產線，那麼社會成本的投入就不是100萬元了，而是1億元。

如果1億元的高投入能帶來高回報，那又另當別論了。可事實是，高投入帶來的是低回報，這就得不償失了。20世紀80年代末，一台18寸彩電銷售價在2 500元以上，最高時達到3 200元；20世紀90年代中，各電視機生產廠競相殺價，一台18寸彩電銷售價在1 500元以下；21世紀初，其價格已降至千元以下。

很顯然，一種情況是：社會成本投入少，但貨幣剩餘價值卻能增多。另一種情況是：社會成本投入加大，但貨幣剩餘價值卻減少了。兩種情況形成了巨大的反差，將會使國家經濟出現兩種截然不同的結果。

又譬如，好端端的一條柏油路剛修好，排水部門下管道施工；施工後柏油路修好了，供熱部門下供熱管道施工；此後柏油路又修好了，供燃氣部門下燃氣管道施工；再後又剛修好了路，供電部門又進行地下電纜施工。如此這般地修好了挖、挖完了再修地重複施工，排水、供熱、供氣、供電等部門都完成了產值，為國民經濟的增長做出了「貢獻」，但

是有誰算過賬，它所帶來的資源浪費究竟有多大？

　　用增加資源剩餘價值損耗的辦法來增加貨幣剩餘價值，這是「羊毛出在羊身上」，並沒有真正使社會財富的總量增加，只是變換了價值形式，是社會財富的相對增長。在這種變換的過程中，儘管它可以使國民生產總值增加，表面上帶來經濟的繁榮，其實這才是泡沫經濟，危害無窮啊！

　　社會成本經濟學原理要說明的問題是：在某一種商品生產的範圍內，應該盡可能地減少重複性的投入，限制過度競爭。也就是說，從事市場經濟沒有錯，但不能從事那種無序的市場經濟。有罪過的不是「經濟計劃」，而是「計劃經濟」。

　　像那些小煉鋼廠、小造紙廠、小煤窯、小水泥廠等等達不到規模生產的重複性、高損耗的企業，更是不能讓它自由自在，早就應該取締。

　　對於無形（資源）剩餘價值GW，如果我們再不重視、再不珍惜，那樣的話，我們就會一錯再錯，最終得不償失。

4-5 實剩資源與虛剩資源

　　在虛剩資源中，人力資源是最易生出事端來的。他們不像石油，節省後未開採出來只會老老實實地待在漆黑的地下睡眠著，也不像其它貴重的稀有金屬，節省後未開發出來只能無怨無悔地趴在自己的地窩裏翹首以待；他們時時刻刻有著各種各樣的欲望和各種各樣的需求；他們有自己的思想，會運用自認爲高人一籌的計謀，還能使用讓其他人無法預料的手段，就像製造美國「9‧11」事件一樣，幹出驚天動

地的大事，將類似美國世貿大樓一樣的高樓大廈瞬間夷爲平地，將財富毀滅成一片廢墟。

在無形（資源）剩餘價值中，可以區分出兩種性質不同的資源，一種是實剩資源▲GW，另一種是虛剩資源△GW。

我們所說的無形剩餘價值中的實剩資源，是指它被節省出來以後始終保持可開發、利用、增值等對人類社會有益的屬性，也可以把它稱作無形資產。它被節省的後果是：節省得越多對人類社會就越有利，只有利沒有害。

譬如說，我們的企業通過科技創新，在生產出大量產品之後，節省了本該耗費的某種稀有金屬，這種稀有金屬的節省不會對人類社會帶來禍害，它只有好處，因爲它自身的價值隨時可以爲人類開發、利用，並可以通過資本運作實現價值增值。這樣一種無形剩餘價值，乃是人類的無形資產，它被節省得越多，那麼它今後所能帶給我們的好處就越多。

我們所說的無形剩餘價值中的虛剩資源，是指它被節省出來以後具有了兩面性：它既可以具有可開發、利用、增值等對人類社會有益的屬性，又可以具有破壞、消極、災害的屬性。也可以把它稱作無形虧損。它被節省的後果是：不見得節省得越多對人類社會就越有利，也許是越有害。有利還是有害，不好簡單下結論，只能讓最後的結果來做評判。

在這樣一種虛剩資源中，人——勞動力是最不穩定的、最具有多變性。他們也許成爲無形資產對社會經濟發展有益，也許成爲無形虧損對社會經濟發展有害。

譬如，過去10個人幹的活，現在只需1個人就勝任了，剩下的9個人可以去從事其它的工作，有利於社會的分工進一步發展。但是，假設三百六十行，行行都出現了這樣一種局面，行行都有大量的剩餘勞動力擁入這個社會，且假定這個社會分工只有這三百六十行，這樣的話，這些剩餘的人力資源怎樣面對呢？他們已沒有活幹，但是他們還要天天吃飯，吃不飽飯就可能要革命造反。造起反來當然就要鬥爭、砍腦袋，你打我殺，不死也傷，別說是搞經濟建設了，就連安全地活著都難以做到了。

因此，在虛剩資源中，人力資源是最易生出事端來的。他們不像石油，節省後未開採出來只會老老實實地待在漆黑的地下睡眠著，也不像其它貴重的稀有金屬，節省後未開發出來只能無怨無悔地趴在自己的地窩裏翹首以待；他們時時刻刻有著各種各樣的欲望和各種各樣的需求；他們有自己的思想，會運用自認為高人一籌的計謀，還能使用讓其他人無法預料的手段，就像製造美國「9‧11」事件一樣，幹出驚天動地的大事，將類似美國世貿大樓一樣的高樓大廈瞬間夷為平地，將財富毀滅成一片廢墟。如果讓那些無所事事、遊手好閑且野心勃勃、「志向遠大」的人都變成恐怖分子，那麼世界上就不會有太平的日子，就別談什麼社會經濟如何發展了。

總之，無形剩餘價值本應是對社會經濟發展有利的，但其中的虛剩資源卻具有兩面性，弄不好會起負面作用，尤其是當人力資源過剩而導致這些人生活貧困時，就極有可能將無形資產變成無形虧損而禍害於社會。

有關無形虧損的問題，我們將在後面詳細闡述。不過有一點現在可以下結論：最高明的國家領導人，或是集團的老總，或是企業中的負責人，他們的愚笨之處，就是眼睜睜地將無形資產鼓搗成無形虧損，變有利為不利。同是一樣的東西，會變成兩種結果截然相反的結局，這是任何一個國家，任何一個經濟實體都不應忽視的大問題。

4-6 警惕可增殖的虛剩資源

當某一種可增殖的虛剩資源過於增加時，它對於人類來說可能就將利變成了害。人類社會財富增長的數量，其準確值應該是將人口數量固定在一個不變的數字時，其計算的結果才有實際意義。

在虛剩資源中，有些是不可增殖的資源，像煤炭之類的礦產，有些是可增殖的資源，如野生動物和人類。前者用一個符號代替是△GW+O；後者用一個符號代替是△GW+N。

我們重點來說一下△GW+N。

當某一種可增殖的虛剩資源過於增加時，它對於人類來說可能就將利變成了害。例如，猴子要是滅絕了，這可是人類花多少錢也彌補不了的巨大損失，但是當它通過無序的繁殖，使猴子的數量突破一定數量時，它可能會立即變人類的財富為人類的禍害了。曾經有一段時間，香港猴子成災，它們成群結隊地走街串巷，搔擾居民，並給居民造成了一定的損失。人口也是如此。人類社會財富增長的數量，其準確值

應該是將人口數量固定在一個不變的數字時，其計算的結果才有實際意義。如果社會財富和人口同比例增長，這等於財富增長的速度等於零。假若社會財富數量未有變化而人口增長了，這等於社會財富相對減少了。只有當社會財富增長的比例高於人口增長的比例時，其超出的部分才是社會財富的實際增長額。因此，在社會財富數額之下，人口數量應作為分母，這就是人均社會財富數額。

與此同時，新增加的人口數量，與其它的可增值虛剩資源一起，也應設定在無形資產即 $\triangle GW$ 之下充當分母，它們的增加就意味著 GW 的減少，並且也可以直接視作無形虧損的增加。由於這一虛剩資源的可增值性，因此這個分母往往不是按照 1、2、3、4……數量級增加，而是可以按照 2、4、8、64……幾何級增加。就是說，一旦有 GW＋N 進入到無形剩餘價值的包袱底下充當分母，這傢伙可了不得，會把正常的經濟秩序擾亂得一團糟。

由於中國仍處在人口的高增長時期，GW＋N 作為價值公式中的分母雖然已不再是幾何級數增加，但它的負作用可小覷不得，認真地算一下，眼前令人樂觀的「經濟增長」，其實很可能是負增長。眼下中國的計劃生育工作——實質上也是一項極為重要的經濟工作，只是在大中城市中頗為見效，但在農村的一些地區卻往往力所不能及，生兩胎乃至三胎、四胎的比比皆是，使得這項工作大打折扣。如果任其發展下去，後悔可真的來不及！

聽說某養鱷魚的基地鱷魚成災，那麼就將一定數量的鱷魚宰殺供應給製藥廠或飯店；傳聞某養虎基地虎的數量也

倍增，那麼就將一定數量的老虎宰殺製作成虎骨油、虎皮大
衣等特產出口，管它是幾級保護動物，保護它們只是保護到
某個數量，一旦超出這一數量，超出的部分就不應再在保護
之列了。當然，宰殺的工作必須經國家的專門機構作出「裁
決」，禁止私人涉入。所有貴重的稀有動物，我們都可以將
它形成產業，就像養雞養鴨一樣。總之，一定要讓它達到這
樣一種境地：使某一種稀有動物的數量多起來，多到一定程
度時，使其一部分轉變成養殖化的產業。只要創收大於投
入，便可創獲價值剩餘。

第5章 個別價值剩餘 與一般價值剩餘

5-1 「人不得外財不富」

由於個別價值剩餘往往都是現成的財富，獲取它的人不用參加生產活動（屬於有益性勞動），只要付諸暴力或其它非法手段（屬於有害性勞動），就可以達到占有財富的目的，因而一些急於致富的人都願意走這條捷徑。黑社會性質的經營集團或團夥就是典型。

價值剩餘可以區分出兩種不同的類型：一種是不能增加人類社會財富總量的價值剩餘，我把它稱爲個別價值剩餘；另一種是可以增加人類社會財富總量的價值剩餘，我把它稱爲一般價值剩餘。

個別價值剩餘，它只能使某個人、某個地區或某個國家一方的財富流通到另一方，而不會使人類社會財富的總量增加。就是說，在人類社會財富總量未變的情況下，或是「你

少了、我多了」，或是「我少了、你多了」。

西方經濟學的發展史始自「重商主義」，足見有關社會財富是如何增長的問題，一上來就被經濟學家局限在個別價值剩餘範疇中，雖說它是出於客觀上對某些商業集團的辯護，但結果卻是使經濟學從一開始就沒有理性，而是出於利益。這是因為，「重商主義者」主張17世紀的英國應該通過推行貿易順差來實現經濟繁榮，好像這就是社會財富不斷增長的途徑。

「重商主義」的代表人物托馬斯・孟曾經這樣闡述：「我們應當觀察到這麼一條規則，即增加國民財富的通常手段是對外貿易；每年銷往國外的商品價值應超過我們消耗對方商品的價值……我們的商品存貨如果未能返回倉庫，就必須給國內帶來財富。」[18]

看得出，「重商主義」的另一個代名詞就是「貿易保護主義」，如果所有的國家都照孟所說的去做，矛盾和鬥爭將永無休止。這正是以孟為代表的「重商主義」為什麼在18世紀和19世紀招致了弗郎索瓦・魁奈、亞當・斯密和大衛・李嘉圖幾位經濟學家給予尖銳批評的原因。

貿易餘額僅指一國出口額與進口額之間的差額。當一國產生貿易順差時，就意味著出口超過了進口。外銷的商品超過了從國外購進的商品時，必將獲得國外進口商為購買商品所支付出的報酬，這種報酬且不管它是硬通貨（貴金屬，如

【18】史蒂文・普雷斯曼：《思想者的足迹——五十位重要的西方經濟學家》陳海燕等譯，江蘇人民出版社，2001，頁1。

金銀等）還是代金貨幣，於是貿易順差就能夠在多收少支貨幣的前提下促進一國的財富積累，實現富裕。

孟認爲，國內貿易不能爲整個英國創造財富，因爲某一個人所得到的貴金屬正好是其他人所失去的。其實孟沒有聰明徹底，因爲他只要稍作引申，就可得出「貿易順差不能爲整個人類社會創造財富，因爲某一國所得到的貴金屬正好是其它國家所失去的」的結論。

個別價值剩餘的特徵就是這樣，要麼是「我少了你多了」，要麼是「我多了你少了」，它無法實現人類社會財富總量的增長，因而它本不該成爲經濟學所要研究的最核心的內容。最核心的內容只有一條：人類社會財富的總量是如何增長出來的。

個別價值剩餘的產生，不一定是產品的商品性交換的結果，但它有時依賴於交換的形式。不過，這種交換肯定是出於某種原因的不等價交換。

100年前，英國人斯坦因（M·A·Stein）以考察爲名來到中國「淘金」，僅用40塊「馬蹄銀」從中國道士王圓籙手中換得敦煌藏經洞內二十四箱寫本和五箱繪畫，然後把這些價值連城的珍貴文物運回英國，至今還放在大英圖書館中。可見，這一「交換」過程雖然披著交換的外衣，但其懸殊的價值差已近似掠奪。這種「交換」的結果，是使中國的財富減少了，使英國的財富增多了，它並未增加人類社會財富的總量，只是變更了財富的所有權和占有權。

就個別價值剩餘產生的過程而言，除了「交換型」以外，還有「受惠型」和「剝奪型」兩種不同的形式。

所謂的「受惠型」，它不需當事人之間進行什麼交換，完全是一方對另一方的贈與、捐獻行為，是建立在自願自受基礎上的，不具有任何強制性。例如，某甲將某種財物贈與給某乙，某乙便獲得了個別價值剩餘，但與此同時，某甲的財富就相應少了。不過這是某甲樂意做的事，是某甲心甘情願的。

「剝奪型」可就不同了，它不是建立在自願的基礎上，而是建立在侵占的基礎上，具有某種強制性。即：不管對方願不願意，另一方都要把對方的財富搶到手裏。菲律賓的阿布沙耶夫一夥綁架人質索要贖金就是一例。如果政府向恐怖分子支付了贖金，使恐怖分子的財富增加了，那麼同時國家的財富就變少了，它根本沒有通過勞動實現一般價值剩餘，只是靠恐怖活動創收獲了個別價值剩餘。類似盜竊、搶劫、詐騙等等犯罪活動，都可以使犯罪者獲得個別價值剩餘，與此同時，被侵害的對象都會相應地使財富減少。

「剝奪型」的個別價值剩餘，有時獲取它的手段可以是非暴力或非主動性的。例如：某甲丟失了一個金戒指，被某乙撿到後占為己有；又如賄賂。但這樣一種不當得利所獲得的個別價值剩餘，是在他人受到財產損失的前提下獲得的，因而它仍然具有剝奪性。

可以這樣說，很多的經濟犯罪分子，其犯罪的目的就是要獲取個別價值剩餘。懲治這些犯罪分子，不僅僅是法律的需要，也是經濟學的需要，甚至可以說法律的原則恰恰是由經濟的原則決定的，法律原理是為經濟原理服務的。

由於個別價值剩餘往往都是現成的財富，獲取它的人

不用參加生產活動（屬於有益性勞動），只要付諸暴力或其它非法手段（屬於有害性勞動），就可以達到占有財富的目的，因而一些急於致富的人都願意走這條捷徑。黑社會性質的集團或團夥就是典型。正因為這樣，一個法治的國家就要想方設法限制個別價值剩餘，或把個別價值剩餘的遊戲利用好。

應該明確指出的是，「社會成本經濟學原理」在個別價值剩餘的分析中，發現它在沒有增加人類社會財富總量的同時，卻增加了社會成本，增加了社會經濟消耗，僅從經濟學的角度來看待和評價，也是整個人類社會的虧本買賣。

獲取剝奪型個別價值剩餘的活動過程，必定要投入一定的人力物力。這種投入僅僅是將社會原先就有的財富從一方轉移到另一方，絲毫沒有使社會的財富總量增加，於是所有的人力物力的投入，全都白白地損耗了。不但如此，這種投入還破壞了正常的經濟秩序，給經濟活動帶來不安定因素。最後，國家為了維持正常的經濟秩序，還要再進行反向的投入，如招募警察、設立監獄等，用以打擊犯罪，保護守法公民的利益。如此這般的投入再投入，沒有增加任何財富，反倒是將財富白白損耗了。

在剝奪型個別價值剩餘的獲取和反獲取的整個社會活動中，很多的社會財富都被浪費在這個過程中，它加大了社會成本的投入，卻不能實現任何的節省。因此，剝奪型個別價值剩餘從頭到腳，都爬滿了社會財富的吸血蟲，發出陣陣的惡臭味道。

然而，「人不得外財不富，馬不吃夜草不肥」，這一個

別獲取價值剩餘的投機理念又對人有著極其強烈的吸引力，讓很多人躍躍欲試。幾千年的中國文化傳統總是把矛頭指向創造剩餘價值的商人，視商為奸，卻從來不把那些獲取個別價值剩餘的達官貴人看成是恥辱，甚至引以為榮，崇拜之至，這可真是經濟學領域中一件令人奇怪的事情。

「奸」字不應該戴在「商」的頭上，而應該緊緊地貼在獲取剝奪型個別價值剩餘者的臉上，這才算是公道的。

當然，類似獲得捐助、繼承遺產等個別價值剩餘，並非是獲得者利用非法、非道德的手段而獲得的，這與「損人利己」地獲得個別價值剩餘還是有區別的。

5-2 有貧有富與共同富裕

社會經濟的發展，撇開了剩餘價值不說，靠的是一般價值剩餘的增加，而不是靠個別價值剩餘的增加。人與人之間要想增加個別價值剩餘，不是搶，就是騙，不是剝削，就是壓迫；國與國之間要想增加個別價值剩餘，不是殺，就是掠，不是戰爭，就是侵略。

一般價值剩餘的獲得並非靠剝奪他人的個別價值剩餘，而是在他人個別價值剩餘不被剝奪即每個人的財富不發生減少的前提下而增加的價值剩餘，它能夠使人類社會財富總量不斷增加，是整個人類社會「共同意義」的價值剩餘。這個「共同意義」也許並不意味著人類社會中的所有人都能夠均等地共同享有，可能有的人享有的特別多，而其他人享有的特別少。享有多的人所增加的價值剩餘

財富，只要它的增加不是從享有價值剩餘財富少的人那裏交換、受惠或剝奪而來的，即我的增加並沒有使你減少，那麼我增加的越多，人類社會的財富總量就越多。這就好比，中國的糧食產量增加了，它並不是從別的國家土地上搶來的，因此糧食的產量越多，對人類社會的貢獻就越大。

　　很顯然，社會經濟的發展，撇開了剩餘價值不說，靠的是一般價值剩餘的增加，而不是靠個別價值剩餘的增加。人與人之間要想增加個別價值剩餘，不是搶，就是騙，不是剝削，就是壓迫；國與國之間要想增加個別價值剩餘，不是殺，就是掠，不是戰爭，就是侵略。

　　說到勞動者靠出賣勞動力商品所收獲的價值剩餘，它是屬於個別價值剩餘還是一般價值剩餘的問題，我是傾向於後者的。表面上看，工人在投資者那裏領取工資，好像工人手裏的鈔票多了，投資者手裏的鈔票少了，於是很容易認為工人領取的工資是個別價值剩餘，這是不準確的。工人與投資者的關係，是商品性交換的關係，只不過投資者手裏的商品是貨幣，工人手裏的商品是勞動力；投資者賣出的是貨幣、買進的是勞動力，工人賣出的是勞動力、買進的是貨幣。願意賣你就幹，不願意幹你就別賣，「此處不留爺，自有留爺處」。這種商品性交換不一定是等價的。有時有欠缺，有時有剩餘。假若我一個月的勞動成本（即一個月維持生活的費用）是500元的話，那麼我一個月的勞動投入量不一定是500元，也許多，也許少。如果我總是偷懶怠工，我付出投入的就少；如果我經常提出生產工藝的革新方案，我付出投入的就多。投資者也許每月給我工資400元，也許每月給我800

元，給少了我就入不敷出，給多了我就會有價值剩餘。投資
者之所以會多給我高工資使我有了價值剩餘，這是因爲投資
者看到我所付出投入的勞動不但可以給我帶來價值剩餘，而
且首先是給他帶來價值剩餘。投資者從大量的價值剩餘中拿
出來一部分給了我，只是把一般價值剩餘做了一次公平或近
似公平的分配，投資者並未從這一分配中遭受任何損失。因
此，工人所領取的工資，在支付了所有生活必需的費用以後
出現的剩餘（即貨幣存款）部分，它不是個別價值剩餘，而
是一般價值剩餘。也就是說，勞動工資減去生活開銷後所實
現的剩餘，也增加了社會財富的總量，它既是個人財富的增
加，也是人類社會財富「共同意義」的增加。

　　一般價值剩餘也會使某個人、某個地區、某個國家的
財富增加，但它增加的前提，並不是以另一個人、另一個地
區、另一個國家財富的減少爲條件的，最關鍵的是，這種增
加是某個人、某個地區、某個國家抵消了成本之後獲得的，
未另外增加社會的成本。

　　一般價值剩餘的創獲是有賴於勞動的。但這裏所說的勞
動，不是單純的低水平的體力勞動，因爲沒有溶入腦力勞動
的體力勞動，它在初始階段的投入與損耗是相同的，即爲了
維持這種體力勞動所必需的物質消耗，與體力勞動的物質成
果相持平，也就不會有價值剩餘產生出來。勞動力的提高，
首先是人類加大了腦力勞動的投入，並逐漸地把腦力勞動的
成果注入到體力勞動之中，使體力勞動得到了升華。

5-3 讓「遊戲」有利於發展

不管怎麼說，社會上所有的人，誰也沒有辦法保證自己的一般價值剩餘永遠也不會成爲他人口袋裏的個別價值剩餘。這是我們防不勝防的，尤其是「交換型」的個別價值剩餘。因爲商品價格中總是隱藏著看不見的個別價值剩餘，就好像一家人巧合地分別購買了同樣一件商品，但所有的價錢卻都不一樣，多掏錢的就感覺遭劫了一般。

從前面的敘述中不難看出，人們創獲一般價值剩餘的勞動，對社會財富的增長是有益的；人們獲取個別價值剩餘的勞動（也是人的手、腳、神經、腦的耗費），對社會財富的增長不但無益反而有害，因爲它加大了社會成本的投入。不過，個別價值剩餘雖然它根本不能轉化爲一般價值剩餘，以一般價值剩餘的形式爲社會財富的增長做出貢獻，但它卻可以以投資的形式轉化出剩餘價值，用剩餘價值爲社會財富的增長做出貢獻。這可真是一件讓天下正人君子哭笑不得、又不得不面對的尷尬事。

據說，有一位南方的女孩，到一家歌舞廳當三陪小姐，用出賣肉體的非法手段獲取個別價值剩餘，僅5年的時間就賺了一大筆錢，然後「金盆洗手」不幹了，回家後購房、買車，開了一家商店，找了個老公一同做買賣，成了先富起來的人。要說開了商店後所賺的錢，那可不再是個別價值剩餘了，而是剩餘價值的一部分。

　　很多的黑社會老大，開頭時殺殺打打，獲取個別價值剩餘，後來有錢了，開了買賣，轉而創造剩餘價值了，所以這些老大也就逐漸轉變成守法的企業家了。假如當初沒有那些個別價值剩餘，那些後來創造出剩餘價值的資本金也就沒了蹤影。

　　還有那些開賭場的人，其本身也是在獲取個別價值剩餘。但是，如果賭場的開辦者把賺的個別價值剩餘用於投資，尤其是投向那些為社會所需的項目上，最後，它也能為創造剩餘價值做貢獻。

　　彩票事業也是如此，如果它不能擺脫個別價值剩餘的範疇，不能為創造剩餘價值服務，那麼儘管它「取之於民，用之於民」，它仍然屬於一項落後的事業：它不能增加社會財富的總量，甚至連為其服務都做不到。只有將發行彩票所獲得的個別價值剩餘轉化為創造剩餘價值的動力，這場遊戲才能達到使社會財富總量不斷增加的目的。

　　高明的經濟學研究者和國家的管理者，他們應該是能夠正視人們大都具備獲取個別價值剩餘的心態，巧妙地運用人們的這一弱點，把它同創造剩餘價值的活動密切聯繫在一起，讓人們獲取個別價值剩餘的私心為創造剩餘價值的公心服務。

　　第一個發明並創建股市的人，就是這樣一位有非常智慧的人，他把個別價值剩餘玩弄於股掌之中，讓它為創造剩餘價值服務。

　　譬如，股市的參與者有一部分（也許是一大部分）都本是獲取個別價值剩餘的投機者。拉高出貨的人賺錢了，可高

價買進套牢割肉的人賠錢了。就某一支股票而言，當天的買進和賣出，使一部分人賺錢了，同時使另一部分人賠錢了，不管賺多少賠多少，它都不會增加或減少社會財富的實際總量，僅僅是個別價值剩餘的遊戲，不會生出一般價值剩餘。但是，這場投機獲取個別價值剩餘的遊戲卻有利於企業上市融資，使企業有能力利用社會上的資金進行資本運作，創造剩餘價值，就使得獲取個別價值剩餘的活動演變成創造剩餘價值的動力。

必須在此說明的是，中國的股市尚有一些不完善之處，個別上市公司在「融資」的幌子下把廣大的股民當成了被掠奪的對象，利用人們的賺錢心理，把大量的錢財騙到上市公司管理者的手裏，供他們隨意地支配和揮霍。這就使得股市裏充滿了榨取個別價值剩餘的血腥味。本來，上市公司融資的目的是通過資本運作創造剩餘價值，這些剩餘價值中的一部分本應作爲對投資者（即廣大股民）的經濟回報。但是，現今的一些上市公司，融資已不再是手段，而是變成了目的；創造剩餘價值已不再是他們的己任，他們只想著怎樣巧取豪奪地榨取股民的個別價值剩餘。這些上市公司的個別經營者和管理者，在他們的企業沒上市融資以前，他們揮霍、遭蹋的是國家的錢，而在上市融資以後，他們還可以揮霍、遭蹋股民的錢。公司虧損了，他們沒有一分錢的損失，倒楣的是股民；公司盈利了，股民也不見得能得到什麼實惠。所謂的中國股市，曾經在一段時間裏沒有利用好遊戲規則，沒有讓個別價值剩餘創獲的遊戲服務於剩餘價值的創造活動，使得股市管理在某些方面處於失控的狀態中。如今，還有很

多企業正源源不斷地想擠進股市的大門，拿著「空頭支票」（即公司的股權泡沫）公開地掠奪股民的錢財，很少見到上市公司的經營者或管理者能對股民們作出法律意義上的回報的承諾，誰也搞不清這些上市公司裏的經營者或管理者究竟應該替誰負責？他們要是把企業虧損了，他們應該承擔什麼責任？他們應該遭受什麼樣的懲罰？

對股市管理的失控，使股市變成了賭場，股民們不再是某個上市公司的投資者，因為他們沒有預期，沒有監督，沒有獎勵和懲罰，股民與上市公司的業績之間已沒有了血與肉的鏈條關係，而變成了股民與股民之間的投機搏殺。因此，中國的股市實際上成了現代經濟型的角鬥場，股民們只不過是在這角鬥場中相互進行的你死我活搏鬥的經濟奴隸，而某些上市公司的經營者和管理者們卻是坐享其成、坐山觀虎鬥的「奴隸主貴族」，難怪有這麼多企業都爭先恐後地要上市，誰不願意成為榮華富貴的貴族？

完善中國股市，需要做的事情很多，最緊迫的當屬以下幾件：

1、制度要新：會計不能「任人唯親」

上市公司的財務狀況真的不多、假的不少，會計人員與公司有著利益關係，不得不違心地聽命於公司，否則就等於死路一條。上市公司必須率先鏟斷會計人員與公司之間的隸屬關係，形成會計職業化（會計均受聘於會計師事務所）、財務服務化（會計師事務所不定期輪換委派會計為企業提供服務）。不能讓會計成為「幫凶」，要讓會計成為第一道關卡的「監督員」。所有上市公司的會計都是財務監督員，大

家都處在一條起跑線上，誰也不用擔心自己的公司會在制度上吃虧。

當然，這樣一些會計師事務所必須由證監會監管，統一受控於國家的某個管理部門，防止它們自身出毛病。

割斷會計人員與聘用企業之間的利益關係，先從上市公司下手，逐步擴大到各個行業的企業中去，不管它是國有的還是非國有的，這是經濟發展達到一定水平之後不可違背的經濟管理規律。誰首先確立了這一經濟管理的新制度，誰就可以有效地防患泡沫經濟，抑制無形虧損的潛在威脅（有關無形虧損的問題我們在下章中詳述）。

據中國財政部發布的對部分行業2000年度會計信息質量抽查公告，發現本次抽查中發現的被查單位資產和利潤失真情況仍很嚴重，假憑證、假賬、假報表、假審計和假評估等問題仍不容忽視。在抽查的涉及醫藥、紡織、民航、冶金、石油、石化等行業的320戶企業和事業單位，資產不實的金額為73.75億元，利潤不實的金額為35.11億元。其中，資產不實比例在1%以上和利潤不實比例在10%以上的分別占全部被抽查單位的50%和57%。通過抽查顯示，會計師事務所的審計質量良莠不齊，存在著巨大的隱患。所查的125家會計師事務所，相當一部分存在著未實施必要的審計程序而出具了不恰當的審計報告，尤其是為32戶虛盈實虧的企業出具審計報告的事務所，均不同程度地認可了企業虛盈實虧的情況。【19】類似的問題，在上市公司中究竟有多嚴重，只有天曉得！

【19】參閱 2001年12月14日《今晚報》。

　　因此，在中國，率先實行「會計職業化」，在經濟管理工作中讓會計從企業中解放出來，切斷他們與企業之間直接形成的勞動關係，讓他們獨立於企業之外，並且要由國家的管理部門加強對會計師事務所的指導、監管和調控，這樣一種制度的舉措是勢在必行的。只有大膽地予以制度創新，《會計法》才會全面的顯示出效力。否則，會計人員在企業中只有兩條路：一是同流合汙；二是下崗回家。當會計人員面臨著生存的威脅時，《會計法》究竟還有多大的威力？誰會爲遵守《會計法》而甘願失去工作，讓全家人餓肚子！

　　將會計從企業中解放出來，就是首先要免除他們的後顧之憂，他們再也用不著擔心會因遵守會計制度而被企業「炒魷魚」。

2、責任要清：實行職業經理制

　　最要緊的，是急需建立經理人市場，全國實行網絡化管理。經理人市場不同於一般的勞務市場，它實行的是業績跟蹤管理，並且全國聯網。所有的上市公司都要從「經理人市場」中招聘專業的經理人任企業的總經理或副總經理，這些經理人的經營業績將會記錄在案，隨時可從信息網絡中查閱到。經營的好，就是這些經理人積累的資本；經營的不好，就會給他自己帶來信譽上的虧損，最終被開除出「經理人市場」。不但如此，經理人與企業之間還要獎罰嚴明，重獎重罰；幹好了，就讓他名利雙收，幹壞了，就讓他身敗名裂。如此一來，看他誰還敢拿股民的錢耍花腔！

　　當然，上市公司中的所有股東或董事成員，均不得在本公司內任經理人（總經理或副總經理），以防弊端。

3、信息公開：報告業績與分配預案

上市公司除應按年度公告經營業績外，同時還應向股民公告分配預案，算作是對股民所做出的承諾。分配預案應固定在每年的固定時間公布，至次年同一固定時間兌現，就如同銀行提前告之儲戶存款利率是多少，到了年頭肯定按此利率支付利息一樣，使股民的投資更有目的性、準確性。讓投資成為投資，不能讓投資成為投機，這首先取決於分配預案的準時提出以及分配預案的兌現率。只要分配預案未能兌現，那麼經理人就要按照一定額度被處以罰款，這不包括他們在信譽上所帶來的損失。

上述3點如果做到了，可以這樣說，儘管證券市場的管理工作還有很多的事情要做，起碼它已經把風險降低了，並且為日後的發展奠定了堅實的基礎。

可見，將創獲價值剩餘的遊戲規則制定好，不但不會阻礙經濟的發展，而且會極大地促進經濟的發展，使創收獲值剩餘的活動演變成為創造剩餘價值的巨大動力。如果反之，則是禍國殃民的事情，弄不好，會演變成一場經濟危機的導火線。類似的事情，已經在很多國家的遭遇中得到過驗證，是不爭的事實。

總之，將個別價值剩餘獲取的所有渠道和途徑全都鏟除乾淨，這是難以做到的。應該下大力量加以限制的是「剝奪型」的兩種個別價值剩餘獲取途徑，一是政治上的剝奪，另一個是經濟上的剝奪。當然，暴力性的剝奪更在打擊之列，且不管它是在政治範疇還是經濟範疇。

不管怎麼說，社會上所有的人，誰也沒有辦法保證自

己的一般價值剩餘永遠也不會成為他人口袋裏的個別價值剩餘。這是我們防不勝防的，尤其是「交換型」的個別價值剩餘。因為商品價格中總是隱藏著看不見的個別價值剩餘，就好像一家人巧合地分別買了同樣一件商品，但所花的價錢卻都不一樣，多掏錢的就感覺遭劫了一般。

同一般的消費商品一樣，勞動力商品在買賣過程中也會出現這一窘況，這是無法避免的。如果我們發現當初所訂立的勞動合同中我們的工資低了（即把自己的勞動評價低了），那只能怨我們自己不精明，為什麼當初不提出要求呢？如果把社會人口增加、勞動力商品市場供大於求的種種因素排除開，工人應該有資格並且有能力與用人單位討價還價的。但不得不予以重視的是，不利的因素始終無法排除開，工人在交換中總是被別人剝奪個別價值剩餘，這是一個我們無法回避、必須進行研究並解決的問題。

馬克思老先生就曾關注並設想予以解決的這一問題，其出發點和其想要達到的目的，都是值得稱道並可以視其為偉大的。但遺憾的是，他同先前的和後來的所有的經濟學家一樣，也將剩餘價值與價值剩餘這兩個截然不同的財富增長的方式混為一談，故而解決問題、分析問題的方法和途徑事與願違地出現了一些偏差，就當時的歷史局限而言，這是難以避免的。

第6章 有形虧損與無形虧損

6-1 有形虧損的幾種形式

產品性虧損和商品性虧損，最終都要體現爲資本虧損。因爲產品性虧損和商品性虧損都會使實付社會商品成本升高，使「資本盈虧分界線」後移，由此使資本的虧損區域擴大。所以，預防資本性虧損，首先要從預防產品性虧損和商品性虧損做起，「一榮俱榮、一損俱損」。

有形 虧損又可簡稱爲貨幣虧損，它是企業或社會在資本運作與經營中出現的可以直接計算出來並易於被人關注的虧損。

例如，企業生產某種商品的成本太高，銷售的數量少，至少銷售商品的毛利潤無法消化成本費用，導致利潤出現負數，造成資本虧損。就是說，一個企業整個的生產銷售過程，最終連當初投資的本錢都沒收回來，造成貨幣（即資本）的減少，這就是有形虧損的一種。

任何一個投資者，其投資的目的沒有一個是盼望虧損的，都是渴望盈利的。但是，資本的投入，在其運作過程中，都無一例外地潛伏著虧損的風險，都不得不與虧損進行

殊死搏鬥。

正如同我們在前面所講過的那樣，在「資本盈虧分界線」以前的那個階段，所有企業都是在「虧損」中度過的，都是負債經營的。只有隨著商品銷售數量的不斷增加，使實付社會商品成本越降越低，才能爲企業帶來利潤。如果一個企業的資本運作根本沒有越過「資本盈虧分界線」，那麼企業的投資就失敗了，投資者就會入不敷出，使他的財富減少，造成資本性虧損。

有形虧損的出現，是資本在「萬里長征」中首先遇到的一片沼澤地，資本稍有不慎，就會陷入泥潭裏被淹沒。一旦闖過了「資本盈虧分界線」，才算是闖過了這危機四伏的沼澤地。

資本在運作中越過了「資本盈虧分界線」，是否就可以大搖大擺、無所顧忌地前進了？答案是否定的。這是因爲，雖然資本闖出了沼澤地，但在資本的前進道路上，還有很多「雪山」和「草地」，還會面臨很多的困難，只要有一次應對失誤，資本仍然會跌進深淵或活活餓死。

譬如，市場的競爭使資本與資本之間相互殘殺、圍追堵截。在這樣一種市場環境中，如果我們生產的產品質量上不去，或是出現了其它的問題導致我們所生產的產品銷售不出去，那麼產品就無法通過商品交換的方式變現成增了值的貨幣，資本的轉換過程就被切斷了。雖然我們上上下下都勞動了，累得都死去活來的，可生產出來的產品都積壓在倉庫裏成了廢物，這就是我們的有形虧損。那些被倒進大海的牛奶，那些被焚燒的傳染上口蹄疫的牲畜，那些當廢品都賣不

出去的過時物件，樣樣都是有形虧損的寫照。

虧損發生的形式共有三種：前一種是資本性虧損，後兩種是產品性虧損和商品性虧損。

資本性虧損，乃是資本在運作過程中，實付社會商品成本始終未能降至社會商品價格之下，或是降到了社會商品價格之下，但其盈利部分還不足以抵償虧損部分，致使投入的資本金減少。資本性虧損考察的是資本運作的整個過程，而不是它運作的一段時間。

產品性虧損，是指任何一種產品都會出現自然損耗，即在產品的使用或閑置中，產品都會逐漸損耗，最終其價值耗廢殆盡。譬如，花3 000元購買了一台電冰箱產品，它沒有使用閑置了15年，後已不能正常使用了，那麼該產品每年的產品性虧損就是200元。所有的企業都會把自身所購置的產品（原材料等除外）費用分年限待攤到經營成本中去，目的就是預防產品性虧損。防止產品性虧損的出現，就要考慮到怎樣使不可增殖產品轉變成可增值產品，用以抵消產品性虧損，就要考慮到不能讓手中的產品出現閑置。

例如，我們購買一所住房，該住房產品隨著時間的延長，房子就會自然老了、舊了，最終有一天會自然倒塌。如果我們既居住這所房子，又利用這所房子進行商品生產或經營，就可以使本是不可增值的產品轉變成可增值的產品，並杜絕閑置的現象。因此，可增值產品不只限於那些類似牛羊等活物，它還包括各種各樣能創造效益的「死物」。蘇聯在經濟上的垮台，主要原因就是國家在軍備競賽中所造成的產品性虧損太嚴重，致使經濟崩潰。

　　商品性虧損，它完全是在商品性交換中出現的，即社會商品價格低於實付社會商品成本所造成的虧損。一般情況下，社會商品價格處於應付社會產品成本之下、實付社會商品成本之上，這是公正合理的。但由於市場競爭、市場供求關係變化等原因，一些個別生產者和經營者，不得不將商品「清倉處理」（有的是假「清倉處理」，有的是真「清倉處理」）。一旦商品的價格低於它的成本的時候，那麼該商品銷售的結果就會造成商品性虧損。商品性虧損考察的是產品的商品性交換的過程，最重要的要素就是商品價格。

　　除了上面所說的「銷」上出現的商品性虧損，還有另外一種在「購」上出現的商品性虧損。

　　譬如，某家具廠用每立方米2 000元的商品價格購進木材，可市場上的平均售價才每立方米1 500元，那多支出的500元，就是這個廠家每購得一立方米木材所出現的商品性虧損。

　　人們也許會問，不是說買的人嫌貴嗎？為什麼會多花錢呢？沒錯！如果某個人花自己的錢買商品，肯定是符合這一常規。問題出在往往某人花的不是自己的錢，他花的是投資者的錢，是別人的錢，對於某些人來說，就不一定遵循這一常規了。這是因為，他多花了別人的錢，也許可以為自己撈到好處，這就是我們通常所說的「回扣」。

　　誰的錢誰心疼。每個投資者在花錢問題上都不會掉以輕心，只要發現商品價格有異常，定會明查暗訪弄它個水落石出。因此，在非公有制的企業中，外人不用擔心他們會在商品性虧損上栽跟頭，栽了也是虧他們自己的，誰讓他們把

關、管理不嚴呢！但是，類似這樣的商品性虧損問題出在公有制的企業中，麻煩可就大了。首先，他們花的都是國家的錢，不管是廠長、書記，還是白領、藍領，他們都不是投資者，購買商品不管是多花錢還是少花錢，花的都不是他們自己的錢，這當然也包括一些上市的企業。其次，不花自己的錢反倒想從這花錢的活動中為自己撈到好處，損公肥私、損人利己，這可是禍上加禍。前幾年常聽說某某企業領導花大錢從國外買設備，結果買來了一堆廢物，趴在企業裏根本用不上，造成企業商品性虧損。想想看，明明只值50萬美元，卻花了150萬美元，這樣的商品性交換來它幾次，企業的老本就換沒了、換虧了。

我們的國有企業，我們的國家，在購買生產資料商品中由於體制上的問題帶給企業和國家造成了多大的商品性虧損，這恐怕只有天知道！

如何堵住商品性虧損的漏洞，這是擺在國有企業面前最急需解決的難題。

產品性虧損和商品性虧損，雖然它們都有別於資本性虧損，但它們都最終會導致資本性虧損。或者說，資本性虧損包含了產品性虧損和商品性虧損，如果能夠杜絕產品性虧損和商品性虧損，資本就等於上了兩道保險。但是，為什麼將產品性虧損和商品性虧損單獨列出來，這是因為它們畢竟不能完全代替資本性虧損。意思是說，假若沒有出現產品性虧損和商品性虧損，仍無法保證資本性虧損不出現，即資本性虧損仍然有發生的可能。譬如，某軟體公司研製出一種新產品，它沒有出現產品積壓，生產出一個就賣出一個；它也沒

有出現商品性虧損，每個商品的銷售價格都不算低。但是，由於其生產銷售的規模上不去，市場占有率達不到經濟規模，致使生產並銷售出去的商品數量無法收回投資的成本，這樣的話，照樣會造成資本性虧損，投資者照樣會使財富減少。

在資本性虧損之中的產品性虧損，是一個最易被忽視、又最易引起爭議的問題。這是因為，勞動力的產品延伸，不但會出現生產工具、設備的閑置，還會出現勞動力即人的閑置。前者易於發現，也較好解決，如某廠將閑置的機器設備盤出去賣掉，就解決了問題。後者就沒那麼簡單了，人的閑置從來不被看作是罪過，不讓人閑著倒是容易使投資者背上不仁不義的罵名。我曾在自己經營的企業中提出了一句口號：不養一個閑人！而且就是照這樣做的。可結果，職工們私下咒罵我說：「用人太狠！資本家的作風！」最後將我「法辦」關進牢裏了，企業黃了，職工們都下崗了，這下可閑了，可誰給工資呢？

在中國，資本性虧損的主要原因就是擴大市場率意識的淡薄。除此之外，產品性虧損的問題也是阻礙中國經濟發展的大問題。資本閑置、廠房閑置、生產設備閑置、勞動力閑置……在這麼多閑置問題之中，最突出最難解決、最易產生出矛盾來的就是勞動力的閑置問題。尤其是國有企業，似乎人人都拿著能住進「國企皇宮」的「腰牌」，想摘都摘不下來，哪怕是大夥都餓著肚子光喝白開水，他們也不願意自己扔掉這「腰牌」，都指望著有一日，能將這「腰牌」賣個好價錢。正因為這樣，中國面臨的最大有形虧損問題之一，

就是人的閑置問題。一句話，投資了沒見效，定是出現了閑置，不是人的閑置，就是其它生產要素的閑置。就是說，勞動力產品延伸的實際結果，沒有達到勞動力產品延伸的目的。爲什麼投資者最感到頭疼的問題就是雇傭勞動力的問題，其原因就在於，投資者購買勞動力產品的本意是想實現他的勞動力的產品延伸，可有時這勞動力產品不像其它產品那樣聽話，他不但可以不讓投資者達到延伸的目的，還可以讓投資者受損。僅僅是不出力就可以造成勞動力的閑置，就可以造成產品性虧損；如果出了力——出了讓投資者受損的力，譬如故意毀壞生產工具、故意生產不合格產品，那他給投資者所造成的虧損更是無法彌補。

可以看出，在資本的整體運營中，生產要素的閑置也是造成資本虧損的主要原因之一。在全世界的各個角落裏，因生產要素的閑置所造成的虧損比比皆是，數不勝數。

我們通常所說的「生產要素」，實際上就是投資者爲實現勞動力的產品延伸所購置的廠房、設備、勞動力等產品。

綜上所述，產品性虧損和商品性虧損，最終都要體現爲資本虧損。因爲產品性虧損和商品性虧損都會使實付社會商品成本升高，使「資本盈虧分界線」後移，由此使資本的虧損區域擴大。所以，預防資本性虧損，首先要從預防產品性虧損和商品性虧損做起，「一榮俱榮、一損俱損」。

需要加以說明的是，如果將資本運作的整個過程分出階段來考察它的有形虧損問題，那麼有形虧損可分爲前期虧損與後期虧損。

前期虧損是指實付社會商品成本曲線由於滿足需求數量

初始少而未能運行到社會商品價格曲線之下時造成的資本虧損。簡單地說，在資本盈虧分界線之前發生的虧損都是前期虧損。前期虧損又可稱之爲經營性虧損，所有的企業都是從前期虧損之中掙扎出來後才創造利潤的。

後期虧損是指在資本盈虧分界線之後發生的虧損，它不是正常的經營性虧損，而是管理性虧損或其它性質的虧損。如在管理上有漏洞而積累了無形虧損，此後這些無形虧損（例如安全生產）問題一旦轉化爲有形虧損，就會給企業造成巨大損失；又如：突如其來的洪水等自然災害給企業造成損失；等等。

前期虧損發生時，每個單位產品都是負數；後期虧損發生時，每個單位產品利潤都是正數。前者是內在性的虧損，後者是外來性的虧損。

6-2 無形虧損的分類

無形虧損最終早晚會轉變成有形虧損，這是不容置疑的。但是在它轉變之前，人們往往都視而不見，只有當它瞬間妖怪般地出現在人們的面前時，甚至於給人類造成生命財產的巨大損失時，人們才知道它的厲害。然而，一些人所關注到的，還是眼前看得見的有形虧損，面對無形虧損問題，仍未引起人們足夠的重視，這實在是一件令人遺憾的事情。

無形虧損又可簡稱爲資源虧損，它是企業或社會在資本運作與經營中不易被人發現的潛在的虧損，是在無形剩餘價值中出現的資源虧損。用最簡單一句話來說，

不用會計記賬的虧損就是無形虧損。

　　無形虧損最終早晚會轉變成有形虧損，這是不容置疑的。但是在它轉變之前，人們往往都視而不見，只有當它瞬間妖怪般地出現在人們的面前時，甚至於給人類造成生命財產的巨大損失時，人們才知道它的厲害。然而，一些人所關注到的，還是眼前看得見的有形虧損，面對無形虧損問題，仍未引起人們足夠的重視，這實在是一件令人遺憾的事情。

　　看遍了許多企業的賬本，如果說「無形資產」也往往難於記在賬中的話，但它畢竟已開始引起人們的關注，很多企業領導者已經開始將企業的商標、品牌折算成人民幣金額而廣爲宣傳，甚至乾脆做起了交易，將無形資產轉換成有形貨幣，這已不足爲奇。可時至今日，我們若問起「無形虧損」問題，沒見到一個投資者能夠理解而回答得出。其實，無形虧損就在每一個企業經營者的身邊，他只要不守信譽，不注重安全生產，那麼同時已有無形虧損產生了，只是人們有時注意不到罷了。

　　俗話說，信譽就是一種資本，不是盈就是虧。守信譽就會贏得無形資產，不守信譽就會造成無形虧損。想必這個道理一說就懂，沒有必要再多作解釋。據《中國青年報》報導：中國大陸每年因爲債務呆賬造成的直接損失約1 800億元，由於合同欺詐造成的直接損失約55億元，產品質量低劣和製假售假造成的各種損失至少有2 000億元，由於「三角債」和現款交易增加的財務費用約有2 000億元。

　　福建省企業家協會的一份調研報告顯示，誠信缺失已成爲企業發展的巨大障礙。不少企業在經濟交往中放棄現代信

用，重新選擇了以貨易貨、現金交易等傳統交易方式。

18世紀至19世紀時期，企業主（大多是半剝奪半資本家）對工人殘酷的剝削和壓迫，在表面上給他們創造了大量的貨幣資本的同時，深層裏也給他們自己積累著巨大的無形虧損，工人們所飽受的非人的折磨，醞釀著鬥爭和反抗，終於有一天他們將這無形虧損積累到一定的程度，爆發了革命，當無形虧損瞬間轉變成有形虧損的時候，企業主們的一切財富就改變了所有者，甚至一些企業主的人頭也被割了下來。因此可以說，凡是對資本運作存在的潛在的不利因素和風險，都是無形虧損。

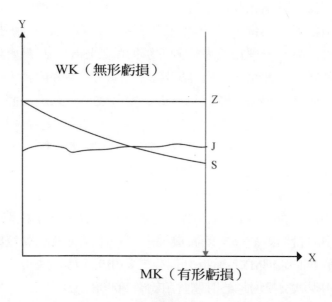

圖6-2-1

　　無形虧損可以來自於自然，也可以來自社會。當我們從伐木中獲得巨額利潤的同時，所造成的水土流失、環境惡化，這都是我們自己侵犯自然環境所造成的自然無形虧損。這種自然無形虧損具有潛在性，往往當時顯現不出來，一旦它顯現出來，那已是令人措手不及地懲罰我們了。中國大陸北京、天津地區曾經出現的沙塵暴天氣，所帶給我們的無形虧損已不是多洗幾次臉所能消化的，隨之而來的其它連帶問題會應接不暇，讓我們苦惱不斷。

　　當然，自然無形虧損有被動性的因素也有主動性的因素；既有人禍，又有天災。問題是天災已經夠難對付的了，我們還在不斷地積累人禍，讓天災人禍合併在一起向我們襲來，豈不是雪上加霜？

　　被動性自然無形虧損大都是防不勝防的，它與資本運作管理水平本身是無關的，純屬是外加的。在資本運作圖表中，它並不隨著需求數量的增加在應付社會產品成本線以內出現一條延伸線WK，而是在應付社會產品成本線以上的部分都是被動性自然無形虧損，我們不知道這一無形虧損何時何地突然轉變成有形虧損MK降臨到我們的頭上，就好比耕種糧食的農民，天氣就是他們的無形虧損，乾旱不下雨的天氣就會影響到糧食的產量而使無形虧損變成有形虧損；暴雨中夾帶著冰雹就會將農作物砸毀使耕種者蒙受巨大的經濟損失。因此，有形虧損MK線何時從應付社會產品成本線上面降下來截斷資本的去路，這是人們難以預料的。

　　以水汙染為例，2001年的數字統計顯示，中國大陸被汙染的河流曾經達到70%以上，50%的城市地下水也受到不同

程度的汙染。與天津毗鄰的渤海灣，其生態環境的破壞程度已達到令人髮指的地步。這些無形虧損如再不設法消除，必然會在某一天轉變成有形虧損懲罰我們。

據國家環保局估計，中國環境問題所造成的總損失將占中國國內生產總值的10%。以河北省邯鄲市為例，國內生產總值1993年約360億元，當地滏陽河流被汙染對工農業造成的損失是7.5億元，對人體健康造成的損失為9億元，對環境質量造成的損失為15.4億元，損失總額高達32億元，約占當年GDP的8.9%，如果將環境和資源的成本計算進去，實質上經濟不是在增長，而是在負增長。

中國大陸是世界上受荒漠化危害最嚴重的國家之一，土地沙化每年以2 460平方公里的速度擴展，每年因荒漠化造成的直接經濟損失多達540億元。

聯合國在一份報告中表明，森林作為地球上最大、最複雜的生態系統，其面積在過去30年內急劇減少。僅在20世紀90年代，全球森林面積就減少9 400萬公頃，占森林總面積的2.4%。亂砍濫伐、過度耕作使世界23%的耕地嚴重退化，全球三分之一以上的土地面臨沙漠化威脅。全球的淡水供應也亮起了紅燈。

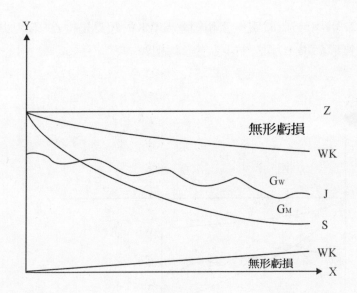

圖6-2-2

2003年出現的「非典型肺炎」的疫情，又是一個生動的事例。

因此，被動性自然無形虧損每時每刻都在轉換成有形虧損給我們的經濟帶來損失，它已不是該不該重視的問題，而是必須高度重視如何應對的問題。

主動性自然無形虧損，既可以在無形剩餘價值內出現，又可以在實付社會商品成本內出現。如圖6-2-2所示，在社會商品價格以上部分所產生的無形剩餘價值，它的一部分，被無形虧損WK占了去。不但如此，它的運行線路並不會隨著需求數量的增加沿著與其它成本線基本相同的方向延伸，而是隨時可以向下截住資本運作的方向，轉變成有形虧損MK（如

圖6-2-3所示），破壞生產和經營。WK的起點是從Z的起點運行的無形虧損，都是外排性無形虧損。

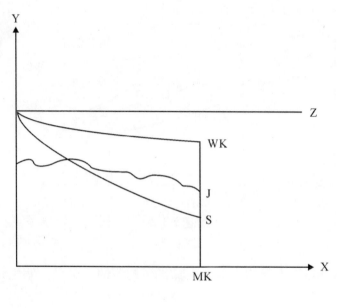

圖6-2-3

我們舉例說明：某造紙廠在生產經營過程中，它通過生產銷售滿足了社會需求創造了剩餘價值——貨幣利潤的同時，它所造成的水汙染問題，卻不會影響到它的產值和利潤；相反，它與產值和利潤形成正比，卻不會直接給企業帶來什麼經濟上的負擔。但是，顯而易見的是，這個企業在為自己創造貨幣利潤的同時，也在製造著無形虧損，只不過它把無形虧損全都通過下水道外排給了社會，使其他人為此而遭受損

失。如果這種外排性無形虧損所造成的經濟損失額超過了這家企業同時創造的利潤額，那麼實際上，這家企業並未真正創造出財富，使社會財富的總量增加，而是用損害別人換得有利自己的違法的方法，將財富變了戲法，開了一次在財富上「狗熊掰棒子」的玩笑。

事實上，每個生產或經營企業，都會製造或多或少的外排性無形虧損，譬如垃圾。但是時至今日，幾乎沒有一家企業意識到，它每天所產生的垃圾會是一種什麼無形虧損，因此它們想不到該有什麼義務。將垃圾隨手扔出屋外，似乎總是天經地義的事。

其實，一些無形虧損既可以轉變爲有形虧損，也可以經人類有意識地加以利用轉化爲再生資源，很多的廢舊物資都大有潛力可挖。

專家指出，再生資源與自然資源不同，它們如果不能化廢爲寶，就會成爲公害。目前這些「破爛」廢棄物在各大中城市郊外堆積如山，總重量達70多億噸，占用耕地5億多平方米。從衛星上看，中國大陸大中城市絕大多數被成千上萬的垃圾填埋場包圍，對土壤、地下水、大氣造成嚴重的汙染。

製造外排性無形虧損最多最大的企業，當屬武器生產製造廠。以美國的巡航導彈爲例，生產一枚巡航導彈，其利潤可能會達到幾十萬美元甚至上百萬美元，而當這枚導彈被真正「消費」之後，它可以瞬間將幾千萬美元甚至上億美元的建築設施毀滅掉，隨之被毀滅的還有人類的生命。與爲生產和銷售這枚巡航導彈所帶來的利潤相比，它所製造的外排性無形虧損之多之大，簡直無法比擬。與其說它創造了財富，

不如說它毀滅了財富。從第一次世界大戰到第二次世界大戰，從朝鮮戰爭、越南戰爭到波斯灣戰爭，究竟有多少人類社會的財富被毀滅，根本無法得出準確的數字，其經濟損失太大了。在這巨大的經濟損失面前，那些武器生產製造廠的老闆懷揣著豐厚的貨幣利潤沾沾自喜，使我們不得不感歎，不得不悲傷，在財富變戲法的遊戲中，人類自己開的玩笑太大太蠢了！

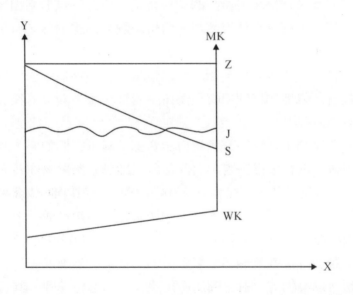

圖6-2-4

　　如圖6-2-4所示，企業製造的無形虧損，不但有外排性的，而且還全出現內儲性的，內儲性的無形虧損一旦發作，便會直接使企業自身遭受巨大的經濟損失。

聽說某鐵路局的某列火車，開車的司機不知何故打盹睡著了，結果兩列火車相撞，車毀人亡。就這列火車的資本運作而言，在它撞毀的瞬間，無形虧損WK線便會一頭撞上去，截住了所有的生產經營運行路線，將資本化作爲零，徹底結束了它的經濟使命。到此還不算完，由於善後工作還需要很多的費用，因此就整個鐵路局的資本運作來說，除了遭受到嚴重的產品性虧損以外，必然會加大費用支出，使實付社會商品成本線在本應逐漸下降的時候卻違背正常規律地又大幅度地上升，也就必然造成貨幣剩餘價值的銳減。

航空公司也是如此。一架客機如果使用年限超長，其WK積累到一定的程度，就和WK線瞬間可以轉變成MK線截住資本的正常運作路線一樣，使財富徹底毀滅。而這架客機自身所造成的損失並非以MK線達到零點時停止，它會蔓延到整個航空公司。當然，現今幾乎所有的客機都投了保，一旦出現事故會得到保險公司的賠款，但保險公司是幹什麼的，它正是爲了減少無形虧損而設立的專門機構，每架客機每一次航班所支付的保險金，目的就是爲防備無形虧損而突發性地轉變成有形虧損而提前採取的補救措施。這一補救措施只是一個企業爲了自保不得不採取的辦法，它即使得到了賠付，也不會使人類社會財富的總量保持不變，從總體上說，財富最終仍會減少，它只不過以保險公司的名義出頭斂捐，將損失分攤在眾多的企業頭上而已。

建國以來，因發生火災一共燒了多少個億？多少財富付之一炬？如果說安全防範措施不落實就是企業的一種無形虧損的話，那麼這種無形虧損在轉變成有形虧損後給我們帶

來的教訓是多麼地深刻啊！一份由國家經貿委等單位組織的
《安全生產與經濟發展關係》課題的研究結果顯示，近幾年
來，中國大陸每年所發生的各類安全事故所造成的直接損失
接近1 000億元，加上間接損失則接近2 000億元。

　　社會性無形虧損，由於它既可以始自某個生產單位之
內，也可以始自某個生產單位之外，因此對它的防備工作尤
其難做，生產企業往往處於腹背受敵的窘況。很多的企業家
跌落馬下，並不一定是源於他在資本運作上犯了錯誤，而是
在防範社會無形虧損方面措施不到位，或是根本就沒有注意
到它的重要性而有所忽視，結果，一旦這種社會無形虧損轉
變成有形虧損，企業家就招架不住了，不得不眼睜睜地看著
企業垮了台，企業家自身能保住性命有時就已算是不幸中的
萬幸了。

　　一般情況下，最易被關注到的社會無形虧損就是市場競
爭問題。例如，作為生產電視機的企業，在它之外生產同類
產品的企業越多，那麼企業所面臨的無形虧損也就越大，這
是比較好理解的。最不易被關注到的社會無形虧損，就是企
業所處地區的政治法律和文化習俗等環境。聰明的企業家，
在投資之前往往都要對周圍的社會環境進行分析，在投資之
後，往往都要拿出一部分資金作為「業洽費」與掌握有一定
權力的人拉關係，其目的不僅僅是要用此方法避免社會無形
虧損的出現，而且還可以靠賄賂將這部分「業洽費」變成資
本而為企業贏得額外的好處。

　　例如，某房地產開發商用行賄的方法不但結識了政府官
員尋求保護傘而避免社會無形虧損對企業的潛在威脅，而且

還由此獲得了「物美價廉」的土地，爲企業的資本運作盈利創造條件。即使不能通過行賄而獲取到什麼經濟利益，企業家也往往不得不願意支付一些費用，與那些享有管理權的人結識，防備社會無形虧損轉化成有形虧損。不管是負責納稅的，還是負責衛生的，相對於企業，只要是有權對企業吆喝的部門，都是企業潛在的社會無形虧損，「公、檢、法」就更不在話下了，一點也得罪不得。如果這些享有職權的部門干預企業，十有八九，這些企業是難以正常運轉下去的。

因此，分析某一地區的政治法律社會環境，不僅僅是要關注到這一地區是否會有政治衝突，是否能保持穩定，而且還要關注到這一地區管理人員的道德水平和執法人員的素質水平等因素，因爲這些看似不顯眼的因素對於企業的資本運作而言都是要命的關口，即使能夠提前關注到這一點而採取相應的措施予以化解，但費用支出一定會提高，加大了產品的生產成本。

著名的現代福利經濟學之父、現代公共財政的創立者亞瑟·塞西爾·庇古就曾指出：一個廠商（私人）的生產成本也許並不能反映產品所有的社會成本。當廠商生產產品時，他們考慮的僅僅是私人成本——勞動力、原材料以及必須購買的資產。但生產不可避免地要汙染環境，而這些代價卻是由那些既未生產又未消費的第三者（即社會）來承擔。在這裏，生產的社會成本超過了私人成本；其他人代替廠商和消費者承擔了產品的部分生產成本。

私人成本與社會成本之間的這種背離被稱爲「外部性」、「外溢效果」或「第三者效應」，其實這裏所說的不

外乎就是無形虧損問題。庇古強調，當私人邊際成本與社會
邊際成本相背離時，市場本來是低效的，兩者間存在的背離
證明，政府干預市場領域是合理的。說的不錯，但是庇古沒
有注意到，政府的干預也是有兩面性，它既可以消除這種無
形虧損，又可以加重這種無形虧損，或是在消除了這種無形
虧損的同時，又造成了另外那種無形虧損的發生，且有時新
造成的無形虧損比所消除的無形虧損還要嚴重，社會成本不
但未降低反而又提高了，如此這般的政府干預市場領域，它
合理在哪？

　　一個國家的政治經濟制度乃是它自身投入的無形資產，
它有可能給自身帶來盈利，也會給自身帶來虧損。如果制度
是公正的，它會促進經濟的增長；如果制度是不公正的，它
會使經濟增長的潛力受阻。

　　天津《今晚報》2002年3月22日第10版以〈一毛毛掙錢，
一遝遝交錢〉為題刊登了記者鄒蘭、張羽所寫的文章，講的
是家住山西省晉中市榆次區的一對夫婦雙雙下崗後開了一間
醬肉店，儘管苦心經營，但名目繁多的各種稅費使他們的利
潤所剩無幾。這家女主人說：「這裏頭戴大簷帽的、胳膊上
套紅袖箍的總來，來了就收錢。我們每天煮一鍋肉，周圍住
戶購買力也不行，掙錢都是1毛1塊的，人家來了就得一遝遝
往外給。」

　　一毛毛掙錢，說的就是資本運作的辛苦。他們多少掙了
些，還算幸運，別說還有賠的呢。

　　一遝遝交錢，說的就是資本運作之外的無形虧損強加到
資本運作之內變成有形虧損。使資本運作正常取得的利潤泡

了湯。

可見，無形虧損對於任何一個生產單位的資本運作，都是一種潛在的經濟威脅，只要忽視了它，就必定會在它身上栽跟頭。

筆者於1990年全額承包了天津市環達五交化商行（國家未投資），後又於1992年相繼自己籌資成立了天津市南開區環達五金電料經營部和天津市河西區環達酒家，均通過資本運作取得了較好的經濟效益。儘管我們省吃儉用，絞盡腦汁地加大管理力度，但最終還是失敗了，所有辛辛苦苦積攢起來的資產，頃刻之間就跑到別人的口袋裏去了。其原因並不是我們在資本運作上犯了錯誤，而是對社會無形虧損的嚴重性忽視了，根本就沒有採取任何防範的措施，這才知道權力的厲害。從中得出的經驗教訓是：在特定的環境下搞企業的資本運作，作為一個投資者而言，其精力只能有30%用在資本運作上，其它70%的精力不得不用在抵禦無形虧損尤其是社會無形虧損的問題上。投資者如果不能從我們的經驗教訓中獲得這一知識，將大部分精力全用在資本運作上而忽視社會無形虧損問題，那麼好了，走著瞧吧，用不了多久他們就會為此付出慘重的代價。

消除社會無形虧損，就不得不違心地搞一些政治投資，經營經濟不得不首先經營政治。政治投資的手段之一就是賄賂，賄賂好了不但可以消除社會無形虧損，而且還可以將投資轉化為「無形資產」，與某某領導人建立一種密切的關係，就是這個人的某種特殊的「無形資產」。然而，賄賂明顯是違法行為，誰也不願意公開地去搞。但不搞又不行，這

起因於社會政治體制的弊端，不是監督不夠，就是打一開始就不想監督徹底。

因此凡是犯賄賂罪的人，都可以說是被迫的；凡是沒有犯賄賂罪的人，只能說，或是他們的水平高沒有被發現，或是受到了特殊保護，或是確實有此企圖但實在找不著關係沒有能力把賄賂成功裝進權力的口袋裏，或是本身都吃不飽生存難保，根本沒有錢孝敬權力。

當然，恐怖主義和黑社會勢力也是企業的社會無形虧損，所有來自企業資本運作之外的社會無形虧損，都是企業的潛在的虧損，稍處理不好，就會轉變成有形虧損而破壞企業的正常發展。

如果說，社會無形虧損是來自於企業資本運作之外的話，那麼只防外不防內，必會使企業遭遇挫折。這是因為，在企業內部的所有生產產品中或稱之為資源配置中，勞動力是必不可少的，又是不易掌控、易生事端的。他們不是時時乖乖聽話的機器，而是會反抗、會鬥爭、會鬧革命的大活人。他們如果造起反來，別說資本的運作無法正常進行了，就連投資者的小命恐怕也難保。退一步說，即使不造反，消極怠工就足以讓資本運作效率低下，無形中加大了成本。我們把這種無形虧損稱作內儲的無形虧損。

由以上分析可以看出，作為一個投資者，他們面臨的考驗，不但有商品需求數量達不到規模而帶來虧損的壓力，還有商品價格定位一旦太高而使消費者無法接受而帶來虧損的風險；不但要面臨各種各樣的自然無形虧損的潛在威脅，還要面臨各種各樣的社會無形虧損的潛在威脅；不但要防備外

加的無形虧損，還要防備內儲的無形虧損……

　　總而言之，投資者所面臨的風險太多，創造一些剩餘價值太不容易了！

　　就因爲投資者賺了錢就把他們當作革命的對象，把他們鬥倒殺光，這天下哪還有什麼道理可講？「不生孩子不知道肚子疼！」當一個工人轉換成投資者時，對資本運作的難處和風險就會體會得刻骨銘心；反之也一樣，當一個投資者轉換成工人時，對內儲性無形虧損的認識就會使他驚出一身汗來。

6-3 宏觀經濟的無形虧損

　　同樣是人，有知識的與無知識的，有技能的與無技能的，有道德的與無道德的，有教養的與無教養的，這些有區別的人所給社會經濟帶來的後果是截然不同的。前者都是社會經濟的無形資產，後者都是社會經濟的無形虧損。

有些無形虧損是人們往往注意不到的，譬如教育問題、貧困問題。

　　貧困本身就是一種不穩定因素，就是社會穩定大局的無形虧損，因爲當人貧困到極點，他們就會因走投無路而施暴於社會，就會鋌而走險，這對社會的經濟秩序所造成的破壞是不可輕視的。貧困的原因之一就是教育問題。因爲沒有知識、沒有技能、沒有分辨能力的人，往往他們的生存手段就較爲劣勢，如果通過教育使這些人成爲各行各業的專門人才，他們就會獲得較高評價成爲投資者必須任用的對象，就

能獲得較高的社會報酬。

　　早在19世紀初的英國，作爲一位西方經濟和社會思想家，羅伯特・歐文就已經有意無意地關注到這一無形虧損問題。他首倡的教育變革，使新拉納克1～10歲的孩子們都可以接受免費的義務教育，他希望孩子們不但會學習、會思考，而且還會唱歌、跳舞，明白世界是如何運轉的，懂得一些科學道理。他堅信教育不但是塑造人類性格的基礎，而且還能使人們有能力去改善自己的經濟狀況打破階層之間的差異，使整個世界和諧統一。

　　同樣是人，有知識的與無知識的，有技能的與無技能的，有道德的與無道德的，有教養的與無教養的，這些有區別的人所給社會經濟帶來的後果是截然不同的。前者都是社會經濟的無形資產，後者都是社會經濟的無形虧損。

　　聯合國兒童基金會執行幹事卡羅・貝拉米曾發表一份調查報告指出，全球大約有8億文盲跨入21世紀，其中三分之二是婦女。

　　報告說，發展中國家目前有40％的兒童沒有接受過小學教育或進入小學後又中途輟學；在工業化國家，有15％～20％的兒童沒有掌握最基本的技能就離開了學校，走向社會。

　　報告警告說，這種文盲狀況今後將會給人類本身和社會帶來一系列嚴重後果。沒有受過教育的兒童長大後不僅很難養活自己和擔負起家庭的重擔，而且也不懂享有諸如健康、營養等最基本的人權。就整個社會而言，忽視教育將會嚴重損害民主事業和社會進步，甚至會影響國際社會的和平與穩

定。

　　報告呼籲全世界在今後10年中每年撥出70億美元用於發展兒童教育，以改變目前全球這種文盲狀況。

　　中國90%的文盲分布在農村，一半文盲在西部地區。西藏、青海、貴州、甘肅、雲南、寧夏、新疆、內蒙古、陝西等10個省區的人口總數占全國的15%，而文盲數卻占全國的50%。在農村貧窮落後地區，因貧困產生文盲，又由文盲再導致貧困，已經形成惡性循環。文盲文化素質偏低，絕大部分又分布在農村，直接影響到關乎國家全局的「三農」問題的解決。「斗大的字識不了一籮筐」的農民，難以理解和掌握新的技術理念和新的生產、生活方式，難以抵制封建迷信、不良文化和歪理邪說的侵害，難以應對入世後國際市場的風雲變幻，難以享受現代文明帶來的生活樂趣。中國大陸東部發達地區仍然有少數文盲。

　　中國文盲中七成是女性。在農村，女童的輟學現象尤為嚴重。女性承擔著撫養教育子女的重任，母親的文化水平關係著中華民族的明天。而文盲母親必然會對子女的智力開發和接受教育產生不利影響。

　　目前中國掃盲工作帶有一定的運動性和突擊色彩，掃盲教育質量不高，成果不夠鞏固，從而又導致一部分人復盲。

　　有些無形虧損，既有自然的因素，又有社會的因素。例如愛滋病，它本產生於自然界，但又經社會性傳播，對任何人來說，這種病的潛在威脅隨時都有可能將無形虧損轉換成有形虧損而降臨到身上，不但會給人造成沈重的經濟損失，而且還會危及人的生命。

6-4 政治家不是白吃飯的

　　社會中的政治家等一些人，他們的職責不是直接創造剩餘價值，也不是直接創獲價值剩餘，但他們不是白吃飯的，他們日夜所忙碌的，是如何組織包括企業在內的所有部門抵禦和消除無形虧損；爲剩餘價值的創造和價值剩餘的創獲提供更好的環境。

如果說剩餘價值是投資者和搞資本運作的管理人員共同創造的，價值剩餘是勞動者尤其是搞科學技術的腦力勞動者創獲的話，那麼政治家以及搞社會科學研究的人好像對社會財富的增長就沒有貢獻了，真是這樣的話，「制度經濟學」豈不是成了多餘的了？

　　不錯，社會中的政治家等一些人，他們的職責不是直接創造剩餘價值，也不是直接創獲價值剩餘，但他們不是白吃飯的，他們日夜工作所忙碌的，是如何組織包括企業在內的所有部門抵禦和消除無形虧損，爲剩餘價值的創造和價值剩餘的創獲提供更好的環境。抵禦和消除的無形虧損，既包括自然無形虧損，又包括社會無形虧損。如果組織得好，社會的財富就會增加，人民的生活水平就會提高；反之，如果組織得不好，無形虧損就會轉換成有形虧損而造成社會財富的減少，甚至會使原有的社會財富遭受重大的損失。例如一些國家內出現騷亂、暴動，國與國之間發生的戰爭衝突等。

　　與政治家相同，一個國家內的很多職能部門的公務員也都不能創造剩餘價值和創獲價值剩餘，他們的職責也是抵禦

和消除無形虧損。氣象台、地震局、水利局等部門的設立是為了抵禦和消除自然無形虧損，法院、檢察院、公安局等部門的設立是為了抵禦和消除社會無形虧損。這些看似與經濟沒有太直接關係的部門，實質上都間接地關聯著經濟問題，是經濟學中的一大重點，而不是經濟學的多餘，因此在資本運作圖表中，無形虧損不但顯示在其中，而且其變化最多，運行線路最繁雜、最多變。無形虧損不但適用於一個國家的宏觀經濟，也適用於某一個企業的微觀經濟。企業中所設立的環境保護部、安全保衛部、人事部等部門，也是以抵禦和消除企業內部和外部的無形虧損為職責的。如果將企業縮小到一個個體工商戶，他同樣也擺脫不了無形虧損的問題，只不過分工不細，將很多經濟工作都集中到一個人身上罷了。

任何事物都具有兩面性，有有利的一面，就有不利的一面。政治家等一些人不但可以通過努力抵禦和消除無形虧損，也可以主動製造和擴大無形虧損。希特勒和史達林都是吃政治飯的，前者以帝國野心為特徵發動戰爭，不但沒有抵禦和消除無形虧損，而且製造的社會無形虧損比天災還要大，戰爭使無形虧損轉變成有形虧損，給國家和人民造成的經濟損失極其巨大；後者以獨裁統治為特徵進行專制統治，很多無辜的「革命同志」身首異處，鬧得人心惶惶，使蘇聯的經濟狀況日趨緊張，影響了經濟的正常發展。與此相同，中國的「文化大革命」也是一次大型的製造無形虧損的運動，其造成的經濟損害之大，影響之深之廣，無法做出準確的估量。

因此，一個國家政治體制改革的主導思想，應該圍繞

著如何抵禦和消除政體自身可能會造成的無形虧損問題來
進行，應該圍繞著怎樣抵禦和消除無形虧損為經濟建設服務
來進行。如果某種舊的政治體制不但無法抵禦和消除無形虧
損，反過來卻製造和擴大無形虧損，那麼就必須下力量盡快
進行變革。換一種情況也一樣，如果某種舊的政體一面在抵
禦和消除著無形虧損，一面又在製造和擴大著無形虧損，且
製造和擴大的無形虧損比抵禦和消除的無形虧損要多，哪怕
只多一點點，它也會給我們造成「入不敷出」的赤字，也應
進行變革。

　　客觀地說，誰也不敢保證說哪個政體是絕對一點無形虧
損也不會製造的，制度是由人來執行實施的，是人就會有犯
錯誤的時候，我不犯也可能你會犯，你不犯也可能我會犯，
這是難於避免的。但是，在各種可研究設想的政體框架中我
們可以進行比較，看哪一種政體它所抵禦和消除的無形虧損
最有成效，同時它所製造的無形虧損最小，我們就可以進行
選擇。

　　通常的情況是，在自然科學領域，不管是哪個階級的掌
權者，都不太在意人們「異想天開」，可以暢所欲言，百家
爭鳴。但是在社會科學領域就不這麼簡單了，因為它關係到
某個階層或某個集團的切身利益，因此所有會導致他們利益
受損的科學研究哪怕是一些言論，都會遭到限制和打擊。即
使社會科學研究者的研究成果確實能夠指出抵禦和消除社會
無形虧損的途徑，但往往它會被當時掌有政權的人所造成的
無形虧損所埋沒，這是有史以來很多在社會科學領域進行探
索的科學家和研究者慘遭迫害的原因所在。

　　話又說回來，作為一名社會科學的研究者，他的思想和言論怎樣能證明是正確的呢？如果不是正確的，那麼這一思想和言論不但不會為進一步抵禦和消除無形虧損作出成績，反而會成了製造和擴大無形虧損的罪人，掌有政權的人對此進行限制和打擊，又是不得已且有理有據。但是，一種思想和言論，怎樣能證明它是錯誤的呢？對與錯，既不能聽思想者的一面之詞，又不應遵從統治者的一面之詞，那麼如何來評判呢？

　　實踐！實踐是檢驗真理的唯一標準。這是一個毋庸置疑的結論。然而，如果讓其言、讓其論，最後經實踐檢驗是錯誤的，在得出其結論之前，它給社會造成的負面影響怎麼辦？這真是一個兩難的難題。

　　靜靜地想一想，在西方的發展史中，思想者遭到過統治者的迫害，甚至連自然科學的思想者都未能倖免。但是，自文藝復興和啟蒙運動之始，思想者尤其是社會科學的思想者大都能得到統治者的寬容，甚至連反對統治者的《資本論》都能印刷出版，這不能不說是歷史文明進步的表現。正是由於這些思想者敢於針對社會無形虧損問題拿出政體改革的「藥方」，且當時的統治者寬容到允許發表思想言論、不在社會科學領域製造和擴大新的無形虧損的文明程度，才導致後來西方的經濟得到了迅猛發展，將一些具有古老文明歷史的泱泱大國遠遠地拋在了後面。因此我們得出這樣一個有可能會引起爭議的結論：西方國家的經濟之所以得到飛速發展，它首先得益於這些國家的「上層建築」沒有製造和擴大社會無形虧損，在國家的「資本運作圖」中，允許思想家直

言不諱地公開討論如何避免社會無形虧損問題，並針對這些
問題各抒己見，甚至「上層建築」還採納了某些意見（有採
納對的也有採納錯的）。相反，在一些具有古老文明歷史的
國家，有悖「上層建築」利益的思想和言論，是極不受歡迎
的，向來被看作「大逆不道」而欲除之。因此，很多能夠抵
禦和消除社會無形虧損的思想和言論沒有施展的空間，導致
整個國家抵禦和消除社會無形虧損的辦法貧乏，使社會無形
虧損成了這些國家經濟發展最大的絆腳石。

　　綜上所述，經濟不是為政治服務的，而是政治為經濟
服務。政治既可以抵禦和消除無形虧損，也可以製造和擴大
無形虧損，而無形虧損問題將直接影響到一個企業、一座城
市、整個國家的資本運作成敗的問題，它是經濟學必須進行
研究的課題之一，是必不可少的。

　　在這裏，當我們闡述了有形虧損與無形虧損的論點之後
人們會發現，很多宏觀經濟問題與微觀經濟問題被我們緊密
地聯繫在一起，都被標示在一個資本運作圖中，使它們融為
一體。而這個資本運作圖，對於小到一個家庭、一個攤販、
一列火車、一架飛機，大到一個城市、一個集團、一個鐵路
局、一個航空公司，全都可以分別或整體地套入進去加以
對照和標示。甚至於，不管是商品還是垃圾，是天災還是人
禍，也全部可以在這個資本運作圖中得到盡乎完美的表述。
因此我們可以大膽地說，我們所研究發明的這個資本運作
圖，是最貼近實踐的。

第7章 投資預測與市場分析

7-1 需求數量是投資預測的核心內容

所有的投資者在進行資本運作之初，沒有一個是想虧損的，都是想獲得利潤的，但誰也不敢保證所有的投資者都能獲得利潤，肯定會有一些投資者將面臨虧損，甚至個別人虧得跳樓以求解脫。不敢說這些虧損的投資者都是當初投資時沒有進行預測，但至少可以說他們在投資之前的預測不夠準確。

投資預測所應首先關注的問題，不該是利潤，也不是成本，更不是價格。在本應關注的所有因素中，首先必須注意的是無形虧損問題，簡言之，就是投資環境。

假如此時我們打算去伊拉克投資，我們最擔心的不是利潤、成本和價格問題，而是這個國家存在的潛在的戰爭危險。因為我們不知道美英兩國在什麼時候會突然轟炸伊拉克的戰略設施，也不知道會有多少美英士兵突然出現在伊拉克城市的街頭上。薩達姆會不會倒台？會不會有各種形式的恐怖襲擊鬧得人心惶惶？（此段文寫於2001年，幾年後，我們的擔心變成現實）這些問題，對於一個企業的投資預測而

言，是不得不首先考慮的。一個不穩定的社會環境，它們顯現出的潛在的虧損，往往會使一個經營決策本沒有什麼過錯的企業瞬間遭受打擊和破壞，使無形虧損轉變成有形虧損，致使企業的資本運作無法正常進行。

考察投資地的自然環境，與考察投資地的社會環境同樣重要，氣候條件、交通狀況等等，這些因素都有可能形成虧損，給企業後來的經營帶來麻煩。譬如我們在某一地勢較低處投資建廠，而該地區的排水或抗洪澇災害的設施及能力明顯不足，那樣的話，潛在的無形虧損就會時時威脅著我們的企業，我們所生產出來的商品時時刻刻都有被洪水浸泡的危險。到了那時，後悔已晚！釀成的損失已無可挽回。

需要關注的無形虧損方方面面，哪一個方面都不能忽視。在考察了無形虧損問題之後，才輪得上對利潤、成本和價格的關注。

利潤和成本的預測相對來說都是被動值，它們都具有極不確定性。所有的投資者在進行資本運作之初，沒有一個是想虧損的，都是想獲得利潤的，但誰也不敢保證所有的投資都能獲得利潤，肯定會有一些投資者將面臨虧損，甚至個別人虧得跳樓以求解脫。不敢說這些落得虧損的投資者都是當初投資時沒有進行預測，但至少可以說他們在投資之前的預測不夠準確—該預測的沒預測，不該預測的亂預測。預測的利潤有上千萬元，結果投資後所生產出來的產品無人問津，虧得一塌糊塗。

傳統的政治經濟學認為，在生產、分配、交換和消費這四個環節中，生產是決定性因素；生產決定了消費的對象

與方式，沒有生產就沒有消費。於是，人們閉著眼不看市場需求狀況，玩命地生產，以至於大量的產品積壓在庫房中賣不出去，把國民經濟搞得一團糟。其實，進行投資預測恰恰需要用相反的結論，即：消費是決定性的因素；沒有消費，即使生產了，也無法使社會財富的總量增加，資本運作便會遭受挫折。這是因為，消費源於某種需求，沒有需求就沒有消費，沒有消費就不可能有有效的生產，沒有有效的生產就不會有交換，沒有交換還談什麼利潤？因此，就投資預測而言，生產不是決定性的因素，需求才是這種決定性的因素。

西方經濟學中所說的需求（demand），是指居民戶（消費者）在某一特定時期內，在每一價格水平上願意而且能夠購買的商品量。他們所談的需求，總是與供給和價格緊密地聯繫在一起，來說明價格決定的均衡價格理論。因此，他們即或談到需求，也是圍繞著微觀經濟學的核心問題——價格理論來展開的。這一研究的方法，結果導致後來的很多人誤入歧途，把投資預測與市場分析完全限定在定價的範圍內，反而淡化了需求問題。

事實上，將投資預測與市場分析完全限定在定價的範圍內，雖然也關聯著一定的需求問題，但畢竟把需求簡單化了。

作為一個投資者，如果他不知道他投資生產出來的產品究竟有多少人需要購買，不知道需求數量是多少，那麼他的投資就完全變成了賭博的性質，其產品的定價就完全建立在「對利潤的預期」或是「對市場需求量的主觀猜測」上。如此一來，在資本運作圖中，實付社會商品成本線究竟能運

行多遠？能否越過「資本盈虧分界線」？這些都成了難解之謎。待這些投資者解開了這道謎，他們已經付出了慘重的代價，敗局已經無可挽回。如果投資者能夠較準確地研究好投資預測與市場分析，他們也就可以少交一些「學費」，少遭受一些損失。

　　投資分爲兩種：一種是創獲價值剩餘的投資，另一種是創造剩餘價值的投資。兩種投資的預測都應以需求作爲核心問題，但兩種預測的難易程度又略有不同。

　　創獲價值剩餘的投資，重中之重是市場的供應空白狀況。譬如，某一新產品，市場中本沒有，但它必定是市場需求的，如果我們下力量在這一新產品的研製和開發上下功夫，我們定能獲得高額回報。除了關注市場供應是否空白狀況之外，對未來的預期也是取勝的一項重要保證。例如，購買一家有發展前途的企業股票，幾年之後就能爲我們帶來不少價值剩餘。

　　創造剩餘價值的投資，其預測就較爲複雜了，重中之重是市場的需求數量。需求數量多，在資本的運作中，實付社會商品成本就會降得很低，爲市場價格騰出空間，加大利潤率。使資本減少虧損的風險。

　　通用的計算方法是：首先以社會需求的總人口數量或需求的總單位數量作爲商品的需求總量，然後用需求總量X

　　減因消費者不知曉而減少的數量（Xa）

　　減因消費者不喜好而減少的數量（Xb）

　　減因消費者可自我滿足而減少的數量（Xc）

　　減因消費能力不足而減少的數量（Xd）

減因市場競爭而減少的數量（Xe）

減因價格問題而減少的數量（Xf）

減因其它原因而減少的數量（Xo）

最後剩下的就是實際預測需求量。我們分別作以說明。

1、因消費者不知曉而減少的數量。

時至今日，有很多好的商品是爲一些人所不知的。人所不知，何以消費？讓人們知曉某一商品，是人們需求這一商品的前提。知曉的人越多，才可能有更多的人產生購買的欲望。儘管知曉了並不一定就購買，但它是刺激需求的第一信息。

如今的很多廠商特別注重品牌效應和廣告宣傳，其目的就是要擴大知曉的人數，爲需求數量的增加創造條件。於是，Xa就成了一個變量，宣傳得越廣泛，它的數量就會變得越來越多。讓人們知曉，是廣告宣傳的第一要素。

2、因消費者不喜好而減少的數量。

人的愛好各有不同；同是一種商品，有的人喜歡，有的人就不喜歡。不管投資者生產出什麼樣的產品，肯定會有一部分人不喜歡。廣告宣傳的第二要素就是想方設法讓產品討人喜歡；只有當人們喜歡上某種產品時，這才是需求的開始。Xb也是一個變量，既可以使原本不喜歡的人後來變得喜歡，又可以使原本喜歡的人後來變得不喜歡。例如某產品售後服務搞得不好或者搞得特別好，由此使消費者轉變了態度。

3、因消費者自我滿足而減少的數量。

有些產品或服務，它既可以由別人來提供，又可以自給

自足來完成。譬如，對於開飯店的投資者，那些自己在家做飯吃的人都是應該減少的需求數量。Xc也是一個變量，它隨著某種產品或服務的科技含量而出現變化：科技附加值高，研製並生產的難度大，那麼能自我滿足的人就越少；反之，如果某種產品非常簡單誰都能很方便地製造出來，那麼能自我滿足的人就會增多。能夠自己製造出來，何必再花錢去買別人生產出來的商品？

4、因消費能力不足而減少的數量。

消費者的收入水平是一個較重要的需求考評因素，它往往是阻礙需求的「消費大壩」。很多的消費者都是因為買不起某個產品而放棄了需求，並不是沒有需求。生產某種商品，尤其是高檔商品，我們不得不對消費者的收入水平進行考察。可以肯定，人們的收入水平越高，人們的消費能力就越強。但是，Xd也是一個變量，某一些人現在的收入水平稍低一些，但他們有可能在將來提高收入水平。預測Xd不但要考察人們現在的收入水平，還要考察將來的收入水平。

5、因市場競爭而減少的數量。

假如生產某種商品只有我們一家，市場就會被我們獨自占有，不管需求者有多少，他們全都是我們的「上帝」。但是，如果生產某種商品的廠家除了我們以外，還有另外一家，假設雙方的生產和營銷能力基本相當，那麼一般情況下，市場就會被「二一添作五」，一家一半。其計算方法是：$Xe = X - \dfrac{X}{2}$。假如除了我們一家生產外還有不只一家也生產同類的商品，那麼通常我們就得將所有生產廠家的數量

相加作為分母，被需求總量去除。於是我們會發現，生產同類商品的廠家越多，Xe的數值就越大，市場競爭就越厲害，市場所留給我們的份額就越少。

6、因價格問題而減少的數量。

對某商品的需求表

序　列	價　格（元）	需求量（Kg）
a	20	110.0
b	40	90.0
c	60	77.5
d	80	67.5
e	100	62.5
f	120	60.0

根據上述需求表我們可以作出下圖：

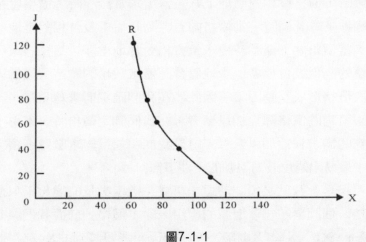

圖7-1-1

　　價格的高低可以影響消費的決策，從而影響需求的走向。下面的表就是消費者在不同價格水平下對某商品的需求量變化。

　　在圖7-1-1中，橫軸X代表需求量，縱軸J代表價格，R表示需求曲線。需求曲線是根據需求表所畫出的、表示價格與需求量關係的曲線。從圖中可以看出，需求曲線是一條向右下方傾斜的線，這表明價格與需求量之間存在著反方向變動的關係，即在其它條件不變的情況下，需求量隨著價格的上升而減少，隨著價格的下降而增加，這就是西方經濟學中所說的需求定理。

　　本來，在投資預測之中，首先需要做的是確定需求數量，然後再根據固定產品成本和單位可變產品成本組成的實付社會商品成本的走勢情況來確定一個較合理的價格，這個所謂的合理價格同需求數量一樣也是具有彈性的。當需求量加大時，價格會相對應地上升，當需求量減小時，價格會相對應地下降；同時，當價格向上浮動時需求量會相對應地縮少，當價格向下浮動時需求量會相對應地增多。這樣一來，定價的高低就會或多或少地影響到需求數量的確定，使得需求與價格形成互動因素。因此，在我們確定需求總量時，不得不將它的價格彈性加以參考；在我們確定價格時，不得不將它的需求彈性加以參考。這是我們在進行需求數量考察工作中最易出錯也最易誤判的一件事情。

　　但是，我們必須認清這一事實：需求數量的變化不只是價格一個因素在起著增減的作用，除了價格，前面我們談到的Xa、Xb、Xc、Xd和Xe，以及後面將要談到的Xo都在起

著影響作用，這些因素都圍繞著需求數量來展示自己的特殊
作用。就需求數量而言，Xf既可以是自變量，又可以是因變
量，其它的幾點因素都是自變量，所以價格問題顯得突出一
些，極易誤導人們將它作爲一個核心來解決投資預測問題。

　　7、因其它原因而減少的數量。

　　很多的需求並非天生就有。封建社會時期獨享天尊的皇
上，他享受不到現在幾乎任何一個公民都可以享受到的觀看
電視節目的權利和權力，使皇上也後悔出生得太早。所以，
一些需求都是源於發明創造之後，在這一發明創造轉化成商
品之後使需求從「睡眠」中甦醒。因此，馬歇爾將供給與需
求相聯繫形成「雙刃論」，就使需求主觀價值論變得單調和
乏力。

　　需求總量的減少，除了我們在前面列舉出來的6種原因以
外，還有一些無法歸入到這6種之中的原因，我們把所有類似
的原因都統計在此類中（Xo）。

　　比如，因地域原因而減少的數量，因風俗習慣而減少的
數量，因社會制度而減少的數量，因「假冒偽劣」而減少的
數量，等等。這些因素分析計算起來往往會有些難度，但對
這些因素置之不理，那絕對是錯誤的。

　　我們所說到的需求數量，不是簡單地等同於消費者人
數，它也許是消費者消費的次數，也許是消費者消費的數
量。在這裏，購進生產資料的企業也是消費者，它消費的是
生產資料，把它變成另一種可供再消費的消費品。因此我們
有必要將「消費者」化分爲最終消費者和間接消費者。最終
消費者既可以是個人，也可以是某個單位；間接消費者不但

可以是某個企業也可以是某個個體經營者。

7-2 需求綜合導向定價法

不同導向的定價方法在資本運作的實際操作中不能說一點作用也沒有，但可以說，在資本的投資預測中，它們確實不該處於核心的地位。這是因為，固定成本的狀況、單位變動成本的狀況及競爭的狀況這些因素都不能獨自對價格產生決定性的影響，它們還都受到需求數量狀況的制約。

古諾是第一位描繪出向下傾斜的需求曲線的經濟學家。他曾指出：對任何商品的需求，都是由該商品的價格決定的，價格上漲會引起需求減少，而價格下降會引起需求增加。古諾說的對嗎？他所說的是站在消費者一方所看到的經濟法則。如果站到廠商一邊觀看相同的法則，其結果正好相反—任何商品的定價，最終都是由該商品的需求數量來決定的，需求數量增加（即指供小於求）定價就可以提高，需求數量減少（即指供大於求）定價就應當趕快降低。可見，價格與商品需求數量二者都是因變量，它們相互影響相互制約。因此在我們的資本運作圖表中，需求數量和價格曲線都放在了水平軸上，價格的變化是隨著需求數量的變化共同行進的。需求中止了，價格（成交價格）也就中止了；需求走到哪，價格也就走到哪。這與實際生活中的商業活動是完全相符的。

現今，在有關市場營銷的教科書中，涉及投資預測和市場分析的經驗之談，基本都局限在企業定價的範圍內，並把

企業定價的方法主要劃分爲三類：成本導向定價法、市場導向定價法和競爭導向定價法。對這三種定價法我們簡單加以介紹並評述如下：

1、成本導向定價法

如果將價格作爲企業獲得經濟收入的唯一要素，成本就成爲價格制定的最低界限。當價格低於成本時，企業經營所能獲得的收益不能補償全部成本，就會發生虧損。所謂成本導向定價法，就是指企業以提供產品或勞務過程中所發生的成本作爲定價的基礎，根據成本的高低來確定產品或勞務價格的定價方法。主要包括以下幾種具體方法：

（1）加成定價法。包括完全成本加成定價和進價加成定價。前者爲蔬菜、水果商店普遍採用，方法是首先確定單位變動成本，再加上平均分攤的固定成本組成單位完全成本，在此基礎上加上一定的加成率（毛利率）形成銷售價格。計算公式爲：

產品售價＝單位完全成本 ×（1＋成本加成率）

$$其中，成本加成率 = \frac{售價－進價}{進貨成本} \times 100\%$$

進價加成定價是零售業（百貨商店、雜貨店等）流行的一種做法。其計算公式爲：

$$產品售價 = \frac{進貨價格}{1－加成率}，其中，$$

$$加成率 = \frac{售價 - 進價}{售價} \times 100\ \%$$

在這兩種定價方法中，加成率的確定是定價的關鍵。一般來說，加成率的大小與商品的需求彈性和企業的預期盈利有關。在實踐中，同行業往往形成一個為大多數所接受的加成率。

仔細琢磨可以發現，加成定價法撇開了需求數量而「孤注一擲」，使得價格在不知單位變動成本的前提下變成了胡亂猜測。以水果商店為例：該店的月房租假如是2 000元，水電費等耗費是每月200元，雇傭員工每月的工資支出是每月2 000元，那麼該店的固定成本總計是4 200元。然而，單位變動成本是無法計算的，它能被測算出來的前提是究竟有多少斤水果能賣出去，也就是必須首先計算出有多少個需求者有多少需求數量。只有事先預測出需求數量，才能較準確地預測出單位變動成本，才能進一步確定成本加成率定在多少時才能保證消化單位變動成本之後還能消化固定成本，以保資本不虧損。

因此，加成定價法如果對於一些投資者是適用的，它必須首先對需求數量進行預測，否則就都成了空談。假如我們投資的企業自建立之後沒有多少消費者來光顧，我們的定價方法究竟有什麼作用？

（2）收支平衡定價法。亦稱為保本定價法，顧名思義，這種方法「放棄」了對利潤的追求，只要求保本。在收支平衡定價法中，產品價格等於平均成本與單位產品稅金之和。

由於總成本=固定成本＋單位變動成本×銷售量。因此，保本定價法下的價格按下式計算：

$$價格 = \frac{固定成本}{保本銷售量} + 單位變動成本 + 稅金$$

該方法將商品定價與需求數量「保本銷售量」聯繫在一起，似乎作爲投資預測來說是最貼近實際的，只要將「保本銷售量」改變成銷售數量（或需求數量）在公式的最後面再加上「利潤」一項，就可以幫助投資者進行投資預測，其修正後的公式是：

$$價格 = \frac{固定成本}{需求數量} + 單位變動成本 + 稅金 + 利潤$$

當然，經修正後的預算公式就不能稱爲「收入平衡定價法」了，應改爲「投資預測定價法」。

（3）目標貢獻定價法。該法又稱爲可變成本定價法，即以單位變動成本爲定價的基本依據，加入單位產品貢獻，形成產品銷價。即：

價格 ＝ 單位可變成本＋單位產品貢獻額

目標貢獻定價的關鍵在於貢獻的確定。其步驟如下：

① 確定一定時期內企業目標貢獻。

年目標貢獻 ＝ 年預計固定成本費用 ＋ 年目標盈利額

② 確定單位限制因素貢獻量。

$$單位限制因素貢獻量 = \frac{年目標貢獻}{限制因素單位總量}$$

其中，限制因素指企業所有產品在其市場營銷過程中必須經過的關鍵環節，如勞動時數、資金占用等，也可根據企業產品自身特性加以確定。

③ 根據各種產品營銷時間的長短及難易程度等指標，確定各種產品在營銷過程中對各種限制因素的占用數量（或比例）。

④ 形成價格。

$$價格 = \frac{單位可變}{成本費用} + \frac{單位限制}{因素貢獻量} + \frac{單位產品所含}{限制因素數量}$$

「目標貢獻定價法」弄得最囉嗦、最複雜，最後還最說不清道不明。如果不知道需求數量，如何能確定「年目標盈利額」？如何能計算出「貢獻量」？因此這一定價法是最不切實際的。

2、需求導向定價法

成本導向定價法是從賣主的角度出發，主要考慮賣主生產和提供產品的成本，以成本為基礎制定價格的方法。而需求導向定價法則是從買方的角度出發，主要考慮到購買者的接受程度，依據購買者對商品價格的反應和能力制定價格的方法。

（1）理解價值定價法。也稱覺察價值定價法，是以消費者對商品價格的感受及理解程度作為定價的基本依據。消

費者對商品價值的理解不同，會形成不同的價格限度。這個
限度就是消費者甯願付出貨款而不願失去這次購買機會的價
格。如果價格剛好定在這一限度內，消費者就會順利購買。

（2）需求差異定價法。這種定價方法以不同時間、地
點、產品及不同消費者的消費需求強度差異爲定價的基本依
據，針對每種差異決定在基礎價格上是加價還是減價。

實行差異定價要具備以下條件：市場能夠根據需求強度
的不同進行細分；細分後的市場在一定時期內相對獨立，互
不干擾；高價市場中不能有低價競爭者；價格差異適度，不
會引起消費者的反感。

一看便知，「需求導向定價法」已經遠遠地離開了投
資預測的範圍，僅是在資本運作之中「投機性」地爲調價而
確定的一種方法，它已不是資本運作之前的戰略性估算和預
測，而是在資本運作之中的戰術性的調整和應變。就經濟學
中的投資預測和市場分析而言，此法僅是個別，沒有一般意
義，也就使它成爲「投機性」的經驗。

3、競爭導向定價法

一個企業產品價格決策的成功與否，不僅要考慮到生產
和銷售成本、消費者的接受能力，還要考慮到提供各種競爭
產品的企業的價格決策。競爭導向定價就是指以競爭各方之
間的實力對比和競爭者的價格作爲定價的主要依據，以在競
爭環境中的生存和發展爲目標的定價方法。競爭導向定價法
通常有兩種形式，即，流行水平定價法和競爭投標定價法。

（1）流行水平定價法。簡單地說，別人定多高的價格，
本企業也定多高的價格。定價原則是使本企業產品的價格與

競爭產品的平均價格保持一致。這種方法適用於競爭激烈的均質產品，如，大米、麵粉、鋼鐵以及某些原材料的價格確定，在完全寡頭壟斷競爭條件下也很普遍。

（2）競爭投標定價法。這是一種買方引導賣方通過競爭成交的方法，通常用於建築包工、大型設備製造、政府大宗採購等。一般是由買方公開招標，賣方競爭投標，密封遞價，買方按物美價廉的原則擇優選取，到期公布「中標」者名單，中標的企業與買方簽約成交。

說到這一定價法，與我們對「需求導向定價法」所作的評價和分析一樣，它也是在資本運作之中的戰術性的調整和應變。所不同的是，一個是針對產品銷售的對象——消費者所進行的戰術性的調整和應變，一個是針對產品生產的同行——其他銷售者所進行的戰術性的調整和應變。這些在價格上所進行的戰術性調整和應變，根本就不適用於資本的投資預測，也就無法指導投資者進行較科學的評價和估算，在防範投資風險的問題上，它們沒有什麼實際意義，都是一些「馬後砲」的變量因素，不會在資本的整體運作前期中，尤其是在預測的工作中有任何的價值。

綜上所述，不同導向的定價方法在資本運作的實際操作中不能說一點作用也沒有，但可以說，在資本的投資預測中，它們確實不該處於核心的地位。這是因為，固定成本的狀況、單位變動成本的狀況及競爭的狀況這些因素都不能獨自對價格產生決定性的影響，它們還都受到需求數量狀況的制約。需求與價格之間有著一種互動的關係，同時，需求和價格這兩個因素還會一塊相互協調，成為資本的兩條腿，支

撐著整個資本運作的身軀，只要有一條腿折了，資本都會摔個嘴啃泥。

企業在定價問題上以什麼作爲導向爲好？這一直是困擾企業價格決策的一個難題。其實，只要我們認真分析了資本運作圖表，我們就會堅定這一立場：以確定需求數量爲核心的需求綜合導向定價法，可以對資本的投資預測作出較科學的評價和估算。儘管這一評價和估算不可能將需求數量計算得分毫不差，但總是應能大體得出一個近似值，這總比對需求量一點不知要好得多。

7-3 資本與成本的不變與可變

固定（不變）資本在產品的生產中隨著數量的變化其單位成本始終是可變的。數量越多，單位分攤的成本越少；反之則反。變動（可變）資本在產品的生產中跟隨數量的變化而變化，於是其單位成本始終是不變的。數量越多，單位成本越多；反之則反。

當我們測算出需求數量之後，我們已將「資本運作圖」中的橫軸估算出了長度，接下來需要做的，還不是價格的確定，而是對成本進行測算，它不僅包括固定成本U的測算，還包括對單位變動成本H的測算。也就是說，我們要對「資本運作圖」中的縱軸進行估算。這條縱軸所表示的，就是西方經濟學家所慣用的「生產要素」，即是指生產中所使用的各種資源，它主要包括土地（廠房）、資本（固定資本和變動資本）、勞動力（工資）和企業家管理經營才能等。

　　所有資源的投入不應是盲目的，它歸根結底應該以需求數量作為主要依據。譬如，某汽車生產廠經測算得出市場的總需求數量是10 000輛，那麼說該廠所租用的廠房就沒有必要大到可以生產1 000 000輛汽車的面積，過多地租用廠房面積就是浪費了投資，浪費了資源，同時也會加大成本。與此相類似，購買生產設備、雇傭勞動力等，就沒有必要過於投入，只須相應地投入。因此，所謂的固定資本（或叫不變資本），只是相對變動資本（或叫可變資本）而言，只是為了作以區分，它並非在任何情況下都固定不變。假設我們測算出市場的總需求數量是1 000 000輛汽車，那麼我們的「固定資本」投入就會變得比生產銷售10 000輛汽車的投入要多，但這肯定比分散成100家分別投入要節省得多。越具規模性，其生產的效率越高，所以撇開了市場需求數量而言，任何一種產品的生產都是數量越多越好。但是，如果市場沒有這麼大的需求，生產出來的產品太多了就會出現積壓，就會影響到資金的周轉，於是好事就會瞬間變成壞事，使資本入不敷出。總之，「固定」、「不變」只是相對的「固定」、「不變」，不是絕對的「固定」、「不變」。

　　當我們對需求數量一無所知，將投資視作賭博時，資本被分成固定或不變部分與變動或可變部分，這確定來得必要。因為原材料、燃料以及生產工人工資的支出是無法確定的，甚至如前面所說，連廠房、設備以及管理人員工資的支出都不絕對是確定的，生產10 000輛汽車與生產1 000 000萬輛汽車其廠房、設備及管理人員工資的支出肯定是不同的。但是當我們對需求數量大致預測並掌握了以後，一切都變得

一目了然。因為在應付社會產品成本中，按照一定的需求數量，「變動資本」的總額與「固定資本」的總額同樣已經被確定下來，它無須在需求數量確定的前提下再出現變動。如果有變動，那它也僅是在生產和銷售的過程中，就某一階段而計算出的產品成本與其它階段體現出的產品成本會出現不同的結果，使我們得出不同的產品數量會形成成本的變動之結論。

假設我們投資生產10 000輛小型汽車，且這10 000輛汽車都能銷售出去，我們就首先確定了需求數量，於是我們就可以預測：

租廠房合計200萬元；購買機器設備合計800萬元；支付高級技術及管理人員工資合計200萬元；總計固定資本投資總額1 200萬元。

購買原材料及配套產品合計5 000萬元；煤、水、電等能源費用合計500萬元；支付生產工人工資合計500萬元；總計變動資本投資總額6 000萬元。

根據需求導向成本公式我們可以計算出：

$$1單位產品成本 = \frac{U}{X} + \frac{H}{X}$$

$$1輛汽車成本 = \frac{1\ 200萬元}{1萬元} + \frac{6\ 000萬元}{1萬元}$$

$$= 1\ 200元 + 6\ 000元 = 7\ 200元$$

這7 200元/輛汽車成本，是生產10 000輛汽車每輛汽車的平均成本。假如我們在生產過程中的某一階段時來計算1輛汽車的成本，它就不會是7 200元了，因為公式中U的分母「X」就不能是10 000的數量，公式中X的分子「U」不能是6 000萬元，它隨同分母同比變化，其所得結果也就有所不同。

由下表可以看出，當「不變資本」轉換成「固定成本」時，由於生產和銷售的數量不同，它們不得不分攤固定成本，分母變化可分子不變，使每一階段不同產量所分攤的成本不是固定不變，而是出現了變化，即：生產的數量越多，其單位成本就降得越低，與此相反，被稱作「變動資本」的原材料費用等成本，由於它在成本計算中分子與分母是同比變化的，因此按生產數量所分攤的「變動成本」實際上沒有什麼變動（即使有變動也不會太大）。

由此我們可以得出一個結論：固定（不變）資本在產品的生產中隨著數量的變化其單位成本始終是可變的，數量越多，單位分攤的成本越少；反之則反。變動（可變）資本在產品的生產中跟隨數量的變化而變化，於是其單位成本始終是不變的，數量越多，單位成本越多；反之則反。

在確定了需求數量和生產總成本後，下一步需要確定的才是價格問題。簡單地說，價格是單位成本加上單位利潤。

單位利潤可以是投資者一方的心理預期，譬如我們每生產一輛汽車想賺多少錢，這是我們的權利。但是，利潤高了必然會提高定價，定價高了就必然會使需求數量減少，需求數量減少就必然會使平均分攤的固定成本U提高，進而又循環往複使定價提高，需求數量減少……形成資本市場運作的惡

汽車產量成本表

產量Q （萬輛）	平均分攤固定 成本U（元）	平均分攤變動 成本H（元）	平均每輛汽車 總成本S（元）
0.1	12 000	6 000	18 000
0.2	6 000	6 000	12 000
0.3	4 000	6 000	10 000
0.4	3 000	6 000	9 000
0.5	2 400	6 000	8 400
0.6	2 000	6 000	8 000
0.7	1 714	6 000	7 714
0.8	1 500	6 000	7 500
0.9	1 333	6 000	7 333
1.0	1 200	6 000	7 200

注：Q代表產量，X代表需求量。產大於求即 Q＞X；
　　產小於求即 Q＜X；盡產盡銷即 Q＝X

性循環。因此對利潤的測算，一點不比對需求數量的測算要容易，它是關係到市場是被激活還是被封凍起來的大問題。

對利潤的測算，不能憑藉投資者對回報的欲望，而是要把分析的中心傾注在需求能力——消費者的生活水平上。即：我們應該考察具備這一消費能力的人有多少？假定有10 000個人，他們都表示願意支付15 000元購買1輛小型汽車，那麼我們的利潤就可以翻一番，按投資比例得到100%的回報。假

如我們太貪心，將汽車價格定在2萬多元，想獲取200%的回報，但結果也許是空想。因爲如果定價高了，需求數量就必定會減少，如果只有3 000人還樂意購買，那麼每輛汽車的生產成本就會上升至10 000元，實際獲取的投資利潤回報還是100%；但假如只有1 000人購買，則我們的利潤就微乎其微了。反過來看，如果我們將汽車價格定在1萬元，需求數量會由此增加500%的話，那麼我們的利潤總額就會增多。但問題是，降低價格之後，能否爲我們帶來一定比例的需求數量？如果需求數量的增多未達到一定的比例，結果，我們的利潤不但沒有增加反倒減少了。

這裏涉及需求彈性問題，它的定義是：價格的比例變化與由此引起的需求比例變化之比。依據產品應付成本的不同以及人們對它的需求依賴程度的不同，價格與需求之間變化的具體比例往往是沒有規律的。

譬如，A產品價格降低10%，其需求數量會增加10%；但B產品和C產品的價格也分別降低10%，可它們的需求數量卻分別增加14%和19%；甚至於，D產品在下降10%的價格後，其需求數量未出現增加的變化。因此，需求是高彈性還是低彈性，或是無彈性，這是一個較爲複雜的問題，不可一概而論。

一般的趨勢規律是：應付成本越高的產品和應付成本越低的產品，它們的需求彈性都相對較弱，需求數量的變化不會太大。例如：商品房和牙膏，當它們的價格降低10%，不見得會使需求數量增加10%。在高檔商品和低檔商品之間，越趨於二者的中間點的產品，它們的需求彈性就相對較強。

如圖7-3-1所示，需求彈性趨勢曲線劃出了一個倒「U」型，像一口鐵鍋扣在了地上。高檔商品和低檔商品它們的需求彈性都處於弱勢。因此，判斷需求彈性，首先應判明產品的種類，看它處在哪個層次上，以便掌握需求彈性的強弱，以此來確定價格戰略。

以糧食為例，由於它屬低檔商品，其應付成本較低，已沒有多少成本空間，故它的價格漲一些或降一些，幾乎不會對需求數量產生多大的影響。因此，類似這樣的低檔商品，單靠價格戰取勝幾乎是不可能的事。

需求彈性（數量比）

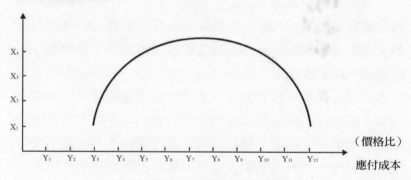

圖7-3-1　需求彈性趨勢

再以手機為例，由於它屬高檔商品，其應付成本較高，具備一定的成本空間，故它的價格一上來相對定低一些也不見得能增加多少需求，所以這一類高檔商品一開始的定價都會較高，多高也肯定會有一部分人（高收入者）買。隨著生產銷售數量的增多，實付成本線會逐漸降低，在保持利潤基

本不變的情況下，價格就可以逐步降低，使原來因需求能力不足的人逐漸成為有能力消費的人。

低檔商品價格線的運行線路是較平緩的，將通貨膨脹的因素考慮進來，價格線或多或少還有逐漸走高的趨勢，它的線路是較長的。與此相反，高檔商品的價格線的運行線路是非常傾斜的，先高後低，坡度較大，它的線路相對較短。人們會發現，一年前所花6 000元購買的一部手機，半年前降至2 000元，現在變成了不到1 000元，再過半年，這個產品別提價格是多少，它可能已經被淘汰了。類似這些我們可以經常看到的現象，都符合高檔商品價格線運行規律。

以上我們所談到的需求數量和生產成本之間互相關聯問題的測算，並不受供給（生產廠）數量的影響，如果只有我們一家生產的產品，那需求數量肯定就會增多，我們按多的數量測算需求就是了，如果不只一家生產，那市場不可能讓我們一家獨吞了，肯定會有一部分市場份額被其它生產廠家吃掉，那麼我們就按剩給我們的或說我們能爭到手的數量測算需求就是了。但是，價格問題就比較獨特了，它最不講理性，尤其是在市場競爭中，往往不管需求數量和生產成本這兩個資本運營的重要參數，甚至有時連利潤也拋之腦後，為了贏得市場，爭取到更多的需求者，在競爭中競相殺價，損人不利己，結果兩敗俱傷。到了這個時候，本來應是配角的價格一下子冒了出來，將需求和成本等主角掩在身後，獨自戲弄起市場來。如果所有廠商都沒有理性地效法這一做法，這就是導致經濟危機的原因之一。

然而從我們現在流行的經濟學教科書中可以看到，涉

及產品定價的價格問題成了主題。是的，在激烈的市場競爭中，它確實是一個上升到成敗與否的關鍵點，就商業實戰而言，圍繞著它多生計謀，確實能起到抑人揚己的作用。但就經濟學而言，誇大了價格的地位作用，將會使經濟科學變得庸俗，把經濟規律簡單化了。

我們並非認為價格問題不重要，而是想將它融入進資本運作圖中，在應付成本、實付成本、需求數量等數值中擺正它的位置，別讓它「獨霸天下」。不能使投資預測變成單純的價格預測，也不能使市場分析變成單純的價格分析。離開了市場需求，離開了應付成本和實付成本，離開了利潤預期，價格問題就會立刻變成空談，資本運作圖就會變成了「畫餅充饑」的騙人騙己的遊戲。

7-4 「規模收益」

如果說威克塞爾只是將「規模收益」局限在投資規模與產出規模之間的話，那麼我們覺得應該把它延伸到需求規模和利潤規模的「終點站」上。

在投資預測中有一個「規模收益」問題，即是指：在某一個需求規模中，不變資本的投入是一定量的，在這個需求規模中的任何一個範圍內，不變資本都是夠用的，不用另外再增加。越接近需求規模的最大量，不變資本的利用率也就越高。但是，需求數量如果超出了一定的規模，不變資本的投入就得加大，就得上一個「台階」；不擴大投入，就滿足不了增加了的需求規模。

　　克努特・威克塞爾曾經提出過規模收益之說，他舉例說，當農場的規模開始發展壯大時，農場裏可以利用規模經濟獲利，因爲種植更多的穀物不需要購置第二台拖拉機；一台就可以耕種很多的田地，而且同樣不需要建第二座谷倉。然而規模經濟將在某一點衰竭，而公司在這一點將達到最優或最高效的規模。超過了這一水平，將需要額外的資本設備。他指出，若我們將用來種植穀物的土地面積擴大到原來的兩倍，剛好收獲兩倍的穀物，因而我們獲得了不變的規模收益。若我們將耕作的面積擴大至兩倍，而產出增長卻不到100%，我們得到的就是規模收益遞減。最後，若我們將耕植面積擴大至兩倍而穀物的產值是原來的兩倍多，那麼我們就擁有了規模收益遞增——這就是威克塞爾對「規模收益」概念的解釋。

　　如果說威克塞爾只是將「規模收益」局限在投資規模與產出規模之間的話，那麼我們認爲應該把它延伸到需求規模和利潤規模的「終點站」上。所謂的「規模收益」問題，其實就是需求規模與投資規模之間的對比關係，即：需求規模應該小於或等於投資規模（$Xs \leq Ts$）。前者如果大於了後者，則後者就得加倍投入，造成收益遞減。

　　舉例說明：市場每天最多需要牛奶10噸，如果每頭牛每天能產奶1千克的話，那麼爲了滿足市場對牛奶的需求，我們就得飼養奶牛1萬頭。這一萬頭奶牛需建養牛場4萬平方米，投資約400萬元。如果當天市場實際需要牛奶5噸，則出現了收益遞減，即這一天5噸牛奶的產值或利潤要分攤這一天400萬元的不變資本投入；如果當天市場實際需求牛奶10噸，就

出現了收益遞增，即這一天10噸牛奶的產值或利潤要分攤這一天400萬元的不變資本投入，後者的投資收益及其效率當然要比前者高。但是，如果市場每天實際需要牛奶11噸，出現了需求規模大於投資規模的情況，則不變資本的投入就得增加，如果動工擴大養牛場最少得再投入100萬元，那麼為滿足市場增加的10%的需求規模，不變資本的投入卻要增加25%的資金量，於是收益遞減的情況又出現了。

　　規模收益問題涉及的各生產要素邊際產品利用率，都存在著收益遞增或收益遞減情況。譬如：廠房的利用率；生產設備的利用率；原材料的利用率；能源的利用率；勞動力的利用率；流動資金的利用率；營銷體系的利用率；等等。這些規模收益都與需求規模（即商品的生產數量）有關。我們通常所說的邊際生產力之核心，說的就是諸生產要素的利用率。

　　綜上所述，在投資預測中，根據需求數量的預測，在考慮確定投入資金的時候，我們不得不注意到規模收益問題，即在哪一個投資水平上能使諸生產要素發揮出最有效的利用率。

第8章　國民財富的正確核算

8-1 收益、利潤和儲蓄

如果投資者都因資本運作失敗而跳樓，礦工們都因瓦斯爆炸而傷亡，航空公司的飛機總是在旱地玩「跳水」，裝滿商品的倉庫總是燃起撲不滅的大火……一句話，各種各樣的虧損總是比利潤多，社會財富也就得不到積累了。

所謂收益，不但可以由勞動獲得，也可以由資本獲得。由於它類似於「產值」，因而它不是財富的淨增長，只是一個永遠在流動著的「數字坐標」。這是因為，不管是人的勞動也好，還是資本的運作也好，它都建立在不斷地會有消耗支出的基礎上獲得收益。也就是說，即使保證一個人時時有收益，但同時他們還需時時有消耗支出。收益的一部分或是全部，會被隨時攤到消耗支出上；只有當收益大於消耗支出時，才會出現「利潤」，這「利潤」就是新增加的社會財富。

然而，它最終能不能成為新增加的社會財富，不會由某一單位勞動過程或資本運作過程來決定。這是因為，不管我

們勞動不勞動、資本運作不運作，我們爲了維持生存每天都要吃飯，滿足最基本的生存需求。因而每天我們都有一定的消耗支出。「過去的收益」用來現在消耗，如果總是得不到新的收益，則「過去的收益」就會逐漸減少，直至爲零。

因此，收益之中不但包含著已發生的成本消耗支出，而且還包含著將來可能會發生的成本消耗支出。

煤炭和石油作爲一個國家的財富，我們不管開採不開採，它都屬於這個國家的自然產品，不會自己從地底下全部跑到別的國家去。即使我們把它們開採出來，出口賣了變成了外匯，僅僅是把不可增殖的自然產品變成了貨幣產品（有關產品的分類問題我們在後面詳述），貨幣的收益是以自然資源的減少爲代價的。由此，煤炭和石油的開採如果使我們增加了收益、增加了「產值」的話，它並非全部是我們新增加的財富，只是轉換了財富的形式。

可以這樣說，以自然資源的減少爲代價獲得貨幣收益，不會真正地爲我們帶來利潤。

所謂利潤，它是某一單位勞動過程或資本運作過程所帶來的收益，減去爲完成這一過程所投入的成本消耗（含對自然價值的損耗）所剩餘的財富，也可稱其爲新財富。如果說收益就是未剔除成本消耗的「產值」的話，那麼「新財富」就是剔除了成本消耗的利潤。我們所說的利潤，並不局限於從企業的資本運作中產生，它也可以從勞動中產生；前者是剩餘價值，後者是價值剩餘。

利潤作爲「財富」，是通過某一單位勞動過程或資本運作過程所帶來的新增加的財富。如果每一單位的勞動過程或

資本運作過程都能獲取利潤，那麼顯而易見，社會財富的積累就會越來越多，財富積累或叫經濟增長的速度就會非常地快。從總體上說，人類社會經濟發展的狀況是與此基本相符的。所不同的是，它並不是每一單位的勞動過程或資本運作過程都能保證獲取利潤，而是少數會出現虧損，大多數都能獲取利潤。少數的虧損被高額的利潤消化後，使社會財富的總量一直在不斷地增加，這就是我們眼前所看到的經濟日趨繁榮的景象。反過來說，如果投資者都因資本運作失敗而跳樓，礦工們都因瓦斯爆炸而傷亡，航空公司的飛機總是在旱地玩「跳水」，裝滿商品的倉庫總是燃起撲不滅的大火……一句話，各種各樣的虧損總是比利潤多，社會財富也就得不到積累了。

說到儲蓄，它就是利潤的積累，既有貨幣產品形式的利潤積累，也有其它產品形式的利潤積累。我們通常所說的銀行儲蓄，指的就是貨幣產品的利潤積累；老百姓家裏買的傢俱，城市裏的高樓大廈，這些都是非貨幣產品的利潤積累。

儲蓄不一定是越積越多，有時還會越積越少。是多還是少，主要是看後來的收益是否總能多於消耗。如果消耗大於收益，連最基本的生活都無法靠收益所得來維持了，那就不得不動用儲蓄，將過去所實現的利潤積累用於貼補現在的消耗。如今很多的下崗職工之所以還能夠咬牙堅持平靜度日，純屬是他們原來的一些儲蓄還有少許能力貼補現在的消耗。一旦他們的手中沒有了儲蓄，變得一無所有了，到那時，他們也許就不會像現在這麼理智安分了，不折騰個熱火朝天才怪呢！

儲蓄行爲不是源於偏好，而是源於需要，它既可以爲未來的消耗支出提供保障，又可以爲未來收益的增加創造條件。當意識到未來的消耗（即消費支出）會大於未來的預期收益時，通常的做法是，人們樂於增加儲蓄，尤其是對貨幣產品的儲蓄；相反，當未來的預期消耗（即消費支出）會小於未來的預期收益時，通常的做法是，人們樂於相對減少儲蓄。

因此，儲蓄的增加或減少，既不像約翰・梅納德・凱恩斯所說的「當收入增加時，收入的消費部分會下降而儲蓄部分會上升」那樣簡單，也不像米爾頓・弗裏德曼所說的「人們收入一旦增長，就可能期望未來會有更高的收入增長，結果人們就不必爲未來的消費儲蓄更多的錢」那樣簡單，它取決於對未來預期消耗與未來預期收益兩個變量關係的對比，是一個綜合預期的結果。

單就利潤而言，某一單位勞動過程或資本運作過程所帶來的收益，既有產品性收益，又有商品性收益。自給自足式的收益就是產品性收益，例如農民通過耕作勞動獲得糧食，如果產量（或稱產值）超過了消耗量，其剩餘的部分就是自給自足式的勞動所獲得的利潤。產品的商品性交換所帶來的收益就是商品性收益，例如製作衣櫃出售，所獲得的銷售額（或稱產值）減去製作成本，其剩餘的部分就是資本運作所獲得的利潤。這一利潤的本質，是生產銷售者爲了消費者在滿足需求的同時實現了節省，消費者在實現大量的節省後所給予生產銷售者的報酬。由於消費者只知道購買某一商品比自己製造這一商品肯定會實現大量的節省，但卻不知道生產

銷售者的實際社會商品成本是多少，究竟應該給多少報酬，給多少報酬才是合理的，因此購銷雙方就不得不直接確定一個商品價格，行就成交，不行就拉倒。在這個商品價格之中，一般情況下，它定是生產銷售者的實付社會商品成本加上消費者為實現節省所給予的報酬之和，而生產銷售者所獲得的某單位商品的利潤，正好是消費者為實現節省所給予的報酬。這一報酬，必定是節省中的一小部分，不可能超過節省的數額。一般情況下，科技含量越低的產品，它為消費者實現的節省越少，由之所給予生產銷售者的報酬（即利潤）也就越少；反之，科技含量越高的產品，它為消費者實現的節省越多，由之所能給予生產銷售者的報酬（即利潤）也就越多。

　　說到了有關商品價格的確定問題，別說消費者不可能知道生產銷售者的實付社會商品成本是多少，所應給予的報酬是多少，就是生產銷售者自己，也無法預先知道整個資本運作過程實付社會商品成本是多少，只能大體上做一個估算。這是因為，生產銷售者無法預先知道有多少消費者，從而無法提前確定出需求數量。不知道需求數量，怎麼能知道應付社會商品成本線運行到什麼位置上？怎麼能確定它與商品價格線之間有多大的差距？這個差距是正數的利潤還是虧損？因此，商品價格在資本運作圖表中是最活躍、最不易確定、最變化多端的數值，它最終完全取決於市場，由市場說了算。

　　由以上分析可知，收益，或者把它直接稱為產值，它只是一個經濟參數，並不能真正代表一個企業，一座城市，一

個國家經濟發展的真實狀況。就是說，產值增加了，不一定出現利潤增加即財富的增加這一結果，二者之間沒有必然的正比關係，它們有時會出現反比關係。多製造幾顆原子彈，產值肯定會增加，但它的效用是使社會財富變少了，因爲頃刻之間，它可以將無數的財富包括人的生命變成了灰燼。這樣一種產值的增加，顯而易見會使社會經濟發展遭到空前的破壞；這樣一種GNP或GDP的統計和計算，在人類社會財富是增加了還是減少了的問題上，究竟有什麼意義？當然，作爲一個經濟參數，它們可以從某一個方面作出統計，以便我們對經濟的考察更加全面和準確，但是，在所有的經濟參數中，GNP或GDP絕不該成爲一個直接代表經濟發展狀況、能顯現出財富增加多少的數值，任何一個從GNP或GDP數值增長變化中得到喜悅由此誇誇其談的人，都是被蒙騙者或者是蒙騙別人者。

時至今日，除了在企業的財務報表中可以看到利潤數值以外，似乎所有城市、所有國家都沒有統計並公布某一年度「國民生產利潤」是多少，但這一數據確實很難計算準確。

細說利潤，它分爲絕對利潤和相對利潤。絕對利潤是指所增加的財富是人類社會共同意義的，它不會導致「我多了，你少了」或「我少了，你多了」的情況發生。我多了你並未少，或我並未少你多了，財富的總量在增加，這就是絕對利潤。絕對利潤既可以從剩餘價值中產生，也可以從價值剩餘中產生。

首先，就剩餘價值而言，當消費者用極少量的錢購買到某一種產品（這種產品如果是必須由這位消費者自己去投資

生產製作，他就必須投入比購買商品的價格要高得多的巨額資金），其支付給商品生產者的價款中已經包含了酬金，商品生產者所獲得的，不僅是爲生產商品所投入的資金，而且還有資本以外新增加的利潤。就財富而言，生產者多了，而同時消費者沒有少，甚至可以說也多了。因爲他所支付的價格，比應付社會產品成本低多了，用極少量的錢，滿足了本應靠巨額投入才能得到的需求享受，這無論如何不能說少了什麼。因此，每一次成功的資本運作，它所增加的貨幣GM都是新增加的社會財富，屬於絕對利潤。

其次，就價值剩餘而言，它的一部分屬於絕對利潤，而另一部分屬於相對利潤。它所產生的絕對利潤並不是簡單的體力勞動，而是複雜的腦力勞動。每一次的靈機一動，每一次豐富的想像力，每一次科技發明，幾乎都是在沒有增加多少對自然資源的消耗量的基礎上出現的，但它所帶給人類社會的好處卻極其巨大，例如某一項專利技術的發明就是如此。但是，它能不能導致社會財富的增長，關鍵還要看其所起的作用能否爲社會財富的增長創造條件。袁隆平的研究成果如果不能使糧食增產，那這一成果的價值何在呢？如果某種市場營銷理論不能指導資本在運作中謀取較大的收益，那這一理論的價值何在呢？可以這麼說，使用了袁隆平的科研成果所增加的糧食產量（應減去爲增加產量所進行的其它投入部分後），就是這一科研成果所帶來的絕對利潤，借鑒了某種市場營銷理論而使正常利潤之外新增加了的利潤，就是某項營銷理論所帶來的絕對利潤。

相對利潤與剩餘價值無關，它只是價值剩餘之中的一

部分。它的特徵是：只要我多了你就少了，或是我少了你就多了。是財富從一個人、一個地區、一個國家流向另一個人、一個地區、一個國家，是財富的相對增長，不是整個人類社會共同意義的財富增長。例如，買彩票的人，只要不中獎，口袋裏的錢肯定就少了，同時中獎的人口袋裏的錢就肯定多了；一個國家對另一個國家實現了貿易順差，那肯定是另一個國家出現了貿易逆差。用人單位支付給勞動者工資，用人單位的貨幣就會減少了這部分，而勞動者就會多了這部分；勞動者購買商品錢就會減少，而商店裏的錢就會增多；商店去企業進貨，商店的貨幣也會減少，而企業的貨幣就會增多。從這一貨幣流通過程來看，勞動者對企業而言永遠是「順差」，企業對商店而言永遠是「順差」，商店對勞動者而言永遠是「順差」，其整個過程如果反過來又全都會變成「逆差」，因此其本身的價值交換是基本平衡的。

因此，相對利潤只是使某一個人、某一個地區或某一個國家的財富增長了，但它肯定會導致另一個人、另一個地區或另一個國家的財富減少。如果不能形成互補，則相對利潤的出現就會導致一些人、一些地區或一些國家富而更富，另一些人、另一些地區或另一些國家窮而更窮，最終就必然會導致貿易磨擦產生經濟糾紛，甚至還會阻礙經濟的進一步發展。

綜上分析，在經濟發展的各項議題中，創造新財富的剩餘價值問題與價值剩餘之中能夠增加新財富的科技創新問題，是最最重要的問題。雖然價值剩餘之中只能獲取相對利潤的貨幣流通現象與人類社會財富的增長問題沒有直接關

係，但它也會在失衡的情況下間接地影響經濟的正常發展，故而對相對利潤涉及的一些領域內的問題也不可掉以輕心。

8-2 核算產值體現不出「經濟增長」

「經濟增長」這一概念所要核定的重要指標，即是要統計出社會財富的總量是增多了還是減少了，增加了多少、減少了多少。但產值只能體現出生產和服務業規模的變化情況，與國民收入——即我們要核算的新增加的社會財富數量的問題風馬牛不相及。

GNP或GDP的核算，既算不出剩餘價值的增減，又算不出價值剩餘的增減。既然如此，它是如何算出「經濟增長」的？

早在17世紀時，威廉・配弟便首創形成了關於英國經濟核算的一些雛形，繼配弟的開創性工作之後，英國又開展了幾次國民收入估算。然而，在西蒙・庫茲涅茨之前，還沒有人以一個年度為基礎進行國民收入的估算，估算本身也不審慎，不具備系統性。

生於俄國後來定居在美國的庫茲涅茨所創立的國民收入核算體系，至今幾乎所有國家在衡量經濟活動時都無可選擇地採用。他在就職於NBER時負責對1929年至1932年間的美國國民收入進行首次估算。接著他又開展了1919年至1938年間的國民收入統計，並提供追溯至1869年的美國經濟活動估算。在估算的過程中，他既認真地闡述了他在從事經濟活動估算時所採用的方法論，又詳盡地描述了他在估算過程中所

遇到的問題。就這樣，他設立的經濟核算的標準形成了至今仍在沿用的程序。

如果說，我們所要核算的「國民收入」或「國內總產值」即是新增加的社會財富的話，那麼顯而易見，庫茲涅茨所採用的一些數值就偏離了原定的軌道。因為他並沒有僅將純利潤作為主要估算考核的對象，而是將產值與利潤混在一塊作為主要估算考核的對象，就使得估算出來的數據在本應顯示社會財富增長或減少的主要問題上摻進了大量的水份。儘管他將最終產品的產值與中間產品的產值小心翼翼地區分開來，以圖借助這種區分避免重複計算的問題，但產值不是實際社會商品成本的體現（它的每一次的「增長」，都是實實在在的成本投入的增長），只能體現出生產和服務業規模的變化情況，與國民收入——即我們要核算的新增加的社會財富數量的問題風馬牛不相及。

GNP或GDP的核算，既算不出剩餘價值的增減，又算不出價值剩餘的增減。既然如此，它是如何算出「經濟增長」的？我們現今所說的和所要計算的經濟增長，最為貼切的表示就是社會財富總量的增長情況，它雖然與生產規模的增長（即產值的增長）有一定的關係，但畢竟是兩回事。

庫茲涅茨所創立的國民收入核算體系從總體上來說並無不妥，但它與核算出社會財富總量增長情況這一核算的準確目標尚有一段距離，並且其核算的方法有明顯的缺陷和漏洞。

正如梁小民先生在《西方經濟學導論》一書中所闡述的那樣，在具體進行統計時，有些項目是很難準確地計算的

（例如家庭婦女的勞動與傭人的勞動如何計算？），有時中間產品與最終產品很難準確地區分（例如工人穿的工作服算什麼產品？），還有些項目（尤其是勞動這一項）也容易被重複計算。此外，國民收入並不能反映出人們由生產中所得到的福利變動情況：它反映不出人們在精神上滿足與否；反映不出閑暇所帶來的福利；反映不出人們生活質量的變化；反映不出產品質量的進步與產品類別的變動對人們福利的影響；反映不出社會上產品分配的情況及其對社會福利的影響。

儘管很多經濟學家都指出了國民收入核算理論存在的問題，但是仍然有些較隱蔽的問題至今沒有被發現。

首先，在產值的計算上將最終產品與中間產品區分開來，並避免產值的重複計算，這一方法本身就存在著缺陷。

庫茲涅茨以為，作為最終產品銷售給消費者的一輛汽車是由輪胎、玻璃、引擎和剎車裝置等等之類的中間產品裝配而成的。僅以輪胎為例，如果計算了銷售給汽車生產廠商的輪胎的產值，又計算了整輛汽車的產值，那麼生產出來的輪胎就被重複計算了兩次。於是，為了獲得對經濟活動的更精確的核算，必須從賣給消費者的汽車的最終價格中減去所有零部件的價值，這剩下的差額或汽車生產廠商的增值部分即是國民收入核算的有效內容。

如此這般，好像庫茲涅茨給所有生產汽車零配件的廠商下達了一份「判決」——這些廠商既不盈利也不虧損，即它們的財富既不增長也不減少。要知道，就產值避免重複計算而言，從賣給消費者的汽車的最終價格中減去所有零部件的價

值（即產值），這似乎無可非議，但汽車整車生產廠商從銷售汽車的商品價格中所獲取的利潤，絕對不會包括汽車零配件生產廠商所獲取的利潤。把利潤當成產值從汽車零配件生產廠商為社會所做出的貢獻中剔除掉，使得很多新增加的社會財富（即是節省的資源中的一部分）被忽略、被排斥在國民收入核算之外。

如果我們接受「投資等於消費」這一定論的話，那麼投資這種特殊的消費支出就預示著最初的投資額正好等於當時的資本虧損額。只有當資本運行至盈利階段，其新增加的利潤即新增加的社會財富，才是國民收入核算的最精確、最有效、最有用的核算內容。就利潤的核算而言，不分什麼最終產品與中間產品，也根本不存在「重複計算」問題，誰的利潤就是誰的，最終都是新增加的社會財富，抹了誰的利潤誰都不幹，就如同忽視了誰對社會做出的貢獻誰都不會服氣一樣。

這樣一來，「經濟增長」就被準確地限定在新增加的社會財富的數額上，想不精確都不行；它不再被當成是生產規模意義上的混沌詞彙。就核算產值而言，取而代之的應是「經濟規模」，它才是與產值有關聯並且相對應的概念。

如果我們肯定產值的核算只是體現出經濟發展的規模，那麼，庫茲涅茨所謂的「避免重複計算」的做法正好事與願違。這是因為，他把經濟發展規模的一部分給抹殺了，而這一部分本是必不可少的。試想，假如需要這家汽車整車生產廠商自己投資興建各個汽車零配件生產廠，它的成本投入肯定會加大，價格也必定會提高。如果所有的汽車生產廠商都

須自己投入資金另建各個汽車零配件生產廠，那整個社會的重複性投入將會增加多少？將會浪費多少資源？而這些增加了的社會成本投入恰恰是在國民收入核算中是充當負數的，但它們均得不到體現，通過價格的提高卻反過來變成了虛假的經濟增長（產值提高了），這不是在開玩笑嗎！

這樣一種國民收入核算，想不重複計算都做不到。由於國民收入核算中把一切勞務都計入國民收入，這樣必然造成重複計算。例如，一個人如把他賺來的工資一百元支付給家庭教師，家庭教師又把這一百元支付給醫生，醫生再把這一百元支付給大學教授，大學教授最後把這一百元支付給傭人。按照一切勞務都創造價值的理論與國民收入的核算方法，這一百元就被作為工人的收入、醫生的收入、家庭教師的收入、大學教授的收入和傭人的收入而計算了五次。這顯然就重複計算了四百元。而且如果收入再分配的次數越多，重複計算的數額就越大。

實際上，核算產值如果是為了體現經濟發展規模，它就談不上什麼重複不重複了。前一年的經濟發展規模與後一年的經濟發展規模之間的對比，只要使用了同一個方法（或是都重複、或是都不重複）就已達到目的了，用不著多此一舉非要將汽車的最終價格減去所有零部件的價值，自己給自己找麻煩。

其次，庫茲涅茨將國民收入的核算完全看作是經濟領域內每個廠商在特定時期內所創造產值的總和的觀點，使國民收入的核算變得極其片面而脫離實際，使它與社會財富量的統計脫了節。

　　「經濟增長」這一概念所要核定的重要指標，即是要統計出社會財富的總量是增多了還是減少了，增加多少、減少多少。要統計出這一指標，應該做的事情首先是要統計出我們現在有多少財富，這些財富可以用金、銀等貴金屬和儲蓄在銀行裏的貨幣來計算，也可以同時用所有人（家庭）和所有廠商以及國家現在擁有的非流通性產品（例如房屋、廠房和商品、機場和橋樑等）來計算。其後才是要統計出有多少財富是作為資本投了出去，到來年時看看這些資本金收沒收回來，如果不但收回來了，而且還增加了，這增加了的部分之總和即是我們要統計的國民收入或經濟增長的確切數額。

　　在庫茲涅茨的國民收入核算體系中，我們看不出哪一部分是核算實際社會商品成本的，既然不知道每個廠商在資本運作中實際社會商品成本是多少，也不知道每個廠商面臨的有形虧損和無形虧損是多少，只知道它們的產品產值，他們怎麼可能知道他們的財富實際上是增加了還是減少了？

　　就好像一個投資者，他不知道他當初投入了多少資金，也沒有統計過為生產某種商品共有多少成本，他只知道他第1年的產值或說是銷售收入為100萬元，第2年達到了120萬元，別人就傻乎乎地歡呼讚揚說，他實現了20%的經濟增長，這不是瞎子摸象嗎？假如他第1年的成本投入為90萬元，而第2年的成本投入是130萬元，那麼「國民收入核算體系」本應核算出來的正確結果應該是：第1年他的財富增加了10萬元，第2年他的財富又減少了10萬元，兩年後他的財富不賠不賺，仍然是90萬元。儘管第2年他所創造的產值比第1年還多20%，但它體現不出財富的增減，只是體現出第2年比第1年生產的

規模大了，或者是由於通貨膨脹造成的物價提高了。

最後，如果說有些經濟活動確實無法控制加以計算而漏算在國民收入核算之外的話（例如毒品的生產與販賣、投機活動、地下工廠的生產、私人之間的交易、物物交易等），我們不該過多地指責，但是必須進行核算也絕對可以控制加以計算的經濟活動，卻被國民收入核算排斥在外，說到哪都不應該。這就是一個國家當年發生的經濟損失情況，它將預示著社會財富的減少。例如，企業的虧損情況；因自然災害、火災以及不可預知的意外事故造成的損失情況（個人或家庭的損失，企業的損失，國家的損失）；外匯儲備減少的情況；資本外逃的情況；等等。還有什麼比這些更好計算、更易計算、更該計算的？可為什麼這麼重要的經濟情況卻不在核算之中？

總而言之，國民收入或經濟增長的核算必須同社會財富的實際擁有量從現在資本運作中體現出來的社會財富的增加量或減少量相符之後才具有統計的實際意義，否則它就成了單純的數字遊戲。

國民收入核算的內容及方法應該進行必要的改革，使它更準確、更實際地體現出經濟發展的狀況。

8-3 國民財富總額的核算

「國內生產總值」在經濟增長的核算中容易打馬虎眼，容易讓人陶醉，容易自欺欺人。經濟管理部門可以將它作為一個參考指標，但絕對不能用它來代表經濟發展的狀況。取而代之的應該是「國民財富總額」，它是社會財富狀況的標

誌，是唯一真實、準確體現出一個國家經濟發展狀況的經濟指標。

通常我們所說的國民收入、國內生產總值的統計有不實之處，它並未能真實地體現出一個國家財富增加的情況，也不能準確地測算出一個國家經濟發展的實際狀況。如果說很多年它一直在充當著很多國家經濟部門測算經濟發展狀況的工具，它確實也起到了一些作用，一些在當時而言無法用別的方法來替補的作用。但是，如果按照我們的社會成本經濟學原理的要求來衡量，國內生產總值的計算方法仍是欠準確、欠實用的。這是因爲，國內生產總值是以產值或銷售額來作爲參數，它無法體現出社會財富增加或減少的情況。一個國家的經濟增長的情況（實際上說的是一個國家社會財富總量是否增長的數據），還是應該以純利潤來作爲絕對參數，作爲唯一較準確的指標，這樣才是較科學的。就如同一個人測算他的財富積累有多少，不能計算他的工資收入是多少，而應看他一個月消費之後能儲存下多少一樣，看他窮不窮、富不富，最終要看他儲存有多少資產。這是衡量他財富多與少的唯一標準。

假設一個人的月收入額比上個月多增加了10％，但由於物價上漲，他爲了維持生活不但將他一個月的收入全部花光，而且還要從過去積累儲蓄的財富中拿出來一部分補貼。這樣的話，表面上看，「國民收入」或「國內生產總值」在當月說是比上個月提高了，好像是經濟發展了，生活水平提高了，可實際上，當月的「社會成本」提高了，利潤是負

數，財富並未增加而是減少了，這個人的生活水平降低了。

因此，「國內生產總值」在經濟增長的核算中容易打馬虎眼，容易讓人陶醉，容易自欺欺人。經濟管理部門可以將它作為一個參考指標，但絕對不能用它來代表經濟發展的狀況。取而代之的應該是「國民財富總額」，它是社會財富狀況的標誌，是唯一真實、準確體現出一個國家經濟發展狀況的經濟指標。

當然，我們所說的「國民財富總額」不可能面面俱到地將所有經濟角落盡收囊中，它主要分為三大部分：家庭儲蓄和利潤、企業投資和生產利潤、國家資產和財政利潤。將這三部分測算清楚了，經濟的狀況就基本把握了。

家庭（family）儲蓄和利潤。過去只是將銀行貨幣儲蓄作以統計，這當然必要，但還不夠。除了銀行貨幣儲蓄之外，應該列入統計之中的還有房產、股票、有價證券、汽車、遊艇，以及金銀首飾和較珍貴的古玩字畫等收藏品。

上述的統計結果往最低處說，再窮也不會出現利潤的負數，但實際上有些人就是背著債的人。因此，家庭儲蓄利潤之中也必須作以統計的是貸款數額或是應付款數額。這些在利潤「零點」以下的居民，他們不但是真正的「無產者」，而且還是背著債的「欠產者」。

企業（corporation）投資和生產利潤。企業的實際投資額的增加，如果不是國家稅收利潤的相應減少，那肯定就是居民儲蓄利潤的相應減少，當然，國外投資除外。對企業的實際投資額的統計，將有助於國家進行宏觀經濟調控決策。因此，除了企業生產的純利潤（剩餘價值）必須進行統計外，

還應統計企業的實際投資額。

　　企業的生產利潤如何計算，社會成本經濟學原理所作的要求與現行的方法不一樣。對此，我們將在後面詳細闡述。

　　國家（Nation）資產和財政利潤。統計稅收總額是必要的（例如今年的稅收比去年增加了多少），但稅收利潤的統計才是最必要的（包括今年的財政支出比去年增加了多少、稅收積累了多少）。爲了完成稅收任務，國家設置的政府部門所有的花銷，都將從稅收中支出，如果稅收的金額不夠政府部門花銷的金額，那麼就會出現「財政赤字」，它就是稅收利潤的負數。我們在這裏所說的稅收，還包括徵稅之外的其它一切費用收入。

　　國家用稅收興建的核電站、水電站、機場、橋樑、高速公路、環保森林……都是積累的財富。如果由於我們管理不完善，造成了大的災難，或是自然災害出現了，使我們興建的設施毀滅或是遭到較大的破壞，那都將造成財富的減少。現代戰爭的最大禍端，就是它可以在頃刻之間將財富變成灰燼。所以一個重視經濟建設的國家應該最忌諱戰爭，不到萬不得已，不要輕易動武。

　　如果我們用此統計方法來核算伊拉克的國民財富積累狀況的話，我們就會一眼看出，波斯灣戰爭前伊拉克的國民財富肯定是比波斯灣戰爭後要富裕得多，其顯而易見的原因是，伊拉克的很多國家財富都遭到了損壞而毀滅了，其國力也就大大降低了。而恰恰是這一點，產值的核算是根本核算不出經濟損失的，它與實際情況無法吻合。

綜上所述，國民財富總量的核算不但要核算產值、成本，更關鍵的是要核算利潤和儲蓄。這個利潤不單是企業的經營利潤，還包括家庭生活的節餘、積累和國家財政的節餘、積累；它即是家庭、企業（包括社會團體）和國家財政，將所有消費支出從所有收入中減去之後的剩餘。這個儲蓄，不但包括存在銀行裏的貨幣和沒有存在銀行裏的貨幣，而且還包括家庭中購買的大件耐用商品、企業購買的生產設備和庫存商品，以及國家投資興建的水壩、核發電站、橋樑、機場、高速公路等大型民用、軍用設施。

如果用F_1、F_2、F_3……F_n來代表各個家庭（個人）的不同數額的財富量，那麼它們之和就是家庭（個人）的財富總量F；用C_1、C_2、C_3……C_n來代表各個企業（社會團體）的不同數額的財富量，那麼它們之和就是企業（社會團體）的財富總量C；用N_1、N_2、N_3……N_n來代表各個地方政府的不同數額的財富量，那麼它們之和就是國家（政府）的財富總量N。最後我們將三者相加：$F+C+N=$國家財富總量簡稱（FCN）。

8-4 FCN彌補GDP的不足

如果國家的財富總量增加了，可家庭（個人）和企業的財富總量卻沒有多少增長，或者是企業的財富總量增長了，國家和家庭（個人）的財富總量卻沒有多少增長，總之，出現了增長上的不協調現象，那樣的話，不是宏觀調控政策方面出現了問題，就是分配制度方面出現了問題。

一個國家，將所有家庭（個人）積累的財富相加，即是這個國家中家庭（個人）財富的總量F。它所要統計的不是剩餘價值部分，而是價值剩餘部分。例如勞動收入、租金收入等。

如果說，國民財富的核算結果出現了這樣一種情況，即國家（政府）的財富總量遠遠大於企業的財富總量，企業的財富總量遠遠大於家庭（個人）的財富總量，以至於家庭（個人）的可支配財富總量沒有多少，那麼即使國家很富裕，它並不能代表這個國家中的人民也很富裕。例如在封建君王統治時代就是這樣，大量的財富幾乎都歸屬在「國家」那裏，家庭（個人）手裏卻沒有多少。隨著社會的進步，隨著經濟的發展，家庭（個人）所擁有的財富會越來越多，家庭（個人）的財富、企業的財富和國家的財富都會不同比例地增長。如果國家的財富總量增長了，可家庭（個人）和企業的財富總量卻沒有多少增長，或者是企業的財富總量增長了，國家和家庭（個人）的財富總量沒有多少增長，總之，出現了增長上的不協調現象，那樣的話，不是宏觀調控政策方面出現了問題，就是分配制度方面出現了問題。

家庭（個人）財富的統計，應以實際居住情況為依據，避免重複計算或漏算。譬如，夫妻共同生活在一起，很多的家用物品是共同使用的，他們就應該作為一個家庭來進行統計，如果這對夫妻還有一個已成年的孩子，他有自己的住所、家產，那麼他就應該以個人的形式另外來統計。但是，如果這個已成年的孩子仍與他的父母共同生活在一起，那麼他就沒有必要進行單獨核算。只要將核算的單位統計準確

了，那準確性的基礎就打牢了。

接下來需要研究的是核算的內容，如果內容不準確，也會出現重複計算或漏算的現象。

家庭（個人）財富的統計主要分為三部分：收入、支出和儲蓄。

收入部分包括的主要內容：

1、勞動收入：工資、獎金、福利補貼、津貼、加班費等；

2、投資收入：①利息 ②分紅 ③租金 ④股票利潤 ⑤彩票獎金 ⑥保險收益 ⑦其它；

3、知識產權收入：①專利 ②版稅 ③其它；

4、其它收入：①遺產繼承 ②他人饋贈 ③意外所得；

5、借進款收入：①銀行貸款 ②私人借款 ③企業借款。

支出部分包括的主要內容：

1、大型消費品支出（住房、汽車等）；

2、大件耐用消費品支出（家具、家用電器、電腦等）；

3、非耐用品支出（服裝、日用品等）；

4、文化教育消費支出；

5、租金支出和稅費支出；

6、醫療費用支出；

7、基本生活支出；

8、投資支出：①股票投資 ②企業投資 ③彩票投資 ④其它投資（可以由此計算出當年全國民間的投資總額）；

9、損失：①資金損失（例如丟失）　②物品損失（例如火災造成物品焚毀）

10、借出款支出；

11、其它支出。

儲蓄部分包括的主要內容：

1、貨幣儲蓄：　①銀行存款　②未存入銀行的現金
③有價證券

其中包括的應付款（應還的借款或應支付的貨款等）。

2、產品儲蓄：①住房、汽車等；　②大件耐用消費品；
③其它貴重物品（金銀首飾、古玩字畫等）。

所統計的產品儲蓄的財富金額應根據不同物品的使用年限逐年遞減（即「折舊」），用當初購買某件商品的總金額減去根據年限所計算出的「折舊」的數額，即是該件商品在本年度的實際產品儲蓄金額。

例如，在6年前花15萬元購買了一輛轎車。其確定的使用年限是30年，那麼每年這輛轎車「折舊」的自然損耗費用就是1年0.5萬元。如果在6年後的今天我們計算財富狀況的話，在產品儲蓄中的「汽車」一欄中，我們就得用15萬元購車款減去6年的損耗費用3萬元，淨剩12萬元，這12萬元是汽車產品在當年的儲蓄額。

因此，如果某一個地區或城市試點進行個人（家庭）財富狀況的統計，那麼在第一次進行時，在支出部分內容的統計中，必須註明大型消費品和大件耐用消費品當初購買的時間。而且政府部門應該科學地核定出各種大型消費品和各種大件耐用消費品的使用年限。超過使用年限的就不用統計

了。

　　家庭（個人）財富狀況的統計，以年度爲宜即一年統計一次，它非常適合於在「人口普查」的時候進行。這項工作如果做好了，那麼很多的貪官提心吊膽，因爲他們肯定不敢將非法所得寫進儲蓄統計表中，於是很多的銀行存款會成爲「不明來源」的貨幣。由此，在全國範圍內進行家庭（個人）財富狀況的核算，喊反對聲最多的人定是這些存有大量髒錢的人。老百姓是肯定不怕的。

　　一個國家，將所有企業（包括社會團體）積累的財富相加，即是這個國家中企業財富的總量C。它所要統計的既有剩餘價值又有價值剩餘。例如企業的經營利潤、社會團體的收益等。

　　對企業財富的核算將會遇到一些困難，因爲它是一個資本運作的流動體，尤其是現有的企業財務核算方法存在著缺陷，使得賬本上所反映出的企業資本運作情況總是與實際對照不上，於是留下了許多空子可鑽，玩花賬的企業比比皆是。要想搞好企業的財富核算工作，首要的任務就要改革現有的企業財務核算方法。

　　在核算的內容問題上，企業與家庭基本相同，也是三大部分：收入、支出和儲蓄。根據收入和支出的對比，就可以計算出利潤。在儲蓄中，企業儲蓄的項目肯定會比家庭儲蓄的項目要多要複雜，例如企業會有原材料的儲蓄、庫存商品的儲蓄、生產設備和工具的儲蓄等。在支出中，企業支出的項目也肯定比家庭支出的項目要多要繁雜，例如工資的支出、獎金的支出、環保費用的支出等。但不管怎樣，它們在

操作上是一樣的，最終要的是儲蓄的情況和利潤的情況。

　　剛才前面提到的企業財務核算方法的改革問題，我們作出如下的建議。

　　一個企業（包括社會團體），計算它的實付社會商品成本，不一定非得以一單位產品作爲起始值，那太過於繁瑣了。它可以以一個較短的生產周期或稱爲資本運轉周期來作爲計算企業實付社會商品成本的時間，譬如一個月。因爲現今的企業稅務、財務狀況報表都是以一個月的時間作爲統計單位的。其計算的正確方法與過去不同，從一個企業的成立之初，不管它所購置的機器設備能使用多少年，或是購買的廠房一次性共花去多少錢，對於這些不變資本（即可變單位成本）的統計，應將在第一個月內的所有支出都一次性攤進成本，不搞什麼「待攤」（即將不變資本分月逐漸攤進成本）；同時，第一個月內所購置的原材料、所支出的工資等可變資本（即不變單位成本）費用，也都全部攤進成本。這些成本的累加，就是這個企業的實付社會商品的成本。

　　例如：某企業成立之初的頭一個月，購一間廠房的費用是100萬元，購機器設備20萬元，辦營業執照、繳納各項費用2 000元，合計成本支出是1 202 000元；同時，工資支出是1萬元，一次性購進原材料30萬元，其它管理費用2 000元，合計成本支出是312 000元。於是我們可以計算出，這個企業當月的實付社會商品成本支出總計是1 514 000元。

　　如果我們假設這個月企業銷售出的商品數量是5 000個，那麼，「硬成本」（即可變資本或不變單位成本）就等於：312 000元÷5 000個=62.40元/個（平均不變單位成本）；62.40

元即是1單位產品的實付社會商品「硬成本」。

同時，這個產品的「軟成本」（即不變資本或可變單位成本）就等於：1 202 000元÷5 000個=240.40元/個（平均可變單位成本）；240.40元即是1單位產品的實付社會商品「軟成本」。

62.40元+240.40元=302.80元/個（實付企業商品成本）。

這302.80元/個即是這個產品在商品生產的第1個月的實付社會商品成本。

假設這個商品的市場價格確定爲150元，那麼在這個企業成立之初的第1個月裏，它肯定是虧損，利潤是負數。當月利潤額爲：

150元-302.80元= -152.80元×5 000個= -764 000元

也就是說，這個企業當月的實際投資額爲1 514 000元，當月銷售額是750 000元，這75萬元的月產值當說不少，但這個企業的實際利潤爲-764 000元。假如這個企業由於某種客觀原因就只做這一個月，以後不做了，那麼企業的經營利潤就虧損了764 000元。換句話說，當初投資1 514 000元，現在尚有764 000元資本金還未收回呢！就這個企業而言，財富並未因產值的增加而增多，相反還減少了。

但是，如果這個企業繼續做下去，情況就截然不同。比如第2個月，軟成本（不變資本或可變單位成本）1 202 000元不變，硬成本（可變資本或不變單位成本）也與上個月持平，當月銷售商品的數量仍然是5 000個，那麼計算結果就會出現差別。

1~2月不變資本總投入爲：1 202 000元；

1~2月可變資本總投入爲：

312 000元×2=624 000元；

1~2月累計銷售商品數量爲：10 000個。

那麼，「硬成本」就等於：624 000元÷10 000個=62.40元/個；「軟成本」就等於：1 202 000元÷10 000個=120.20/個；

62·40元+120.20元=182.60元/個（實付企業商品成本）。

這182.60元/個即是這個產品在商品生產的第2個月的實付社會商品成本。

通過計算得出，如果商品的價格仍維持在150元/個的水平上，那麼至第2個月，這家企業的利潤額，就由-764 000元降至-326 000元。

第3個月。不變資本、可變資本和商品價格及銷售數量均不變：

1~3月不變資本總投入爲1 202 000元；

1~3月可變資本總投入爲：

312 000×3=936 000元；

1~3月累計銷售商品數量爲：15 000個。

那麼，「硬成本」就等於：936 000元÷15 000個=62.40元/個；「軟成本」就等於：120 200元÷15 000個=80.13元；62.40元+80.13元=142.53元/個（實付企業商品成本）。

可見，在第3個月，這家企業的利潤額就由上個月的-326 000元變成112 050元，扭虧爲盈。

由以上可知，商品的銷售數量對一個企業的生存是多麼的至關重要。另外，從中我們還可以很清楚地看出，不

變資本在資本的運作中正好變成了可變單位成本（即「軟成本」），隨著商品的銷售數量的增加，其成本的單位基數是可變的，不但可變，而且變得非常活躍；同時，可變資本在資本的運作中基本上是不變的，商品銷售數量的增加幾乎不起太大的作用。我們之所以把它稱爲「硬成本」，意思是說它只是相對於「軟成本」而言基本不變。在實際操作中，出現大幅度的數量差距，它的基數也會略有變化，只是變化得沒有「軟成本」變化得大。這也正是我們建議不用「不變」或「可變」這兩個詞的原因，因爲它們都做不到「不變」，既然「不變」不太現實、不太準確，那麼與此相對的「可變」也就派不上用場了。故而我們建議應用「硬成本」和「軟成本」取而代之過去的「不變成本」和「可變成本」。

　　過去的企業財務狀況報表所用的統計方法，往往帶有欺騙性。明明企業投資的本錢還未收回來了，就這時而言，資本運作還處於虧損狀況，可報表上卻有利潤被計算出來（很多的費用本該攤進成本卻沒有攤進去，實際上錢早花了），這豈不是天大的笑話！如果所有的企業適用我們所提倡的統計計算方法，應該說它最貼近於實際。因爲報表上所呈現出的數據與企業的資本運作實際情況是正好相吻合的。

　　一個國家，將各個地方政府財政的積累和國家各個管理部門所收取的稅費相加，即是這個國家全部財政剩餘積累的財富總量N。它的計算，自然應同家庭和企業的核算方法一樣，也應該統計收入、支出和儲蓄，最後需要核算出的最重要的數據，就是有多少新增加的社會財富（即利潤）又得到了積累。如果稅收收入增加了，可支出也增加，假設收

入與支出平衡，那麼就沒有新增加的社會財富產生出來。只有今年的稅收節餘超過了去年的稅收節餘，那才預示著今年用稅收實現的財富增長超過了去年，今年比去年多了百分之多少。如果今年稅收的節餘不比去年的多而是少，這只能說今年因稅收實現的財富增長情況出現了負數，但它仍然是節餘，今年的節餘加上去年的節餘就是這兩年累計節餘，財富仍然是積累增多的趨勢。怕就怕每年的財政支出大於收入，那可就是一件添堵的事了。

　　各地方政府的財政核算情況可以以季度或半年的時間作爲一次核算單位，即每季度或半年上報公布一次，以便於中央政府根據各方面的具體情況及時地作出調整。如果地方政府同中央政府同樣是一個年度核算一次，那中央政府所得到的信息總是滯後的，就會喪失及時迅速調整的有利時機。

　　對C的統計可核算出剩餘價值的增減情況，對F和N的統計可核算出價值剩餘的增減情況，將FCN核算出來，即可較準確地統計出國民財富的增減，這樣得出來的「經濟增長」結論才是較可靠的。

第9章 通貨緊縮與通貨膨脹

9-1 「貨幣抽血」與「貨幣輸血」

市場就如同一個人，抽了200cc的血後，用不了多久，自身的造血系統會自動地補充這200cc血，使人身體中的血液仍然保持原有的供應量，保證了供給和需求，保證了人自身這個「市場」的正常「流通」。當這個人再次被抽血後，又會再次得到補充。於是人們會發現，這個人的血液包括已抽出流通體外的在內，其數量會越來越多。

當一個人或一個企業所取得的收益正好與他們維持生存所必須支出的成本相等時，貨幣將永遠是快速流動的，收入後支出，支出後又收入，貨幣不會「凍結」在他們手中，他們就不會有什麼貨幣儲蓄。然而，當一個人或一個企業所取得的收益大於支出的成本時，即可獲得利潤，這部分利潤假如他們暫時不用於消費，就會形成貨幣儲蓄。就這一過程而言，市場中流通的貨幣本來是「長著腿」的，在沒有利潤的前提下，貨幣不可能被較長時間地「凍結」在某個人或某個企業的手裏，它不得不在人們之間或企業之間往來奔波，

沒有歇腳的地方。當利潤產生出來後情況就不一樣了，一個人或一個企業可以不依靠這部分利潤的進一步參與就可以保持原來的經濟規模正常運轉，使得這部分利潤得到了喘息的機會而成爲儲蓄。按照常理，一個人或一個企業獲取了P量的利潤，假如他們沒有增加消費，那麼他們應該正好將市場中流通的P量的貨幣變成了儲蓄。儲蓄的形式可以放置在家中，也可以存儲在銀行裏。

　　假設某個市場中流通的貨幣是1億元，而某個經濟實體每年所取得的利潤是1千萬元，假如國家不增加貨幣的供應量，那麼10年之後，從理論上講，整個市場中就沒有貨幣流通了，都以某種儲蓄的形式「凍結」在某個經濟實體手中，其結果是，用於交換的媒介——貨幣將出現短缺危機，人們將不得不放棄對這一貨幣的使用而改用其它的替代貨幣，金融市場將會混亂不堪。

　　換另外一種情況，按照上述的假設，國家每年增加貨幣的供應量，所增加的幅度正好等於每年新增加的利潤數額，於是我們就會發現，即使每年都會有1千萬元的貨幣被「凍結」在某個經濟實體手中，但市場上流通的貨幣量總是能保持原來的數量，市場的貨幣流通不會受到絲毫的影響。這就是我們在下面將要說明的「貨幣抽血」原理。

　　當利潤產生（沒有擴大投資也沒有增加消費）成爲儲蓄之後，每次利潤的形成，就形成了一次「貨幣抽血」。其意思是，市場就如同一個人，抽了200cc的血後，用不了多久，自身的造血系統會自動地補充這200cc血，使人身體中的血液仍然保持原有的供應量，保證了供給和需求，保證了人身這

個「市場」的正常「流通」。當這個人再次被抽血後，又會再次得到補充。於是人們會發現，這個人的血液包括已抽出流通體外的在內，其數量會越來越多。

與上述情況相同，當一部分貨幣被「抽」出這個市場流通的體外變成了儲蓄，國家銀行就需增加貨幣的供應量以滿足市場貨幣的正常流通。「貨幣抽血」的情況越嚴重，那麼國家增加發行的貨幣就應越多。

假如我們有辦法能將整個社會所獲得的利潤準確地測算統計出來的話，那麼這個國家所獲取的利潤額應該正好等於它所增發的貨幣的數量。

一個人或一個企業所獲取的利潤，並不見得將它全都變成儲蓄而形成「貨幣抽血」，有一部分或相當一部分會參與消費或參與投資，在這種情況下「貨幣抽血」將有一部分變成「貨幣輸血」，又把貨幣投入市場中。假如所有的「貨幣抽血」全都變成了「貨幣輸血」，那麼市場的貨幣流通量就基本保持不變，銀行也就沒有什麼必要再增發新的貨幣。

但是事實上將所有利潤形成的「貨幣抽血」全部變成「貨幣輸血」是很難做到的。沒有一個人或一個企業可以做到將每一次所獲取的利潤都找到一個投資項目再投出去，或是找到合適的滿足需求的方式將利潤都消費出去，總是有一部分利潤形成儲蓄。一些可有可無的消費，人們大可不必非將錢全部花掉，可供投資的市場相對利潤的增長速度來說總是顯得不夠，更何況儲蓄的習慣和願望又總是深入人心，勢必強於消費和投資，於是每次發生的「貨幣抽血」總會有一部分被「凍結」，不再頻繁地參與市場流通，因此貨幣市場

就不得不適當地進行「造血」──增加貨幣的供應量。將這一因素考慮進來後，那麼國家銀行新增發的貨幣量，應該等於利潤總量減去國民用於消費的貨幣額加上再投資的貨幣額所剩下的餘額。

　　然而有人可能不理解，認爲利潤變成儲蓄，又存在銀行裏，銀行又貸款出去，貨幣又進入了市場，不妨礙貨幣的市場流通，形不成「貨幣抽血」。其實，假若沒有銀行，人們將儲存的貨幣存放在家中，勢必會使所有的利潤都變成「貨幣抽血」，市場上將會有大量的貨幣突然不知去向，國家爲保證一定量的市場流通貨幣，就不得不大量地增發貨幣，如此將會出現驚人的通貨膨脹。銀行的作用之一，就是將一些人或一些企業的利潤代找投資者而將貨幣貸款出去，讓它們進入投資或消費領域參與市場的流通。但是人們別忘了，銀行貸出去的這部分貨幣其真正的所有人，都仍然隨時享有提取支配的權力，或投資，或消費。假如銀行將所攬存的利潤儲蓄全部貸了出去，而此時存儲的人準備擴大投資需要用錢，銀行如不能獲得另外增發的貨幣，拿什麼以備人家支取呢？因此，銀行貸出去的錢，其歸還的期限大有文章。如果銀行縮短還貸期限，這一期限正好與存儲人儲蓄凍結的時間相等（即在這一期限中存款人不花這部分錢），那麼就不用按照這部分貸款的數額增加新的貨幣。相反，如果銀行貸出去的貨幣其還貸的期限長，而存儲貨幣的人儲蓄期限短，那麼就不得不按照這部分儲蓄的數額增發新的貨幣，也就不得不增加貨幣的供應量。

　　事情很清楚，如果獲得了利潤的人並不擴大投資也不

增加消費，總是將錢存在銀行裏儲蓄而不支取，那麼這部分「貨幣抽血」轉變成「貨幣輸血」又可以通過銀行流通起來。能否真正流通起來，這就要求銀行必須將這部分貨幣以貸款的方式轉入投資者或消費者的手中，從而形成「投資替代」或「消費替代」，即形成替代性的「貨幣輸血」。假如所有新增加的利潤總是能夠全部形成「投資替代」或「消費替代」，那麼貨幣的流通就不會受到太大的影響，國家也就用不著增發新的貨幣。但事實是，「投資替代」或「消費替代」總是趕不上利潤增加後被凍結儲蓄的速度，由此就不斷地有新的貨幣被增發出來，以滿足市場流通的需要。

因此，通貨膨脹不但直接地與貨幣的供應量有關，而且它還間接地與「投資替代」和「消費替代」的規模和成效有關。如果銀行裏的錢貸不出去，形不成「投資替代」或「消費替代」，那麼通貨膨脹率就會直線上升；反之就會降低。讓人極爲尷尬的是：如果「投資替代」運作得好，增加了利潤，按時還貸，則結果是使儲蓄增加，將「貨幣輸血」又轉變成「貨幣抽血」，而且新增加的利潤又會形成新的「貨幣抽血」，於是通貨膨脹的情況就會加重；與此相反，如果「投資替代」運作得不好，不但未增加利潤，反而還虧了本錢，無法還貸款，造成了銀行的貸款壞賬，則結果是這部分貨幣無法再形成儲蓄，全都成了「消費替代」，於是通貨膨脹的情況就會由此減輕。

當一個國家在經濟高速發展之時，通貨膨脹卻出奇地低，造成這一局面的主要原因是：

1、非貨幣產品的供應量大幅增加；

2、資金外移（對外投資和外逃）；

3、銀行貸款壞賬增加。

如果不將這些經濟數據放進來考慮，單憑經濟增長的速度來考察通貨膨脹率是高還是低，那肯定是缺乏說服力的。

9-2 貨幣增加與物價上漲

增加貨幣的供應量，既有客觀的原因又有主觀的原因，它們都有其自身的規律，並不是哪個財主賺錢心切，也不是哪個玩童玩者無意。

貨幣，不能單純地把它看成是貨幣，它既是特殊的產品，又是特殊的商品，當它進入了產品性商品交換的市場中，尤其是當它的數量相對大幅增加時，要麼會導致貨幣商品的貶值，要麼會使其它非貨幣商品增值。

早在公元200年左右，羅馬法官鮑爾斯就說過：「貨幣的價值，被貨幣的數量所左右」。16世紀西歐發生「價格革命」，包丁等人認為是金銀大量流入的結果。其後，如托馬斯‧孟、洛克、范德林特、孟德斯鳩等人也都是貨幣數量論者；休謨則是18世紀這一理論的最重要的代表者。李嘉圖對其前輩的論點作了總結，更為明確地表述了他們的觀點。一直到密爾根‧弗裏德曼，始創的貨幣理論形成現代貨幣主義，將貨幣理論推向一個高峰。

有關通貨膨脹的問題，應該說，大衛‧休謨是第一個關注到貨幣供應量的變化會對經濟產生影響的經濟學家。

休謨指出，當金、銀被採掘後，通過支出進入流通，貨

幣就這樣逐漸集中到一部分商人手中，繼而商人將手中的貨幣用於投資，因此工業生產規模擴大、社會就業機會增多。即使物價略有上漲，這種通貨膨脹也是有益的，因爲它提高了商業利潤，將進一步促進經濟增長。

大多數的經濟學家都讚成這一觀點，即：貨幣供應量加大會導致通貨膨脹的出現。但是，幾乎所有的經濟學家都未再進一步地研究爲什麼會出現貨幣供應量加大的情況。

正如我們在前面所做的分析，「貨幣抽血」即以增加利潤的方式所形成的貨幣「凍結」，將導致貨幣供應量不得不加大。假設：某個社會共有100人，平均每個人需貨幣100元就可以滿足貨幣流通需求，那麼這個社會只需10 000元就可以保證正常的經濟秩序。但是，這個社會中的某個人獲取了利潤1 000元（也許是剩餘價值，也許是價值剩餘，反正都一樣），而他仍保持100元的消費或投資，其它的錢都暫存在家中，於是我們會發現，這個社會每個人可用於流通的貨幣平均還只剩下90元，已經不夠100元了。倘若是共有10個人都獲取了1 000元的利潤且都儲存在家中，那麼結果就更慘了，這個社會每個人可用於流通的貨幣幾乎所剩無幾，正常的經濟秩序將難以維持。爲了維持正常的貨幣流通，因「貨幣抽血」被「凍結」（即儲蓄）了多少，原則上就應另外多增加貨幣多少，所以這個社會就得增加貨幣的供應量，不增加就不行。自從有了銀行，大幅度地增加貨幣的供應量之趨勢得到了一定的緩解。銀行以給付利息的方式將那些被「凍結」在流通市場之外的貨幣攬存起來，尋找到「替代投資」者或「替代消費」者，使這部分貨幣又進入到市場流通起來。假

如銀行尋不到能行使「貨幣輸血」的替代者，那它的設立就是完全多餘了。

增加貨幣的供應量，除了「貨幣抽血」的緣故之外，貨幣流通基數增量也是一個重要原因。還以前面的假設為例：某個社會原有100人，平均每個人需貨幣100元就可滿足貨幣流通的需求，這個社會原本只需10 000元就可以維持正常的經濟秩序。但是，當這個社會的人口基數增加到200人時，那麼原有的貨幣流通基數就遠遠地少於正常要求，因為按照過去10 000元的貨幣供應量，平均到這200人的消費基數上，平均每個人才掌握有50元的貨幣，根本不夠正常的流通使用。甚至於，消費者基數的增長與貨幣流通基數的增長，其間並非1：1的關係。就是說，原來100人需要總的貨幣流通量是10 000元，現在200人需要總的貨幣流通量並非是20 000元，有可能將翻幾番！於是，不增加貨幣的供應量就根本無法來應付這種局面。

當然，增加貨幣的供應量有時是政府的有意安排。政府發行債券時要承諾支付一定比率的利息，政府用發行債券收來的貨幣「替代投資」地去經營一些項目，這本身應說對抑制通貨膨脹和增加就業是有利的。但是，往往情況特別糟糕，越是政府幹的事，越是容易幹賠了，入不敷出，別說是利息，就連本錢能收回來就不錯了。可政府即使虧空了也不能賴賬，就得進行「造幣活動」，增印貨幣，還本付息。拿到了本錢得到了利息，儲蓄者自然是高興，但增加了貨幣供應量之後勢必會造成通貨膨脹，於是相對地說，儲蓄者得到的貨幣表面上因得利息而增加了，但由於物價上漲而貶值

了。這個賬，聰明的人是不會算錯的。

正如歐文・費雪所說的那樣，在工人們漲工資時，貨幣幻覺也會常常發生。既然工資是廠商成本的主要組成部分，那麼高工資通常會導致產品漲價。正在產生貨幣幻覺的工人們，在開心地接過數額增加了的工資時，這筆數額更多的錢卻只能買到更少的東西。

由上而知，增加貨幣的供應量，既有客觀的原因又有主觀的原因。它們都有其自身的規律，並不是哪個財主賺錢心切，也不是哪個頑童玩者無意。弄清楚了這些規律，我們才好對症下藥，採取積極的措施加以預防。

在我們分析了貨幣供應量增加的原因之後，對於物價上漲的問題我們還要進行分析。

根據休謨的分析得出結論，國內貨幣供應量增加將最終引起物價上漲，此後的很多經濟學家也同意這一結論。但是，正如他們未對通貨膨脹中貨幣增發的原因進行進一步的分析一樣，對物價上漲的問題似乎也缺乏深入的分析。

究竟為什麼貨幣供應量增加會導致物價的上漲？其實道理並不難弄懂。

我們還是以前面的假設為例來作一說明。

某個社會如果有100人，他們平均每人的消費能力是100元，某種商品的供應量只能滿足20人的消費需求，且由於人們的消費能力不同，有的高一些，消費能力為130元，有的低一些，消費能力為70元。巧的是，只能滿足20人消費需求的某種商品，能接受它的價格的人正好是20人，即與消費能力高一些的人數相等，那麼，在這種情況下，供與求處於平衡

狀態，商品的物價不會漲也不會跌。

　　但是，如果這個社會增加了貨幣的供應量，使每個人的消費能力都得到增加，平均爲200元，即使其中有差別，消費能力低一些的人也都能增長至130元，那麼，能接受某商品價格也可以參與這個商品消費的人就會增加至100人（即這個社會的所有人都有能力消費）。在這種情況下，100個人去競爭搶購只能滿足20人消費需求的商品，供應明顯少於需求，其價格就必然會增長。

　　這是最基本的供求關係決定的。貨幣，不能單純地把它看成是貨幣，它既是特殊的產品，又是特殊的商品，當它進入了產品性商品交換的市場中，尤其是當它的數量相對大幅增加時，要麼會導致貨幣商品的貶值，要麼會使其它非貨幣商品增值。

　　在這裏必須說明的是，物價是否上漲，並不一定非由貨幣的供應量增加來決定之。就是說，增加了貨幣的供應量，並不必然會使物價上漲，這裏有一個前提條件，它就是：當貨幣的供應量增加時，其它非貨幣商品的數量相對保持不變。如果，某種商品數量的增加，超過了貨幣供應量，那麼物價不但不會漲，反而還會下跌。我們從現實中可以經常看到，當經濟高速增長，貨幣供應量不斷增加的時候，有很多商品的物價不漲反跌，這就是由供求關係決定的。假若全社會各種各樣的產品產量全都大幅度地提高，看著好了，它們的物價是無力上漲的。

　　據悉，由中國人民銀行貨幣政策分析小組所作的《2002年第二季度貨幣政策執行報告》披露，當時中國居民消費價

格同期比指數已連續8個月呈負增長的狀況，企業商品價格同期比指數已連續下降13個月，這與中國的經濟增長速度本應體現出的通貨膨脹的情況是極不諧調的，但是它絕對是正常的，其主要原因，它與技術進步所導致的各種商品供給大量增加是有著密不可分的關係的。

隨著中國加入了WTO，下調了5 000多種商品的進口關稅，同時取消了一部分商品的進口配額，部分國產商品也降價競爭，因此一場價格惡戰將會很快打響，全球性的通貨緊縮也會對中國的物價水平帶來長期性的影響。

通常我們見到的經濟狀況，只要經濟增長有力，不斷有新的利潤出現，那麼貨幣供應數量的增加總是要大於商品綜合數量的增加，所以通貨膨脹經常發生。與此同時，在通貨膨脹發生的時候，我們還經常可以看到某些個別商品在市場上出現「價格跳水」，但它並未妨礙商品整體綜合價格的上漲。

然而，在中國經濟增長有力、不斷有新的利潤出現的情況下，商品整體綜合價格在下降，這就不能不引起我們的警覺。要麼是中國商品整體綜合數量出現了大幅度的增加，從而改變了供求關係；要麼就是有很多人的消費能力並沒有隨著經濟增長而提高，反而降低了、阻礙了他們的消費，使得「有供沒有求」的情況出現；要麼就是兩種情況兼而有之。總之，儘管我們可以確認中國經濟增長的數據是無庸置疑的，但一些相悖的經濟數據應該使我們意識到，有些經濟隱患潛伏在經濟肌體中，至今沒有明確地診斷出來，不知什麼時候就會突然轉變成不治之症，打我們一個措手不及。

　　中國經濟連年快速增長，儘管它並不一定能很準確地標誌財富增長的數額，但各個方面的經濟數據總是能基本體現出中國的社會財富總量增長的趨勢不容懷疑。這種經濟增長，同其它所有發達國家當初經濟增長時的情況相同，都會使貨幣利潤頻頻產生，使市場中流通的一部分貨幣以利潤爲契機匯聚到一少部分投資者手中，他們在不擴大投資、也不增加多少大額消費的情況下，必然會使這部分貨幣利潤變爲儲蓄。用宏觀的經濟理論來看待，在整個商品市場中，貨幣商品的供應量會隨著經濟增長的程度基本上以一定的比率增加，使貨幣這種特殊的商品，出現「供大於求」的狀況。這是因爲，以貨幣利潤爲特徵所增加的社會財富，應該使國家的金融機構恰好以新增加的財富數額（即利潤的總額）增發貨幣，新增發的貨幣數額應該正好等於新增加利潤的數額。它既可以使得經濟核算符合數理的邏輯性，又可以緩解因貨幣利潤越來越多地匯聚到一少部分人手中，使在市場流通中的貨幣量逐漸減少而帶來的交換不便的麻煩。如果貨幣供有量相對應地總是能與其它市場上的商品供應量相等，這對於市場交換來說肯定是十分順利的事情。然而新的麻煩出現了：新的社會財富的增加往往都是以貨幣利潤的形式實現的，總是體現爲有新的貨幣商品增加了；更大的麻煩是，除貨幣以外的其它商品的增加，往往不會使它的生產者有多高興，因爲生產者知道，在一般的情況下，人們對這類商品的需求總是有限的，譬如某人一頓飯只需0.2千克糧食，你供給它0.4千克，那剩下的0.2千克有可能就得扔掉，甚至當糧食供大於求之後，其市場價格會大幅下降。與此相反，人們對

貨幣商品的渴求就不會擔心多了不好保存，不管它增加了多少，都可以很方便地存在銀行裏，不用爲此上繳什麼費用，反倒還有利息而得到鼓勵。於是，人們希望貨幣商品的迫切程度，要遠遠高於對其它商品增加的迫切程度；即使財富增加了，也要把它轉換成貨幣商品形式。其結果是，貨幣商品的增加是沒有節制的，導致貨幣商品增加的數額供應量，相對應地總是比其它商品的供應量要多得多，最終造成貨幣商品「供大於求」。

　　所謂的「供大於求」，不是說需要它的人少；事實上對於貨幣來說，人人都渴求得到它而且多多益善；這裏是說它與其它商品之間的交換比率會出現變化，貨幣多而商品相對應地變少。貨幣作爲一種特殊的商品，它的大量增加，如同市場商品交換中的普遍規律一樣，物以稀爲貴，多了自然會貶值。由此，我們會發現同是一種商品，假定它的供應量不變的話，它的交換價格會逐漸提高。例如，40年前一碗「豆腐腦」才4分錢，20年前漲到了2角，後來很快漲到5角，現在有些地方已經漲到了1.5元，漲價近40倍。與自然產品相關的其它很多的商品都是如此，譬如煤、水、電等。這一現象，就是我們通常所說的通貨膨脹。一般情況下，通貨膨脹是與經濟增長的速度（即貨幣利潤的增加數額）相關的，而通貨緊縮是與經濟衰退的速度（即貨幣虧損的數額）相關的。但是，會不會出現這樣一種反常情況：經濟在快速增長，而市場並未出現通貨膨脹，反倒出現通貨緊縮。事實上，這種情況的出現是有其自身經濟規律作爲依據而成爲一種可能。

　　以中國爲例，自1995年以來，中國經濟增長一直強勁有

力，甚至連東南亞金融危機波及到全球的時候，中國仍保持著快速增長。但是，西方的一些經濟學者對中國官方數字的可信性提出置疑，認爲中國通貨膨脹出奇地低，這與經濟高速增長是不協調的，是難以理解的。

在哪種情況下，經濟高速增長可通貨膨脹卻保持極低的水平？造成這一局面的重要原因之一是資本的外移。所謂的資本外移，說的就是貨幣的外移，就是社會財富的外移。

試想，一國以貨幣利潤爲形式所增加的社會財富，若留置於國內，它必然會改變貨幣商品與其它商品之間的交換比率；貨幣利潤年年增加，那麼年年都會有更多的貨幣增加，如果其它商品的供應量基本保持不變的話，那麼大量增加的貨幣供應量就必然會導致貶值，或者說其它商品的相對供應量少而出現升值，也就必然造成通貨膨脹。

但是，如果年年新增加的貨幣（別管把它稱作特殊商品，還是稱作資本，都是一樣的）逐漸外移，使得貨幣的供應量（人民幣和外匯的總和）不是單向性地增加，而是隨增隨減，那麼貨幣商品與市場上的其它商品在供應量上總能保持相對平衡。這種平衡其前提是，以貨幣利潤爲形式所新增加的社會財富沒有留在一國之內參與投資、儲蓄或消費，而是轉移到了一國之外。這種資本外移或叫財富的流失所造成的後果是：經濟增長的國家沒有出現通貨膨脹，經濟滯長的國家卻會出現通貨膨脹。

假設一國外移貨幣資本的總量超過了它自身利潤增加的總量，那麼不但不會出現通貨膨脹，反倒會出現通貨緊縮。

據一家媒體報道，1997~1999年，中國外匯管理局的一份

統計數據顯示，資金出逃達到520億美元，非法洗錢占了很大一個比例，而當時通過優惠政策引進的外資只不過每年400億美元。

1998年，香港引進「外來投資」147億美元，1999年是240億美元，到了2000年突然上升到了643億美元，都超過大陸的引資規模，相當一部分被認爲是來自大陸的「洗錢」，而且反過來有些資金再投向大陸，於是這些黑錢就被「合法」地洗白了。

北京大學曾在2000年提出一份研究報告提出，中國從1997年到1999年外匯流失估計達988億美元。其中1997年約爲364億美元，1998年爲386億美元，1999年爲238億美元。

經有關經濟學專家研究作出的測算結果是：

根據間接測量法估算，中國1987～1997年的11年中，資本外逃數額累計2 457.62億美元，平均每年外逃223.4億美元；同樣，根據世界銀行法和摩根擔保法估計出的數值進行測算，該項累計額也達到了2 032.47億美元和1 529.11億美元，平均每年外逃額爲184.77億美元或139.01億美元。在1995年和1997年兩個高峰年份裏，中國的資本外逃數額高達434.37億美元和434.14億美元，分別相當於當年來華直接投資額（358.49億美元、442.36億美元）的121.2%和98.1%。[20]

另一種測算結果是1989～1997年中國合計外逃資本約1260億美元，占同期實際利用外商直接投資淨流入總額（約

【20】莊芮：〈試析中國的資本外逃〉，載於《世界經濟研究》，2000，第4期。

1 850億美元）的68.1%；亦是同期借用外債總額（909.5億美元）的1.4倍，超過了每年新增的外債額。由於資本的大量外逃，使得中國成爲排在委內瑞拉、墨西哥、阿根廷之後的世界第四資本外逃國。【21】

這麼多的社會財富以貨幣商品的形式，或者以稀有物品（古董、貴金屬、文物或其它貴重物品）的形式出境後再變現轉移成貨幣商品所形成的外移，抵銷了國內貨幣利潤增長所帶來的通貨膨脹，不能不說，它給一國的經濟發展所帶來的潛在風險是非常巨大的。

需要說明的是，資本外移分爲兩種具體形式：一種是資本外流；另一種是資本外逃。

資本外流是一國的資本移到另一國投資，它具有兩面性：若資本運作成功，可使投資方贏得利潤，貨幣利潤可以由國外回移，照樣可以使一國的社會財富增多，這種資本外流是短期不利、長期有利的；若資本運作失敗，或者出現非盈利的狀況，這些投資就成了另一國的消費或間接消費。入不敷出那就更慘了，它不但不會使一國或另一國的社會財富增加，而且會使人類社會財富的總量減少。

資本外逃則是一國的資本移到另一國的單向性的投資、儲蓄或消費，因爲它是單向性的，因此它即使開始以投資的面目外移，但它最終還是要永久地呆在外移國，或是再投資，或是進行儲蓄和消費。這種外逃，本質上說它並沒有使

【21】韓繼雲：〈中國資本外逃的現狀、成因與防治策略〉，載於《改革》，2000，第6期。

人類社會財富的總量減少，但它卻變成了價值剩餘使一國的財富增多而同時使另一國的財富減少，這對於被減少財富的國家來說，絕對是大大不利的。

9-3 利率必須為正數的原因

貨幣，既是特殊商品又是特殊產品。當它成為特殊的產品時，它就遵循著產品的經濟規律。存款利率必須是正數，實際上是某種產品的使用權被租賃出去而轉移必須是有償的，最低限是無償的，絕對不會成為倒貼的。

當財富增加之後，大多數人都會偏愛儲蓄，過度的儲蓄必然會引起投資不足，也就必然會導致通貨膨脹的發生。為了阻止這一情況的發生，有人探討性地問：能不能讓儲蓄的利率不為正數？如可行，人們不就會遠離儲蓄了嗎？

弗朗哥·莫迪利亞尼為了解釋總的消費者支出，創立了家庭儲蓄和消費的生命周期理論。該理論的關鍵假設是，理性的個體會試圖使他們的消費水平年復一年地相當穩定。然而在經濟狀況良好的年代，人們能掙較多的錢，經濟狀況較差時或者當人們退休不再工作後，人們掙的錢將少得多。即使收入年復一年地變化，人們還希望能夠保持一貫的生活方式和生活水平，這就需人們使他們的消費與他們預期一生的收入相稱。於是，他們會在自己掙錢相對較多的時期儲蓄起收入的一部分，而在收入相對較少的年份不再儲蓄。一般的情況是，對未來收入的預期提高會刺激個人消費，而對未來收入的預期降低，如擔憂可能會被解雇，從而便會減少消費

支出。

　　莫迪利亞尼所說的儲蓄，是指貨幣產品的儲蓄，因爲貨幣產品的儲蓄可獲取利息而成爲能夠帶來增值的儲蓄。對其它非貨幣產品的儲蓄，按說也是產品的儲蓄，但這種儲蓄大多不能帶來增值反而會因自然損耗而出現儲蓄的貶值（即我們通常所說的折舊）。貨幣產品儲蓄與非貨幣產品儲蓄二者的區別是：前者是在享有所有權時將使用權租給他人，從而獲得「租金」（即利息，利息的本質就是租金）；後者是在享有所有權的同時自己獲得使用權，這種使用權即表現爲消費，自己使用和消費自己的產品儲蓄，自然不該再向他人索取租金。必須在此說明的是，非貨幣產品的儲蓄並不一定都處於貶值的狀態，它也許會受市場供求關係的影響而出現增值。例如某個人10年前花10萬元購買了一套住房，如果每年的折舊爲2%的話，那麼10年共折舊2萬元，即這套住房的實際價值僅爲8萬元。但是10年後的現在，由於土地的增值，這套住房的價格可以賣到12萬元。如果所有的非貨幣產品都能獲此幸運，那麼它所獲得的「利息」不亞於貨幣產品的儲蓄。

　　因此，儲蓄可以被分爲貨幣儲蓄和非貨幣儲蓄，消費可以被分爲儲蓄性消費和非儲蓄性消費。這個道理是不難弄懂的。

　　在歐根・馮・龐巴維克所闡述的「迂迴生產」的觀點中包含著這樣一種看法：人們放棄即時消費，日後就能享有更多的產品；或者人們可以即時消費，但在將來只能得到更少的產品。

　　其實，這只是說明了人們在取與捨的選擇權上所具備的一種心理現象，它並不代表准是這一規律的顯現。因為預期的東西總是帶有一種偶然性，在時間的等待中往往會有意外發生。只要發生了意外，前提與結論之間就會失去了聯繫。

　　幾個世紀以來，經濟學家們一直試圖解釋實際利率必須為正數的原因，但均以失敗而告終。龐巴維克對為正數的實際利率所列出的三條解釋之一是：人們都具有為正的時間偏好，也就是說，人們喜歡即時消費，因為未來是不確定的。也許到了將來，人們或許會打消了消費的欲望，或是沒有了消費能力（因為誰都不知道自己能活多久）。「既然我們現在就需物品，那麼讓我們放棄即時消費來換取未來消費就必須賄賂我們。這種賄賂只能體現為未來能享有更多的物品。」

　　乍一看，似乎有些道理，但仔細研究，就會看出一些解釋難以服人。就時機的價值而言，它確實需要貨幣來支持。如果我們提前參與了消費，當然會很早地失去貨幣，假若此後迎來了一次更合算、更有利的消費時機，而我們此時已兩手空空，不能不說是一次非常重大的經濟遺憾。因此時機的價值就是誰把持著貨幣，就等於把持了時機。但是，有了時機，並不一定有運氣，時機的「同胞兄弟」是風險，除了誰也不知道自己能活多久以外，誰也不知道未來之中蘊含著多少變數，他們手中的貨幣在時間的正數等待中儘管可以得到自己給予自己的「賄賂」而得到正數的利息，但它也許是虛幻的東西，因為假如用多得到的10%的利息去抵消15%的通貨膨脹率，這一「正數時間」所得到的結果絕對不能算作是

時機，說成是經濟災難一點不爲過。

　　那麼，實際利率必須爲正數的結論，就一單獨的借貸過程而言並不是一種必然的結果，它只是對正常的經濟秩序、正常的經濟發展所提出的最低限度的要求，如果這一要求達不到，那麼正常的經濟秩序鏈條中的一環就出了問題，會導致一連串的惡性反應。舉個簡單的例子，如果我從銀行貸款，期限爲1年，利率爲10%，那麼到我償還貸款時錢數會比原來多10%的利息。這10%的利率只能被看作是借貸雙方達成一致的名義利率。實際利率衡量的是我償還給銀行的錢其購買力能比我向銀行貸款時的購買力大多少。如果過去的一年中，商品價格上漲了15%，那麼我所還款的實際價值將減少，因爲其購買力下降了。在這種情況下，我多還的10%的利息以及15%的通貨膨脹率意味著，我所償還的那部分款其購買力不比當初我從銀行借款時的購買力大。單從這一過程來看，支出的實際利率不是正數，而是負數。如果銀行只貸不借，那銀行遲早會因此而破產。問題是，銀行負有貨幣中介的雙向職能，它不是只貸不借，而是有借有貸。銀行貸給某個消費者的錢，乃是這家銀行向另一個消費者借的錢。如果我是這另一個消費者，我把錢存在銀行裏，期限爲1年，銀行到期後支付給我7%的利息。這個時候，實際利率衡量的是銀行償還給我的錢其購買力能比銀行向我所借之款的購買力大多少。如果與前面舉的例子相同，在過去的一年裏，商品價格上漲了15%，那麼銀行還款的實際價值將減少，也是因爲其購買力下降了。在這種情況下，銀行多還的7%的利息以及15%的通貨膨脹率意味著，銀行所償還的那部分款其購買

力不如當初我存在銀行裏時的購買力大。這時，我獲得的實際利率不是正數，而是負數。但是，從銀行整個的借貸過程來看，它只是一個貨幣中介，並不是貨幣的所有者，更不是消費者，因此通貨膨脹與貨幣之間的對比關係，只是經由銀行從儲戶那裏得來又最終轉移到客戶身上。但在銀行借貸過程中，銀行借進所付出的利率總是低於貸出所獲取的利率，因而最終銀行所得到的實際利率就必然是正數。假若，銀行只借不貸，它就不得不承擔通貨膨脹所帶來的損失，實際利率就不會是正數；如果借貸平衡，實際利率就必須是正數；如果借大於貸，這就要看它能抵消多少通貨膨脹率，抵消得了，實際利率就是正數，抵消不了，實際利率就是負數。

　　為什麼消費者存在銀行裏的錢其利率必須是正數？會不會出現這一情況：儲戶存款，銀行不支付利息，甚至於，儲戶應向銀行支付利息，即存在銀行裏的錢其利率是負數。這聽起來好像不可思議，但它的理論原因畢竟是一個應經探討弄明白的經濟規律。

　　貨幣，既是特殊的商品又是特殊的產品。當它成為特殊的產品時，它就遵循著產品經濟規律。如果我們有十間房子的產品，當我們暫時使用不了這麼多的時候，就可以將其中剩餘的幾間房子租賃出去，閑著也是閑著，不如將其使用價值轉租給別人，收取租金利息。對房子產品的租賃，不是出賣房子商品，不轉移房子產品的所有權，只是將使用權租出去，而本沒有所有權但卻享有了實際使用權的人來說，支付租金或稱利息給它的所有人，這是一件非常公平的事情。其它的產品也是如此，使用它的人應該支付租金或利息。

貨幣是一種特殊的產品，它類似於房子，也類似於其它的產品。貨幣被存儲到銀行裏，其本質乃是一種特殊的產品被租賃到銀行裏，銀行支付租金或利息，也就來得很正常。假如銀行不支付租金或利息，那麼「房子」的所有人寧可讓它空著閑著，也沒有什麼必要白白地讓別人使用。如果有那麼一種規定，它要求所有的「房子」均不能空著，於是所有人的最低要求是讓人白住不收租金和利息，如果所有人不但讓別人白住，而且還得向白住房子的人支付費用，這對於所有人來說是絕對不可接受的。與其這般，不如將房子賣掉。因此，存款利率必須是正數，實際上是某種產品的使用權被租賃出去必須是有償的，最低限是無償的，絕不會成爲倒貼的。如果變成了負擔，那我們沒有必要非要出租轉移走使用權，這一使用權留在我們自己的手中不會成爲什麼負擔，反而會成爲未來獲利的時機。當這一使用權成爲所有權的負擔時，任何人都不會再對這所有權留戀，唯一的選擇是放棄所有權。

綜上所述，利率必須是正數，乃是由於所有權的權益必須大於（或等於）使用權的權益，否則，享有所有權就變得毫無經濟意義了。

9-4 「蹺蹺板」原理

在經濟發展運行中，當一種情況對經濟發展正常運行產生不利影響時，人們的社會心理會不由自主地對此作出與改變這種不利影響正好相反的抉擇反應，結果就會導致這種不利影響愈發嚴重地陷入到惡性循環之中。

　　因此，不能只靠那一隻無形的手沒有理智地瞎揮舞，還必須依托國家、政府所形成的一隻有形的手理性科學地作出部署，兩只手相互制約、相互支撐，使經濟有秩序地發展。

凱恩斯

的《貨幣改革論》對通貨膨脹引發的危險向人們發出了警告。該理論提出，憑藉由央行控制貨幣供給的手段來穩定物價水平和有效抑制通貨膨脹。他始終認為那些堅信通貨膨脹問題最終能自動修正而不需要任何積極的政府干預的觀點是錯誤的。他覺得，最好立即採取經濟政策來改善通脹問題，而不是坐等將來問題自動糾正。

　　依據凱恩斯的理論，當人們努力節約的儲蓄超過廠商計劃的投資時，廠商將很快發現自己生產能力過剩，產品鮮有人問津。另一方面，當投資超過儲蓄時，經濟生活中將發生大量支出行為。消費者寧願花錢而不願儲蓄，廠商需要更多的工人來製造產品和新建工廠與設備。所有這些支出將拉升工資及其它生產成本，還提高了所有消費品的價格。這一切的後果是通貨膨脹。

　　凱恩斯主張，保持兩個變量一致的責任在於央行，應由央行負責抑制通貨膨脹和經濟衰退。若儲蓄超過投資，央行需要降低利率，這樣既減少了儲蓄又刺激了貸款，鼓勵了投資。另一方面，若投資超過了儲蓄，央行則需要提高利率，這樣就能增加儲蓄和減少用於投資的貸款。可以說，凱恩斯的這段主張早已成了經典，為各國政府所採用。

　　然而實際上，凱恩斯並沒有將這一經典主張得更全面

一些，他只注意到經濟的兩隻「眼」（儲蓄和投資）和一支「枴杖」（利率）。雖然凱恩斯好像略有察覺，在他後來寫作的《就業、利息和貨幣通論》一書中也談到了經濟的第三隻「眼」──消費問題，但他沒有把消費作為經濟中的一隻「眼」來同儲蓄和投資一起分析、考察，而僅僅是把它當成了需求的一件飾品加以描繪，使消費這一非常重要的「經濟眼」被忽略了。

是的，儲蓄、投資和消費，它們是經濟樞紐上的三隻「眼」。譬如，若儲蓄超過投資，除了央行需要降低利率外，政府還可以提出一些鼓勵消費（例如購買某些商品可以減免部分個人所得稅或是對某些消費商品實行最高限價）等政策，這用不著通過鼓勵投資間接刺激消費，很方便地直接刺激了消費，不用幹那些「脫了褲子放屁」的事。刺激了消費就等於間接地刺激了投資、減少了儲蓄；反之，若投資超過了儲蓄，除了央行需提高利率以外，還可以由政府提出一些抑制消費（例如徵收大件耐用商品的消費稅或是對某些商品實行最低限價）等政策，直接抑制了消費，就等於間接地鼓勵了儲蓄、減少了投資。由此可見，在消費上作文章，能起到畫龍點睛的作用，並且使經濟的宏觀調控多了一支「枴杖」──與消費相關的稅收和價格政策，它與利率並肩作戰，比利率自個兒單幹要有力得多、穩定得多。

庇古於1914年出版了一部暢銷書《論失業問題》，在書中他論證是剛性和高工資最終導致了失業。多年以後，庇古認為因廠商減少對工人的需求將造成更多的失業，但如果工人願意降低實際工資水平，總是可以補救。後來庇古又主

張，若工資水平高於工人的邊際勞動生產力，則廠商將不會雇傭任何人，因爲這樣做的成本超過了因雇傭他們而獲得的利益。儘管庇古從未提倡削減工資，但在所有的事例中，解決失業問題的辦法似乎都採用降低工資的辦法來避免。庇古還指出，在高失業率時期，工廠無法把商品銷售出去，因而價格總是下跌。結果實際財富和前期儲蓄的購買力在蕭條期將會增加。人們富裕了一點，就會花更多的錢；接著這些額外的支出將刺激生產，廠商將雇傭更多的工人，庇古說，失業就這樣自動終止，不再需要宏觀經濟政策。這就是凱恩斯批判庇古的原因所在。

庇古的觀點來得確實有點一廂情願。事實上，在高失業率時期，人們的消費能力普遍降低，過去人們習慣地將收入的一少部分用於儲蓄，以備將來應急使用，這種習慣不會因爲收入降低而改變，甚至於對今後收入的預期如果降低，更會加強增加儲蓄的心理，該儲蓄多少還儲蓄多少，剩下來的可供消費的錢自然會比以前相對變少，它使人們不得不收緊錢袋，抑制消費。消費降低，才造成廠商無法把商品賣出去，商品出現供大於求的局面，因而商品的價格是趨於下跌的。商品價格的下跌，只是源自投資者急於把商品賣出去，一般並不會影響他們對利潤的預期。投資者爲了保持投資的回報率，保證預期利潤基本不變，或是爲了盡可能地使利潤減少的趨勢放緩，就自然而然地會採用降低成本的辦法來消化。而降低成本的主要做法之一，就是降低工資或乾脆裁減工人。於是，這又進一步擴大了失業率，使人們的消費能力進一步減弱。消費能力的減弱又會再一次地促進消費者更加

捂緊錢袋，市場需求減少，廠商的產品更難賣出去，再降低
成本——降低工資或裁減工人……由此循環往複，陷入了惡性
循環。

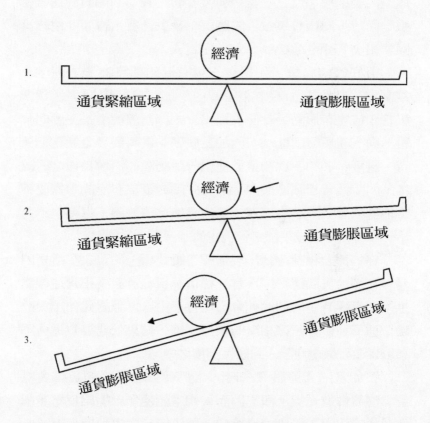

圖9-4-1

就像圖9-4-1所示的「蹺蹺板」一樣，當經濟發展的「圓球」向通貨緊縮的一面偏重時，「蹺蹺板」就會出現傾斜，而這又促使經濟發展的「圓球」加快下滑的速度，反過來又進一步致使「蹺蹺板」加速傾斜下跌。這就是一個國家經濟危機的全過程。反之，當經濟發展的「圓球」偏向於通貨膨脹一面時，同樣會導致「蹺蹺板」發生傾斜，繼而促使經濟圓球加快下滑的速度。

最好的結局是，如果有一隻有形的手將經濟「圓球」控制在「蹺蹺板」的中心區域內，即：當將要發生通貨膨脹時，這隻有形的手就側重提出一些抑制經濟增長速度的政策，向「通貨緊縮區域」內加點砝碼；當將要發生通貨緊縮時，這隻有形的手就側重於提出一些刺激經濟增長速度的政策，向「通貨膨脹區域內」加點砝碼。這隻有形的手需要不時地擺來擺去，小心翼翼，為的是使經濟發展不過熱也不過冷，保持在一個較平衡、較穩定的狀況下。

在經濟上為什麼會出現這種「蹺蹺板」的現象？這是因為，在經濟發展運行中，當一種情況對經濟發展正常運行產生不利影響時，人們的社會心理會不由自主地對此作出與改變這種不利影響正好相反的抉擇反應，結果就會導致這種不利影響愈發嚴重地陷入到惡性循環之中。

譬如當通貨膨脹發生時，人們便擔心手中的貨幣會貶值，物價會進一步上漲，因而人們本能地作出拋出貨幣多購進商品的決定，可恰恰是這樣一種決定，會導致商品短缺，供不應求，物價提高。過熱的消費極度地刺激了投資，廠商會擴大生產經營規模，大量貸款不惜付出高利息，加大了商

品生產的成本，致使物價進一步提高。物價的攀升，更讓人們擔心貨幣貶值，於是消費更加狂熱……反之，當通貨緊縮發生時，人們的社會心理所作出的反應正好與上述相反。總之，人們通過亞當・斯密所說的那一隻無形的手所作出的本能反應總是使某種不利的影響越發加重。

「蹺蹺板」理論中所述的一些情況，正如貢納爾・繆爾達爾所說的那樣，在累積的因果關係中，變量A與變量B是相互影響的。A的變化將影響B，B將進一步影響A，A將再次影響B。

因此，不能指靠那一隻無形的手沒有理智地瞎揮舞，還必須依托國家、政府所形成的一隻有形的手理性科學地作出部署，兩隻手相互制約、相互支撐，使經濟有秩序地發展。

當然，國家和政府這隻有形的手，在起調整作用的時候應該把握好度，只要扶持過度或抑制過度都會出現矯枉過正的情況。這隻有形的手其職能就是保持經濟平衡，它的任務就是防患各種經濟風險。

9-5 通貨膨脹的好處

一旦通貨膨脹下降至「警戒點」以下時，其下降的力度和幅度將迅速加大而難以扭轉，原本使三分勁就可控制的狀況可能花三十分勁都難以奏效，這是所有的經濟學家都不樂意看到的結果。

對於儲蓄有很多貨幣的人，每一次的通貨膨脹都是經濟規律自身不聲不響地掀起的一次「徵稅」活動，其被「徵稅」的數量正好與其儲蓄的貨幣財富數量成正比，即貨幣財

富的數量越多，被「徵稅」的數量也就越多。

在我們所讀過的所有經濟學著作中，沒見過有一人談過通貨膨脹的好處。

標準的凱恩斯主義理論自始至終地認爲，貨幣的供給增加，將會使貨幣市場的利率降低。這一結論太過於絕對了。實際上，利率的提高或降低，與貨幣的供給並沒有太直接的關係，因爲貨幣的增加不見得肯定會使貨幣市場的利率降低，例如中國20世紀80年代中後期，貨幣的供給量在不斷大幅增加的同時，利率也較大幅度地提高。反過來，貨幣的減少也不見得會使貨幣市場的利率提高，例如中國20世紀90年代中後期的貨幣緊縮政策施行時，貨幣市場的利率並未提高而是一降再降。因此，貨幣供給量的增加或減少，並不能直接地決定貨幣市場利率的提高或降低，它取決於投資量、儲蓄量和貨幣供給量之間的對比關係。在貨幣供給量增加的情況下，如果投資大於儲蓄，那麼貨幣市場的利率不會下降反而會上升；如果儲蓄大於投資，那麼貨幣市場的利率當然會降低。在貨幣供給量減少的情況下，如果投資仍大於儲蓄，那麼貨幣市場的利率不會因爲貨幣供應量的減少而降低，它反而會提高；如果反之，利率當然會降低。由此可以看出，利率的高低，並不是由貨幣的供給量直接決定的，在它們之間沒有必然的聯繫，而是通過投資與儲蓄的較量而分出勝負。

米爾頓·弗裏德曼認爲，儘管貨幣可能在短期內影響經濟浮動，但從長遠看它的影響並不太大，因爲增加貨幣供

給量的措施將滯後6~9個月才會影響產出水平，在此之後6~9個月時，貨幣只能影響價格。由此，貨幣供給增加12~18個月後，價格才上升，通貨膨脹才將成為一個問題。經濟學家們雖然歷來將成本推進通貨膨脹及需求拉動通貨膨脹區分開來，但弗裏德曼卻認為所有的通貨膨脹都源於對商品的過量需求，而且貨幣發行量越大需求也越大。他還認為，通貨膨脹僅僅是個貨幣現象，所以它的唯一解決辦法就是必須控制貨幣供給的增長。

貨幣的發行量與需求市場的擴大有關，這話不假。人口的增長，新產品的上市，新的消費項目的出現，都會擴大需求市場。如果一個人每個月只用貨幣購買食品，可能300元人民幣就夠了，但他還需要買衣服、買傢俱、買電器，那麼每月300元的貨幣就不夠開銷了，估計大約每月就得有1 000元以上，連續數月的積累才能滿足需求。如果他還要買電腦、買汽車、買商品房，那麼估計每月就得有5 000元以上的貨幣供其花銷。倘若在此之外他還想出國旅遊或留學，那貨幣需求還要增加。因此貨幣的發行量不得不考慮到需求市場的規模情況以及人們的消費能力情況。

如果僅僅是需求市場規模的擴大而增加了貨幣供給量，它不該導致通貨膨脹，如果生產出來的傢俱、電器、汽車、住房，多得賣不出去，這些商品的價格不會漲反而會降。如果所有的商品都處於供大於求的狀況，通貨膨脹怎麼會發生呢？

因此，通貨膨脹不僅僅是個貨幣現象，它的根本之處，是貨幣產品（即貨幣）與非貨幣產品之間的供求對比關係問

題。當非貨幣產品熱銷（供小於求）時，這種需求就會刺激投資，貨幣產品的產量就會增長。當生產接近飽和點之後，非貨幣產品就會因供大於求而出現滯銷，這個時候，即使貨幣產品的「產量」仍在增長，但該商品的價格卻會下降。如果在市場上多數的商品都出現這種情況，那麼不但不會出現通貨膨脹，反而會出現通貨緊縮。因此，有關通貨膨脹問題的解決，控制貨幣供給的增長並不是唯一的辦法，加大原有商品的供給和開發出原來沒有的消費商品也是一條途徑。

當人們視通貨膨脹爲怪禽猛獸的時候，即將它對經濟發展的好處一概抹殺，作爲經濟學研究者來說，這絕對不是一件公允的事情。事實上，適度的通貨膨脹，對經濟發展是有一些益處的。

第一，適度的通貨膨脹起到了鼓勵消費的作用，對過度的儲蓄是一種變相的懲罰。

如果物價永遠不變，人們當然更願意擴大儲蓄，而不太熱衷於消費：儲蓄可以使貨幣增值，獲得額外的利息，買同樣的商品，儲蓄之後再買，肯定比儲蓄之前就買可以買到更多的數量；儲蓄的時間越長，得到的利息越多，那麼購買這一商品的數量就會隨之增加。於是，本來就偏好儲蓄的人們，在此誘惑之下就更加拼命儲蓄。與此相反，消費支出將會喪失貨幣，也就相應地喪失了獲到額外利息以使貨幣增值的機會。

因此，通貨膨脹如果適度，將會導致人們對儲蓄利息的獲取端正態度，對利息的預期將會降低，得出過度儲蓄不如適度消費的結論，從而使消費活躍起來。當經濟過熱時，

應該適度降低通貨膨脹率，但仍應保持適度的通貨膨脹，而不是讓它變成通貨緊縮；當經濟過冷時，應適度提高通貨膨脹率，但仍應保持適度的通貨膨脹，而不是讓它變得毫無節制。

　　控制通貨膨脹率高低的主要手段，一個是控制貨幣的發行量，一個是控制物價，另一個是使用稅收政策。增加貨幣的供應量將導致通貨膨脹率提高；減少貨幣的供應量將會導致通貨膨脹率降低。控制物價的方法是限價政策，對一些主要的消費商品實行最高價格的限制，將導致通貨膨脹率降低，對一些主要的消費商品實行最低價格的限制，將會導致通貨膨脹率的提高。稅收政策如果與控制物價相輔相成，其效果應該更佳：當經濟過熱時，對一些主要的消費商品實行最高限價（即將廠商的商品價格適當壓低），與此同時，對消費者購買徵稅抑制消費），就將導致通貨膨脹率降低；相反，當經濟過冷時，對一些主要的消費商品實行最低限價（即將廠商的商品價格適當擡高），與此同時，對消費者購買的一些商品實行減稅（即從應繳納的個人所得稅中扣除），或是對低收入者消費實行稅獎（憑個人消費購買商品的發票參與兌獎活動），這樣就會導致通貨膨脹率上升。

　　當社會經濟出現了通貨緊縮的情況時，所有可使通貨膨脹率提高、上升的方法都是適用的，但我們認爲這乃是亡羊補牢之舉，最好是不要出現通貨緊縮，當通貨膨脹率下降至一個「警戒點」的時候，就應提前採取相應的措施阻止其下降。這是因爲，一旦通貨膨脹下降至「警戒點」以下時，其下降的力度和幅度都將迅速加大而難以扭轉，原本使三分勁

就可控制的狀況可能花三十分勁都難以奏效，這是所有的經濟學家都不樂意看到的結果。

當然，除了前面所說的幾點控制通貨膨脹的主要方法和手段之外，還有一些與此相關的直接或間接的其它方法和手段。譬如，控制就業率和失業率；提高或降低最低工資標準；提高利息率或降低利息率；加大吸引外資力度或適當限制國外投資；鼓勵或限制到國外投資以及是否加大限制資金的外逃；等等。

儘管上述所說的方法和手段並不能獨自控制整個市場局面，但它們的的確確都能起到某種促進的作用，這些促進作用綜合在一起擰成一股繩，其結果不可等閑視之。

最讓人放心不下的事情，不是能否控制通貨膨脹和通貨緊縮，而是與此相關制定政策的部門和人最難控制。他們如果都從自己的私利出發，則所提出的有關政策不但不能起作用甚至還起反作用。因此「制度經濟學」不但有其存在的價值，而且還應使其不斷完善，逐步剔除所有經濟體制中的弊端，讓所有經濟政策都成為「公心」的產物。說得容易做的難，現實與我們的期望總是有一段距離，但這一距離隨著社會的進步會越來越小。

第二，對於沒有什麼財富（主要指貨幣儲蓄）的人來說，如果工資增長的幅度與通貨膨脹的幅度大體一致，那他們不會有什麼太大的損失。水漲船高嘛！但是對於儲蓄有很多貨幣的人，每一次的通貨膨脹都是經濟規律自身不聲不響地掀起的一次「徵稅」活動，其被「徵稅」的數量正好與其儲蓄的貨幣財富數量成正比，即貨幣財富的數量越多，被

「徵稅」的數量也就越多。如果在正常的消費之外已沒有什麼再可增加的消費，這時，若想不被「徵稅」，就只有進行投資。投資不但可以抵消通貨膨脹所造成的貨幣貶值帶來的損失，而且也許還能額外地以利潤的形式增加財富。因此，通貨膨脹將會像「鬼推磨」一樣推動著人們進行投資，這將會使經濟進入一個良性的循環軌道。但是，過度的投資將會導致過度的通貨膨脹，因此一旦通貨膨脹超過了一定的幅度，好事將變成壞事；反之也一樣，投資貧乏將導致經濟衰退，造成通貨緊縮，這時，貨幣將呈增值的趨勢，不像通貨膨脹時那樣會給有錢人造成貨幣貶值的壓力，於是人們就會減少投資增加儲蓄，使通貨緊縮的狀況進一步加劇。由此可見，有利於經濟正常發展的良性通貨膨脹被限定在一段很狹窄的區域內，不管是前還是後、是多還是少，只要超出了這一區域，良性通貨膨脹或是變成惡性通貨膨脹或是變成通貨緊縮，其結果都會阻礙經濟正常發展。

第三，通貨膨脹起到了使不同的經濟區域朝著平衡趨勢發展的作用。

當一些發達地區或發達國家經濟迅猛發展積累了一定量的通貨膨脹後，它將會使另一些未發達地區或未發達的國家得到發展的機會。這是因為，某個經濟發展迅猛的國家，隨著財富的增加和通貨膨脹的發生，非貨幣產品的價格會與日俱增般地上升，這將導致該國國內商品價格的普遍上漲，並最終導致出口損失。因為國產商品價格的上漲無法銷往國外，國外的商品尤其是未發達的發展中國家就會呈現出商品的廉價性，就會促進這些國家的出口。其結果是，價格優勢

將促使發達國家從不發達國家進口商品，使在經濟發展上行進速度較慢的國家得到發展的機遇，這從經濟發展的均衡趨勢上看，乃是一件非常和諧的事情。

通貨膨脹率限定在多少才是對經濟發展有利的？確定出這一數據是一項較艱巨的任務。

以弗裏德曼為代表的現代貨幣主義認為，貨幣供給的變化是造成商品價格提高的原因，要控制通貨膨脹的方式就是要保證貨幣供給的速度每年以一個穩定的、較慢的速度——3%~5%的比例增長。貨幣主義經濟學家認為經濟產出也是年復一年地以這一比率增長的。由這一論斷作為參考可看出，確定通貨膨脹率必須首先從對貨幣供給量的分析開始。

貨幣供給量的變化，應該以國民財富（即利潤）新增加的數量、新增加的投資與儲蓄數量以及新增加的人口數量來作為調整的指標。適度的通貨膨脹率的確是所需要參考的指標，除了新增加或減少的貨幣供應量變化情況以外，還有儲蓄利率和國民消費總額變化的情況。當國民消費總額出現減少的情況時，適度的通貨膨脹率就要多超過儲蓄利率一些；當國民消費總額基本平衡時，通貨膨脹率仍適合略微多於儲蓄利率；當國民消費總額出現增長的情況時，通貨膨脹率最好與儲蓄利率持平，略微少於也是可以的。但是，只要通貨膨脹率開始低於儲蓄利率時，國家的經濟管理部門就要進入到警備狀態，一旦國民消費總額大幅減少，儲蓄大幅增加，儘管此時的通脹率還未下降至零點，這就等於拉響了經濟衰退通貨緊縮的「一級戰備」警報，此時若再麻木不仁，「蹺蹺板」傾斜的度數就會以迅雷不及掩耳之勢加大，再想扭轉

可就難了。

9-6 「中幡定則」

中幡的原理就是：它的下一點在準備向某一個方向運動之前，一定要使它的上一點先於下一點運動，其提前量必須保持在能夠相平衡的狀態下。

我們的經濟發展，在通貨膨脹與通貨緊縮的問題上，就是在耍中幡。我們只要想向前發展，我們就必須使經濟調節的槓桿略微向前傾斜，這個傾斜度不能太大，否則就會給我們帶來經濟危機。

我於2006年將〈通貨膨脹的好處〉一文發送給北京大學經濟觀察研究中心等幾家網站，後仲大軍先生在該文的前面加了「編者按」，全文如下：

張春津先生發來一篇題目為〈通貨膨脹的好處〉文章，充滿反潮流的精神，但這種精神是沒有多少價值的。首先他的判斷就有問題，好像中國大陸這些年裏沒有通脹——實際上中國大陸這些年一直在通脹。他以國家統計局的數字依據在探討問題，但他所依據的數字恰恰是有問題的。國家統計局的通脹率實際上僅僅是一個一般消費物價指數，根本不反映當前中國大陸全面物價上漲的實質。實際上，中國大陸這些年裏通脹程度並不小，譬如教育醫療費用在上漲，房價不斷上漲，文物古玩的價值更是幾十幾百倍的增長。中國大陸的通貨膨脹早已以另外一種方式在進行著，而這一點張先生似乎沒有意識到，舊的統計方法也無法表明。

　　他的文章論述中有一些偏差，導致他的判斷有誤。如在內資外逃方面，他只看到了國內資金外流，而沒看到國外資金大量湧入，因而就斷定國內資金減少後就必然導致通貨緊縮。實際上，這些年裏，國內湧出的和國外湧進的資金相比，還是外部湧入大於國內湧出。特別是這兩年，由於人民幣有升值的預期，國際遊資大量湧入中國，並對中國大陸的貨幣發行帶來了較大的推動力。這也是中國大陸這些年裏廣義貨幣增長率一直較高的原因。目前，中國大陸居民儲蓄已達20萬億元，廣義貨幣已增加到35萬億元之多。銀行裏的錢多得沒處投。這籠中虎一放出來就是全面通脹。為什麼放不出來呢？這是因為中國經濟已經進入到過剩狀態，通貨膨脹已經不再發生在一般過剩的消費品領域，而是進到供需相對緊缺的資產領域和服務業領域，房地產價格的上漲，投機品價格的上漲，都是通貨膨脹的表現。

　　通脹進入資產產品，由此給社會帶來的影響是什麼？那就是資產品被有錢人占有，低收入者與資產品漸漸無緣，長期地落入租房的境地。普通收入者可以維持基本生存，但不可以在這個社會裏擁有資產。凡是資產類財富正在被可以買得起的人擁有，這可能就是張先生所鼓吹的通貨膨脹的好處。當前的社會，一百個人有一百個理論，但沒有一個理論不是為自己的利益服務。這就需要人們在分析和辨別這些理論時具備清醒的頭腦，否則就只能落個輕易被「忽悠」的下場。

　　張先生一定要意識到通貨膨脹決不是一視同仁地對待社會上每一個成員的，不要以為在通脹中每個社會成員都能撈

到好處。從歷史上看，通脹要麼是政府掠奪百姓的工具，要麼是國際大鱷掠奪發展中國家的手段，要麼是社會上一部分群體掠奪另一部分群體的機會。由於權力和力量的不對等，對每個社會成員來說，通脹所產生的後果也不同。擁有資產和不擁有資產者、壟斷部門和競爭部門、擁有固定收入和不擁有固定職業的人在通脹中都會有不同的表現。

目前對於中國來說，唯一可以說通脹有好處的領域是國家交換領域。由於國內的物價太便宜，致使這些年裏，不少國內資源大量廉價地外流。適當提高價格會保護國內資源合理運用，但這是某些部門某些領域局部的價格調整，還不是貨幣量供應的問題。並且，目前中國大陸的情況是，即使貨幣量發生了變化，物價也不一定跟著變化。因此，弗裏德曼的貨幣理論早已經過時了。現在各國的貨幣政策只盯通脹，不盯貨幣量，就是這個原因。

即使從國際交換角度講，過高的通貨膨脹也可能對國家貿易和投資帶來影響。這是因為，當這個國家的物價過於昂貴之時，國際消費者將停止從此國購買東西。那麼剩下的只能是此國的出口停頓，工廠停產，經濟蕭條。因此，我們國家在一定的通脹水平上，不宜再繼續侈談通脹的好處。更應當做的是提高中國大陸一些低收入部門的待遇，防止國際投機資本的投機。

不過張春津同志勇於探索的精神是好的，當對一些問題沒有看清楚的時候難免產生錯誤的想法。但我們一定要意識到一點，玩通脹遊戲是不可取的，特別是不要把微觀中的一些思考用到宏觀中來。社會需要積極思考，但我們又不能不

指出問題。希望張春津同志的思考能從微觀層面更多地進入宏觀，再來斷定通貨膨脹到底好還是不好。中國的貨幣政策目前看來還不是張先生所能理解的，張先生還需要扎扎實實的研究。否則寫出來的文章，對自己來說是一筆糊塗賬，對別人也容易產生誤導。在當前這個混亂的時代，寫作者一定要意識到自己的社會責任。正是這種責任，使我們不吝筆墨寫了這麼長的編者按。希望張先生能理解。

簡要地綜合一下，仲先生對我提出了4點批評：

1、認為我對形勢的判斷有問題，好像我以〈通貨膨脹的好處〉為題進行研究是誤以為目前中國大陸處於通貨緊縮之中，用鼓吹「通貨膨脹的好處」之方法來「挽救經濟」。2、認為我對資金外流的判斷有誤，只看到了國內資金外流，而沒看到國外資金大量湧入。3、認為我在「忽悠」那些分析和辨別我的這篇文章時不具備清醒頭腦的人。4、認為我是在進行微觀層面的研究，因而寫出來的是一筆糊塗賬。

我看了「編者按」之後沒想去反駁。因為我看到，在「編者按」的下面，〈通貨膨脹的好處〉一文被全文刊發出來，具備正常思維能力的人，自己可以分辨清誰是誰非。

可是在後來的一段時間裏，幾位老師給我打電話或發來電子郵件，問我為什麼不反駁？為什麼不「禮尚往來」？

老師A對我說：

你的這篇文章我仔細地看了，它是由5個部分組成，每個部分都有一個小題目。你雖然用其中的一個小題目作為這篇文章的主題，但這個題目與你這篇文章的核心思想並不見得

是同一的。這可能跟你從事記者、編輯工作有關，因爲你知道哪些文字作爲題目更「醒目」、更「刺激」、更能讓人上心，這完全是從「閱讀規律」的角度出發的。究竟你認爲通貨膨脹是有好處還是沒有好處，不能用題目來作爲辨別的方法，我們必須仔細閱讀全文，從5個方面來對文章的核心思想進行分析。我覺得，你的這篇文章其核心思想是分析通貨膨脹爲什麼會發生，通貨緊縮發生後對經濟發展會導致怎樣的後果；對過度的通貨膨脹也持否定的態度，只不過是認爲適度的通貨膨脹並不一定對經濟發展一點好處也沒有。而仲大軍先生可能把「題目」和「內容」弄混了，可能是認爲，在通貨膨脹發生之時，就應該大談特談通貨膨脹的壞處，再大談特談通貨緊縮的好處，頭痛醫頭，腳痛醫腳，爲當前的政治服務，別管是官場的政治還是百姓的政治。我認爲，搞經濟學研究是不能這樣的。經濟學研究不是「應用學」研究，它不爲當前的需要服務，而是爲學術負責。學術研究，它研究的應是深層次的東西，其研究的成果應是具有超前性的。這就好比，在發大水的時候所有人都研究如何排澇，研究排澇有什麼好處。可是別忘了，如果此時有人研究在乾旱的時候如何抗旱，研究抗旱有什麼好處，這有什麼不好？有什麼不對？因爲說不準，今年澇了，明年就旱了。就因爲在澇的時候研究如何抗旱，就說你的判斷出了問題，這也太過於武斷了。

　　老師B對我說：

　　你在〈通貨膨脹的好處〉一文中，以中國爲例，研究在哪種情況下，經濟高速增長的同時，可通貨膨脹卻保持極低

的水平的問題，其研究的背景是，「自1995年以來，中國經濟增長一直強勁有力，甚至連東南亞金融危機波及到全球的時候，中國仍保持著快速增長。但是，西方的一些經濟學者對中國官方數字的可信性提出置疑，認爲中國通貨膨脹出奇地低，這與經濟高速增長是不協調的，是難以理解的。」言外之意就是，經濟高速增長的同時，通貨膨脹出奇地低這種現象，這一現象的出現恐怕是中國官方有「造假」之嫌疑。而你卻認爲，經濟高速增長的同時，通貨膨脹出奇地低這種現象，是有可能發生的，「造成這一局面的重要原因之一是資本的外移。所謂的資本外移，說的就是貨幣產品的外移，就是社會財富的外移。」你借助一些數據來證明這一結論。只要是懂得邏輯的明白人都會清楚，你所說的「經濟高速增長」之中，已經包含了「國外資金大量湧入」所導致的因素，而仲大軍先生卻說你「只看到了國內資金外流，而沒看到國外資金大量湧入」，這就奇怪了，仲先生是不是認爲國外資金大量湧入對國內「經濟高速增長」一點也沒有關係？要真是沒關係，那仲先生的批評就有道理，否則的話，就太缺少點邏輯知識了——這些大量湧入的國外資金在幹什麼？難道它們沒有參與經濟活動？

老師C對我說：

仲大軍先生在編者按中說：「通脹進入資產產品，由此給社會帶來的影響是什麼？那就是資產品被有錢人占有，低收入者與資產品漸漸無緣，長期地落入租房的境地。普通收入者可以維持基本生存，但不可以在這個社會裏擁有資產。凡是資產類財富正在被可以買得起的人擁有，這可能就是張

先生所鼓吹的通貨膨脹的好處。當前的社會，一百個人有一百個理論，但沒有一個理論不是為自己的利益服務。這就需要人們在分析和辨別這些理論時具備清醒的頭腦，否則就只能落個輕易被『忽悠』的下場。」從這段分析可以看出，你好像是一個富翁，至少是個財主，你要為自己的利益服務，所以你才「鼓吹通貨膨脹的好」。可我知道，你在天津工人報社群工部工作多年，為弱勢群體維權，幫助好多遇到困難的職工討回了公道。由於各種各樣的原因，天津工人報社所有的記者、編輯工資收入都在一段時期內相對比較低，你怎麼會成了財主了？難道「你要為自己的利益服務」，就應該天天高喊「革命」才對？我覺得，仲大軍先生說錯了，你恰恰不是從個人自身的利益出發來研究經濟問題的。別人也許不清楚，可我清楚。誰不信就去調查一下。還沒有調查就給別人扣帽子，這種做法不好。你怎麼就不回擊他呢？

老師D對我說：

你研究的是通貨膨脹與通貨緊縮的問題，它本身就是宏觀經濟學問題，而不是微觀經濟學問題。你作為一個小人物，無法及時地了解到國家最新的統計數據，更無法獲取到政府內部的核心機密，就如同你無法去接近老虎、摸老虎的屁股，從而了解老虎的骨骼構造，於是你採取接近小貓的辦法，通過研究小貓的骨骼構造，來推演老虎的骨骼構造，從推演邏輯法上說，這有什麼不妥嗎？老子曰：「治大國如烹小鮮」，只要原理相通，大和小都是一樣的。仲先生說你是在「微觀層面」進行思考，實在讓人無法理解。你為何不向他討教討教？

對這些老師所提出的意見，我是這樣回答的：

我不但不應該反駁他，相反我還得感謝仲大軍先生，理由有三：一是，這是一篇題目容易遭衆人罵的文章，哪個網站願意刊發這樣的文章？爲了能將我的文章順利的刊發出來，仲大軍先生在他所建的網站上故意採取了這樣一種姿態，應該說是爲了我好。這是他的一種策略。事實上，這篇文章我給了不只一個網站，敢公開刊發出來的，只有少數幾家。其二，仲先生表面上是在批評，其實是在以「犧牲」自己來給我捧場。想想看，只要將我的這篇文章仔細地看了，真正看明白了，那麼再反過來看看仲先生的「編者按」，大家就會發現，站不住腳的地方也太明顯了，連一般的學生也不難看出評論的蹩腳之處。以仲先生的水平，他怎麼可能會出如此低等的錯誤？最後，往往「抄作」就需要「一打一托」，沒有人出來提意見，那也太「平靜」了。按說這樣的事情應該是由我自己花錢雇人寫批評稿，可我由於太窮了，實在花不起錢，而仲先生沒有向我要一分錢，就幫了我這麼大的忙，我有什麼理由不感謝人家呢？所以我一直沒有作回應。

可是再後來，一些網站刊發了仲大軍先生批評我的「編者按」，但卻不把我的文章一塊刊發出來，這就讓我覺得不公正了。我假如是一個罪犯，審判我的時候還得允許我作自我辯護了，而今僅僅是學術探討，怎麼可以是「一面之詞」呢？是何居心？尤其是，在仲先生的「編者按」之下，由於沒有我的「辯護」，很多「遊客」在「激情」之下罵政府、罵共產黨，把我也捎上，這就讓我不得不開口說話了：我與

那些腐敗者不是一路人。我相信，這應該是某些網站中個別人所為，絕對不會是仲先生的意思。

誰喜歡通貨膨脹？每一次通貨膨脹，都會使我們這些專門為職工群眾說話辦事，往往總是得罪權勢的記者和編輯們入不敷出，生活水平逐漸再下降，而我也是其中一人啊。因此不難看出，通貨膨脹侵害了我的經濟權。我怎麼能不痛恨它？

誰喜歡通貨膨脹？正是由於生活水平達不到最起碼的理想境地，至今我仍然像和尚一樣過著孤獨、寒冷的日子（聽說現今的和尚都有不止一個相好的），我多麼渴望有一個溫柔的女子給我帶來溫暖。可我財富不足啊，哪個紅顏願意成為一個窮書生的知己？可她們為了「對抗」通貨膨脹，都不得不將眼光緊緊地盯在經濟上。因此不難看出，通貨膨脹侵害了我的生存權。我怎麼能不痛恨它？

誰喜歡通貨膨脹？我有自己的志向，我想幹一番大事業。可是有很多事情都需要資金呀，我好不容易積攢了一些經費，轉眼之間，它又縮水了，這讓我多寒心吶！因此不難看出，通貨膨脹侵害了我的發展權。我怎麼能不痛恨它？

通貨膨脹，誰能比我更恨它？但是這都是感性的東西，而不是理性。去看一看每個發達國家甚至包括那些發展中國家發展的歷程，你會發現，伴隨著經濟增長，通貨膨脹無法阻攔地在發生著，誰也休想將它消滅掉。通貨膨脹哪怕有一萬個不好，但只要它有一個好，我們也不能視而不見。學術研究就是學術研究，就是要實事求是，而不能取決於我們的好惡。

　　不管我們對通貨膨脹有多少成見，我們也應該尊重事實、尊重規律。我認爲適度的通貨膨脹對經濟發展有好處，這不是什麼我出於個人的利益得出的結論，而是在分析中發現了「中幡定則」。

　　耍中幡是北京地區回族中喜聞樂見的傳統遊戲。相傳中幡源自佛教法器的「幡」，爲佛門八寶之一，中幡由杆傘蓋旗組成，全長3丈多高，上有3面旗，中間的叫飛旗，兩側的稱小旗，旗下有3把傘。中幡上一般有6個長方形的竹圈，俗稱「拍子」，大小不同，音響各異，悅耳動聽。

　　每年的北京年節廟會上，耍中幡都是「走會」的表演活動之一。中幡演練的每一個動作都有名稱，還有幾個動作組成一個以歷史人物爲中心的完整套路，如「霸王舉鼎」、「蘇秦背劍」、「太公釣魚」、「封侯掛帥」、「張飛騙馬」等。中幡演練的特點是驚險緊張、輕鬆幽默、剛柔兼備。驚險的動作往往使觀眾目瞪口呆，幽默的表演又使人捧腹大笑。在農村，常以精彩的中幡表演喜慶豐收。演練中幡能提高四肢活動能力。可以鍛鍊筋骨，增強腰部和腿部力量，培養目測力、判斷力、準確性、靈活性和協調性。

　　我進行過體驗，將一支長竿舉起，在向前行進之前，必須先要使長竿略微向前傾斜，然後再起步，這樣才能使上下保持平衡。如果在長竿還完全處於垂直的狀態下貿然起步，長竿就會向後傾倒；但如果長竿向前傾斜過度，或是雖然傾斜沒有過度，但我們起步晚了，使上下沒有平衡好，那麼長竿就會向前傾倒。中幡的原理就是：它的下一點在準備向某一個方向運動之前，一定要使它的上一點先於下一點運動，

其提前量必須保持在能夠相平衡的狀態下。

我們的經濟發展，在通貨膨脹與通貨緊縮的問題上，就是在耍中幡。我們只要想向前發展，我們就必須使經濟調節的槓桿略微向前傾斜，這個傾斜度不能太大，否則就會給我們帶來經濟危機。它的傾斜度是多少才好？當然是越小危險就越小，我們控制經濟增長的速度，其實就是爲了減少經濟過熱所帶來的隱患。這種傾斜度不好控制在一個持久的位置上，偶而會在我們腳步加快的時候更需要它的傾斜度加大，但此時我們就必須提前上下協調好，該歇歇腳的時候就要抑制通貨膨脹，以使低收入階層得到一段時期適應的過程。

搞研究不是搞革命。研究需要的是更多的理性，而不是激情。

第10章 人口增長與社會分工

10-1 科學技術的變量

科學技術的發展，使得在保持糧食產量不變的情況下參與耕作的人口逐漸減少，投入與消耗逐步降低；同時，在保持參與耕作的人口數量不變的情況下所耕種的土地面積卻可以把馬爾薩斯的結論倒過來成幾何級數遞增，增加了產量。新產品的創造和發明，其增加的速度不是什麼「算術比例」，簡直是日新月異，也呈幾何級數遞增。

人口增長將導致經濟衰退，這是早在2個多世紀前托馬斯・羅伯特・馬爾薩斯所極力主張的觀點，這一觀點曾經使很多人為之震驚。

馬爾薩斯認為，由於貧困和苦難對每一個社會中大部分人而言是不可避免的，因此改善人們的生活水平將是不可能的。此外，他還指出，任何試圖減輕貧困和苦難狀況的行為，無論最初的意圖多麼美好，無論經過多麼完善的思慮最終都將惡化這些狀況。

馬爾薩斯認為人們的生活狀況之所以不可能得到改善是基於兩個原因。首先，他認為人們對性愉悅的永不滿足的欲望造成了人口的快速增長，如果不加控制，人口總數將按

幾何級數遞增——1、2、4、8、16等。其次，馬爾薩斯認爲農業生產遵循收益遞減規律；當越來越多的土地被開墾耕種時，每一塊新土地的產量都將少於以前，因此糧食產量最多是按照算術比例遞增的——1、2、3、4、5等。由於人口增長的速度超過糧食供給增長的速度，到了某個時候糧食將不足以養活所有的人口。如果再不控制人口增長，則將會導致饑荒的發生。

然而，幾個世紀過去了，全世界人口已突破60億大關，世界經濟並沒有出現災難，而是總能給人們帶來希望。人們的生活水平不但得到了逐步的改善，甚至在一些國家被改善的狀況令人驚訝，想都不敢想。這其中的原因，最主要的還是人口增長的速度與糧食產量增長的速度基本相持平，並未呈現出「幾何級數遞增」與「算術比例遞增」的懸殊對比，人口增長的速度被延緩。確如馬爾薩斯所提倡的那樣，以饑荒、自然災難、瘟疫疾病和戰爭等增加死亡率的方式可以減少人口基數，同時，也像馬爾薩斯主張的一些「預防性」措施那樣，用禁欲、生育控制、晚婚等來降低出生率或向後推延生育期。這些「積極的手段」和「預防性措施」應該說都從不同的方面起到了延緩人口增長速度的作用。

但必須看到，即使人口增長的速度得以延緩，可它最終仍是在增長；在人口與糧食同步增長的情況下，創收與消耗如果只是打了個平手，人類社會財富的總量就得不到積累，由此談何經濟發展？讓人不解的是，現實的狀況恰恰相反，社會經濟發展的狀況並未因人口增長的速度而出現逆轉，它並不同於馬爾薩斯所預言的那樣——任何試圖減輕貧困和苦難

狀況的行爲最終都將更加惡化這些狀況。這使得馬爾薩斯在他的墓中難以安息，因爲他做錯了一件事：他把科學技術的發展因素這一重要的變量忽視了，致使他所得出的「規律公式」出現了漏洞，這是他未曾想到的。

科學技術的發展，使得在保持糧食產量不變的情況下參與耕作的人口逐漸減少，投入與消耗逐步降低；同時，在保持參與耕作的人口數量不變的情況下，所耕種的土地面積卻可以把馬爾薩斯的結論倒過來成幾何級數遞增，增加了產量。

科學技術的發展，使得新產品不斷出現，新產品的不斷出現帶動了社會分工不斷擴展，越分越細、越分越廣的社會分工消化了因人口增加給社會經濟帶來的壓力，使新增加的人口總能基本上適應新的社會分工所需要的新的勞動力，促使經濟不斷發展。新產品的創造和發明，其增加的速度不是什麼「算術比例」，簡直是日新月異，也呈幾何級數遞增。

因此，將科學技術的發展速度撇開不說，單就人口說人口，單就糧食說糧食，就顯得難以服人、以偏概全。

當然，馬爾薩斯的功績不可磨滅，《人口論》的警世作用如同《資本論》一樣，至今仍應爲我們所重視。只不過，贊同他的出發點，並不等同於贊成他的所有結論，我們本應對他論證的過程進行嚴格、科學的計算，分子不能當分母，「大於」或「小於」不能用「等於」，在科學研究上持認真的態度，相信這不該爲過吧。

有趣的是，後來的很多西方經濟學家在眼見糧食供應並未出現短缺的情況下，將馬爾薩斯的結論直接顛倒過來，

認為人口的增加不但不會造成經濟災難反而會促進經濟的增長。

正如庫茲涅茨所說的，無論何種原因，人口增長促使人們對消費品的需求膨脹，特別是對面積更大、數量更多的住房的需求。額外需求刺激了額外的廠商投資。這一切再加上對規模經濟效應的利用能力，就加快了生產力增長速度。結果當人口增長時，人們的生活水準也隨之提升。

馬歇爾也有同樣的看法，認為財富和人口的增加將使需求增加，需求的增加就會在一定程度上改變市場的供求關係，出現供不應求的局面，從而使商品價格提高，這一結果必然會刺激投資，從而使經濟得到發展。

果真如此嗎？只要仔細分析一下，就可發現這種「財富與人口的增加將使需求增加、價格提高」的觀點顯得太粗糙。

首先，財富的增加如果只是僅以儲蓄的形式發展下去，譬如某些有吝嗇消費、偏好儲蓄的人，則它並不一定會使需求增加。

其次，財富的增加如果只是使一少部分人富裕了起來，而大部分人仍很貧困，造成極端的「非等水平消費」的狀況，其結果只能使需求集中在那些極其富裕的一少部分人中，大多數人的需求能力被束縛，結果造成需求不足，它怎麼會使需求增加呢？

說到人口的增加問題，它還是受困於上述結果，即所增加的是一些什麼樣的人口？一些發達國家非常精明地吸攬投資移民，實際上是為人口的增加設定了條件（比如加拿

大）。如果淨是些兩手空空的非法移民，或是一個國家中所生的淨是些文盲庸才，那麼這樣一種人口的增加怎麼會帶來需求的增加呢？它只能帶來高失業率，帶來消費不足，帶來通貨緊縮，帶來潛在的社會動盪。

因此，新增加的人口是否能及時地就業？是否能獲得較高的收入？這些因素都會成為需求是否能增加的變數，它也許能使需求增加，也許不但增加不了需求，而且還會衝擊正常的經濟秩序，造成經濟危機。真是這般，價格怎麼會提高呢？

總之，人口增長的速度必須控制在科技發展的速度和社會分工擴展的速度之內，它才不致於給社會帶來災難，如果做不到這一點，那馬爾薩斯的擔憂就不是多餘的。好就好在，在這一段歷史時期中，人類社會非常幸運地處在科技發展和社會分工擴展速度最迅猛的時代，它遠遠地快於人口增長的速度，使我們此時極其容易忽視人口增長的問題，難怪在人口增長的問題上一些西方經濟學家如此樂觀。但是，我們已開始步入科技發展和社會分工擴展速度最快階段的尾聲，其速度會逐漸減慢，如果它在哪一天掉了隊，落在了人口增長速度的後面，那樣的話，馬爾薩斯主義就會死灰復燃，重舉大旗，這是每一個經濟學家都應予以高度重視的大問題。

所以，所有國家尤其是發展中國家，必須毫不猶豫地實行計劃生育政策，不管是城市還是農村，都應嚴格進行人口控制，以防後患。

據說，一些科學家使出吃奶的勁研究什麼「人造子宮內

膜」，今後可使女性借「人造子宮」懷胎，若它僅僅是能使生育減少痛苦還說得過去，但倘若它成了生育的機器，那可真是多此一舉了！

10-2 社會分工與就業

　　一個聰明的勞動者，在他找到一份工作領到勞動報酬的時候，他不會忘記應從中拿出來一部分收入用於「充電」，通過技術培訓等職業教育，使自己增加技能，這就是我們提倡的「素質儲蓄」。

　　教育投資不但是一種「素質儲蓄」，而且它最重要的還是一種「就業保險」。

　　亞當・斯密認爲，隨著自由貿易、技術創新、社會分工和資本投入的進一步發展擴大，社會財富會逐漸增加，人民的生活水平會逐漸提高；相反，馬爾薩斯卻悲觀地認爲，由於人們受制於有限資源的壓力，經濟增長將會受到約束。

　　約翰・斯圖亞特・穆勒似乎站在中間的立場上，認爲兩種力量會同時起作用，其最終結果會由各種對立的力量在漫長的時期內自己來決定，是不可能提前準確預測出來的。在穆勒的設想中，第一種設想沿襲了馬爾薩斯的觀點，認爲人口增長速度超過了資本和技術提高產出的速度時，資本家的利潤會越來越高，普通工人的生活水平會越來越低；第二種設想繼承了斯密的分析，認爲資本積累的速度超過了人口增長的速度時，就會引起實際工資增加從而使工人們的平均生

活水平得到提高；第三種設想符合李嘉圖的結論，認爲在勞動力供給和需求的增長速度基本同步時，由於生產技術沒有提高，在肥沃的土地被首先開墾完畢後，較爲貧瘠的土地就會被開發，但它會提高食品的生產成本，利潤便會下降；第四種設想認爲，假設生產技術創新的速度超過了資本和人口增長的速度，這將會使糧食種植變得更爲容易，並同時降低了工資和地租，最後將促使利潤提高，整個經濟也將呈現出繁榮景象。

在穆勒的幾個設想中，社會分工問題好像被淡化，好像它無足輕重似的。事實上，人口問題，生產技術創新的問題，以及資本積累和勞動力市場供求關係問題，它們之間的核心點就是社會分工問題。

如果人類社會中只有種植糧食一項工作可做，那麼生產技術的創新只能使一少部分人完成耕種任務而大部分人閑著沒事幹。閒著沒事幹也要每天吃飯，因此靠技術創新實現的價值仍將被耗費一空。只有讓多餘出來的人員去幹新的工作，去創造新的價值，實現社會分工的擴展，才會出現財富的積累。

要想實現新的社會分工，它不但需要生產技術，還需要新產品的研製和開發。只有不斷地有新產品開發創新出來，才能爲資本尋找到投資的新動力，才能實現新的社會分工，才能使增加的人口去從事新的工作。如果將目光總是盯在農作物上，好像農業耕作技術創新提高水平後，從中解放（節省）出來的勞動力就沒有別的什麼事可做了，若是這般，怎麼會有工人呢？工人們的生活水平怎麼會提高呢？

從18世紀、19世紀，到20世紀，世界人口增長的速度幾乎總是領先於經濟發展中的任何一個指標增長的速度，但人們的平均生活水平並未因為人口增長速度超快而陷於低落，總體上看是逐漸提高的，這是不容置疑的事實。究其原因，是科學技術所帶來的新的社會分工擴展迅猛，不斷地吸納新增加的勞動力，在工資水平和地租水平單向性的不斷上漲的同時，商品價格也隨之攀升，利潤大量地從中產生。可見，地租和工資是提高還是降低，它們並非能獨自決定利潤的提高或下降，它還取決於商品價格的水平因素是怎樣的，是一個綜合的結果。這一切的一切，都最終取決於社會分工能否在科學技術的激勵下得到飛速的擴展，使新增加的人口與由於科技發展在原有行業中被節省出來的人口都能找到新的就業門路，從而保持或提高需求能力，使這些人成為有能力參與市場的勞動者和消費者。

最初，李嘉圖在他的《政治經濟學原理》一書中，對機器有助於勞動分工並可促進經濟增長的觀點予以附和，這同當時大多數經濟學家包括亞當·斯密的觀點是一致的，都認為機器的廣泛使用將會造成商品價格的下降而不會導致企業裁員，這將使整個社會都受益。

但後來，李嘉圖的此書第三版出版時，增加了「論機器」一章徹底改變了原來的看法，轉而贊同馬爾薩斯的觀點，認為機器將帶來持續的高失業率，即我們現今所說的「技術性失業」。

然而，現實情況證明，李嘉圖也過於悲觀了。這是因為，就某個企業而言，使用機器後勢必會形成裁員，但是，

這個企業所需要的機器恰恰是需要一些人進行研製、生產製造的，企業所需要的機器種類越多，那麼其它生產這些機器的企業需要的人越多。可以說，某個企業使用機器而裁員，是因爲其它一些企業先擴大了就業，招聘設計者、研究員及生產該機器設備的鉗工、銑工、車工、電工等等工人。這種「就業替代」儘管肯定會使一部分被機器擠下崗的工人失業，但其原因是他們在「就業替代」的轉換中沒能具備替代的能力，即由簡單操作到掌握一門專業技術。往往這部分人過去在獲取的工資中沒有對教育、技術等學習內容作出預算，或者說根本就沒有打算過學習什麼新技術，也沒有想過對自身的教育投資，所以當他們「技術性失業」後，幾乎都缺少「就業性技術」，成了被社會淘汰的人。

　　一個聰明的勞動者，在他找到一份工作領到勞動報酬的時候，他不會忘記應從中拿出來一部分收入用於「充電」，通過技術培訓等職業教育，使自己增加技能，這就是我們提倡的「素質儲蓄」。對於工人來說，「貨幣儲蓄」獲得的利息微乎其微，而將「貨幣儲蓄」變成「素質儲蓄」，這等於是教育投資，它所得到的收益比起那少得可憐的利息簡直有天壤之別。教育投資不但是一種「素質儲蓄」，而且它最重要的還是一種「就業保險」，它的無可替代的職能就是防備萬一將來失業後，可以爲後來的再就業提前儲備能量創造條件。

　　很多國家都面臨著這樣一些問題，可以實現就業的行業，雖然也是一種「社會分工」，但由於它自身存在著一定量的無形虧損，而且可以毫不費力地將這種無形虧損傳染給

他人，故而政府不得不對它施以限制，寧可一部分人無業可就，也不願意讓這一行業存在。例如博彩業和色情服務業。

在過去，中國視彩票行業為資本主義的東西，一概斥之。而如今，彩票行業如雨後春筍，蓬勃發展，它的諸多好處暫先不論，僅就業一項就是一個典範。當然，它肯定也有弊端，但揚長避短，盡可能地將它所造成的無形虧損限制在社會可承受的範圍之內，應該說乃明智之舉。

色情服務，以中國傳統道德觀看之，實屬敗壞至極。但我們又不得不面對現實地承認，它的需求之市場是如此地有潛力，而願意從事此行業的供給者也大有人在，想禁絕了是根本做不到的。它的弊端自不必說，但它實實在在畢竟還有一點點好處，在高失業率時期，這一行業可以使一部分人就業；在貧富差距拉大的時期，這一行業可以使一部分富人增加額外消費從而實現「利潤攤薄」，使一部分窮人得到額外的收入；這一行業還可以增加政府稅收。當然，這一行業的弊端現在仍然遠遠大於好處。在沒有辦法保留它的好處的同時消除它的弊端之前，對它下禁令確實是正確的，尤其是在經濟發展處於過熱時期就更是如此。但有沒有辦法既保留它的好處又能克服它的弊端，從而讓這一行業從地下升到地上，這也應是經濟學家與法學家、社會學家合作共同研究的一個課題。假如政府能夠加大管理力度，對此行業的就業者和消費者都有明確的限制、管理措施，也許晚婚者就不會再感到性壓抑；喪偶的老年者就不會因再婚問題與子女打得如同仇人；立志不做生育機器、為減少人口基數作出貢獻的獨身者也就有了消遣的地方；財政赤字也會得到一定的緩解；

估計還能創收外匯，使國家獲得價值剩餘……這一切的好處必須在政府有能力消除掉它的大部分壞處之後才能實行。

科學技術所實現的發明和創造刺激了人的需求，需求的擴展必然會導致社會分工的擴展，也就必然會增加就業；只要有需求市場，我們禁也好不禁也罷，它都會勾來就業者，且不管是公開就業還是隱性就業。想把黃河之水全部攔住那是不可能的事，關鍵是怎樣疏通好、管理好，讓它為我們的經濟服務。

10-3 減少失業的辦法

一個現實的經濟學家應該很清楚，找到並把握通貨膨脹和失業率之間的平衡的最佳位置，做到這一點可能比登天還難。這是因為，這個「最佳位置」不是一個靜止不動的點，它時時刻刻地遊動著；對它的發現具有一種滯後性，即：通過對以前的經濟狀況的統計所得出的「最佳位置」當我們知道時已成為過去，它已經不再是最佳位置了。

A·W·菲利普斯1958年對英國的工資增加和失業作了廣泛的研究，發現貨幣工資的少量增長是與高失業率相關的。反之亦然。薩繆爾森和他的麻省理工學院的同事羅伯特·索洛對這種現象作出了進一步的闡述，認為既然工資是成本的主要成分（在大多數發達國家占60%~70%），成本上升會體現為價格上漲，那麼通貨膨脹也應與失業率呈負相關，即通貨膨脹率越高，失業率越低；通貨膨脹率越低，失業率越高。政府官員作出的政策選擇，如果關心失業問題，宏觀

經濟政策會擴張經濟，但它最終會引起較高的通貨膨脹率；如果關心通貨膨脹問題，就會放慢經濟增長速度，但是必須付出高失業率的代價。因此，制訂一項好的政策就意味著找到通貨膨脹和失業率之間平衡的最佳位置。此論點，已被很多國家經濟發展的現實情況所證實。

但是，一個現實的經濟學家應該很清楚，找到並把握通貨膨脹和失業率之間平衡的最佳位置，做到這一點可能比登天還難。這是因爲，這個「最佳位置」不是一個靜止不動的點，它時時刻刻都在遊動著；對它的發現具有一種滯後性，即：通過對以前的經濟狀況的統計所得出的「最佳位置」在當我們知道時已成爲過去，當我們以爲抓住了這一「最佳位置」時，它已經不再是最佳位置了。因此，經濟政策所表現出來的功效總是不得不隨著「最佳位置」的變化作出相應的調整，總是找不到準確的「提前量」。誰如果通過研究找到了這一「提前量」，就能改變政策滯後的窘況，就能讓政策制訂的步伐與歷史的步伐同步，那麼誰就是一個偉大的經濟學家。

發現「提前量」的宏觀調控工作是由政府所做的。當它捕捉到信息後，就應該採取相應的措施。

凱恩斯提倡在經濟蕭條時期用財政政策擴大支出、增加就業。但是有反對者指出，如果政府增加了工資卻並未帶來人們支出的增加，那麼財政政策就不可能起到什麼作用。

在這裏，問題的關鍵是「擴大支出、增加就業」是否達到預期的目的。如果達到目的了，凱恩斯提出的財政政策就起到了作用；如果達不到目的，則反對者的理由確實難以駁倒。

　　首先，「擴大支出」其支出的對象是誰？這是個關乎財政政策能否起到作用的首要環節。如果財政支出的錢，只是支出給少數本已高度壟斷且無限度追求利潤的行業，則支出的結果是促使該行業在獲得高額利潤的同時不一定需要增加多少消費，也不一定能增加就業，由此會使蕭條的經濟狀況雪上加霜。因此，「擴大支出」所指向的對象，應該是一項財政支出可以帶來廠商之間「連鎖支出」行爲的那些項目。在「連鎖支出」上分爲三種不同的規模：第一是平衡式的「連鎖支出」，它如同接力賽一樣，只是將支出的規模一級一級地傳遞下去，其規模等級也不會出現較大的變化；第二是萎縮式的「連鎖支出」，它如同一條途經乾旱地段的長河在中途不會得到補充的前提下被逐步消耗一部分，流到下游的水會越來越少，因此其支出的規模是遞減的；第三是膨脹式的「連鎖支出」，它如同「諾米骨牌」遊戲一樣，一塊牌倒下後可以將後來倒下的數量不斷增加，形成排山倒海之勢，因此其支出的規模是遞增的。

　　很顯然，效率最高的「擴大支出」是最後一種支出規模形式，它要求我們通過分析研究看看將財政支出的錢首先投向哪個項目上，且對這個項目的投資可以帶動起更多項目的起動，將支出連鎖式地傳遞下去，且傳遞的過程越長、在傳遞中其規模會越來越大就越起到了促進經濟發展的作用。如果我們單純地將財政支出「用於在索爾茲伯裏平原上修建一座無用的金字塔」[22]或「將鈔票塞進一些舊瓶子，埋在

---

[22] 配弟之說。

廢棄煤礦的地下適當的深處，然後在煤礦表層填滿城市垃圾……」讓私營企業再挖出這些鈔票，【23】那麼我們不能說這樣的支出對就業問題會一點作用也不起，但我們足可以說，這樣的支出其功效太低，沒有發揮出它的最高效能。

其次，「增加就業」其增加就業的質量如何？這也是一個關乎財政政策能否起到實質作用的重要環節。如果某項財政支出增加了就業，但就業的工人勞動所得仍然基本徘徊在維持基本生活的水平上，即與他們靠乞討維生相差不多而增加不了多少高消費的能力，由此也不會使蕭條的經濟狀況得到多少改觀。因此，增加就業所肩負的另一項重任是在就業的同時增加收入，使就業的勞動者在滿足基本的衣食住行之後，還有足夠的錢參加技術培訓、接受職業教育，以及參加一些文化活動、購買一些大件耐用消費品。

因此，當我們所面臨的財政支出選擇的對象在連鎖支出規模形式基本相同時，我們應該優先投向哪一個企業？這時候，支出的首選應該是那些肯定會有較高效益但又不以賺取高額利潤為目的，基本上是出於宏觀經濟調控或是出於發展公益事業且能大量吸納就業人員，並在保證有經營收益（杜絕虧損）的前提下能夠最大限度地提高勞動者工資水平的行業。這個行業通常不會是私營企業，他們不會有那麼高的覺悟，即使有覺悟也是靠不住的，所以「國有企業」便有了用武之地。也正是由此，「國有企業」的天職乃是成為進行宏觀經濟調控的工具：當經濟繁榮、通貨膨脹情況加重、就業

【23】凱恩斯之說。

率居高不下時，「國有企業」就應該實行收縮政策——減少
項目投資，減少消費支出，適量裁減工人，關閉過去開放的
產品或服務市場，實行壟斷；當經濟蕭條、通貨緊縮情況嚴
重、失業人數不斷增加時，「國有企業」就應該實行擴張政
策——加大項目投資，增加消費支出，大量聘用失業工人，吸
納勞動力，開放曾經被高度壟斷的市場。

有關加大財政支出的問題，不同的經濟學家有不同的觀
點和看法。

在凱恩斯之前，威廉・配弟就指出了政府支出的重要
性，認爲即使用在無用的項目上，它對於創造就業機會和消
除懶散都是有益的，但他的某些說法過於誇張，與其說是一
種科學預見，不如說是一種誤導。

配弟是這樣說的：「即使將要（政府支出）用於在索爾
茲伯裏平原上修建一座無用的金字塔，或將巨石陣的石頭運
到塔上都無所謂。」似乎他在告誡人們，政府的錢只要支出
了，不管隨便拽在哪，都是對經濟發展有益的。

後來，凱恩斯不知是不是受到了配弟的啓發，講出了
與配弟意思大致相同但比之更有過之而無不及的話。他說：
「如果財政部打算將鈔票塞進一些舊瓶子，埋在廢棄煤礦的
地下適當的深處，然後在煤礦表層填滿城市垃圾……私營企
業挖出鈔票，失業也就不復存在。」

儘管配弟和凱恩斯所主張的政府支出對宏觀經濟調控
具有指導意義，但他們往往沒有深入研究政府支出的效用問
題，即：哪種政府支出效用達到最大化。只知道政府支出對
促進經濟發展的好處，卻不知道哪種政府支出對經濟發展的

好處最大，這等同於告訴我們人不吃東西會餓，但卻沒有告訴我們哪些東西能吃、哪些東西不能吃，哪些東西營養最多對人最有利，或是哪些東西不但對人不利甚至有毒有害，人吃多了會死的。

政府的支出首選的是那些錢花出去如同投資者投資那樣，不但能「將巨石陣的石頭運到塔山上」，而且還能由此帶來旅遊收入，用不了幾十年就可賺回全部投資，爲下一次投資、下一次支出、下一次調控宏觀經濟積累出更多的資本。這種資本越積越多以便應對越來越多、越來越複雜、規模越來越大、周期越來越長的經濟波動，防備經濟危機的出現。就是說，支出的效用首先要著眼於追求利潤，追求高回報。這樣的支出，怎樣支出都不過份，都在情理之中。

在傑裏米‧邊沁寫作的《政治經濟學指南》一書中，他曾引用「成本—效益」的概念來評價公共（政府）支出是否合理。他說：如果政府支出產生的效益大於向公民徵稅產生的成本，則這種公共支出是合理的；相反，如果徵稅帶來的成本遠遠超過了公共支出的效益，那麼這種支出就不應該發生。雖然邊沁對政府支出提出的要求確實有過高的嫌疑，但作爲政府來說，完全可以將這一要求看作是上策，是最好的結果。投資所取得的一舉兩得的效果是，既能擴大就業，又能獲取利潤。這些獲取的利潤可以再次轉換成新的投資，從而產生新的就業和利潤。

作爲下策來說，政府儘管有時不熱衷於或不得不這樣回避投資，如此給政府留下的決策僅僅是支出，在這種情況下，如果政府能把支出鎖定在能夠引導消費的項目上，則這

種支出雖然不能直接獲取利潤，但卻可以刺激消費，爲生產帶來商機，最終由此增加稅收。讓這種支出也獲得一舉兩得的效果，通過刺激消費的辦法間接地擴大就業、增加稅收。稅收比起利潤似乎是小巫見大巫，但稅收來得相對輕鬆，不像利潤那樣冒虧損的風險。

如果政府的支出沒有取得一舉兩得的效果，那它的功效就只發揮出50％；如果如凱恩斯所說讓私營企業從煤礦中挖出鈔票，那樣它的功效可能連20％也難以達到；如果這種政府支出在儲蓄本來就大於投資和消費的時候又有意無意地鼓動了儲蓄（例如私營企業將瓶子裏的鈔票摳出又儲蓄起來），那麼它的成效就將再次大打折扣。

因此，在得出了政府應該加大對經濟進行干預力度的正確結論之後，政府對經濟所加大的是怎樣一種干預就成爲一個應該引起人們關注的焦點。這樣的干預也許就有成效，那樣的干預也許就無效；有效的干預力度大當然是好事，可無效的干預力度大將會得出怎樣的一個結果來呢？

從長遠來看，失業消除的辦法又不得不最終回歸到人口問題上。聯合國的一項歷史重任，就是給整個世界規劃出總人口指數目標，將此分攤到各個國家的頭上，並拿出具體的措施以保證這些國家能落實到位。如果世界人口能控制在60億以內，並努力在下個世紀或下下個世紀逐漸縮減，這是解決失業問題最徹底、最有效的辦法。

相信在不遠的將來，各國的領導人都會意識到這一點，控制人口增長的問題同反恐怖主義的問題將成爲世界兩大難題，它急迫地需要各個國家的合作與努力，尤其是需要聯合

國發揮出具體的作用。人口增長的問題一天不解決，失業問題就沒有能徹底解決的那一天。

中國的失業問題，是一個從理論上講根本無法徹底解決的問題。這是因爲，它的人口基數已遠遠地大於社會分工所承受的最高限度。就好比，假如社會分工只有360行，每一行當平均可容納100人，而中國的人口多到每一個行當有10 000人去搶。可以說，在一定的時期內，使失業問題得到緩解，能做到這一點已經不錯了。

用長遠的眼光看，中國的計劃生育工作仍然有一些不足，尤其是農村的計劃生育工作。據我所知，在一些農村，生二胎的很普遍，甚至還有的生三胎、四胎。如果不堵住這一「生人生意」，失業問題的解決就會難上加難。因此，談到失業問題，首先要想方設法限制人口的增長，提出一系列政策強化計劃生育工作。例如，超標生育者不但要遭受經濟處罰，而且還會被取消土地承包權；在城市中的盲流人員違法生育的，將會被追究刑事責任等。

看眼前，解決失業問題可關注以下幾個方面。

1、延緩就業戰術

城市中的待業人員和農村中16周歲以上的閑散勞動力，國家可招募帶工資的「預備役」，期限爲3~4年。這些人員可在「服役」期間學習各種專業技術，如駕駛運輸車，工程車以及其它工程設備，邊學邊幹地從事國家的大型基礎建設項目，如治沙、水利、綠化、修路等。期間每月享有一定的勞動工資，期滿後根據所從事的專業訓練可獲得專業培訓資格證書。這叫「上山不下鄉」。幾年的鍛鍊不但在物質上會有

所得，而且在意志上、德操和社會經驗上受益匪淺。返回後將優先安排進入人才、勞務市場應聘，農村戶口的可憑此培、訓證赴城市人才、勞務市場報名（未有此培訓證的農村16~20歲的勞動力不得進入部分城市人才市場、勞務市場應聘）。如果國家每年能招募500萬人，4年之內，將會有2 000萬人延緩就業，這種情況將會一直延續下去。

實際上，大學的擴招生也具有延緩就業的作用。凡是類似的辦法都可使用。這種延緩就業戰術不但可適當減輕失業問題所帶來的巨大壓力，而且還可適當地改變勞務市場的供求關係，使勞動者的地位由此得到一定的提升。

2、轉移就業戰術

勞務輸出似乎已爲大家所熟知，在此不再詳述。但要提醒的是，勞務輸出的思路還應放得更寬。能否有更多的人應徵聯合國維和部隊？能否有中國人應徵發達國家的兵役？能否有一部分人應聘於國外的急救、搶險等具有一定危險性的崗位？這些勞務輸出不但可帶來一定的外匯收入，而且還可以接受先進技術的培訓，增加先進的管理經驗。

但是，需要注意的是，轉移就業不能變成轉移需求。譬如，有些高中生花著巨資赴國外上學，表面上看是轉移了就業（有些學生畢業後在國外就業），但實質上同時還轉移了需求，將很多消費轉移到了國外。如果這些學生把錢花在國內，例如一些名牌大學專門招一些有一定經濟支付能力的自費生，將消費花在國內，畢業後再赴國外從業，這才是比較徹底的轉移就業。

3、創造就業戰術

通過改變原有的經濟規模、格局等要素，可以在社會分工狀況基本不變的情況下，改變某種行當的就業規模，從而達到擴大就業的目的。

例如，某居民區通過格局的改造，變成了一個封閉形的小區，該小區就可以安置一部分物業管理人員、保安員、保潔員等。

又如，一個小城鎮方圓五公里，沒有公交車。如果將它周圍的鄉、村都往這個小城鎮聚集，使它的城市規模擴大，就可以形成公交、有線電視等產業，創造經濟規模的基礎，從而達到擴大就業的目的。

4、密集型就業

給那些手工製品的企業以優惠政策，促使它得到空前的發展。類似竹製品、草製品、藤製品的編織產業，往往是機器無力施展的行當，就得靠人工進行。對這些企業予以免稅（或出口退稅），能帶動相關企業的發展，用密集型的就業形式解決勞動力過剩問題。

只要是機器施展不開的領域，都可予以關注。譬如雕刻、繪製而成的工藝品等。

5、擴展社會分工戰術

過去一段時期，我們將類似「彩票」、「拳擊」等行當看成是資本主義的東西，說它們如何如何腐朽。如今，彩票事業蓬勃發展，「散打王」的參與者也日見增加，且不說這些社會分工的新項目能給投資者帶來多少利潤，僅就其解決就業的問題來說；它使多少人走上了就業的道路。只要市場有需求，就可以將一些行當作為就業的工具。當然，有些

行當會引起爭議，譬如「三陪」服務業，現今的做法是一棍子打死，不允許它公開地存在，哪怕它能解決一部分人的就業問題，甚至還能促進一定的市場消費。封殺政策不能說不對，因為儘管這一「社會分工」確實能夠解決部分人的就業問題，但它同時會給社會帶來無形虧損。例如，很多犯罪問題由它而生。但是，任何一個行業，都會給社會造成無形虧損。譬如，企業在生產過程中必然會生成企業垃圾，這些垃圾對社會絕對是沒有益處的；又如，企業資本的成功運作，其結果必然會使投資者增加大量的貨幣剩餘價值，而由此也就必然會造成「貨幣腫瘤」，出現貧富不均的現象，造成許多社會矛盾。我們能因為這些弊端而作出結論不讓所有的企業正常生產經營嗎？同樣，「三陪」服務業也同樣有弊端，問題的關鍵是有什麼辦法揚長避短。如果我們作出規定，從事「三陪」服務業的服務員都必須具有大學（服務專業）的文憑，她們都受過高等教育，受過全面的專業培訓，知道如何保護自己，也知道如何保護他人和社會，這樣的話，大學中就又多了一項專業，需要多少名新教師上崗？會有多少過去從事服務行業的人員進大學深造？能帶來多大的市場消費？如果我們作出規定，所有從事「三陪」工作的服務員，均應每月接受一次衛生健康檢查，這會使多少衛生院的工作人員有活幹？如果我們作出規定，所有未婚、獨身的人接受「三陪」服務進行消費均不視作非法，這樣的話，使那些不太願意早結婚的人和準備一生不成立家庭過獨身生活的人都有地方在精神上和生理上放鬆放鬆，這對減輕人性壓抑有什麼不好？這對減少人口（少生孩子）豈不是一件大好事？

還有那些埋在專利倉庫中的發明創造，本都可以成爲擴展新的社會分工的行當，但我們總是在此方面表現得麻木，致使很多可以形成的新的社會分工半途夭折。

6、鼓勵晚育、不育戰術

就中國的實際情況看，如何能減少人口才是當務之急。我們在給付獨生子女費（一種獎勵措施）的同時，對那些晚育、不育的人員給予了什麼獎勵政策？

如果農村人口中的一部分人只生一個孩子，國家制定政策規定凡只生一胎的，土地承包權可以由子女繼承，農業戶口可轉變爲非農業戶口讓他們有機會住進城鎮，用此種辦法來增加城市人口數量，減少農村人口數量，而不能像現在這樣，一些農村地區成了「生人場」，生一個不行生兩個，生兩個不行生三個，待這些孩子成人後讓他們進城鎮打工，使農村的底數沒有出現減少的趨勢，只是將農村新增的人口轉移到城鎮。

將農村人口的數量減下來，必須認真貫徹計劃生育法，各種獎勵政策都應配合著如何能減少人口出生率這一核心內容展開。農村的計劃生育工作比城鎮的計劃生育工作更重要，甚至更難做，但我們必須認識到這一點，中國今後的經濟工作的成與敗，恐怕就取決於農村的計劃生育工作做得好與壞。

由於擴大投資戰術與擴大需求戰術比較明顯地能解決部分失業問題，早就爲各國、各地方所關注和引用，故對這兩種戰術不作詳述。

第11章 明星效應與 「利潤攤薄」

11-1 讓產品成為明星

一個稱職的企業家，應該認真地考察一下明星們的成長過程，尤其是她們怎樣「上市」的。她們是如何被「包裝」的？她們是如何擴大知名度的？她們是如何表演的？洞察了這一切，就可以將自己的產品擬人地進行演練，從中借鑒到一些寶貴的經驗。

某個文藝工作者成了大名星，賺了很多錢。這些錢是他們創造的剩餘價值麼？不是，因為他們所出賣的精神產品，無法用應付社會產品成本標準來衡量。譬如一個歌唱家，她有一副好嗓子，她唱出的歌哪怕是隨便哼哼幾句，人們也如獲至寶地愛聽。但不是所有愛唱歌的人都能唱出同樣優美動聽的歌曲，哪怕他們也接受幾年正規的訓練。明星們所賺的錢，應屬於價值剩餘範疇，他們只是利用了人們都樂於接受的方法，大家心甘情願地將自己口袋裏的錢紛紛拋給了大明星。明星口袋裏的錢多了，但其他所有的歌迷

們的口袋裏的錢少了，社會財富的總量沒有變化。

　　說明星不創造剩餘價值，並不是說在精神產品領域內的所有人，都不創造剩餘價值。那些文化方面的經營公司靠資本運作，租演出場地，負責廣告宣傳，雖然把很多錢都花在請來的明星身上（支付給他們的是價值剩餘），但他們所賣門票而賺的錢不見得全部消化在明星身上。只要營銷策劃到位，擴大盈利，多賣門票，將門票賣出好價錢，觀衆還樂意搶著買，這樣運作起來最後盈利了，那就是文化方面的經營公司所創造的剩餘價值。明星只不過是經營公司的一個較重要的「生產要素」。

　　也許有人會說，文化方面的經營公司同明星們一樣也不該創造剩餘價值，只能獲取價值剩餘，因爲在他們賺錢的同時，買門票的觀衆，他們所有的人口袋裏的錢不是都少了嗎？文化方面的經營公司不是同明星一樣也是賺的觀衆的錢麼？其實不然。如果某個觀衆自己租演出場地、自己出錢請明星出山，那他得花多少錢？那成本費用該是多大？正是因爲有成千上萬的觀衆分攤了這龐大的成本費用，才使得社會實付商品成本下降至低點，爲利潤騰出了空間。剩餘價值與價值剩餘的區別就在於：前者在滿足需求時必須憑藉某種「工具」才能完成，這「工具」是物質的不是精神的。它是實實在在的產品階梯，沒有它就無法按照要求滿足需求。當這一「工具」爲一人租用時，他付出的經濟代價是全額的，沒有節餘；當很多人都同時租用這一「工具」滿足需求時，這一「工具」的效用就隨同人數的上升而遞增，他們付出的經濟代價就會遞減，就能實現節省，就肯定會創造盈利。因

爲歸根結底，他們在滿足需求的同時節省了各種資源。

經營公司營銷策劃搞得再好，如果沒有這些大大小小的明星，也就失去了賣點，就會找不到需求她們的消費者。明星的作用就在於，她們能夠將衆多的消費者需求的口味集中到一點上，在限定在一個產品（不管它是物質產品還是精神產品）的前提下可以最大效用地擴大需求數量，從而爲資本運作創造最有利的條件。出賣精神產品的明星是這樣，出賣物質產品的企業也應是這樣，應將它們所生產的產品都打扮成「明星」，那樣的話，它們所生產出來的產品其市場才會更廣闊，消費者才會更多，才會產生更大的利潤空間。

所謂的明星效應，即是指所有企業的每一種產品都應該追求市場的最大效用——需求數量X的最大化，以此爲目的，樹立起自己的品牌形象，以使人人盡知，以獲人人喜愛，就像培養一個大明星一樣培養自己產品的形象，就像明星們應該首先提高自身的素質一樣提高自己產品的質量。如果所有的產品都能成爲明星，那麼人類社會的財富總量將增長得更多更快。

我們眼前所看到的是，很多企業生產的產品，從它開始生產的那一天到它被淘汰的那一天，只是極少一部分人消費了它，更多的人連知都不知，很多需求被埋沒了、浪費了，其原因之一是，這些企業根本沒有意識到或是根本沒有信心也或是根本沒有能力使它的產品成爲消費者的明星。

有些企業想到了這一點，但往往又被社會所不容。現今方方面面都反感的商業炒作，成了過街老鼠人人喊打。其實，整個社會應該支持商業炒作，只要它不是假炒，就不

應限制或是抨擊。被人們反感的原因僅僅是它炒作的水平不高，讓人看出了是在炒作，但它對於那些還未看出是炒作的人來說仍然有效果。業內人士的譏笑不能消除單純的消費者被刺激起的需求，但反過來它也無形地要求企業應該不斷地提高炒作的水平，把炒作搞得更自然、更貼切、更具有誘惑力。之所以這樣做，不該源於掩蓋商業炒作，而應是在對商業炒作的合法性和合理性充滿信心的前提下，對商業炒作提出更高藝術要求，使每一次的商業炒作，都成為空前絕後的經典之作。

　　一個稱職的企業家，應該認真地考察一下明星們的成長過程，尤其是她們怎樣「上市」的。她們是如何被「包裝」的？她們是如何擴大知名度的？她們是如何表演的？洞察了這一切，就可以將自己的產品擬人地進行演練，從中借鑒到一些寶貴的經驗。

　　國家和政府，不該時時刻刻將怎樣把自己打扮成政治明星而費心勞神，而應該時時刻刻關注怎樣將眾多的企業和產品推上經濟大明星的舞台；不但要推上國內的明星舞台，還要努力地將她們推上國際的明星舞台。然而，中國的傳統觀念總是把明星效應看成是名利思想，看成是資本主義的野心，或是「只許州官放火，不許百姓點燈」，處處標榜自己，不許別人聲張。這些舊的觀念都是對經濟發展不利的。真的希望有一天，中國能頒布一部「商業炒作法」，在充分肯定商業炒作是一種經濟活動中必不可少的潤滑劑的同時，詳細地規定出商業炒作的規則，也許它將成為中國的首創。

　　總之，所有營銷手段（包括廣告）都最終會落腳在商

業炒作上，承認就是，不承認也是，只不過炒作的檔次、水平和它的效果有所不同罷了。只要能喚醒需求並擴大需求數量，就能使企業在資本運作中將實付社會商品成本降得更低，爲贏得更多利潤空間打下牢固的基礎，由此使一個國家的社會財富總量增長得又多又快。

11-2 如果人人都成為明星

如果13億中國人都能輪流地成爲大明星，那麼13億中國人都可以成爲腰纏萬貫的富翁。因此，不讓一個人出名成爲明星，就等於讓這個人被埋在貧困的地下；不能出名成爲明星的人越多，那麼中國的窮人就越多。我們也可以這麼說，很多的中國人之所以窮，就因爲她們還未出名，沒有成爲明星。

一個爲眾多觀眾追捧的大明星，可以以一個獨一無二的受權者【24】的比例接受無數授權者的貢奉。就好像是某個人，如果全中國人每人都追捧她只需拿出1分錢，這微不足道的1分錢可以使她瞬間變成腰纏1 300萬元的富翁！繼之，這1 300萬元的資本還可爲她帶來無法想像的收益和好處。換一種情況，如果有100個大明星，她們每個人各自只有100個追捧的授權者，這些授權者即使慷慨大方地每人消費花掉1元錢，那麼每個明星至多也就能得到100元錢。與1 300

【24】這裏所說的受權不光指政治領域，在經濟領域還有經濟受權者，在其它領域還有其他的受權者。

萬元錢相比，這100元錢連這些明星們的命都養不活。再換一種情況，如果有13億個大明星，她們每個人各自都有只差1人就達到13億數量的消費者，那麼這個社會所有的人都陸續地成爲富翁。她們不可能同時成爲富翁，因爲雖然她們可以一次獲得13億人的消費而獲得1 300萬元的收益（每個消費者只限一次消費1分錢），但她們每個人同時完成近13億次消費那是不可能的。她們的消費可以共同完成一次，但她們每個人不能在同一時間裏完成全部的消費過程，這種消費過程必須「與時俱進」，不得不受時間的限制。於是，由第三種情況可看出，如果13億中國人都能輪流地成爲大明星，那麼13億中國人都能成爲腰纏萬貫的富翁。因此，不讓一個人出名成爲明星，就等於讓這個人被埋在貧困的地下；不能出名成爲明星的人越多，那麼中國的窮人就越多。我們也可以這麼說，很多的中國人之所以窮，就因爲她們還未出名，沒有成爲明星。

　　然而，僅從中國的教育事業一個方面來看，自始至終看不到這樣一種培養明星的氛圍，總是希望大家「平起平坐」、庸庸碌碌、同死同生。這實際上就造就了人們的「大鍋飯意識」，讓誰都不想、不敢、不能上舞台亮相，這就使得人變成了會說話的動物。且不談論人性問題，僅就經濟而言，平庸也是不可取的，它不但壓抑了人的能量，而且還由此壓抑了產品的能量，使他們在擴大需求數量的重要問題上都無法施展手腳。

　　明星效應的另一個神秘之處，就是它具有一種能最大限度地增加財富的魔術功能，讓一種產品最大限度地擴大知名

度成爲明星，讓盡可能多的消費者都青睞於它，這就可以使利潤獲得最大的空間，由此使財富獲得最大的增長值。與此同時，讓每個人或每個企業都有機會輪流地成爲明星，那麼他們手中的財富都可以得到增加，使他們都越來越富有。

也許有人不解，所有的人都輪流成爲明星，同時所有的人也都輪流成爲觀衆，他們的總收入與總支出應該是相等的，怎麼會使財富增加呢？譬如一個社會有100個人，其中的某1個人當一次明星就會有99個觀衆，如果讓所有的人都輪流當一次明星的話，其結果應該是，在每個人當1次明星的同時，他必須陸續地當99次觀衆，也就是說，一次獲得的收入還要分99次再支出，弄來弄去不是最後還剩下那一點點。這就是「狗熊掰棒子」的「一般道理」。

事實並非如此。明星效應的魔術功能將上述的「一般道理」給變形了，其戲法的高明之處，就是利用了貨幣這一特殊產品所具有的增值特性搞了一次「無中生有」。

比如說，大家每人手裏有100個雞蛋，當某一個人成爲明星之後，這100個人的社會中就會有99個人成爲她的觀衆，假如他們每人只送給明星1個雞蛋，那麼明星的雞蛋數量就會增加到199個。這個明星本來只需有100個雞蛋應酬社會支出，那增加的99個就可以孵成小雞，把它們養大，讓雞下蛋。儘管這個明星此後必須陸續地當觀衆99次，爲其他的明星總共支出99個雞蛋，但幾年之後，她手裏的雞蛋的數量不是少了而是多了，多得了不得。如果其他人在成爲明星之後都像她一樣養雞下蛋，那麼所有人都會越來越富，而不是搞了一次可笑的「狗熊掰棒子」的運動。

當一個人購買彩票獲得了500萬元大獎之後，且不說這500萬元若投資之後能獲取多少利潤，僅把它存在銀行裏，每年獲得的利息就有可能達到10萬元（以年息2％計算），這10萬元足夠他在一年之中為其他明星捧場所支付的「門票錢」了。

可見，人民富裕和國家的富強，靠的不是什麼階級鬥爭，靠的是經濟建設。所謂的經濟建設，即是要想方設法活躍市場，讓國民有機會成為明星。如果因為比爾·蓋茨是一個資本家，我們就號召天下的無產者去奪人家的財產，把這個世界首富「打翻在地再踏上一萬隻腳」，這並不能增加社會財富的總量，只不過是把人家的財富奪到了我們的手裏。這一「均貧富」的運動最反動之處，就是它把比爾·蓋茨這個明星鎮壓之後的結果，是人人都不敢再當明星，於是大夥把財富吃乾抹淨之後就只好穿著開檔褲乞討了。一個明智的國家和政府，不管信奉什麼主義，要做的事情不是鎮壓整垮明星，而是要大力培養國民樹立明星意識，使更多的人成為明星，使更多的產品成為明星。只有這樣，沿著怎樣能使更多的人和更多的產品成為明星的路走下去，國家必定會越來越富強。

11-3 「利潤攤薄」──縮小貧富差距

當我們的經濟處於某一個發展階段的時候，我們更應關注的，是怎樣利用經濟自身的規律去使更多的人走上致富的道路，而不是為了喊幾句口號。我們要做的事情是怎樣能將各種各樣的弊端控制在可以承受的範圍內，使其不致於失

控，除此之外沒有什麼可使我們擔心的。

讓更多的人成為明星，目的是讓更多的人都能致富。如果總是讓那麼幾個人成為明星，她們總是一而再、再而三地在經濟舞台上表演，那麼就會出現這樣一種現實情況：她們會富而更富，而總是充當觀眾角色的消費者就會貧而更貧。

很多實際情況都證明了這一點：有錢的人掙錢越容易，沒有錢的人掙錢就越難。當社會出現了貧富差距之後，極容易造成經濟出現兩個極端。這兩個極端都對經濟發展極為不利。儘管《資本論》由於受到歷史的局限性而在經濟學上存在著一些不完善之處，但對此兩個極端的反對和批判是非常明確、非常英明的。

當利潤額過於集中地儲存在一少部分人手裏，而這些人並未打算將它用於擴大投資或參與額外的消費時，貨幣流通領域中的「血管壁」就會出現病患。設若這種情況較大規模地發生，「經濟血管」就會被局部性地堵塞，形成「貨幣腫瘤」。如果我們不盡快地採取措施進行必要的「化療」，則它所形成的後患就極有可能給經濟以致命的一擊。這種消費能力過剩的極端，不但不能給他人帶來就業的機會，而且還會減少對他人和社會的需求，也就等於剝奪了使他人也能成為明星的可能。另一方面，更多的人沒有能力消費，因為他們衣食不保，沒有多餘的錢參與市場，由此又形成了沒有消費能力的極端。企業生產的產品本來是人們需求的，可他們沒有能力需求，於是企業產品的市場就白白地丟掉了一大

塊。

　　所謂的「利潤攤薄」，就是指經濟管理部門一旦發現國民貧富的差距過於大時，應該提出一些政策，使富者的利潤適當地減少一些、貧者的利潤適當地增加一些。這些政策不是什麼革命運動，只是一種宏觀調控，例如對富者提出鼓勵投資政策、鼓勵消費政策，對他們的高收入實行高徵稅政策等；又例如對貧者實行免費職業培訓、免費提供小型經營場所以及其它扶持政策等。從理論上講，尤其是對那些富翁們，只要他們的財富是靠市場的資本運作所得，他們就有資格參與各種各樣的消費（包括一般人沒有資格參與的消費），譬如他們應該被允許進賭場（它最好是「國辦」的，不允許私人涉足），也可以逛「紅燈區」（它必須是受到國家衛生防疫等部門有效監管的），甚至可以在婚姻問題上爲他們開「綠燈」，只要所有有關的當事人同意。他們可以「一夫兩妻」，她們也可以「一妻兩夫」，這可以使他們的消費增加數倍──一次次地操辦婚事，一間又一間地購買住房，各處都得雇保姆甚至增加警衛，四處奔波就必須配備幾輛私車，化妝品也得幾套幾套地買，高檔衣服就別提了……如此這般花錢他還特別高興，他們覺得處在一個「自由的王國」，到處都充滿著快樂。出現了糾紛也不怕，因爲現在訴訟也變成了消費，請律師、托熟人……好了，在他們享受著各種各樣消費樂趣的同時，會使多少人一夜之間過上舒適的生活，會使多少人有了工作，會使多少企業銷售額大增。如此這般讓他們大把大把地花錢，問他們樂意不樂意，回答準是肯定的。然而這僅僅是停留在理論上，它有利於「利潤

攤薄」，有利於擴大並增加消費，於是最終肯定有利於人們共同富裕。但是在現實中，它將面對一堵牆，它就是根深蒂固的傳統道德觀念。這堵牆，它寧可讓人們貧窮，也不能讓人們違反「道德」；表面上它一本正經，暗地裏它邪念四生；「自己男盜女娼，給別人立貞節牌坊」。這就是我們給「道德」起的一串較長的小名。過去拳擊是不「道德」的，現在「道德」了，不知道這「道德」玩的是什麼把戲？

當我們的經濟處於某一個發展階段的時候，我們更應關注的是怎樣利用經濟自身的規律去使更多的人走上致富的道路，而不應是爲了喊幾句口號。如果能使富裕者擴大並增加消費，我們就應該舉手贊成，除非他們自己不肯多花錢；如果能使貧困者就業並增加收入，我們也應該給予支持，唯恐他們的財源少。我們要做的事情是怎麼樣將各種各樣的弊端控制在可以承受的範圍內，使其不致於失控，除此之外沒有什麼可使我們擔心的。以往的「非法行爲」，只不過是對它沒有找到行之有效的控制、管理手段和方法，這應是一項莊重的研究課題。一旦我們掌握了科學調控的方法，就可以打開封條，讓它爲經濟服務，就像我們掌握了「天花疫苗」就可以預防或治療天花病一樣。

如何能促使「利潤攤薄」，也許會有很多的好辦法會從石頭縫裏蹦出來，真的希望人們仁者見仁、智者見智，切實地拿出幾條有效的措施來，別像我們所提出的「理論假說」極易會遭到人們的批評那樣。最好是主意一出口，大夥就齊聲叫好，把手拍腫了。

第12章 市場競爭與行業壟斷

12-1 不買「模仿秀」商品

廠商之間的競爭均唯恐落後於人，擔心別人的商品占據價格優勢而控制市場，於是紛紛競相殺價，「損人不利己」，導致利潤銳減，以至有的廠商出現虧損，這實際上是對經濟發展不利甚至是有害的。

就整個社會而言，每個人的自身都區別於他人，都是獨一無二的，即使「複製」一下也不可能一模一樣，因為每個人的特性都是一種「壟斷」，這種「壟斷」從生保持到死。如果沒有這種「壟斷」，我也就不是我、你也就不是你了。「明星效應」的奧妙之處就是這種「壟斷」，就像田震歌星所唱的歌一樣，具有獨特性，一聽就是她，越聽越愛聽。假如天下所有的人一張口哼出的曲子都是田震的聲調，可想而知，田震也就失去了她自身的「壟斷」地位，不再會有人去欣賞了，而且還越聽越煩。因為四面八方都是這個調，讓人好難受呦。好在「模仿秀」節目裏出了幾個「田震」，不算太多，「競爭」得還不太激烈，由此田震的日子還算好過。但僅僅如此，田震的市場已經被搶走了不少，她本應獲取的利潤空間客觀上就縮小了一些。由此，所有的被

模仿者（是指活著的）心裏都或多或少地感覺到不好受，而且被模仿得越像，心就越沈重。

想想看，假如100個人的社會都給1個田震捧場，那效益肯定大；反之，還是這些人卻要給10個「田震」捧場，那麼田震的市場份額肯定就大打折扣還剩一成。所以，「壟斷」能夠獲得利潤的最大化；「競爭」定會使效益遞減。

企業生產的產品也是如此。從性能到用途，從外觀到質量，企業應該像明星一樣追求產品的獨特性，也即追求產品的市場壟斷。

壟斷者能夠賺取巨額利潤，與之相反，廠商所處的競爭環境總會使利潤趨於分散。如果僅僅是將整體的總利潤分散成若干塊小額利潤，那社會財富增長的速度和規模仍是不變的，而且還有利於「利潤攤薄」，有利於「等水平消費」。然而情況並非如此。廠商之間的競爭均惟恐落後於人，擔心別人的商品占據價格優勢而控制市場，於是紛紛競相殺價，「損人不利己」，導致利潤銳減，以至有的廠商出現虧損，這實際上是對經濟發展不利甚至是有害的。在競爭的過程中，所有的廠商都渴望日益強大，並最終能成爲壟斷者，故而誰也不會在這種競爭的市場中談什麼雷鋒精神，都是在市場競爭中「奮不顧身」、「奮不顧名」、「奮不顧義」的。倘若在競爭的市場上強弱分明，那麼市場所經歷的價格痛苦可能還少一點，因爲弱小者很快就會被壓垮，或被強大的對手所吞併。怕就怕強弱不分：男女老少一齊上陣，假冒偽劣一擁而上，大打價格戰，不殺個魚死網破才怪呢！在利益的驅使下，在巨大的市場競爭壓力下，違法犯罪就成了「劣幣

驅逐良幣」的唯一途徑。所以，豬、牛、羊、雞均注水，酒、糖、鹽、醋都摻假……甚至於，爲了搞垮競爭者，狗膽包天地往對方的麵粉裏灑鼠藥。這樣的一種「市場競爭」，給社會、廠商和消費者帶來的是什麼？它首先帶來的是不安全感，帶來的是茫然和恐懼……最終帶來的是社會財富總量的減少。

話說回來，某電視台播出的「模仿秀」節目爲觀衆所喜愛，人家畢竟是光明正大地告訴觀衆只是模仿不是冒充，所有參與演出的人都沒改姓名，而且還都特別誠實、特別謙虛，這純粹是一種於己於人都能獲得快樂的遊戲。然而，假冒僞劣的商品就不是這樣了，從裏到外都「模仿」，連蒙帶騙把人賺，「複製」技術已經發展到以假亂真的地步，它不知使多少合法經營的企業遭受了巨額的經濟損失。這樣的一種「競爭」與其說是競爭，不如直接說是掠奪。例如，中國的出版商最不好幹，原因就在於中國出版行業的競爭環境太惡劣，往往正版圖書還沒來得及上市，印刷廠裏或其它部門的「經濟間諜」就與非法書商相互勾結，將盜版圖書以比正版圖書低近一倍的價格傾銷向市場，讓正規出版商苦不堪言。對此，政府彷彿軟弱無力，根本拿不出一針見血的措施來扼制這類「模仿秀」商品的複製生產。商家爲了謀利，樂於買賤的，特別青睞於假冒商品；消費者似乎也無所謂，便宜就行，管它是真還是假。於是，經濟秩序就在這種所謂的競爭中被攪得亂七八糟。什麼時候政府、廠商和消費者齊聲對「模仿秀」商品說「不」，那麼什麼時候這個國家的經濟秩序才算是正常起來。

12-2 讓競爭有利於社會分工

壟斷應是競爭的結果，競爭的目的之一應是為了實現新的高效的壟斷。

如果沒有新的社會分工創新出來，只是人口單方面的增長，這就使我們不得不忍痛割愛地限制壟斷、崇尚競爭，但它的結果是對社會財富增長不利的。鼓勵競爭，不應鼓勵重複性的競爭，即應鼓勵創新性的競爭，因為它能帶來新的社會分工。

很多的經濟學家都對市場的自由競爭原則大加賞識，這沒有錯。但過度競爭（或稱惡性競爭）的弊端，至今很多人還認識不清。

根據我們的社會成本經濟學原理，市場上某一種商品的需求總量能夠在為一個生產企業就可提供供給的情況下，不但這個企業可獲得最高效的利潤，而且還可使整個社會的成本投入最少，由此使社會財富總量的增加處於最快、最多的狀態下。因為這個企業所投入的用於購置廠房、生產設備等固定資產的成本費用，即是整個社會對這一產品生產投入的成本費用，是整個社會分攤這些成本，因此它獲得了最大的利潤空間。換相反的情況，市場上某一種商品的需求總量本來由一個企業生產就可以保證供給，卻建了十個企業、重複投資了十次，於是這十次總投資的金額就會成為整個社會的投資成本，它比一個企業的成本投入要大十倍。成本投入加大了，可它們在競爭中所產生的利潤卻少了，將十個企業的

利潤加在一起，也不及過去一個企業的利潤多，殺價殺得眼紅，甚至有時還賠了本錢。這就是經濟建設中最忌諱出現的「兩輪現象」。即：在市場需求不足、廠商所供給的產品是同品同質的情況下出現了供給過剩的廠商競爭，它們會在利潤上縮小獲利的空間，同時在成本投入上加大整個社會的成本投入，在投入和收益兩條關係到廠商經濟命脈的戰線上同時打敗仗。也許某一個企業出於精明沒有落此悲慘下場，但就整個社會而言，由於其它企業都負債累累，所以宏觀上仍是整個社會財富遭受了損失。

資本主義國家在20世紀30年代發生的經濟危機中，很多商品被傾倒進大海的事例就是「兩輪現象」造成的惡果，就是盲目地讚頌市場自由競爭造成的結局。現今，聞聽中國也出現了倒奶事件，這應該給那些片面倡導市場競爭的經濟學界人士敲響了警鐘。

我們所應該提倡的競爭，或是在需求擴大、供給不足的領域內施展，或是在不同品、不同質的產品創新領域內實行。一旦發現某類商品出現了市場需求不足的徵兆，就應立即採取措施：要麼對此類商品頒布「投資禁入」的指令，要麼引導一些企業轉產，要麼實行最低銷售價格政策，總之就要限制競爭。如果在這一情況下不對競爭加以限制，最後不管誰賠了誰虧了，最終都會使整個人類社會的財富總量減少。

冷靜地從我們現今市場中表現出來的競爭現狀可以看到，未來必將出現的「兩輪」惡果時時是潛伏在經濟危機中的大敵，然而一些人至今還在盲目樂觀地把它看成是前景光

明。

我們所提倡的壟斷，不是靠行政命令而形成，它本是建立在自由競爭的基礎上。但是它一旦靠商業運作成功了，政府的行政命令就應該對它予以保護。別人若想打破這種壟斷，就得推出新產品，不能生產「模仿秀」。因此，若想獲得競爭權，最保險的辦法就是改進某一產品的性能或特徵並申請專利，專利既是市場競爭的通行證，又是市場壟斷的法寶。政府的高明之處就在於，它能夠使每一個企業都有自己的壟斷產品，由此使每一個企業都獲取到最大的利潤空間。做到這一點的確非常地難，但應該朝著這個大方向努力。

出現這樣一種局面對社會財富的增長是最有利的：假如一個由100人組成的社會，他們每個人都有獨屬於自己一人就可滿足整個社會其他人需求的工作，並實現對這一工作的壟斷，那麼他們之中就沒有一個幹別人已經幹了的重複工作，這就要求必須有100項社會分工。在這一情況下，每個人都能獲得最大的利潤空間。由此也可以看出，此時每個人都必須有100種需求，每個人都有不同於別人的壟斷產品。

問題難就難在，在這100項社會分工不變的情況下，人口若增長了一倍，變成了200人，這時若再鼓勵壟斷，那將預示著多增加的100人沒活幹餓死。但如果反對壟斷支持競爭，那麼過去只須一個人幹的活，現在需要兩個人搶著幹，相互殺價，致使利潤空間大幅度地縮小，使社會財富增長的速度放慢。可以這樣說，壟斷應是競爭的結果，競爭的目的之一應是為了實現新的高效的壟斷。譬如過去有一個人做蒸饅頭的工作，現在人口增加了，他們也應有活幹，但如果他們都蒸

饅頭，就勢必加大了社會成本的總投入，造成了重複投資。如果他們從事不同品、不同質的產品創新的競爭，可以蒸包子、可以煮水餃、可以下麵條，然後各自在這些新產品領域實現壟斷，這樣的一種競爭才是可取的，才是最應為我們所追求的。

因此，如果沒有新的社會分工創新出來，只是人口單方面地增長，這就使我們不得不忍痛割愛地限制壟斷、崇尚競爭，但它的結果是對社會財富增長不利的。鼓勵競爭，不應鼓勵重複性的競爭，而應鼓勵創新性的競爭，因為它能帶來新的社會分工。

然而，支持壟斷並不是讓某個人獲得特權，哪怕它百分之百地是出於商業運作，而未摻雜一點政治權力的私通。即使這樣，當人口增長情況明顯大於社會分工的承受時，我們不得不面對現實，我們只能「擇優錄取」地給予壟斷地位，目的是從眾多的意欲壟斷中找出素質能力最高的人。怎樣來評定呢？還得靠市場競爭，讓市場來說話。於是我們不得不給競爭以合理的地位。問題在於，本來通過市場競爭已經分出勝負了，可那些事實證明根本不具備基本素質的失敗者卻還可以賴在市場上攪和，不讓勝利者壟斷，政府也認為應該，因為一說壟斷就如同說犯罪。據說美國政府就因為要打擊壟斷要把微軟公司一分為二，這是不可取的。

我們所說的產品的創新，既可以是不同產品的創新，也可以是同類產品之間的質量、包裝、性能、外觀等方面的差別創新，還可以是根據環繞於售賣者周圍的各種不同條件而出現的營銷創新。據此，「一切產品都有其差別，最低限度

微細的差別總是有的。」【25】「正是這種產品的存在引起了壟
斷，因爲各種產品的特點，使這些有差別產品的生產者成爲
自己產品的壟斷者。但是，因爲各種產品在一定程度上又有
替代性，所以各種有差別的產品之間又形成了競爭。」【26】

張伯侖認爲：「如有差別則壟斷發生，差別的程度越
大，壟斷的因素也越大。該產品如有任何程度的差別，即可
說該售賣者對他自己的產品擁有絕對的壟斷，但卻要或多或
少遭受到不完全代替品的競爭。這樣則每人都是壟斷者，而
同時也是競爭者，我們可以稱他們爲『競爭的壟斷者』，而
稱這種力量爲『壟斷競爭』特別相宜。」【27】

不管人們過去對純商業性質的壟斷多麼反感，但從社會
成本經濟學原理的角度講，它應該是今後我們大力有限性地
予以保護和提倡的。問題在於，當一個國家的人口太多，社
會分工不足以消化這些多餘的勞動力，不得不5個人吃1個人
的飯，這時我們再學生氣地堅持壟斷的政策，那每5個人中就
會有4個人沒飯吃。這個時候，擴展社會分工與限制人口增長
同樣重要無比，如果通過減少人口減少1人，再通過社會分工
的增長分流1人，剩下的3個人就不得不競爭了，但3個人競爭
總比5個人競爭要輕鬆得多。倘若經過一段時間又使人口減少
1人、又增加了社會分工分流了1人，那麼最後剩下的這個人
自己壟斷好了，沒有人再與他爭。

【25】張伯侖：《壟斷競爭理論》，三聯書店，1958，頁55。

【26】《西方經濟學導論》，頁117。

【27】《壟斷競爭理論》，頁7。

所以，人口問題顯得特別特殊，人口多對一個社會創造剩餘價值是最有利的，但同時對就業問題又是最不利的。它就是一個雙刃劍，就看我們如何揚其長、避其短。

12-3 有關壟斷的話題

實際上，「國有制」根本改變不了壟斷的傾向，甚至於當它想限制壟斷時壟斷的狀況更糟糕，無人可以抵禦，因為對別人發號施令頭腦都清楚，而自己給自己下命令時就容易犯糊塗。這是一件政府經常幹的違反初衷的事情。

古諾所分析的雙頭壟斷條件下的定價原理，用實踐的觀點來看，它純粹是假設的傑作。他假設，在雙頭壟斷下沒有一家銷售商能設置價格，還假設每一銷售商都清楚自身產品的市場需求量，兩家銷售商的生產成本也大致相同。根據這些假設，古諾得出結論：如果一家廠商為增加利潤而提高產量，那麼這家廠商必須降低價格以使多產出的產品可以賣出。這就要求第二家廠商也面臨著確定產量的抉擇，它也試圖增加產量和利潤。當第二家廠商改變產品價格和產量時，第一家廠商會根據新的市場信息來制定新的產量和定價的決策。該決策又會反過來再次影響第二家廠商所面臨的形勢，它也將會根據新的市場信息來重新擬定產品產量決策。這種循環往複的情況會使人想到，各廠商針對其競爭對手的決策將永遠持續下去，但古諾證明，競爭的最終結果是任何一家廠商都不可能通過提高或減少產量來提高其市場競爭力，無法通過這種方法來賺取更多的利潤，這時就形成

了雙頭壟斷的均衡格局。

我們看一看現實，隨便拿哪個國家中的企業來進行對照，古諾所設定的這些假設都是難以成立的。這是因為，兩家廠商不大可能租用的廠房一樣大，租金一樣多；不大可能投入的資金一樣多，雇傭的工人和管理人員人數一樣多、素質水平都一個樣；不大可能讓企業的管理方法一個樣，企業營銷、策劃的辦法一個樣；不大可能使產品的質量一樣水平，一點也不差，售後服務也是同一的水平；等等。由此，兩個廠商之間的競爭不可能有什麼均衡，它們所占有的市場份額不會持續地一樣多，總會有變化的、有差距的，最終必定會分出勝與負，不是你死就是我活。除了這一結果外，另一個結果就是兩敗俱傷。如果出於理性，它們為了避免兩敗俱傷的結局，就不得不採用兼併、重組等形式形成「強強聯合體」，以此方法獲取雙贏的結局，但它絕對將走向「寡頭壟斷」，在未形成聯合體之前，「雙頭壟斷」是不可能相安無事的。如果它們不願走聯合之路，共享利益，只是想通過它們的「覺悟」來形成「均衡格局」，這是難以行得通的。因為為了贏得市場，就必須擠垮對手，至少是朝著這個目標不懈地努力，絕對不會心慈手軟。為了最終贏得勝利，聰明的廠商總是在生產出老產品之後就著手開發新產品，一旦新產品開發出來，就會立即不惜血本甩賣老產品，讓競爭者將老產品全都積壓在倉庫裏，最終造成這家廠商資本運作不靈。所以，雙頭壟斷的均衡格局那只是古諾用假設的條件估摸出的假設的結果，根本沒有實際意義。

對一些需求不足的產品領域，政府應該鼓勵競爭，它既

能促進產品的更新換代，又能促進「利潤攤薄」使更多的人增加收益。但對一些需求已接近飽和的產品領域（例如彩電等生產企業），政府應該限制競爭，鼓勵壟斷（例如兼併、重組等）。

威克塞爾曾迫切地提出，將自然壟斷企業，如公共事業公司以及其它顯示出壟斷傾向的公司收歸國有，其目的是防止價格壟斷，他認為，由政府擁有和操縱這些公司會更好，「國有制」將給予消費者更多的商品與服務，以及較低價格的好處。

實際上，「國有制」根本改變不了壟斷的傾向，甚至於當它想壟斷時壟斷的狀況更糟糕，無人可以抵禦，因為對別人發號施令頭腦都清楚，而自己給自己下命令時就容易犯糊塗。這是一件政府經常幹的違反初衷的事情。因此，政府的壟斷行為並不像威克塞爾想像的那麼好，需要嚴防的價格壟斷，恰恰是政府在反壟斷問題上的不作為。與此相反，通過市場競爭自然形成的商業壟斷則恰恰是應大力提倡並予以保護的。但是，當政府發現某種商業壟斷將危害宏觀經濟正常發展時，用不著政府直接插手市場，只要想方設法鼓勵一些企業涉足已被壟斷的商品領域，箝制壟斷行為就可以了。這種鼓勵，可以用向新生產企業提供免稅政策等手段來達到均衡市場的目的，千萬不可揮舞權力大棒向壟斷企業揮舞。鼓勵並扶持一些企業向被壟斷的商品生產領域滲透，絕不能造成導致惡性競爭的局面出現。所以，政府的作用僅僅是把握好尺度，像一名高水平的裁判在嚴格判罰的同時還要把握大局的均衡一樣。

12-4 競爭意識與競爭價格

　　雖然發達國家由於某些商品生產成本的上漲逐漸放棄了這些商品的生產，不得不依賴從別國進口，但這些發達國家的營銷體系卻牢牢地控制著本國市場，將採購的魔手直接滲入到未發達國家的廠商中，利用市場經濟所帶來的惡性競爭，將出口國與進口國之間形成的巨大的差價獨攬到發達國家的手中，給未發達國家留下的僅僅是薄利。

　　一說競爭，人們會馬上想到價格競爭，把競爭局限在商品價格這個狹窄的範圍內。其實，商品價格競爭是最原始的競爭，是最簡單、最低級的競爭。

　　所有廠商，它們的競爭意識應該是全方位的，不能僅停留在商品價格上。成本的競爭，人才的競爭，管理的競爭，營銷的競爭，科技創新的競爭……等等，這些競爭的重要性沒有一個亞於商品價格的競爭。

　　隨著WTO的加入，上述的全方位競爭已經跨出了國界，逐漸會變成全球性的。尤其是資本市場「敵強我弱」的這一特殊時期，競爭問題將變得更加廣泛和深入。當一方掌握了競爭的主動權之後，另一方不得不乾瞪著眼看著人家走向壟斷。千萬不要輕信什麼「自由貿易會帶來經濟均衡」的鬼話，如果不是說這話的人確實糊塗，那就是別有用心地用唾沫來麻痺我們。

　　保羅・薩繆爾森曾指出，即使人們很難移民，即使資金很難周遊世界以尋找最高的回報率，自由貿易都會使不同國

家的生產要素的回報更加平等。例如幾乎完全是手工製作的薯片，如果美國工人的工資比法國工人的高，法國工人就能在較低的成本下製作薯片。當美國與法國之間存在著自由貿易時，法國的薯片會被出口到美國去，這種增加的需求會提高法國薯片的價格，根據收入分配的邊際生產力理論，這會提高法國薯片製作工人的工資。相反，美國薯片生產商，面對著國外更激烈的競爭，會被迫降低薯片的價格，減少工人的工資。這樣由於自由貿易，法國和美國工人的工資會更加趨於相等。以此來證明所謂的均衡理論。

　　然而實際上這種供求靜態分析方法根本不適用於動態的經濟現實。法國的薯片價格是由法國市場中貨幣產品與非貨幣產品之間的供求對比關係決定的；美國也是如此。如果在美國一小袋薯片的價格是3美元的話，那麼美國的消費者通常就會以與3美元上下幅度不會太大的價格來作為主觀價值判斷。如果法國生產的薯片每袋的價格是1.5美元的話，它確實具有了價格的優勢，但這種優勢最終是被誰獲得了？美國的經銷商從境內的薯片生產廠進貨的價格如是2.5美元，每小袋薯片的毛利潤是0.5美元，但如果他們從法國以1.5美元的價格進口薯片的話，其成本就會從2.5美元下降至1.5美元，由此增加了毛利潤。由這一過程來看，由於薯片的市場價格仍然較穩定地保持在3美元的水平上，如果美國的薯片生產廠所生產出來的薯片仍然有經銷商願意銷售，且消費者仍然偏愛美國薯片，使得美國薯片保持原有的銷售額，那麼，儘管有經銷商進口了法國的薯片，它絲毫不會影響到法國薯片的價格，其國際貿易的差價完全被美國的經銷商獨占去了。根據收入

分配的邊際生產力理論，這不會提高法國薯片製作工人的工資，也不會降低美國薯片製作工人的工資，而僅僅會提高美國經銷商的利潤，同時有限地提高銷售薯片售貨員的工資。因此，自由貿易無法使法國和美國工人的工資會更加趨於相等。或者這樣說，法國和美國工人的工資會更加趨於相等，但其原因並非是源於自由貿易，而是源於兩國經濟發展的狀況。假如法國的經濟飛速發展，而美國的經濟發展遲緩或出現經濟衰退，那麼兩國工人的工資就會朝著趨於相等的方向發展。它與自由貿易沒有直接的關係，只有間接的關係，因為法國持續不斷大量的出口會促進法國的經濟發展，而美國如果只進口不出口就會阻礙美國國內的經濟發展。

現今，中國在紡織品產品的價格優勢中並沒有見到紡織工人的工資在上漲。由於紡織品的營銷體系幾乎全部被控制在境外經銷商的手中，更由於中國的紡織品生產廠之間的惡性競爭，使得紡織工人並沒有從紡織品的出口中得到任何的好處，甚至於他們的工資被大量欠發，他們的社會保險被欠繳，很多紡織工人都下了崗……對此，薩繆爾森先生如何解釋？

由於經濟發達國家通貨膨脹的積累，它本應給未發達國家帶來經濟發展的機遇。然而，均衡趨勢所產生的自然作用總是被發達國家採取的經濟措施破壞掉，致使那些未發達國家本應享有的經濟發展機遇，變成了被發達國家瓜分的機遇。

首先，發達國家的資本將目光盯向未發達國家的市場，他們一方面可以從出口型商品的生產中獲取利潤，又可以從

國內消費型商品的生產中獲取利潤。這些利潤按照均衡趨勢的原則本來是屬於未發達國家的，但發達國家大量資本的介入卻將經濟利益拿走了一大部分，可能只給這些未發達的發展國家留下一小部分。這不能只怪發達國家的資本無孔不入，還應怪未發達發展中國家不會集中資本力量自力更生。

其次，雖然發達國家由於某些商品生產成本的上漲而逐漸放棄了這些商品的生產，不得不依賴從別國進口，但這些發達國家的營銷體系卻牢牢地控制著本國市場，將採購的魔手直接滲入到未發達國家的廠商中，利用市場經濟所帶來的惡性競爭，將出口國與進口國之間形成的巨大的差價獨攬到發達國家的手中，給未發達國家留下的僅僅是薄利。由此，發達國家的廠商雖有一些不再生產，但卻搖身一變進入到物流領域，控制著營銷系統，其獲取的批銷利潤可能比當初生產時獲得的生產利潤還要多。

於是我們可以看出，發達國家在經濟高速發展過程中出現的通貨膨脹理應對未發達國家有好處，它有利於未發達國家向發達國家出口商品。但事實上，由於發達國家將大量資本注入未發達國家，既瓜分了一部分該國國內消費市場所產生的利潤，又瓜分了一部分銷往國外消費市場所產生的利潤。與此同時，發達國家將本國的營銷渠道獨掌在自己手中，又逐漸控制未發達國家的營銷渠道，再一次掌握了獲取利潤的主動權。這幾次巧妙無比的利潤分割和瓜分，使因發達國家的通貨膨脹給未發達國家帶來的出口好處，便一下子喪失殆盡，甚至於使未發達國家「賠了夫人又折兵」。

遺憾的是，一些未發達國家並未認清自己的不利處境，

它們仍在毫無原則地盲目進行什麼吸引投資的活動，將本來自己可獨享的市場奉送給人。與此同時，在沒有外資介入、極有出口潛力的領域，宏觀經濟的失控使得國內的投資者重複投資，惡性競爭得筋疲力盡，而發達國家的經銷商們更容易採取各個擊破的方法將價格壓得一低再低，幾乎到了無利可圖的地步，其中間巨大的差價利潤全被國外的經銷商獨控在手中，使得這些發展中國家從均衡趨勢的經濟發展機遇中，只得到了一點點好處，更多的實惠拱手相送了。

發展中國家應該採取的措施是，在資本市場中，對外來投資不要盲目地給予什麼優惠政策。該給予的可以給予，比如在基礎設施建設領域的外來投資就可以給予一些優惠政策；不該給予的絕不能給予，像醫藥、食品等與國計民生密切相關且帶有一定依賴性的行業、產業，不但不應再給予優惠政策，反倒應提出一些限制政策。發展中國家最需要從國外引進的，除了「硬件產品」——資本以外，更急需的是技術，是管理，是先進的經濟體制制度，是能與時俱進的教育模式，是現代的消費文化觀念等等「軟件產品」。所急需引進的資本，除了重點用於國內的基礎設施建設以外，主要是圍繞著服務於「軟件產品」的開發而展開的。

對國內的出口型企業，應當採取措施限制惡性競爭的情況，當某一種商品的生產處於接近飽合的時候，國家應限制生產此種商品廠家的數量，不應再允許新的投資再對該商品的生產進行重複性的投資，更不應鼓勵外資再「火上澆油」。主要手段是，設定准入條件，將條件擡高；加大稅收比例，提高這些廠商的生產成本；設立行業協會，統一出口

價格；鼓勵該行業同類商品生產廠商的重組兼並，達到一定規模的可適當降低稅收比例；對一些欲合資的項目，不但在生產領域合資，還要提出要求：在銷售領域也要同時合資；國內的出口型廠商應將銷售網點反投到發達國家中去，將巨大的差價控制在自己手中。

據統計，近十年來經國家批准設立的外商投資商業企業實際對華投資達到30億美元，全球50家最大的零售商已有半數進入中國大陸市場。不錯，商業領域利用外資加快了國內商業流通設施的改造，爲消費者提供了舒適便利的購物環境和價廉物美的商品，但與此同時，我們自己的零售市場已經快把我們自己「斬盡殺絕」了，而且很少見到我們自己的零售商去國外賺錢。常此以往，我們的投資者逐漸斷絕了與消費者的聯繫，將商業利潤拱手相送了。可見，在人家的零售市場上，還沒有見到我們競爭的身影，這足以說明我們最缺少的是全方位的競爭意識，這是每一個廠商贏得競爭的前提。

第13章 經濟發展戰略

13-1 經濟發展的原動力

探究不發達國家經濟發展的原動力，不應先從不發達國家自身的經濟狀況著手，而應同時從那些發達國家當初不發達時所走過的經濟發展路程的考察上著手；後者應比前者更具有實踐性和經驗性。

當不發達國家發展經濟時，它所面臨的最大麻煩是，作為大多數的人民其綜合消費的需求能力不足。這種需求能力，它無法靠節約獲得，也不能用進口等方式替代，只能自己一點一點地開發、挖掘。

在探究發展中國家如何確定經濟發展戰略，以及總結發展中國家在制定、實施和調整發展戰略過程中所積累的經驗與教訓的問題上，很多專家學者都比較注重「經濟途徑」，【28】提出了很多好的發展戰略構想。例如，優先發展重

【28】參閱陳立成、谷源洋、談世中：《發展中國家的經濟發展戰略與國際經濟新秩序》，經濟管理出版社，2007。

工業戰略、優先發展農業戰略、趕超戰略、[29]進口替代戰略、出口替代戰略、[30]比較優勢戰略[31]等。這些發展戰略雖通過實踐驗證了其具有的一定的理論價值，指導著一些發展中國家取得了一定的經濟成效，但大多數發展中國家都往往忽略了經濟發展戰略的「本源」，導致一些國家在經濟發展中不斷地出現波折甚至危機。本章試圖通過對一個國家需求能力構成及經濟發展動力源的分析，探尋到經濟發展戰略的「本源」，從而爲可持續發展提供出正確的經濟發展總戰略。

在分析不發達國家經濟發展的原動力問題上，許多發展經濟學家把經濟發展是否順利歸結於是否存在資本和企業家才能。然而美國的經濟學家、發展經濟學先驅之一艾伯特·O·赫希曼則對此觀點提出了質疑。他認爲，強調資本和企業家才能這兩種生產要素對經濟發展的啓動具有不可替代的作用的看法是不正確的。首先，來源於儲蓄供給的資本，並不能成爲經濟發展的最重要的因素。那是由於到處存在奢侈浪費、窖藏和非生產性投資。另一方面，儲蓄和生產性投資既是發展的原因，又是發展的結果。其次，不發達國家並

【29】 王蘭芳：〈發展中國家經濟發展戰略芻議〉，載於《發展研究》，2000，第4期。

【30】 張軍：〈發展中國家的經濟發展戰略回顧〉，載於《江蘇廣播電視大學學報》，2003，第4期。

【31】 參閱林毅夫：《經濟發展與轉型：戰略、思潮與自生能力》，北京大學出版社，2008。

不缺乏企業家才能，問題在於不發達國家的企業家才能通常只是急功近利，而忽視工業的發展。企業家才能如同資本一樣，不過是經濟發展過程中的副產品。所以，不發達國家在自然資源、生產要素（包括土地、資本、勞動和企業家才能）和技術方面都蘊藏著巨大的潛力，只是沒有被開發出來。那麼不發達國家經濟發展的原動力到底是什麼？赫希曼認爲不發達國家經濟發展的啓動真正缺乏的是決策能力。決策能力通常是無法節約的，又不能替代或進口，不像生產要素那樣，如果其中某一項存在短缺現象，根據其所具有的可替代性可以得到替補，或者通過貿易渠道獲得。所以，必須最大限度地形成「誘導決策」機制，合理、有效的誘導機制就是要對經濟事物造成壓力，產生失調，促成不平衡，以期創造投資機會。「壓力」和「誘導機制」就是不發達國家經濟發展的「本源」。【32】

在《經濟發展戰略》一書中赫希曼提出了「社會間接資本」短缺戰略，認爲這種投資戰略適用於不發達國家，能對發展實現誘導。所謂「社會間接資本」是指對直接生產活動不可缺少的服務。就廣義而言，還包括從法律、條令到教育、公共衛生保健，乃至運輸、通訊、供水、供電和環保等。可以看得出，赫希曼除了將資本的外延擴大到第三產業領域（如服務業）乃至「上層建築」領域（如法律、教育等）之外，仍然沒有跳出「資本和企業家才能」的框框，只是做了進一步的補充。這樣一來，繞來繞去，不發達國家經

【32】參閱艾伯特·赫希曼：《經濟發展戰略》，經濟科學出版社，1992。

濟發展的原動力最終還是剩下了「資本和企業家才能」這一
支柺棍。

　　還有學者說，提高人們的收入水平、增強人們的需求能
力，其根本的途徑是擴大產業投資，[33]這很明顯也是將「途
徑」和「方法」誤當作「本源」來作分析，當然是站不住腳
的。因為資本的本性是使投資者獲得最大的回報，而不是考
慮怎麼樣為其他人「發家致富」創造條件。

　　筆者認為，探究不發達國家經濟發展的原動力，不應光
從不發達國家自身的經濟狀況著手，而應同時從那些發達國
家當初不發達時所走過的經濟發展路程的考察上著手；後者
應比前者更具有實踐性和經驗性。用社會成本經濟學原理來
分析，我們所得出的結論是，資本、企業家才能以及赫希曼
所說的「決策能力」，這些都是對經濟發展的啓動和促進具
有自身特定的不可替代的作用，但這仍只是「途徑」和「方
法」，是「蹺蹺板」的一頭官司，而不是　「經濟本源」。另
一頭更重要的是圍繞著需求而實現的消費能力問題，它才是
不發達國家經濟發展的「本源」。

　　仔細地考察一下發達國家當初處於不發達時期因為社
會分配不均所帶來的需求能力不足的問題，我們可以發現，
起初人們之間的這種需求能力不足的狀況是基本平衡的，即
人們一開始的收入水平基本相近，都窮得大體差不多。當由
不發達向發達逐漸發展時，在人們需求能力都普遍並逐步提

【33】參閱趙延忱：《民富論——創業投資模擬與運轉的魂與根》，清華大學
　　　出版社，2004。

高的同時，人們之間的收入水平出現了越來越懸殊的差距，出現了不平衡。這主要表現在，一少部分人的需求能力呈現出「超負荷」狀態，不但可以買到「鬼推磨」，甚至還能買到「磨推鬼」，錢多得都沒處花；而另一大部分人則「饑一頓、飽一頓」，窮得「叮噹響」，不但有人見錢口發渴，甚至有人見錢眼就紅。這可能正是馬克思著力研究《資本論》的起因之一。

就需求而言，圍繞著它所突現的幾個核心的問題，就是需求能力、需求對象和需求擴展這幾個可以相互影響、相互制約的因素。

需求能力，通常是指某個人為了達到需求的滿足其自身的素質狀態，當它昇華為經濟表現時，在「其自身的素質狀態」之外就不得不附加上財富的儲蓄狀態，它將決定著一個人的實際消費能力。

不發達國家經濟發展的最大阻力就是這些國家的人民綜合消費的需求能力不足，或者說尚存的需求能力僅限定在維持生存（例如吃飯、穿衣）的較狹窄的範圍內，這就是不發達國家的恩格爾系數都遠遠高於發達國家的原因。

仔細地考察一下不發達國家或發達國家當初處於不發達時期的需求能力不足的問題，我們可以發現，在人們之間的這種需求能力不足的狀況是基本平衡的，即人們都窮得大體差不多寒酸，當由不發達向發達逐漸發展時，在人們需求能力都普遍逐步提高的同時，人們之間的需求能力出現了越來越懸殊的差距，出現了不平衡。這主要表現在，一部分人的需求能力呈現出超負荷狀態，錢多得都「沒處花」，不但可

以買到「鬼推磨」，甚至還能買到「磨推鬼」。這種不平衡的需求能力狀況正如同赫希曼所說的，「較之各行各業齊頭並進的平衡增長的好處是，給引致投資的決定帶來相當可觀的機會」。這種機會就是需求對象——即產品的創新與擴展為這些需求能力旺盛的人提供了新的消費空間。

　　所謂需求對象，是相對需求者的需求而言的，是需求者所需求的目標。這一目標可以是某一物品，也可以是某種無形物，但它們都可以以產品的面目出現在需求者的面前。當人們將需求對象從糧食擴展到服裝時，第一產業必然會向著第二產業發展；當人們將需求對象從電器設備擴展到休閒的文化享受時，第二產業必然會向著第三產業發展。需求對象的擴展是伴隨著需求能力的提高而逐漸遞進的。

　　當不發達國家發展經濟時，它所面臨的最大的麻煩是，作為大多數的人民，其綜合消費的需求能力不足，它無法靠節約獲得，也不能用進口等方式替代。只能自己一點一點地開發、挖掘。它表現為兩個方面。其一，人們的需求能力從整體上來看提高的速度異常地慢，甚至於停滯不前，偶爾還呈下降的趨勢，這與經濟發展速度呈高速增長的狀態（GDP增長的比率有時可以達到兩位數）極不協調，極不平衡。其二，人們之間的需求能力雖出現了越來越懸殊的差距，但這種不平衡的狀態非但未能有效地擴展消費空間，反倒成了消費的障礙。其原因是，它不是呈現需求能力逐漸遞進的「金字塔式」的不平衡，而是「旗杆式」的不平衡，破壞了需求擴展的層次規則。

　　需求擴展的層次規則的基本要求是：在需求的高消費能

力與低消費能力之間，不能出現消費空間的空缺，並且它應隨著層次的降低而使有消費能力的人的數量增加，隨著層次的提高而使有消費能力的人數量減少，增加或減少，都是隨著層次的高低逐級遞增或遞減的。

假如一個社會有21個人，如果我們把社會分成無產者、貧產者，微產者、中產者、資產者和富產者六個階層，那麼如下圖所示，不發達國家正確的經濟發展戰略就應該選擇「金字塔式」的不平衡戰略而不要選擇「旗杆式」的不平衡戰略。

這裏所說的「不平衡」，當然是指在某個社會中人們的需求能力或說成是人們的貧富差距的不平衡。所謂的「均貧富」就是平衡戰略，這種戰略曾被一些國家視爲取勝之道，但結果是他們都在經濟上打了敗仗。

富產者	△
資產者	△△△
中產者	△△△△△
微產者	△△△△△△△
貧產者	△△△△△△△△△
無產者	△△△△△△△△△△△

圖13-1-1 「金字塔式」不平衡戰略

如果我們把「金字塔式」的不平衡戰略的發展趨勢用一個簡單的公式來表達，它的構成如下：

（富產者）		（資產者）		（中產者）		（微產者）		（貧產者）		（無產者）
1	:	2	:	3	:	4	:	5	:	6

$$X（社會總人口）$$

按照這一公式趨勢，如果一個不發達國家的社會總人口是10 000人的話，那麼對經濟發展最有利的需求能力構成狀態趨勢就應該接近於下面的結果：

（富產者）		（資產者）		（中產者）		（微產者）		（貧產者）		（無產者）
476	:	952	:	1429	:	1905	:	2381	:	2857

但是所有的不發達國家在經濟發展中都達不到這一最理想的狀態，且距離這一理想狀態差得極其遙遠。其實，「金字塔式」不平衡戰略並不是要求不發達國家必須達到這一最理想的狀態，而是以它作爲理想目標，盡力朝著這個方向和目標努力，使經濟現狀盡可能地接近這個最理想狀態的邊緣。現在的發達國家之所以發達，乃是他們的社會中人們之間需求能力的對比與不發達國家相比，更略接近這個最理想狀態趨勢（突出地表現在低層次階層的對比中），而高層次階層間的對比卻有拉大差距的趨勢。

不發達國家不可能能夠達到這一最理想狀態。假如在10 000人中只有10個富產者，20個資產者，30個中產者，40個微產者，50個貧產者，其餘的都是無產者，這樣的一種社會需求能力的構成顯然不利於高消費，但它比另一種假設的結果要

有利得多：1個富產者，1個資產者，1個中產者，1個微產者，1個貧產者，其餘的都是無產者。這後一種假設除了無產者階層外，其它各個階層人數之少構不成消費群體，為滿足他們的高消費，其生產廠商都會因需求數量的不足而使實付社會商品成本無法降低，最終導致資本的虧損。在這樣的情況下，人們通常就不會向這些產品領域投資。後一種假設就是我們在前面剛剛提到的「旗杆式」不平衡戰略。這就像在荒涼的大地上立起了一根光禿禿的旗杆。

　　「金字塔式」不平衡戰略是一種最理想的經濟發展狀態；「旗杆式」不平衡戰略是一種最糟糕的經濟發展狀態。不發達國家社會中的人們在經濟發展的過程中其需求能力的構成是多種多樣的，誰優誰劣似乎不好一言概之，但歸根結底可以較準確衡量出差異的就是人們的需求能力構成狀態，它可以由人們擁有的財富數量顯現出來。這一構成狀態，越接近於「金字塔式」的不平衡就越有利於經濟繼續向上發展，越接近於「旗杆式」的不平衡就越可能阻礙經濟發展，甚至到發經濟危機。

　　從「旗杆式」不平衡戰略可以看出，當人們盲目地擴大投資生產高檔商品的時候，這種需求對象的開發和投資未能與需求能力狀況相吻合，大多數人跟不上這種消費形勢，無力消費，而投資者意欲盡快將無人需要的商品賣出去以防積壓，便不得不「割肉」，這種情況形成連鎖反應，就會進入到惡性循環中。譬如，當廣大的人民群眾所得收入以及所積累的財富，僅僅維持在保障最基本的生活水平時，有人卻大量投資建別墅，其建設的數量已經遠遠地超過了有購買能

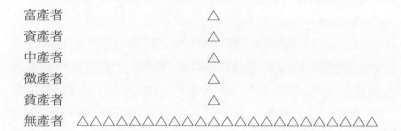

圖13-1-2 「旗杆式」不平衡戰略

力的消費者數量，而且房價大幅攀升，讓大多數消費者望而興歎。那麼可以肯定，出現了這樣懸殊的「層次斷檔」，勢必早晚會弄得開發商售不出房子，還不上貸款，無力支付利息，只能賠本銷售，造成「經濟恐慌」。

可以這麼說，一個經濟周期的發展變化過程，就是經濟發展的不平衡戰略由遞進轉變成盲進（即「金字塔式」趨勢轉變成「旗杆式」趨勢的過程）。如果能確保一個國家的經濟發展在人們的需求能力上朝著「金字塔式」不平衡戰略趨勢方向穩步邁進的話，那麼就不會出現經濟危機（指自然經濟，排除外來的人為製造的惡意炒作）。所以，所謂經濟周期的長與短，起著決定作用的，就是人們需求能力的構成狀態變化的周期。這就好比，當人們的消費能力僅能維持在每頓飯只能喝玉米粥，連綠豆稀飯的錢都支付不起的話，那麼，那些拼命養牛生產牛奶的企業最終肯定沒辦法將牛奶銷售出去，只好倒進大海。這恰恰是「收入分配與收入差距問

題」這一議題曾經被作爲經濟研究熱點問題的原因之一。【34】

　　總之，經濟社會無法排除出現貧富差距的情況，關鍵是貧與富之間人口數量的對比關係和財富擁有量的對比關係，由這些關係所構成的社會6個經濟階層之間的對比狀況是個什麼樣子，它是趨向於「金字塔式」的不平衡，還是趨向於「旗杆式」的不平衡，這才是經濟發展戰略必須自始至終應該全力予以關注的問題。

　　從我們的分析中還可以看出恩格爾系數存在的弊端。恩格爾系數著重考察的是人們的收入，在這收入中有多少是用於購買維持生存所必須的食品，由此帶來兩處空白：當一個大富翁提前退休不再有任何收入盡享閑遐帶來的享受和舒適生活時，就這個人而言，他的「恩格爾系數」應該怎樣計算？他花的不是當時的收入，而是過去的儲蓄，「零收入」中卻還要拿出一部分錢來（可看作是現在向過去所借的款）購買食品，其「恩格爾系數」就要荒唐地達到百分之一百以上，這一數字，它究竟能說明什麼問題呢？由此，它使得人們對財富的　擁有量究竟有多少出現了空白，所有財富的變化情況更是無法體現和說明。這是其一。其二，它在人們的需求能力的構成上出現了評估的空白，極易掩蓋一個國家的真實經濟狀況。這是因爲，恩格爾系數忽視了享有不同財富的人口數量布局問題，也就是說，它無法區分出一個國家的經濟發展戰略是傾向於「金字塔式」的不平衡，還是傾向於

【34】參閱黃泰岩、楊萬東主編：《中國經濟熱點前沿》，經濟科學出版社，2004。

「旗杆式」的不平衡。譬如，假設兩個國家各自由100人組成，它們的恩格爾系數都是20%，從表面上看我們會很容易得出一個錯誤的結論：這兩個國家人民的生活水平一樣高。其實大錯特錯了！因爲有可能這兩個國家一個是富國一個是窮國。爲了說明這一點，我們來做一下對比。

A國：富產者和資產者只占總人口的2%，但卻占有這個國家整個財富和收入的80%；中產者和微產者也占總人口的2%，所擁有的財富和收入占總量的15%；貧產者和無產者占總人口的96%，但只擁有總量5%的財富和收入。所謂的恩格爾系數20%是經過綜合計算得出的平均水平。

B國：富產者和資產者占總人口的20%，擁有的財富和收入占總量的60%；中產者和微產者占總人口的70%，擁有的財富和收入占總量的30%；貧產者和無產者占總人口的10%，所獲得的財富和收入占總量的10%。所謂的恩格爾系數20%也是經過綜合計算得出的平均水平。

兩個國家恩格爾系數都是20%，可B國人民的生活水平簡直就是天堂，而A國人民的生活水平簡直就是地獄。許多不發達國家爲了顯示自身的「繁榮」，總是喜歡用恩格爾系數下降了多少來標榜，根本不看占這個國家的大多數人民的生活水平是個什麼樣子，這不能不說是個自欺欺人的典型。如果不將所謂的恩格爾系數依據不同的經濟階層來分別計算和對比，而是綜合平均計算，那它就是麻醉劑，是迷魂藥。

發達國家的經濟發展戰略乃是由不平衡走向「平衡」的。說得準確一點，應該稱爲「陶罐式」亞平衡戰略。所謂亞平衡戰略，是指國家經濟發達之後，在放棄了「金字塔

式」不平衡戰略的同時，並未對「塔尖」上的經濟階層實行「封頂」政策，而是允許他們繼續向上攀登，但通過稅收政策提高社會福利，盡力地使下層人群數量減少，少到他們的數量與富產者與資產者的數量相差不多，少到只須對高層經濟人士按一定比例收取少許調節稅，這些稅收就足可以養活無產者和貧產者，甚至於還可以使他們過上現代文明生活，住上屬於自己的住房，開上屬於自己的轎車。

富產者	△△△
資產者	△△△△△
中產者	△△△△△△
微產者	△△△△△△
貧產者	△△△△△△
無產者	△△△△

圖13-1-3　「陶罐式」亞平衡戰略

「陶罐式」亞平衡戰略對經濟發展最有利的構成狀態趨勢應該接近於下面的對比公式：

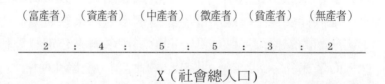

（富產者）　（資產者）　（中產者）（微產者）（貧產者）　（無產者）

2　：　4　：　5　：　5　：　3　：　2

X（社會總人口）

發達國家實行的亞平衡戰略，將會面臨著發展遲緩的壓力，這是因為需求能力不足的人數已銳減，即使增強他們的

需求能力，似乎實現不了整個經濟的改觀。可行的是，他們
必須大力發展娛樂、服務等型的第三產業以求需求的擴展，
同時開發新產品以使他們作出更新需求的決定（即放棄對舊
產品的消費而購買新的產品）。從這幾點來看，發達國家所
提供的商業機會不及不發達國家。若只說發展的潛力，則不
發達國家應該更具吸引力。

　　然而，由於不發達國家在經濟發展中出現的分配不公的
問題基本上都是受制於它的政治制度（政策和法治環境），
因此選擇哪種不平衡的發展戰略最終往往不是由經濟發展戰
略來說話，而是由政治發展戰略來說話。經濟上的一隻「無
形的手」只是個木偶，它的背後還有另一隻政治上的「無形
的手」。因此機會和潛力的後面也有不利因素。

　　我的結論是：發展中國家經濟發展戰略的「本源」，是
所有經濟發展戰略的「母戰略」，歸根結底應該是怎樣使大
多數人民脫貧致富的戰略。其它屬於「途徑」和「方法」的
經濟發展戰略，都是「子戰略」，是爲「本源」這一「母戰
略」服務的。因此，制定並實施經濟發展戰略，不但要注重
研究解決發展經濟的途徑和方法，還要更著力地關注每個國
民財富的擁有量、收入的水平和消費的能力，研究並解決好
如何能夠使更多的國民，讓他們學而有成、成就事業、發家
致富的問題。

　　綜上所述，經濟發展的著眼點，乃是最集中地落在「經
濟人」身上，因爲恰恰是他們的需求促進了經濟的發展。當
他們的需求被客觀因素壓制（收入過於少而貧窮）時，經濟
發展的動力就弱；反之，當他們的需求得到解放（收入多而

相對富裕）時，經濟發展的動力就強。因此怎樣使更多的人脫貧致富是所有不發達國家的首選課題，經濟發展戰略歸根結底就是怎樣使人民脫貧致富的戰略。至於資本、企業家才能以及「政策能力」等等，它們都是爲這一戰略服務的不可或缺的要素。

　　比較難辦的一個問題是，如果實行「新自由主義」，即完全實行市場經濟，靠經濟規律自身來確定它的發展過程，那麼社會經濟的發展模式是傾向於「旗杆式」的不平衡狀況，只會有極少數人暴富，大多數人處於貧困的狀態。但是，如果實行「凱恩斯主義」，即加強政府的宏觀調控的職能，則會出現兩種截然不同的後果：如果政府所加強的宏觀調控的職能摻雜進私利，使政治權力與金錢狼狽爲奸，那麼，只會有極少數人暴富、大多數人處於貧困的狀態不但不會得到緩解，反倒愈會加重。這樣的「凱恩斯主義」還不如「新自由主義」。如果政府所加強的宏觀調控的職能公正無私，能夠有效地抑制住腐敗，那麼，實行「金字塔式」不平衡戰略的經濟舉措才會有成效。由於不發達國家的政治體制往往都缺少制衡的機制，政府官員要麼官官相護，要麼刻意尋租，總之他們私心太重，所以宏觀調控的職能總是在不正常地發揮作用，致使經濟發展的不平衡戰略總是無法向最理想的目標靠攏，甚至有時呈背道而弛的狀態。

　　《資本論》將批判的目標指向了投資者（即資本家），其前提應該是他們與政府權力勾結在一起，用這種權力與金錢狼狽爲奸的方式獲得對廣大工人階級進行剝削和壓迫的本錢。如果國家和政府能夠持有公心，且能夠發揮出宏觀調控

的職能，則那些缺乏人性的投資者既便本性難變也不敢明目張膽地壓迫和剝削勞動者，因爲政府爲了全局的穩定，會運用法治手段教訓那些違法違規者，在經濟秩序的宏觀面上主持公道。不管出現了哪一種情況，只要投資者無法獲得政治權力的庇護，他們就不能隨心所欲地剝削和壓迫勞動者，如果非但沒有獲得政治權力的庇護，反倒事事都置於政府部門的有效監督之下，隨時會對侵害勞動者權益的行爲予以重罰，這樣的話，投資者怎麼可能爲非作歹呢？可見，政府的宏觀調控的手段是否盡到了其應盡的職能是一個關鍵點，引發階級鬥爭的焦點不是「資本」有沒有人性、有沒有道德，而是政府及其享有的政治權力有沒有人性、有沒有道德。然而《資本論》將矛頭只指向資本，對政府腐敗視而不見，或者是將政府腐敗看作是資本的罪過，讓資本當了替罪羊，卻輕而易舉地放跑了罪魁禍首，不能不說是一件令人遺憾的事情。但儘管如此，《資本論》的出發點和最終目的——使大多數勞動者擺脫被剝削被壓迫的境地，從而擺脫貧困，最終使大多數的勞動者都過上富裕的生活，這是絕對正義而高尚的追求，這也是至今天底下大多數人都崇拜馬克思的原因所在。如果說我們發現了《資本論》存在一些不完善之處甚至有些難以服人的地方，那僅僅是針對它的論證過程。這個論證過程就好比釣魚，不能說某人使用了正品的漁竿沒釣上魚來就說他拿錯了工具，反之某人拿著火勾子釣上魚來了就說他手裏拿的才是真正的漁具。你想釣魚，並且最後真的釣上來了達到了目的，但是你使用火勾子當漁竿，不管是讓誰看見都會認爲你是個外行。妙就妙在，在很長的一段時間裏誰

也沒有看出破綻，但這並不意味著火勾子會變成漂亮的漁竿，除非它會變戲法。發現這一玄機只是時間問題，或早或晚，終究會有那一天。

13-2 計劃經濟與經濟計劃

哈耶克從亞當·斯密的經濟自由主義出發，揭露了計劃經濟必然會導致極權經濟的弊端，在當時的歷史背景下，爲人類的經濟實踐活動提供了有益的思想。但是，哈耶克的一些正確觀點，往往也會使人們產生另一種錯覺，把計劃經濟體制與國家對經濟的干預政策完全等同起來，把國家對經濟的全面干預與政府的有條件的、理智的、適度的、合理的干預完全等同起來。

古典學派極力推崇自由放任的經濟政策，認爲經濟秩序應該呈現「自然」狀態，政府不宜於直接插手市場，它應該履行的職能範圍是鞏固國防、制訂法律、經營私人無法經營的公共工程、調節私營經濟運行中的矛盾。【35】該學派的代表人物亞當·斯密認爲，當每個人行事時，他想的只是自己的利益，但一隻無形的手將最終帶來一種個人預料不到的結果，這個結果就是促進全社會的經濟發展。【36】這

【35】參閱保羅·薩繆爾森、威廉·諾德豪斯：《宏觀經濟學》（第17版），華夏出版社，1999。

【36】布爾古德：〈「看不見的手」指向何方〉，載於《中國投資》，2005，第5期，頁30～32。

種經濟思想在中國也早有萌芽。【37】

　　然而，斯密未曾見到的經濟危機使古典學派的經濟理論面臨著危機。自由放任經濟政策所帶來的後果，是20世紀30年代初發生的一場經濟危機，由此使古典學派的經濟理論也走向低谷。也正是在此時，凱恩斯所主張的國家干預政策便有了用武之地，並且自然而然地將「計劃經濟」不動聲色地體現在這種國家干預的經濟政策之中。【38】於是在相當長的一段時期內，幾乎所有的國家經濟決策部門，都把凱恩斯主義視爲珍寶，甚至於有些國家將政府的干預政策滲透到人們的社會生活的方方面面，連吃、喝、拉、撒、睡都不放過。對於那些享有了權力並且極度地願意表現這種權威，以圖將自己的所有意願都強加到所有人的意志之中的人來說，「計劃經濟」絕對是一面能夠遮人耳目且冠冕堂皇的旗幟。當《資本論》的一些主張正好與以「計劃經濟」爲特徵之一的國家干預政策碰巧吻合在一起時，很多的「社會主義」國家便應運而生。蘇聯、阿爾巴尼亞、南斯拉夫、柬埔寨等等，都義無反顧地舉起過這桿大旗。但是，從自由放任，到國家的過度干預，當從一個極端走向另一個極端的時候，矯枉過正的舉措並沒有實現振興經濟的目的，而且將經濟搞得一團糟。

【37】李秀麗：〈嚴復的自由主義經濟思想〉，載於《山西財經大學學報》，2005，第5期，頁16～19。

【38】參閱吳易風：《當代西方經濟系流派與思潮》，首都經濟貿易大學出版社，2005。

　　歷史給人們留下的經驗就是這樣「翻來倒去」。在20世紀70年代前後，凱恩斯主義經濟政策以及與它名稱不同、但本質上有過之而無不及的「計劃經濟」政策所實施的種種惡果充分地暴露出來之後，以哈耶克【39】、弗裏德曼【40】爲代表的新自由主義經濟政策便有了表現的機會，並且在美國次貸危機掀起金融風暴之前的相當長的時間裏，一直占據著主導地位。這種經濟政策，一些人把它簡稱爲「新自由主義」，或者另稱作「市場經濟」。

　　哈耶克認爲，以個人自由爲基礎的私人企業制度和自由市場制度，是人類經濟歷史上迄今爲止所能選擇的最好的制度，而這種制度得以存在並不斷發展的基礎在於完全的個人自由的存在。

　　哈耶克在他所著的《通向奴役的道路》一書中闡述了這樣一種觀點：一個社會是由單個自由人構成的，社會財富的增進源於自由人的一切活動。只有一個人能夠自由的選擇實現其目的的手段，才能保證社會的發明和創造。正因爲如此，個人的命運應由自己決定，國家或他人不應去干預。而自由絕不是無限度的自由，它必須受法律原則的制約和保證。一個國家的法律應建立在個人自由原則的基礎上，並體現和制約著個人自由的發展。政府的一切行動都要受到這種體現了自由精神的法律的約束。如果沒有法律制約，而是讓人們聽命於個別獨裁者的人治，那麼個人自由將受到獨裁者

【39】參閱弗·奧·哈耶克：《自由憲章》，中國社會科學出版社，1998。

【40】參閱米爾頓·弗裏德曼：《資本主義與自由》，商務印書館，1986。

的侵犯。社會應該是一個法治的社會，而不應該是一個人治的社會。因爲人治的弊病在於政府的行爲因人而異，一旦權力落到某些追求個人私利的人手中，權力就會被濫用；即使權力被思想高尚的、有理想的人所掌握，那麼權力也會被用來實現某種「理想目標」去建設某種「偉大的社會」，結果也會給社會帶來極大的禍患。所以，人治與獨裁、權力的膨脹是不可分割的，而實行法治的結果起到了限制個人權力膨脹的作用。【41】

　　哈耶克所言，旨在說明政府所擺弄的一隻「有形的手」，其人爲的意味太濃，擺弄者總是過度關注自己的利益，而對被擺弄者則總是被視爲次要。這只「有形的手」通過權力的槓桿作用，可以將擺弄者的經濟利益攪得高高的，而將被擺弄者的利益壓得低低的，這遠不如那隻「無形的手」來得公正和自然。不錯，政府和權力，既可以給經濟製造無形虧損，又可以給經濟帶來無形資產。問題在於，權力的執行者總是將無形虧損推出身外，反過來總是將無形資產獨攬其身，如果這就是計劃經濟的好處，那麼掌權人當然樂意實行計劃經濟政策。當某種社會政治經濟的無形虧損像一副枷鎖套在被那隻「有形的手」隨意擺弄的個人頭上時，哈耶克通過嚴謹的邏輯分析得出了結論：計劃經濟是一條「通向奴役的道路」。他在經濟、政治和思想三個方面展開了論證：

【41】引自《西方經濟思想庫》第3卷，頁73~74，經濟科學出版社，1997。
　　　參見哈耶克：《通向奴役的道路》，商務印書館，1962。

　　1、在經濟方面，計劃模式必然是經濟上的低效率。第一，計劃的控制代替了個人的自由選擇。這就意味著基本經濟動力的喪失；第二，在現代化大量生產條件下，勞動分工和社會需求日益複雜化，而靠單一的計劃不可能收集和處理複雜、分散的信息，又由於自由市場制度下的物價自由調節和平衡體系遭到破壞而不能反映經濟的變動情況，所以，集中決策將因無法獲得充分的信息做出正確的判斷而失敗，造成資源的浪費和經濟的低效率；第三，計劃經濟體制取消一切自由選擇工作的機會，而代之以爲每個人提供不變收入的安全，認爲這不僅將帶來經濟的低效率，而且將降低人們對於自由的期望從而最終導致自由的毀滅。

　　2、在政治方面，計劃經濟必然引起政治上的極權。第一，由於每個人的個人目標與一個總體單一計劃之間必然存在著矛盾，那麼在此基礎上，如果一個民主主義採取一種計劃的方針，爲了實現計劃目標消除在這一過程中出現的不一致性，就必然要借助於獨裁和權威。所以，計劃經濟是違反法治原則的，因爲法治的最基本的精神是爲人們的自由選擇制定出一套規則，以指導人們在自由地競爭，所以，任何法律條規都應是普遍性和通用性的。但由於計劃工作的越來越廣泛，爲了一種「道德」的承諾，則把法律變成了針對某些人的、帶有特殊目的的規定，這就從根本上破壞了法治的原則，而且特定立法的不受限制，又可以把最專橫的統治合法化。第二，嚴格地說，經濟動機是市場經濟條件下人們爲了達到其目的的唯一手段，而計劃經濟的結果則意味著對人們所有目標的手段的控制，由此產生的權力將是沒有止境的，

誰擁有了這個權力，誰就能控制一切，而在這種被計劃經濟
所豢養出來的極權主義的情況下，一切經濟的、社會的問
題，都將變成爲政治問題，取決於「誰戰勝誰」。在走向極
權主義的過程中，爲了最終目標的實現，必然是這樣一些具
有低級道德標準的人──他們或出自一種近乎原始的衝動，或
受一定價值觀念的不斷影響──才組成一個人數衆多的、有力
量而又大致志同道合的集團，他們在凌駕於一切的目標下，
可以破壞道德，不擇手段，這就使那些殘酷無情、寡廉鮮恥
的人特別有機會成爲極權主義機構的成員乃至領袖，於是出
現了最壞者當政。

3、在思想方面，計劃經濟體制下工業的國有化與思想
的國有化是並駕齊驅的。這是因爲，在極權主義的制度裏，
必須使一切都服從於一個最高的目的，爲了保持人民思想
上的一致性，所有的宣傳便只能爲這個目標服務，以便使人
們全部接受當權者的唯一價值標準。在這種情況下，對真理
的無私的、客觀的探求是不可能得到許可的，而爲官方意見
辯護成了各門科學，特別是社會科學的唯一目標，凡是對政
府的懷疑與批評都將被壓制和禁止，最終會導致「真理的末
日」。【42】

弗裏德曼認爲，政府對經濟進行干預，存在著巨大的危
險：一是容易導致政府權力無限擴張，從而侵害個人自由；
二是干預的結果，往往是把事情搞得更糟。由此認爲，自由
市場經濟是可以解決一切問題的。這些觀點，也確實點中了

【42】引自《西方經濟思想庫》，經濟科學出版社，1997，頁79～81。

「計劃經濟」的要害。

哈耶克和弗裏德曼從亞當‧斯密的經濟自由主義出發，揭露了計劃經濟必然會導致極權經濟的弊端，在當時的歷史背景下，爲人類的經濟實踐活動提供了有益的思想。但是，哈耶克和弗裏德曼的一些正確觀點，往往也會使人們產生另一種錯覺，把計劃經濟體制與國家對經濟的干預政策完全等同起來，把國家對經濟的全面干預與政府的有條件的、理智的、適度的、合理的干預完全等同起來。【43】如此這般，豈不是在倡導市場經濟的同時又好像在暗示無政府主義的合理性？其結果，是在「矯枉過正」之後基本上又回到了「無形的手」隨意揮舞的經濟政策的老路上。【44】這種「政府不能管市場」的經濟政策，必然要導致國家的經濟管理失控，經濟風險不斷擴大，最終，美國的次貸危機一觸即發，金融風暴席捲全球。【45】

因此我認爲，反對「計劃經濟」、搞「市場經濟」沒有錯，但不能沒有「經濟計劃」，尤其是對發展中國家而言，沒有「經濟計劃」，就不得不走發達國家在不發達時期所走過的經濟起伏、反覆振蕩的老路。現在的發達國家已將自身

【43】牛約翰：〈新自由主義經濟思想的本質及其反思〉，載於《商丘師範學院學報》，2009，第7期，頁71～73。

【44】張勝榮：〈新自由主義經濟學的破綻和危害〉，載於《貴州大學學報‧社會科學版》，2006，第2期，頁51～56。

【45】大衛‧科茨：〈美國此次金融危機的根本原因是新自由主義的資本主義〉，載於《紅旗文稿》，2008，第13期，頁32～34。

的經濟秩序在以前不知交了多少「學費」的前提下磨合得「齒輪對縫」，但即使在這種情況下，他們也不敢說，他們無需一點的「經濟計劃」。沒有「經濟計劃」，就必然無法擺脫經濟危機的出現，只不過在時間上或早或晚。總之一句話，讓政府只管政治不管經濟，這絕對是一種不切合實際的空想。

通過對亞當‧斯密所主張的自由放任經濟政策、凱恩斯所主張的國家干預經濟政策、哈耶克、弗裏德曼所主張的新自由主義經濟政策分析後發現，各種經濟政策都是出於應對當時經濟發展的需要而出籠的，在當時的歷史時期都起到一定的進步作用。但是，隨著歷史的發展，它們都出現了「走極端」繼而「矯枉過正」的缺陷。在經過一段較長時間的經濟波折之後，人們都在反思，究竟哪一種經濟政策對保持經濟的可持續發展更有利？

政府不能搞計劃經濟，但是一定要有經濟計劃。所謂的經濟計劃，是指在實行市場經濟政策的前提下，政府應提前做出經過科學論證的、有科學依據的指導計劃、監管計劃和應對計劃。

第一，指導計劃應該符合經濟學原理，爲經濟發展指引出正確的方向。它是在諸多的經濟發展戰略的方案中，精選出最適合於本國國情、使經濟可持續地均衡發展、可達到使社會財富增長速度最快之目的的方案，作爲自身的經濟發展戰略的政策綱領，它的構成不僅包括產權結構理論、分配理論，還要覆蓋人口與社會分工、環保與能源、社會政治與法律制度等方方面面的問題。所以，經濟計劃中的指導內容，

實質上就是一個「發展綱要」。它在經濟上體現出哈耶克所稱的「法治原則」。

第二，監管計劃是指，對各個經濟部門，國家要有一整套科學、嚴密的監督方法和措施，針對不同的經濟時期所體現出來的特點，有針對性地進行監督部署，便於政府及時地掌握經濟運行中的最真實的情況。一旦在個別領域發現問題，就可迅速地予以糾正，有效地防止經濟泡沫的膨脹和蔓延。

第三，應對計劃是指，將一些可能出現的經濟問題設想在前，針對所出現的問題而提前制定好應對辦法，而不要「臨時議事」。這樣可將某些人爲的因素降至最低。譬如，失業率升高後，達到什麼程度採取A措施，達到什麼程度採取B措施。又譬如，出現了通貨膨脹後，達到了什麼程度，A1措施是什麼、B1措施是什麼、C1措施是什麼……其它的措施是什麼；又達到了一個什麼程度，A2措施是什麼、B2措施是什麼、C2措施是什麼……其它的措施是什麼，等等。爲了排除應對計劃的人爲因素，最好利用現時代的電腦軟體系統，只要把目前經濟狀況的各項指標輸入之後，它就可根據提前經過科學量化的應對計劃給出應對辦法，不以某個政府的代表人的好惡爲基調來作出較客觀的答案。當然，不見得電腦軟體系統可將所有的問題包攬其中，也不見得它所給出的答案都那麼詳細和具體，往往還需要人爲因素——某些經濟管理者的大腦再作分析和決策，但顯而易見，這種人爲因素已經無關大局的確定，僅是作出細緻的調整而已。

過去人們對經濟計劃沒有好感，那是因爲它被體現爲

100％的人爲因素。尤其是當那些能發揮出人爲因素的決策者在根本沒有掌握經濟規律的時候大叫大嚷地實施「計劃」時，當然無助於正常的、自然的經濟秩序，甚至於把經濟秩序搞得一塌糊塗。難怪人們對「計劃」深惡痛絕。然而，一旦經濟規律被越來越多的決策者所掌握，而且他們願意運用這一經濟規律將應對的計劃提前作出部署，這種部署對所有經濟人均是有利的，這樣的話，經濟計劃有什麼不好？政治上的法治原則什麼時候能夠體現在經濟計劃上，那定是所有經濟人的福音。

由此，我們所說的指導計劃、監管計劃和應對計劃，這樣的一種經濟計劃，即是我們在前面所說的政府有條件的理智的、適度的、合理的干預。這樣的一種「經濟計劃」所起到的作用是：當經濟發展過熱，尤其是通貨膨脹超過一定限度時，就要提前提出一些遏制措施，有效地防止經濟泡沫的膨脹，降低經濟風險；當經濟發展過冷，尤其是通貨緊縮來臨之時，就要提前提出一些振興措施，有效地防止經濟衰退的加劇，提升市場信心。因此，「經濟計劃」對於「市場經濟」而言，應是「反向調控」的。

例如，中國全社會固定資產投資額，2005年爲88 604億元，年增25.7％；2006年爲109 870億元，年增24.0％；2007年爲137 239億元，年增24.8％；2008年爲172 291億元，年增25.5％；2009年時達到了224 846億元，年增30.1％，增速明顯加快了。儘管這一單一的數據不能完全代表社會經濟發展的整體趨勢，但從某一個方面來看，它也具有參照性。如果政府部門不提出調控政策適當抑制全社會固定資產投資額的

話，如此下去，就必然會積累一定的經濟風險。

為什麼要進行「適度反向調控」？這是因為，在經濟發展運行中，當一種情況對經濟發展正常運行產生不利影響時，人們的社會心理會不由自主地對此作出與改變這種不利影響正好相反的抉擇反應，結果就會導致這種不利影響愈發嚴重地陷入到惡性循環之中。譬如，當通貨膨脹發生時，人們便擔心手中的貨幣會貶值，物價會進一步上漲，因而人們本能地作出拋出貨幣多購進商品的決定，可恰恰是這樣一種決定，會導致商品短缺，供不應求，物價提高。過熱的消費極度地刺激了投資，廠商會擴大生產經營規模，大量貸款不惜付出高利息，加大了商品生產的成本，致使物價進一步提高。物價的攀升，更讓人們擔心貨幣貶值，於是消費更加狂熱……反之，當通貨緊縮發生時，人們的社會心理所作出的反應正好與上述相反。總之，人們通過亞當‧斯密所說的那一隻「無形的手」所作出的本能反應總是使某種不利的影響越發加重。

因此，不能只靠那一隻「無形的手」沒有理智地瞎揮舞，還必須依托國家、政府所形成的一隻「有形的手」理性科學地作出部署，「兩隻手」相互制約、相互支撐，使經濟有秩序地發展。也就是說，讓「經濟計劃」這隻「有形的手」將經濟發展的速度控制在最佳的區域內，即：當將要發生通貨膨脹時，這隻「有形的手」就側重提出一些抑制經濟增長速度的政策，往「通貨緊縮區域」內加點砝碼；當將要發生通貨緊縮時，這隻「有形的手」就側重提出一些刺激經濟增長速度的政策，往「通貨膨脹區域內」加點砝碼。這隻

「有形的手」需要不時地擺來擺去，小心翼翼，爲的是使經濟發展不過熱也不過冷，保持在一個較平衡、較穩定的狀況下。當然，國家和政府這隻「有形的手」，在起調整作用的時候應該把握好尺度，只要扶持過度或抑制過度都會出現矯枉過正的情況。這隻「有形的手」其職能就是保持經濟平衡，它的任務就是防患各種經濟風險。

過去社會主義國家所實行的計劃經濟是不可取的，但現在實行的資本主義市場經濟也存在著明顯的缺陷。正確的選擇是，既不要搞官僚主義形式的計劃經濟，也不要搞自由放任形式的市場經濟，將它們二者之中的優勢吸取過來，揚其長、避其短，在建立市場經濟基礎的同時輔以適當有效的經濟計劃，這樣才能既保留市場經濟的活力，又防止市場經濟的盲動。

一種新的經濟政策的形成並不像有些學者所說的那樣，意味著「新自由主義」經濟政策的終結，【46】而應是在吸納「新自由主義」合理成分的基礎上彌補其不足而得到昇華而已。如果將「新自由主義」經濟政策全盤否定，必然會導致經濟政策「拆了東牆補西牆」，甚至走向另一個極端。

這是因爲，「經濟計劃」是政府的一項職能，而制訂「經濟計劃」的一些政府官員，也是無法完全擺脫「經濟俗氣」的活生生的人，他們在計劃的制定中會不會藉機制定出對少數人更有利的政策，尤其是在制約機制還不太健全的

【46】朱麗娟：〈新自由主義的終結、新凱恩斯主義的崛起〉，載於《北方經貿》，2009，第4期，頁4～5。

時代，這種弊端還無法較徹底地避免。這就使經濟理論常常處於兩難狀態：如果沒有政府的「經濟計劃」，完全靠那隻「無形的手」自由擺弄，那麼按照經濟自然的發展規律來說，富裕的只能是極少數人，大多數人不得不與貧困爲伍，由此使大多數人喪失了經濟自由，其最終的結果是，經濟危機無可避免；相反，如果有了政府的「經濟計劃」，讓政府的那隻「有形的手」自由擺弄，那麼按照現實中常見的政治規律來說，大多數人的貧困問題會得以重視，但同時可能會使一些少數人富裕得更容易、更輕鬆、更自由。

我們不讚成搞計劃經濟，但是這不等於說我們不讚成搞經濟計劃。市場經濟是離不開經濟計劃的，否則我們就成了市場中的盲動主義者。經濟計劃的目的，是通過科學計劃以防患無形虧損大範圍的發生，避免經濟危機的出現。以前出現的每一次經濟危機，都有計劃不周造成不能提前預防的錯誤因素。問題的關鍵不在應不應該有經濟計劃，而是在於應該有一個怎樣的經濟計劃，在於這個經濟計劃科學不科學、合理不合理、公平不公平，在於這個經濟計劃對哪些人更有利或者更沒利，在於這個經濟計劃對今後的經濟發展究竟能提供什麼好處。然而哈耶克在《通向奴役的道路》一書中闡述了這樣一種觀點值得我們注意：社會應該是一個法治的社會，而不應該是一個人治的社會。因爲人治的弊病在於政府的行爲因人而異，一旦權力落到某些追求個人私利的人手中，權力就會被濫用；即使權力被思想高尚的、有理想的人所掌握，那麼權力也會被用來實現某種「理想目標」去建設某種「偉大的社會」，結果也會給社會帶來極大的禍患。所

以，人治與獨裁、權力的膨脹是不可分割的，而實行法治的結果起到了限制個人權力膨脹的作用。【47】

　　因此，監管的效果究竟如何，與監管的範圍是否能夠從經濟領域擴大到政治領域密切相關。也就是說，問題的關鍵不在應不應該有「經濟計劃」，而是在於應該有一個怎樣的「經濟計劃」，在於這個「經濟計劃」科學不科學、合理不合理、公平不公平，在於這個「經濟計劃」對哪些人更有利或者更沒利；在於這個「經濟計劃」對今後的經濟發展，對於大多數人來說，究竟能提供什麼好處。因此，儘管「經濟計劃」中已經有了包括「監管計劃」在內的關乎經濟正常發展的各項計劃，但對於這些制定「經濟計劃」的部門和人，也應該有「被監管」的義務，【48】也就意味著，國家應在政治體制上完善有效的監管機制並發揮正常的作用。

13-3 經濟是一盤走不完的殘局棋

　　經濟發展戰略其實都是調整的戰略。因爲沒有哪個國家是在一張白紙上畫畫兒，也不是將一盤沒下完的棋廢了重新擺陣重頭開局。它們都得從自身的實際出發，面對過去的殘局找出缺陷，並著眼於未來作出調整的部署。這種部署不能只看眼前的一步兩步，而是要預期到幾十步、上百步甚至更多；一代人走不完，下一代可接著走。

【47】參閱弗・奧・哈耶克：《通向奴役的道路》，商務印書館，1962。

【48】參閱陳奇彪：〈不斷完善行政程序和人大對政府的監督程序〉，載於《實事求是》，2003，第4期。

所有國家的經濟歷史，都是一盤早已開了局但至今也未下完的棋，儘管有時後來的「棋手」發現以前的「棋手」走錯了步，他們也不得不棄了原來的廢著重新布局，但想布置成最初開局前的陣形，那是難上加難；他們只能在即成現實的狀況下逐步調整，究竟哪一步對、哪一步錯當時很難作出判斷。

經濟發展戰略其實都是調整的戰略。因爲沒有哪個國家是在一張白紙上畫畫兒，也不是將一盤沒下完的棋廢了重新擺陣重頭開局。它們都得從自身的實際出發，面對過去的殘局找出缺陷，並著眼於未來作出調整的部署。這種部署不能只看眼前的一步兩步，而是要預期到幾十步、上百步甚至更多；一代人走不完，下一代人可接著走。這種部署不會是世界一統的；發達國家與不發達國家定會不同；發達國家之間與不發達國家之間也是不會完全相同的，每個國家都會有自己的特性，都應有針對性地制定出自己的經濟發展戰略。

例如，人口衆多的不發達國家與人口稀少的不發達國家，它們之間的經濟發展戰略絕對不該一樣。僅僅考慮到社會分工與市場競爭的關係，假如兩個國家社會分工的種類一樣多，那麼人口衆多的國家顯然會面臨著更加嚴重的市場競爭問題。怎麼樣來防止惡性競爭，就成爲人口衆多的不發達國家必須予以重視的一項發展戰略。既要防止惡性競爭，又要千方百計擴大就業，可社會分工的種類並未因科學技術的發展而得到擴充，在這種情況下，人口衆多的不發達國家就必須要根據自身的現狀制定符合自身條件的經濟發展戰略。

就某一個國家而言，衆多的經濟問題一起擁來，很容易

讓「棋手」用錯誤的方法作出錯誤的決策：「頭痛醫頭，腳痛醫腳。」使經濟問題有如蹺蹺板，這邊解決了，那邊更嚴重了。更可歎的是，「棋手」旁邊站著數不勝數張嘴的人，東一句、西一句，即使「棋手」頭腦清醒，但在吱吱呀呀一片亂糟糟的叫嚷中，難免不走出幾步昏招。

其實，一名高明的「棋手」並不怕別人張嘴，關鍵是要把握全局並具有主見，聽得進意見，受得了批評，揚人之長克己之短，在眾多的經濟問題面前善於抓住它們之間的「穴位」，把好鋼使在刀刃上。現代的經濟問題不會是彼此孤立的，都是有關聯的，都應使用綜合治理的方法來加以解決。

在此，我們以中國大陸為例，嘗試找出它們面臨的諸多經濟問題的核心「穴位」在哪裏，從哪下手對經濟發展更有利。

人口眾多：約13億；近9億是農民。社會分工的種類除了賭場和妓院屬於禁止以外，基本與其它國家一樣多。城市中失業（包括下崗人員）人數較多，同時農村的富餘勞動力也較多。貧窮人口（即需求能力不足的人）較多，受教育程度較低，等等。

在諸多的問題中，例如人口問題、能源問題、教育問題、就業問題……等等，它們的核心「穴位」在哪裏？經過仔細認真的研究，我們大膽地提出「星團戰略」，這一經濟發展戰略將對中國解決經濟問題並使經濟穩步發展最有利。

什麼是「星團戰略」？

距離銀河系中心地帶的一片區域裏，聚集著超星系團，那是由很多很多恒星非常密集地聚集在一起形成的。地球上

的很多大型城市是人群非常密集的地方，它有點類似於超星系團，只不過是地球上的「超星系團」，我們把它稱作城市，準確地說是大型城市，例如中國的北京和上海。

回顧人類社會的經濟歷史，漫長的演變過程如果我們用快鏡頭來播映一遍的話，我們會發現經濟的發展是伴隨著人口逐漸湧向城市、城市人口越來越密集而來的。在人們向城市匯聚的同時，演生了很多新的社會分工，使許多農村剩餘勞動力得到了消化。城市規模的擴大，是歷史自然而然地一點一點發展過來的，是經過了一段較長時間慢慢演變而成的。但是，一旦我們發現了這一規律，就完全可以有計劃地促使一些小城市較快速地完成這一演變過程——尤其是當一個國家經濟發展出現疲軟的時候。

所謂的星團戰略，就是在分布好區域的前提下將人口疏導向城市，讓城市形成規模，形成像北京和上海那樣的規模。還有很多中型的城市，例如中國的廊坊和珠海。

中國有960萬平方千米的國土，如果使13億中國人各自「割據」的話，等於每個人擁有7 385平方米的「地盤」。假如每個人都站在自己「地盤」的中心地帶，則所有人之間最短的距離也有近百米。倘若所有人都在自己的「地盤」上蓋房的話，那麼整個社會成本的投入將會是一個難以置信的數字。因為每間房都要立體投入（地基、房頂及四面牆），所有上下水管道以及其它管道設施都投入的是最長距離（成本最大）。而且，每個人都是孤獨寡居，只能靠種田維生，不可能開辦工廠生產商品，更不可能出現劇場、賭場和妓院。相反，當近千萬人口聚集在十幾最多幾十平方千米的城市中

的時候，不但使社會成本的投入出現大量的節省（樓上人家的「地基」即是樓下人家的房頂、左鄰右舍共同使用一面山牆，上下水管道及其它管道設施都投入的是最短的距離），而且創造出大量的新的社會分工，工廠、商店、劇院等。

中國的城市應該說已經不少，但夠規模的城市仍然不多。星團戰略主要建設的是大型城市，是像北京和上海那樣的城市。如果我們中國在本世紀內能新建成幾十個千萬人口的大型城市，再建成幾百個或是幾千個中型城市，那麼一定會對中國的經濟發展起到促進的作用。它的好處我們分述如下。

1、有利於控制人口。

農村相對城市而言，是計劃生育工作的盲點。城市中基本實現了「只生一個娃」，而在農村，生兩胎、生三胎甚至生四胎的有的是。如果有計劃地將一些村莊取消，使這些人口轉到城市中，想必城市中的管理工作會對控制人口增長極為有利。

2、有利於農業科技發展。

一家一戶的耕作是阻礙農業科技發展的一道屏障。允許一些將被取消的村莊中農戶轉租土地使用權，並允許這些農戶以土地承包權作抵押在城市中購置房屋，就會使過去被分割的土地連成一片，便於從事農業開發的大型科技公司規模耕作和開發。

3、有利於農產品產量和質量的提高。

從事農業開發的大型科技公司規模耕作和開發，將會提高科技水平，使農產品朝著標準化生產的發展方向邁進，使

農產品的產量提高，並可使其質量得到空前的改善。

更重要的是，規模性產業化地耕作和開發，將極大地降低實付社會成本的投入，增強農產品的市場競爭力。

4、有利於帶動其它產業的發展。

從事農業開發的大型科技公司規模耕作和開發，必須使用先進的生產設備。由此將會帶動工業的發展，爲那些生產農業先進設備的企業帶來誘人的市場，並由此帶動其它產業的發展。

5、有利於擴大就業。

農業開發科技公司會聘用一些農民留在耕區工作，使他們成爲農業工人。進入城市的農民，將會隨著城市規模的的擴大而較容易地找到工作崗位。因爲房地產開發公司將需要大量的建築工人；城市排水、供暖、供氣、供水、供電等等很多部門也急需大量的工人；公交、市容衛生也需要工人；還有商店、餐廳、醫院、學校……等等都需要大量的職工；城市管理各個部門也都需要大量的人才，連交通警都需要大量增加。如此規模的就業機會，不但可消化一大部分進城的農民（他們在一定的歷史時期中每個月可得到土地使用權出租的租金），而且還可消化其它大型城市中的高校、職校畢業生以及一些下崗失業職工。

6、有利於普及教育和提高福利。

取消一些村莊，讓原來生活在這一地區的農民家庭中的老人和孩子都進入城市，將會使老人享受到城市福利，譬如醫療服務；孩子們可進入城市學校，接受城市教育，這將極大地提高教育水平。今後的發展方向，是不允許老人和兒童

生活在村莊中，他們必須進入城市，只有成年勞動者才在農村從事耕作。

7、有利於人員流動。

北方人聽不懂南方人說的話，其主要原因就是人員長期不流動所致。人們很多舊的生活習慣，尤其是封建傳統意識，都與人員固守一方有關。新建幾十座大型城市，實現各地區人員的重組，加強他們之間的流動性，從長遠來看，對衝破舊的生活習慣和鏟除封建傳統意識極為有利。

8、有利於增加投資機會。

隨著向大型城市的發展，將會極大地促進第二產業、第三產業的突飛猛進，投資機會空前巨增，民營資本、國外資本、國家資本都會迎來通過運作增殖獲利的機會。這種投資機遇將會連環式地刺激一些小城市在向大型城市的發展中地價不斷攀升，提高景氣指數，這對改變通貨緊縮的局面極為有利。

9、有利於減緩市場競爭的壓力。

建設大型城市，取消一些村莊，引導農村人口進入城市（凡遷居城市的農民均可延長土地承包期並可出租繼承，否則到期終止，期間內也不得轉讓出租），在人口匯聚到城市之後，城市住房的配套商品將會大有需求。這將極大地擴大內需。需求的擴大將在一定程度上改變供大於求的局面，使市場競爭得到一定的緩解。

10、有利於現有大型城市減少人口的壓力。

將很多願意進入城市的農民工引導向擴建中的大城市，適當地堵塞現有大型城市外來勞動力持續湧進的勢頭，可適

當地減緩大型城市的人口壓力。類似北京和上海這樣的大型城市，應該適當限制外來勞動力的流入，但使這些外來勞動力有處可去。應該盡可能地控制單身外來勞動力的盲目流入，還是有計劃地將外來農村人員以家庭爲單位整體性地遷入爲佳。

我們所說的「星團戰略」，不光是指建多少個大型城市的戰略，它還包括將一些鄉鎮周圍的村莊取消，使農戶遷入鄉鎮的戰略。總之，要千方百計減少農村人口，使城市人口增加；並不是讓農村零散地遷入城市，而是整村整莊地遷入城市。在村莊取消的時候耕作連成一片、「一望無際」，爲的是便於先進的農機設備施展潛力。只要遷入城市的這部分農民們享有土地承包權，只要他們都保證有一部分租金收入，他們還可以或是留在農業科技開發公司中當農業工人，或是在新城市中找到一份工作得到收入，那麼他們就不會有什麼後顧之憂。

實施「星團戰略」後，以住房爲主的村莊蕩然無存，沿著四通八達的公路，路兩旁建有農業科技開發公司的職工宿舍、農機站、維修站，類似加油站、飯店等三產服務業一應俱全。農業工人幹農活時住在路旁的集體宿舍裏，公休日或放假時，便可隨時乘汽車回到城中。總之，要讓農村的家庭式住房消失。當然，這可能需要幾個世紀的努力，使中國的農民人口數量從約9億下降到3～4億。通過幾個世紀的努力，應該有信心將13億人口減少到10億左右，因此所有的工作始終不能忘了一個中心任務：控制人口，計劃生育，提高素質。當農民家庭遷入了城市，他們不用再擔心什麼沒有男孩

下地種田了，生一個娃（不管是男是女）可以繼承土地承包權，只要違反了計劃生育的政策，這種土地承包權就有可能失掉。

用不著爲什麼「老齡化」發愁，科技的發展使勞動力的產品延伸非常廣泛、有效了，即使國防也沒有什麼可令人擔心的，因爲老年人的食指並不比青年人的食指細到哪裏去，按一下按鈕或扣一下扳機什麼的想必都幹得了，重要的是頭腦不糊塗就行。不經歷一段「老齡化」的階段，怎麼可能較快地降低人口數量？人口數量如果不能盡快地減少，很多問題就會難以擺脫地困擾著我們。

當然，「星團戰略」在實施的過程中還有很多的細節需要我們仔細推敲，認真思考，整個部署應該形成一個連貫的舉措，它必須從最最基礎的工作做起，而不能總是幹哪種重複多餘的事情。譬如城市地下的管道（線路）工程，能不能別各自爲政，一遍一遍地給馬路「做手術」？中國這麼多的城市，沒見過一座城市它的排水系統是「隧道式」的。倘若我們的城市鋪設起這樣寬敞的排水系統，想必那些類似供熱、供氣以及供電和通訊線路就全都可以在其中架設完成，維修起來也方便得多。

現在我們就應該下力量來研究這些問題，培養專門從事城市設計、規劃、建設、管理的人才，讓他們開動腦筋，爲「星團戰略」的實施獻計獻策。

舊的不去
新的不來

「經濟學家以及政治哲學家之思想，其力量之大，往往出乎常人意料。事實上統治世界者，就只是這些思想而已。許多實行家自以為不受任何學理之影響，卻往往當了某個已故經濟學家之奴隸。狂人執政，自以為得天啟示，實則其狂想之來，乃得自若干年以前的某個學人。」

—— [英]約翰‧梅納德‧凱恩斯

第14章　產品的分類及
經濟階段

14-1 經濟學不應從商品的分析開始

如果《資本論》和西方經濟學理論都是從原始社會初期開始分析的話，它們無論如何也不能從商品的分析著手——原始社會不是商品經濟！同此道理，如果從整個社會中每個人的出生開始分析，即從人們還不會勞動、還不會進行商品交換的時候開始分析，也不應從商品的分析開始。分析的著手點都應該是產品。

《資本論》研究經濟學問題，是「從商品的分析開始」的。【49】對這種分析方法，起初誤以爲它是出於在感情上對商品、對「資本主義」的痛恨。後來發現，很多西方經濟學理論也都是從商品的分析開始的，儘管有些經濟學家也或多或少地使用「產品」這一概念，但所談的內容，其實質還是與交換價值有關的商品範疇。看來，從商品

【49】馬克思：《資本論》第1卷，人民出版社，1963，頁5。

的分析開始，成了經濟學「分析法」的一種不成文的慣例。

對此，我是不能接受的。

要知道，總結社會的發展規律，如果因為分析研究者身處「資本主義」時代，就把這個時代以前的所有社會形態中的經濟問題全都拋在一邊或者輕描淡寫，只是從身處的這個時代開始，企圖找出人類社會經濟發展變化的整體性規律，其結果，肯定只會得出一個有歷史局限性的片面的結論。這種在經濟學問題上割裂歷史的分析方法，應是馬克思主義向來就反對的。「歷史唯物主義」所總結出來的社會發展規律，不會從「共產主義社會」的分析開始，也不會丟掉對任何一種社會形態的分析，而是從基礎性的社會形態著手——即從「原始社會」的分析著手，然後，順著社會發展的歷史順序，從「奴隸社會」、「封建社會」、「資本主義社會」、「社會主義社會」，一步一步地分析到「共產主義社會」。

回過頭來細細地讀一下《資本論》就會發現，它的經濟學分析方法與政治學分析方法正好相悖：它是從「資本主義」社會經濟領域中占統治地位的商品的分析著手的。【50】這就使「經濟學」的理論大廈建築在不挨歷史地基的半空中，是從經濟歷史的半截腰兒著手分析的。就學術研究的「建築施工規程」而言，這乃是一種偷工減料的行為，必定在日後會給理論大廈的建築施工質量問題帶來巨大的隱患。如今，我們必須不斷地對經濟理論大廈修修補補，一而再，再而

【50】列寧：《卡爾·馬克思（傳略和馬克思主義概述）》。《馬克思恩格斯選集》第1卷，頁14。

三，仍然達不到合格的最起碼的標準，足以證明這種質量隱患給後人帶來多少麻煩。

想想看，如果《資本論》和西方經濟學理論都是從原始社會初期開始分析的話，它們無論如何也不能從商品的分析著手——原始社會不是商品經濟！同此道理，如果從整個社會中每個人的出生開始分析，即從人們還不會勞動和商品交換、還沒有勞動和商品交換能力的時候開始分析，也不應從商品的分析開始。分析的著手點都應該是產品。

原始社會是怎樣的一種經濟形式？它與後來出現的商品經濟有什麼內在的聯繫？如果我們不能用達爾文的《進化論》的原理來正確地看待人與猿的關係，只分析人，不分析猿，這樣的話，我們就很可能從人的分析，發展到對「上帝」的分析。同此道理，商品是從哪裏來的？不從商品出現以前的經濟形式分析著手，不從源頭著手，不從基礎著手，它怎麼能不搖搖晃晃地半浮在空中？

商品是從哪裏來的？它肯定不是「上帝」創造的。就如同人是由猿轉化演變而來的一樣，商品肯定是由一種曾經不是商品的東西轉化演變而來。

「一物可以有效用而又為人類勞動的產物，但不是商品。用產品來滿足本人需要的人，固然創造了使用價值，但是沒有創造商品。」[51]例如，「中世紀的農民，為封建主生產了租稅穀物，為牧師生產了什一稅穀物。這種租稅穀物和什一稅穀物，不會因為它們是為別人生產的，就變為商品。

【51】《資本論》第1卷，頁11。

要變爲商品，這個產品必須通過交換，轉移到別一個把它當作使用價值來用的人手裏。」【52】看得出，《資本論》已經明明看到了商品經濟不是人類社會最初的經濟形式，是由最初的某種經濟形式轉化演變而來的，但爲什麼不對這種最初的經濟形式進行深入的分析呢？

「早在原始公社制度的末期，隨著畜牧業和農業的分離，從事畜牧業的原始公社和從事農業的原始公社之間，互相交換他們多餘的產品，」【53】而在此之前，即在原始公社制度的早期，當畜牧業和農業還沒有分離的時候，或者是在出現了畜牧業和農業的分離，但他們自己生產出來的產品僅夠某一原始公社自己消費的時候，是沒有客觀條件去考慮「交換」的。也就沒有商品出現。就是說，沒有商品的時代，產品是可以獨立存在的，產品的消費是不受商品的存在與否所限的，而且，當後來出現了商品的時候，產品消費並不是隨之消失，而是仍以它獨有的形式存在著；產品的商品性交換，只不過是在產品消費上使人們享有了更多的選擇權。很顯然，商品是由產品轉化演變而來，商品有賴於產品而存在，怎麼能讓商品在經濟學中成爲「主角」，把產品丟在腦後呢？沒有產品，卻冷不丁地冒出商品，這簡直是一件不可思議的事情！

因此，我研究經濟學，與《資本論》以及西方經濟學的最大不同之處，就是對商品的分析都是建立在「從產品的分

【52】《資本論》第1卷，頁12。

【53】《政治經濟學教材》，頁22。

析開始」這一基礎之上的。從產品的分析開始，才能為商品
的分析打下牢固的基礎。

14-2 產品的分類是人類歷史的寫照

　　原始人逐漸地習慣於用手摘取果實，用手握石塊和棍棒
的辦法來抵禦猛獸的侵襲，而不是像猛獸那樣用鋒利的牙齒
去咬斷敵人的脖子。原因很簡單，假如原始人比猛獸的牙齒
還鋒利，人有一張能一口吞下猛獸的血盆大口，那麼，人手
也就不會得到進化，也就得不到發展；人也就改由用嘴、用
牙齒來「勞動」。

原始社會的最早期，人類所消費的產品都是自然產
品。自然產品不是人類生產出來的產品，而是
自然界自然生成的能滿足人的生存需求的物品。例如野生
果樹上結出的果子和能夠捕殺的野生動物等。在自然產品的
生成過程中，最初沒有人的勞動附加在它上面，也就沒有什
麼「勞動價值」標籤貼在自然產品上。你勞動不勞動，它都
能自然生成。這一時期，與其說「勞動創造價值」，不如說
「價值創造勞動」。擺在人類面前類似野生果子和野生動物
這樣一些有價值的自然產品，不會自己送到人的嘴邊上來消
除人的饑餓感。為了獲得價值，人類就必須通過「摘取」
或「捕獵」這樣的勞動來滿足生存的欲望，滿足人的「私
欲」，「勞動」只不過是為實現價值而無償服務的奴僕。就
這種最低級、最簡陋的「勞動」而言，人與猛獸的區別就在
於：原始人逐漸地習慣於用手摘取果實，用手握石塊和棍棒

的辦法來抵禦猛獸的侵襲，而不是像猛獸那樣用鋒利的牙齒去咬斷敵人的脖子。原因很簡單，假如原始人比猛獸的牙齒還鋒利，人有一張能一口吞下猛獸的血盆大口，那麼，人手也就不會得到更多的進化，也就不會得到發展，人也就改由用嘴、用牙齒來「勞動」。如此一來，「勞動」所創造的「人本身」，就如同現今「勞動」所創造的各種各樣的動物一樣，不會有什麼太大的區別了。也就是說，只要從產品的源頭開始分析的話，《資本論》的「勞動創造價值論」便沒有了立足之地，不攻自破了。

　　一個人出生之始對產品的消費，也重演了人類歷史的第一幕：嬰兒的第一個「自然產品」，就是媽媽的乳頭；為了吸吮到奶水，嬰兒不得不直接用嘴來「勞動」，有時「勞動」得還挺累，忙得滿頭冒汗。只是到了後來，人的手才逐漸地發揮了作用。至於說到未出生前的胎兒，那更是仰仗母體所提供的「自然產品」維持生計，是飽還是饑，是生還是死，胎兒只能聽憑差遣，毫無勞動能力，也就找不到任何「勞動創造價值」的影子。

　　總之，「使人成其為人」，不是「勞動」獨自的建功。人在自然界中所處的地位，自然產品所規定了的人為獲取到它必須付出的某種代價等等，很多客觀的、不以人的意志為轉移的自然規律，都在「使人成其為人」的發展過程中起到了不可缺少的作用。

　　在自然產品中，按其不同的屬性，可以分為兩大類：可再生的自然產品和不可再生的自然產品。例如，野生穀物、野生動物、野生林木就是可再生的自然產品；礦藏就是不可

再生的自然產品。看一自然產品的「再生」與「不再生」，主要是看其是否具有「自然價值資本增殖（即繁衍能力）」的客觀屬性。鑽石不管怎樣變化，它總是它本身，無法衍生出更多的鑽石來；野生動物可以一代代繁衍，由少變多，實現增殖。相對地說，不可再生自然產品的價值總是比可再生自然產品的價值要高得多。

原始人第一次使用石塊或木棒等自然產品抵禦猛獸的侵襲也許是出於偶然巧合，但這一有效的結果卻起到了一種啓示的作用，使原始人看到「武器」的威力。在原始人的各種產品需求中，除了果子食品以外，石塊、木棒等「武器」成了最重要的自然產品。但是，石塊、木棒等不可再生的自然產品並不總是這麼適合，有的石塊太圓握不住，有的石塊太大拿不動；有的木棒太長、太粗，有的木棒太短、太細。爲了把石塊變得更鋒利，把木棒變得更適於揮舞，人的勞動便派上了用場：用石塊敲打石塊，以便敲出鋒利的部分；有意識地摭折長短適中、粗細適宜的樹枝；創造性地把鋒利的石塊捆紮在木棒的頂端，以增強「武器」的威力。這時候的「武器」就不再屬於自然產品範疇了，形成了最初級的人工產品。

人工產品是指有人爲作用摻雜在自然產品之中的產品。在這個產品的生成過程中，有人的主動性勞動附加在自然產品上面，並起了促進或「創造」的作用。例如穀物種植、石斧製造等。

在人工產品中，又可更具體地劃分出原造的人工產品和創造的人工產品。原造的人工產品是指自然界中本來就有

的，通過人的勞動生產，可以增加它的產量或提高它的質量的產品。創造的人工產品是指自然界中本來沒有的，通過人的創造性勞動，將原造的人工產品重新分解、重新組合所創造出來的新產品。例如，農業糧食、家畜飼養等即是原造的人工產品；弓箭、耕犁等即是創造的人工產品。相對地說，創造的人工產品的價值總是比原造的人工產品的價值高得多。

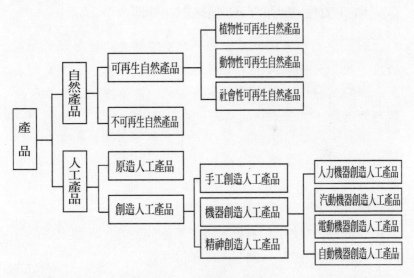

圖14-2-1　產品分類圖

在創造的人工產品中，又可劃分為手工創造的人工產品、機器創造的人工產品和精神創造的人工產品。在機器創造的人工產品中，還可以更進一步地劃分出四大類別：人力機器創造的人工產品、汽動機器創造的人工產品、電動機器

創造的人工產品和自動機器創造的人工產品。

從各種各樣的產品類別的劃分中，我們可以很清楚地看到產品生產水平由低到高、由簡到繁的歷史發展的痕跡，每一種具體的產品內容，都是當時歷史的寫照。而這些本該首先進行研究的經濟學問題，我們從《資本論》中根本找不到。

14-3 支配產品的不同形式和內容

假如我們今天把世界上的一切財富都平均地分配給所有的人，使任何一個人所享有的財富都不比別人多也不比別人少，那麼這種局面只能在「暫停」的狀態下維持。只要歷史的時鐘起動，「平等」的局面很快就會被打破。

因此，世界上出現的一切「均貧富」的運動都肯定是徒勞的，且不管它是出於一種美好的理想還是出於一種什麼不可告人的目的。

人對產品的使用和處分，按其用途的不同，大體上分為三種：消費產品、儲存產品和增生產品。

消費產品是指人在生活過程中正在享受、使用的產品，是正在發生的產品消費。在人與消費產品之間，它的關係表現為「供求平衡」。原始社會的初期，所有的自然產品都是消費產品。一個人從出生到成年的這段時間，其力所能及的事情就是產品消費，他所能夠支配的產品都是消費產品。

儲存產品是指人暫時消費不了的產品剩餘，用於將來消費或交換其它的產品以備消費。在人與儲存產品之間，它

的關係表現爲「供大於求」，即產品逐漸充盈，大於人的需求。原始社會的中期，人類將可再生的自然產品轉變成原造的人工產品，例如穀物種植和畜牧業，由此導致了人類歷史上第一次社會大分工。即：人對產品的需求，由過去被動地面對自然產品的「等、靠、要」，變成了主動性地生產和飼養原造人工產品。這種在自然產品基礎上所進行的原造人工產品的開發，大大地提高了人類征服自然的能力，使產品出現了越來越多的剩餘，爲後來產品的商品性交換奠定了產品基礎。從原造的人工產品，到創造的人工產品；從手工業產品，到機器工業產品；從汽動、電動機器工業產品，到自動化機器工業產品，人類生產產品的能力越來越強，產品的科技含量越來越高，產品的剩餘也越來越多。

從古至今，從糧食的儲存，到手工工藝品的儲存；從黃金的儲存，到紙幣的儲存，任何一種物品的儲存都具有儲存產品的性質。只要有了某種產品剩餘，都會形成產品儲存，這幾乎成了人類社會中每一個成員都具有的一種天性！當一個人成年後，通過勞動取得較多工資報酬時，經常會把其中一部分作爲儲存產品存在銀行裏，以備今後消費使用。

在剩餘產品的儲存過程中，人們發現有些儲存產品的長期閑置會造成浪費，會造成損失，例如糧食放時間長了會變質，布匹放時間長了會被蟲咬。同時，人們還發現有些儲存產品不但不會有損失，而且還會增殖，使儲存產品能夠變得越來越多，這就是比較特殊的增生產品，例如牛、羊等。當貨幣的存儲有了利息，則貨幣也就成爲一種特殊的增生產品。

增生產品是指人將某種剩餘產品作爲增加產品剩餘數量的手段，以期達到「以產品生產產品」的目的。增生產品可以分爲兩類：再產增生產品和投資增生產品。

再產增生產品起初主要集中在可再生的自然產品上，譬如把捕獲到的野鴨圈在柵欄裏，讓它們自然繁殖，不但野鴨的數量會越來越多，而且經常會有野鴨蛋產品增生出來，這種可再生的自然產品轉化演變成可再生的人工產品之後，形成了「用野鴨生產野鴨」的人類歷史上能增生產品的最初級的生產模式。再產增生產品，即是只能用一種產品生產增生同樣的產品的經濟活動。

投資增生產品是指增生產品的高級的生產模式。投資增生產品與再產增生產品的最大區別有三點：

1、投資增生產品不是「用野鴨生產野鴨」，而是用一種產品生產另外一種產品。例如，我們用貨幣投資成立企業，生產日用品，而並非生產貨幣（其實誰都知道，生產貨幣的收益是最高的，美國通過國際貨幣的「美元化」就達到了這一目的，但這一行當是政府壟斷的，絕不允許一般企業經營）。除了生產日用品以外，還可以生產其它產品。

2、再產增生產品完全可以不依靠產品的商品性交換而獨立進行產品生產，而投資增生產品的生產必須依靠產品的商品性交換才能進行，因爲事實上它是一種「用流通物——即貨幣產品生產某一特定消費產品」的經濟活動。

3、再產增生產品的「盈利」不能創造「剩餘價值」，只能創造「價值剩餘」（參閱第2章〈剩餘價值與價值剩餘〉）；而投資增生產品的生產既能創造「價值剩餘」，又能創造

「剩餘價值」。

與「用野鴨生產野鴨」的生產模式相比，「用流通物——即貨幣產品生產某一特定消費產品」的生產模式，無疑可以用一種產品生產任何一種產品，使增生產品的投資領域變得寬廣了，這一先進的生產模式對社會經濟的發展所起到的促進作用是巨大無比的。如果說，再產增生產品的生產往往被局限在可再生的自然產品和原造人工產品的範圍內，無法在不可再生的自然產品和創造人工產品上有所作爲，那麼投資增生產品的最大貢獻，就是它不但可使可再生的產品增生、「盈利」，增加社會財富的總量，而且還可以使不可再生的自然產品增生、「盈利」、增加社會財富的總量。

投資增生產品與再產增生產品有一個共同點，那就是：不把產品用於消費，而是用於再生產；不把產品簡單地用於儲存，而是讓它處於一種「活躍」狀態，企求從這種「活躍」中「盈利」。這種企求「盈利」的心理，在人與產品之間，它的關係表現爲「供小於求」——永遠嫌少，不會嫌多。因此，賺取利潤——不管它是百分之多少——不是資本家獨自的本性，而是投資增生產品的本質決定的所有人的本能。那種被稱爲「資本」的東西，它的出現不是始於「資本主義」，而是早在很久很久以前就存在了。歸根結底，「資本」的來源，就是投資增生產品。

綜上所述，人們在消費產品、儲存產品和增生產品之間，怎樣在產品支配的形式和內容上進行明智的選擇，這是一項非常重要的事情。假如我們今天把世界上的一切財富都平均地分配給所有的人，使任何一個人所享有的財富都不

比別人多也不比別人少，那麼這種局面只能在「暫停」的狀態下維持。只要歷史的時鐘起動，「平等」的局面很快就會被打破。因為社會中每個人在產品支配的形式和內容上所作出的選擇都是不同的：有的人喜歡消費，大吃大喝，揮霍無度；有的人偏愛儲存，縮衣減食，勤儉樸素；有的人注重增生，投資經營，創利創收。由此一來，貧富的差距又會出現。要知道，再先進的社會制度，也不能使人們對產品支配的選擇權同一起來，選擇的差異就必然導致財富的增減。因此，世界上出現的一切「均貧富」的運動都肯定是徒勞的，且不管它是出於一種美好理想還是出於一種什麼不可告人的目的。撇開社會制度的優劣問題不說，撇開人的能力、意志的差異不說，僅就對產品支配的形式和內容的選擇而言，就可以使窮人變成富人，使富人變成窮人。

對上述這些問題，《資本論》究竟是一無所知，還是裝聾作啞？不得而知。自有公論！

14-4 產品消費經濟單位的不同階段

私有制的起源，與其說是出於人對剩餘產品的私人占有，不如說是出於男人把女俘當作私有財富來占有。前者是暫時的占有，人死後財富便沒了歸屬；後者是永久的占有，奠定了血緣基礎，形成了家庭，確定了財富的繼承人。

縱觀人類社會的經濟發展史，我們可以發現，人們進行產品消費的核算經濟單位是在不斷變化的。這種變化的過程，正好與社會形態的發展變化相吻合，或者

說，正是由於產品消費核算經濟單位的變化，從經濟基礎上
導致了社會歷史從「原始社會」、「奴隸社會」、「封建社
會」、「資本主義社會」到「社會主義社會」的發展變化。
因此，對產品消費核算經濟單位進行認真的分析，是科學地
總結出社會發展規律最基本的工作。《資本論》和西方經濟
學都存在的不足，就是忽視了對產品消費核算經濟單位的分
析，更沒有總結出它的發展變化規律。

人們進行產品消費的核算經濟單位的發展變化，大體
可分為四個階段：公社（或稱「國家」）產品消費核算經濟
單位階段；家族（或稱「集團」）產品消費核算經濟單位階
段；家庭（或稱「集體」）產品消費核算經濟單位階段；個
人（或稱「個體」）產品消費核算經濟單位階段。對這四個
階段，我們分述如下：

1、公社產品消費核算經濟單位階段

原始社會的早期，人類剛剛從動物界分離出來，使用的
生產勞動工具主要是石器，生產的經驗不多，勞動技術水平
極其低下。由於人們征服自然界的能力非常低，總是不得不
受著自然界的無情擺布，所以原始人抵禦猛獸的侵襲和逃避
自然災害的降臨，都不得不依賴於集體的力量，從而獲得個
人生存的保障。即使到了原始社會的中後期，在大自然的面
前，個人的力量仍然是微不足道的。這種情況就決定了，每
個人的生活和產品消費，都不是個人單獨進行的，而是整個
氏族部落集體性的生產勞動和產品消費。儘管每個人在集體
性的生產勞動中有不同的分工，在進行同一種生產勞動的時
候，每個人的能力也都有差異，但在產品消費的時候，沒有

任何單獨的核算，而是按平均原則進行分配。當產品有了剩餘的時候，它不會歸屬於某個人所有，而是歸公社即公社全體成員共同所有。共同所有、共同消費，使每一個原始人從出生到成長爲一名壯勞力，所有的產品消費者不是由他的某個親屬提供，而是由公社中所有的成員共同擔負的。

最早的時候，各個氏族部落之間缺少往來，好像是有一種自然的「國界」將它們封閉起來，這就使得公社類同於「國家」，自產自消、自給自足。可以說，這就是最早出現的產品消費「國家」所有制的「計劃經濟」，只不過這種「計劃」相當低級，完全聽憑酋長或長老的謀算和預計。

在這個公社（或稱「國家」）產品消費經濟單位的內部，可以存在個人與個人之間產品的商品性交換，例如男人之間交換武器、工具，女人之間交換飾品等。這種交換完全被局限在公社產品消費經濟單位的內部，對整個產品經濟體制構不成任何威脅。這樣一來，雖然在原始社會時期就早早地出現了產品的商品性交換，但它被壓縮在很狹小的範圍內，成了偶爾出現的事情。

發展到原始社會的後期，隨著剩餘產品的增多，隨著以氏族部落爲產品消費經濟單位之間出現的社會大分工，才開始把產品的商品性交換從公社產品消費經濟單位內部解放出來，出現了人類歷史上最早的「對外貿易」——即公社與公社之間產品的商品性交換，使交換的市場開始發展壯大了。

2、家族產品消費核算經濟單位階段

氏族部落與氏族部落之間，即公社與公社之間發生的產品交換，只是兩個產品消費經濟單位——即「國家」之間的經

濟行爲，交換後的物品仍屬「國家」所有，任何個人都不能單獨從這種「對外貿易」中獲得屬於個人所有的好處。

有了「對外貿易」，就必然會出現「貿易磨擦」，也就必然導致「用武力解決爭端」的「貿易制裁」，就如同「鴉片戰爭」、「波斯灣戰爭」一樣。現代人都難以避免使用暴力手段解決爭端，就別責難古人了。

戰事一發，公社原有的經濟秩序就立刻土崩瓦解。人們不再依從於傳統習慣，而是更加依賴和仰慕軍事首領。這是因爲，他的一次錯誤判斷，就會導致整個公社「全軍覆沒」，別說所有的剩餘產品會另歸了新主人，就連長得漂亮的姐妹們，都會被當作產品屬於戰勝方所有了，其他的人不分老幼，一概人頭落地；他的一次正確決策，就可以打勝仗，把失敗方的一切剩餘產品作爲戰利品由軍事首領分配給下屬，再由下屬分配給士兵，這當然包括那些靚麗的女俘。難怪到了現時代，八國聯軍也罷，日本鬼子也罷，打了勝仗之後肯定要幹的「好事」，一是搶奪財寶，二是強姦婦女。古往今來，一脈相承！

當戰勝方發現，通過暴力可以使管轄的地域擴大，用暴力可以不用耕作一犁、不用撒種一粒地把戰敗方的一切剩餘產品均占爲己有，還有許多貌美的女俘可以隨心所欲地當作產品消費，這就更加激起強烈的擴張的欲望。「國家」軍事機器就得到了異乎尋常的鞏固和加強。母系社會，就在這種「外患引起的內亂」中宣告結束。與此同時，那些軍事首領和下屬官員以及立有赫赫戰功的人，便成了奠定父系社會基礎的領頭人——他們有數不清的理由將掠奪的剩餘產品歸爲己

有，誰也不敢有什麼怨言；他們有百分之百的把握確認出被他們個人霸占的女俘所生子女是自己遺傳的血統，成爲他們私有財產的繼承人。從這時起，家族產品消費經濟單位便誕生了。

「私有制」的起源，與其說是出於人對剩餘產品的私人占有，不如說是出於男人把女俘當作私有財富來占有。前者是暫時的占有，人死後財富便沒了歸屬；後者是永久的占有，奠定了血緣基礎，形成了家庭，確定了財富的繼承人。

家族產品消費經濟單位又可稱爲「集團」產品消費經濟單位。這是因爲，所謂的家族，不僅僅局限於有血緣關係的人，那些與某個「族長」沒有血緣關係的「哥們兒」、朋友、親兵、打手，以及那些失去人身自由被當作「社會性可再生自然產品」來使用的奴隸、農奴，都是這個家族產品消費經濟單位中的核算對象，他們的吃、穿等等費用，以及他們的勞動成果，都是在一個經濟單位內部消化的，只不過奴隸和農奴被劃定在產品範圍中，同吃草料的牛、羊等牲畜毫無兩樣。

這一階段經歷了一個非常漫長的時期，從「國家」內單一的奴隸主家族，發展到後來出現的豪紳家族、官僚家族和皇家家族。在所有的家族內部，都有被貴族當作產品來使用的「下人」，只不過一開始是少數貴族（例如奴隸主）可以無限制地享受產品消費，大多數的「下人」被無償地當作產品消費的經濟體制，後來則發展爲少數貴族（例如豪紳）只能有節制地享受產品消費，大多數的「下人」被有償地當作產品消費的經濟體制。有償地把人當作產品來使用和消費，

相對無償地把人當作產品來使用和消費，當然是歷史的進步，它是奴隸、家奴轉變成自由人的前夜。

3、家庭產品消費核算經濟單位階段

從奴隸社會到封建社會的早期，家庭產品消費經濟單位數量的逐漸增多，使社會分工越來越細，對產品需求的種類和內容越來越廣泛，產品的商品性交換的市場也就越來越大。「一般等價物」的出現，就是為了適應產品的商品性交換的發展要求。但是，家庭產品消費經濟單位階段只是少數貴族階層之間的產品的商品性交換，它把廣大的奴隸、農奴排除在能獨立地進行產品消費的經濟單位的行列之外，使很多人的產品消費權都得不到享有，故而也就限制了產品的商品性交換市場只是在少數家族貴人之間開張。隨著社會的進步和發展，自由人逐漸增多，形成了家庭產品消費經濟單位。這一下可不得了，產品的商品性交換的市場被擴大到空前的地步，參與產品的商品性交換的人越來越多。從封建社會的中後期，到資本主義社會，產品的商品性交換的繁榮景象隨處可見。

如今，世界上很多國家都處於這一產品消費經濟單位階段，產品消費基本上都是以家庭為一經濟單位進行核算的，即家庭中的所有成員共同消費產品。

家庭主要是以婚姻、血緣為聯結紐帶的集體組合。在一個家庭中往往有多個家庭成員，或有老有少，或有男有女，雖然處在一個家庭中，但對產品消費的欲望肯定會出現差別，在一些家庭共用的產品上就會發生需求上的矛盾。譬如：家庭中的電視產品，孩子要看「變形金剛」，妻子要看

「還珠格格」，丈夫要看足球比賽，結果，大家只能將就一個人，其他人的需求就不得不放棄。

從「以人爲本」的經濟觀點出發，家庭產品消費經濟單位必然會被個人產品消費經濟單位所取代，由此使社會經濟進入個人產品消費核算經濟單位階段。

4、個人產品消費核算經濟單位階段

這一階段是社會經濟形式的最高階段。在這一階段中，每個人都是獨立的產品消費者，這就使得產品的需求量達到了最大化，產品的商品性交換的市場得到最大限度的擴容，產品的所有權狀態獲得了最細緻的量化和最明確的落實。這種產品所有權的個人量化和落實，清楚地刻畫出人與人之間各種各樣產品消費權的界線，清除了過去人們之間存在的產品消費權的模糊權力和模糊義務，爲避免出現產品消費矛盾奠定了產權基礎。

細細分析不難看出，公社（國家）產品經濟階段的產品所有權是「公社（國家）所有」的模糊狀態——即：每個公社成員或國家公民應該享有哪些產品的所有權？應該享有多少？這些問題都是未知數，每個人都可以站起來拍著自己的胸脯說：「產品是歸我所有的！」既然人人都享有對產品占有、使用和處分的所有權，卻同時誰也不知道究竟有多少產品應該歸他們所有，其享有這一所有權的依據是什麼，那麼那些「公有」的產品其所有權就必定處於模糊狀態。模糊的所有權就必然導致模糊的權力和模糊的義務，也就必然會導致產品消費權的矛盾，由此引發各種各樣的經濟衝突。個人（個體）產品經濟階段的產品所有權是「個人（個體）

所有」的量化狀態——即：每個人實際享有哪些產品、享有多少，這都是非常明確的事情，不用爲產品的歸屬問題傷腦筋。一句話，誰的產品誰消費，如何消費、使用完全由所有者自己決定，這包括那些很多很多的個人將自己的產品集權在一起的「公有產品」，並沒有因爲產品的公共集權便喪失了確屬於自己那一份的「股權」及其支配權。

　　原始社會發展了上萬年，其經濟增長速度之慢除了人們已知的原因以外，它盛行的公社（國家）產品經濟形式也是主要原因之一。以公社（國家）產品經濟爲單位的成本核算體制，限制了內部的產品的商品性交換，排斥了外部的產品的商品性交換，由此阻礙了經濟的發展，爲「侵占性產品量化」和「剝奪性產品量化」的私有制的出現製造了經濟藉口。社會經濟發展的歷史事實無可辯駁地證實：產品經濟的「成本核算單位」是由「國家」逐漸朝著「個人」的方向發展的。前者是模糊的「國有」，後者是可量化爲私有的「國有」。社會經濟發展的總體規律是：從公社（國家）產品經濟（即原始社會）發展到家族產品經濟；從家族產品經濟（即奴隸社會和封建社會）發展到家庭產品經濟；從家庭產品經濟（即資本主義社會）發展到個人產品經濟（即社會主義社會），社會經濟的「成本核算單位」最終被量化到每一個人身上，使產品的所有權越來越明確、越來越合理，使產品的商品性交換市場越來越大，從而促進了社會經濟發展的速度越來越快。從這一規律中總結出的結論是：社會越落後，模糊性產品經濟「成本核算單位」體系相對越大，產品的商品性交換市場相對越小，反之，社會越進步，模糊性產

品經濟「成本核算單位」體系相對越小，產品的商品性交換
市場相對越大。

模糊性產品經濟體制的主要特徵，就是「公共產品形式
的個人消費內容」，而量化性產品經濟體制的主要特徵，則
是「個人產品內容的公共消費形式」。二者是有著根本區別
的。

模糊性產品經濟體制之所以是落後的社會經濟體制，那
是因為它總是用產品所有制形式中的「公有制」（即公共產
品形式）來掩蓋產品占有、使用和處分權力上的「私有制」
（即個人消費內容）。在這樣的體制中，人們之間的產品分
配、消費關係，由於它沒有科學地量化到每一個人身上，而
是處於「公共產品形式」的模糊狀態，因而它所能依據的
標準只能是倫常禮教、尊卑貴賤、論資排輩，或者是強權政
治、霸權政策和特權傾向。由此一來，人們在享有產品消費
的實際權力上，要麼是長者為先，要麼是強暴為先，要麼是
官者為先；在產品的分配上，要麼是家長決定，要麼是刀槍
決定，要麼是領導決定。對於廣大的人民群眾來說，產品的
分配權與他們無緣，產品的消費權也就必定會遭受侵害。對
待這樣一些必須弄清楚的經濟學問題，《資本論》中隻字未
提。

《資本論》敲鼓不敲鼓心，非把鼓錘敲在鼓沿上，清
脆的聲響自然更刺耳，而且很多外行都不約而同地喜歡這種
聲響，被世界上大多數人所青睞，讓眾多真正的敲鼓手備受
冷落，讓人不得不感歎：什麼真理？只要能把大多數人忽悠
了，得到了「選票」，誰就是「真理」的化身！

第15章　產品的商品性交換

15-1 產品與商品不是一碼事

產品，它如果只用於勞動者個人自己使用和消費，那它就永遠成不了商品。只有當它以交換等方式能同時使自己和他人都達到某種需求目的時，產品才轉化成商品。一切商品肯定都曾經是產品；一切產品不見得都能轉化成商品；所有的商品最終都會再轉化成產品。

在《資本論》和西方的經濟學中，經常可以看到「商品交換」這一概念。我真弄不懂，產品的交換爲什麼要被說成是「商品交換」？商品是哪裏來的？它最初形成的狀態是怎樣的？最後落實的狀態又是怎樣的？從「商品交換」這一概念中，只能看到交換的過程和形式，卻看不到交換的動機、目的和實質。好像人們之間的交換，是爲了交換而交換，而不是爲了消費或其它需求而交換。對這一容易導致誤解的概念，有必要把它丟掉的主語部分重新添加進去，即：產品的商品性交換。意思是說，交換都是產品之間的交換，被交換的產品具有了商品的性質，商品指的即是產品的交換關係，是爲了用一種產品以商品的形式去交換另外一種產

品，最終獲得對那另外一種產品的消費權。

因此，我們所說的「商品」，指的就是產品的交換，或者說是用於交換的產品，無須囉囉唆唆地在「商品」的後面再加上「交換」二字，來個「畫蛇添足」，倒把意思給搞亂了。「商品經濟」、「商品市場」這樣一些概念都是比較準確、易理解的，不用添加上「交換」二字，人們也能明白所指的內容已經包含了交換的意思。

由此可以看出，產品，它如果只用於勞動者個人自己使用和消費，那它就永遠也成不了商品。只有當它以交換等方式能同時使自己和他人都達到某種需求目的時，產品才轉化成商品。一切商品肯定都曾經是產品；一切產品不見得都能轉化成商品；所有的商品最終都會再轉化成產品。很顯然，產品與商品是有區別的，不能把它們相等同。

在凱恩斯革命前的19世紀的法國，薩伊發明了「供給會自行創造需求」的經濟規律。它的主要論點是：產品是由產品來購買的，貨幣在交換中僅僅起著一種臨時的作用。「當交易最後結束時，總是看到，一種產物換成另一種產物。」【54】

當然，產品與商品又有著非常密切的聯繫。以成為商品為目的而生產的產品，是商品的「靜止狀態」，意思是說，它明確地歸屬某一方，處於所有權暫時穩定的時期；以消費產品為目的而交換的商品，是產品的「運動狀態」，意思是

【54】季陶達：《資產階級庸俗政治經濟學選輯》，商務印書館，1963，頁115〜116。

說，它正在交換過程中，處於所有權發生變化的時期。那些擺在商店裏準備出售的「商品」，實際上它們應是商店主人的產品，它只具有商品的「應然性」，不具有商品的「實然性」。只有當消費者登上門來購買時，產品才因交換關係的形成而自動轉化成商品。一旦交換關係結束，商品就又變成了產品了。

譬如，我用十尺布產品交換另一個人的一把石斧。在這交換的過程中，十尺布和一把石斧都由產品轉化成商品，從而實現了產品的商品性交換。當交換的活動結束後，「商品」便會立即還原成產品：我的十尺布成了歸另一個人所有的產品；另一個人的一把石斧成了歸我所有的產品。

看得出，與產品相比，商品的實際狀態是短暫的，它是產品由一方所有轉變到另一方所有的過渡階段。

無可置疑，在原始社會的早期，當產品總量僅夠各個氏族部落自己消費需求的時候，根本不可能有客觀條件去考慮「交換」，也就不會有商品出現。產品轉化爲商品首先必須具備的前提條件就是產品剩餘。只有出現了產品剩餘，才能創造交換的條件；剩餘的產品數量越多，交換的能力就越強。除此之外，社會分工的出現也是促使更多的產品轉化爲商品的又一個必備的條件。因爲社會分工越細，產品的不同種類越多；產品的種類越多，交換的範圍就越廣。所以，產品轉化爲商品，不僅僅以產品「質的方面和量的方面」[55]爲轉移，而是由原始公社交換產品雙方的產品剩餘情況和產

【55】《資本論》第1卷，頁5。

品需求情況的綜合因素來決定的。譬如，從事農業的原始公社想用剩餘的糧食產品交換從事畜牧業的原始公社的毛皮產品，這首先要看後者的毛皮產品是否有剩餘？如果有剩餘，還要看他們對糧食產品是否有需求？既有自己產品的剩餘，又有對他人產品的需求，這才構成產品向商品轉化的條件。剩下來要做的事情，才是商品「質的方面和量的方面」的討價還價。只要有一個條件不具備，儘管糧食產品和毛皮產品都是有用物品，它們也不能形成交換關係而成爲商品。商品體現的是產品的交換屬性。

在沒有出現產品剩餘時，產品需求問題無足輕重，因爲人們沒有選擇的餘地。當出現了產品剩餘時，尤其是剩餘的產品種類越來越多時，產品需求問題就變得越來越重要，因爲人們享有了更多的選擇權。因此，不見得所有的剩餘產品都能轉化成商品而進行交換，不同的產品剩餘只是爲不同的原始公社之間創造了交換的條件。剩餘的產品能不能轉化成商品，它有賴於不同的原始公社之間是否能夠形成產品需求的互補，即：交換能夠同時滿足雙方各自不同的需求，並且他們之間都樂意交換。如果有一方並不需要對方的產品，即使對方表示願意付出更大一些的代價，也不見得能夠實現交換。

所謂產品需求的互補，是指交換產品、使產品轉化成商品的目的，不是用一種剩餘產品簡單地去交換另一種剩餘產品，而是用一種剩餘產品去交換另一種可以滿足產品需求、使其不再以「剩餘」的形式而繼續剩餘的消費產品。這種「剩餘產品」向消費產品的轉變，不是一方的需求滿足，而

是交換雙方的需求滿足。

可見，不同的原始公社之間，把不同的剩餘產品同時都轉變成消費產品，從而形成交接關係，使產品轉化成商品，這不是一件容易的事情。正是因為在原始社會時期出現了「三少」的情況（即剩餘產品少、產品種類少、產品消費核算經濟單位少），致使商品市場蕭條，商品經濟的發展受到極大的束縛，社會經濟發展的速度非常緩慢。能有多少產品能夠轉化成商品，這種轉化的速度有多快，轉化的規模有多大，這些因素成為衡量一個社會經濟發展水平的標誌之一。

15-2 貨幣的雙重屬性

在商品的交換中，它可以充當一般等價物以特殊商品的形式進入市場；在特殊的產品積累中，它可以充當一般財產量以特殊產品的形式存入每個人的銀行賬戶中。當人們都存錢的時候，貨幣不是特殊商品而是特殊產品；當人們都用錢買東西的時候，貨幣就改變了特殊產品的狀態而變成了特殊商品。

產品的商品性交換是多種形式並且是分階段的，它們有不同的表現。

第一階段：

1、等價交換的公式：

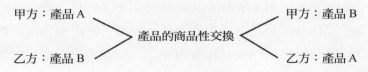

2、不等價交換的公式：

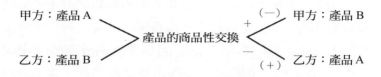

在商品市場的發展過程中，一些特殊的產品，例如羊、布、海貝、銅器等，為了便於產品之間的交換，便逐漸地演化為「一般等價物」。這種價值形式發展到一定階段時，便形成了貨幣。由此，人們之間的產品交換關係發展到第二階段：

1、等價交換的公式：

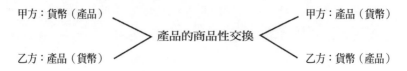

2、不等價交換的公式：

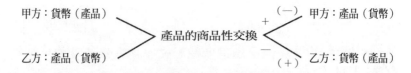

從第二階段的兩個公式中我們可以看出：貨幣具有雙重屬性：在商品的交換中，它可以充當一般等價物以特殊商品的形式進入市場；在特殊的產品積累中，它可以充當一般財產量以特殊產品的形式存入每個人的銀行賬戶中。當人們都存錢的時候，貨幣不是特殊商品而是特殊產品；當人們都用

錢買東西的時候，貨幣就改變了特殊產品的狀態而變成了特殊商品。所謂資本的運作問題，就是投資者用積累起來的特殊產品去生產或經營人們都有所需求的一般消費產品，從而獲取「剩餘價值」。因此，貨幣不僅僅是「從商品世界中遊離出來充當一般等價物的一種特殊商品」，　而且還可以是從產品世界中遊離出來充當一般財產量的一種特殊產品。

第三階段：

1、等價交換的公式：

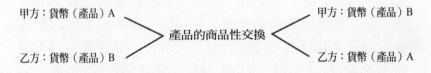

2、不等價交換的公式：

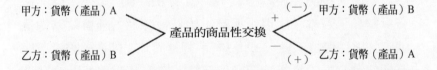

對第三階段的交換公式，人們就不會大驚小怪了。我經常聽說某某人倒騰外匯買賣，賣了日元買英鎊，賣了英鎊買美元，賣了美元買人民幣，賣了人民幣又買日元。有時賠錢了，有時賺錢了，有時沒賠沒賺（等價交換）。這就是貨幣的雙重屬性——既是特殊的商品又是特殊的產品——最明顯的表現形式。

綜上所述，在三個階段的交換公式中，都存在著不等價的交換現象，這不是什麼奇怪的事情。如果產品的商品性交

換都是「等價交換」，那才奇怪呢！等價與不等價，在產品的商品性交換中都是由人的感覺來大體測定的。「等價」都是相對的等價，「不等價」才是絕對的。這是因爲，自然產品從一開始就沒有「價格」的標籤貼在它上面，野果子究竟應該值多少錢？野牛究竟應該值多少錢？既然自然產品本身沒有一個核價的標準，那麼在它基礎上發展起來的原造人工產品和創造人工產品，怎麼能在交換中準確地核定出它的商品價格是等價還是不等價？對此問題，我們還要在後面作深入的探討。

從三個階段的交換公式中我們還可以看出，即使在最低級的交換關係中，儘管還沒有貨幣和《資本論》中所說的「資本」加入進來，社會財富的總量照樣會不斷地增加出來，否則商品市場也就不會越來越繁榮，交換也就發展不到高級階段。按照《資本論》所總結出來的價值規律，既然沒有貨幣和「資本」出現，那麼原始社會時期的社會財富總量就應該總是保持不變——即沒有「剩餘價值」創造出來，這與社會經濟發展的實際情況明顯不符。正是因爲原始社會時期人類社會財富的總量不斷增加——剩餘產品的增加、產品種類的增多，才爲商品市場的發展奠定了基礎，才爲後來貨幣和「資本」的出現創造了條件。

15-3 產品交換與交換戰俘

原始社會時期的交換，總是大致地確定在兩個公社之間的中間地帶，即雙方按約定好的產品種類和數量，把產品同時送到距雙方基本上一樣遠的中間地帶，在那裏完成交換。

到了現代，交戰國雙方交換戰俘，還沿用這種最原始的「產品」交換模式，這也許就是原始交換的現代表演。

產品的商品性交換，起初並沒有什麼理論上的「價值」概念指導原始人的商業行為，所謂的「使用價值」和「交換價值」，也只不過以交換市場上看得見、摸得著的供求關係簡單地表現出來（有關價值的問題，我們在第四章中深入探討），因此交換絕對不會是產品的等價交換。什麼「2隻羊＝1把石斧」，【56】什麼「一件上衣＝20碼麻布」，【57】這都是幻想，都是憑空捏造出來的。

事實上，原始社會時期，產品的商品性交換完全建立在公社（國家）產品消費經濟單位之間，即：交換是以公社為「法人」單位的整體性的交換。這樣的交換，公社之間不會大老遠的為2隻羊或1把石斧去勞神費勁，幹這種得不償失的蠢事。到了近代也是如此，英國的公司不會駕船跑到中國來只為賣掉幾斤鴉片，也就不會為這幾斤鴉片發動鴉片戰爭了。原始公社之間的交換，不管是哪一種產品，基本上都是帶有「批量」性質的。相距的越遠，每次交換的產品數量也就越多，這是最起碼的經濟原理。與近、現代不同的是，原始社會時期的交換，總是大致地確定在兩個公社之間的中間地帶，即雙方按約定好的產品種類和數量，把產品同時送到距雙方基本上一樣遠的中間地帶，在那裏完成交換。到了現

【56】《政治經濟學教材》，頁32。

【57】《資本論》第1卷，頁12。

代，交戰國雙方交換戰俘，還沿用這種最原始的「產品」交換模式，這也許就是原始交換的現代表演。

既然公社經濟單位的交換是具有「批量」性質的，那麼它的交換價值公式就不會是「2隻羊＝1把石斧」、「一件上衣＝20碼麻布」，而應該接近於下面的公式：

$$100隻羊 \approx 50把石斧$$

這裏的「$\approx$」，是表示一種「近似等價」的產品交換關係。就是說，不見得每次都是100隻羊交換50把石斧；有的時候100隻羊只換了45把石斧，有的時候90隻羊就換了50把石斧，這種「交換的等價關係」是根本無法確定的。

這一交換形式，「反映了原始公社之間偶然的交換關係。譬如說，缺乏石器原料地區的原始人集團拿羊去同另一個原始人集團交換石斧。離鹽湖較遠的原始人集團拿糧食去同鹽湖附近的原始人集團交換食鹽。這種交換是不經常的，因爲原始公社都是自給自足的自然經濟，很少有多餘產品，不可能有經常的交換。」【58】

但是，當駐紮在鹽湖附近的原始公社用食鹽交換了糧食，從這種交換中嚐到了甜頭之後，那麼這個公社就會加大食鹽的曬製生產，用食鹽去交換其它的產品。這樣一來，交換的範圍就擴大了。要知道，人對鹽的需求自不必說，當遠離鹽湖鹽礦和沿海地區不知食鹽是如何生產出來的其它地域的公社原始人用較多的糧食或牲畜交換較少的食鹽時，無疑

【58】《政治經濟學教材》，頁32～33。

會使生產鹽產品的原始公社喜出望外，人的「自私和貪欲」便會促使他們想方設法提高食鹽的產量，無形中也就促進了食鹽生產技術能力的提高。這種在某個專項的產品領域生產技術的深化、生產規模的擴大，必然會使食鹽由過去的單純產品性生產或偶然的產品交換，變成後來的以商品性生產為目的可以同多種其它產品相交換的商品性產品了。

　　不過，當食鹽的產量越來越大、食鹽的「庫存」剩餘越來越多時，尤其是當內陸的原始公社發現了取之不盡、用之不竭的海水可以成為食鹽的原料，且曬製的生產技術和勞動耗費並不像過去想像的那麼難和那麼辛苦時，食鹽的交換價值就會在交換市場中下降得越來越低。

　　我總是在琢磨，原始大森林幾乎都遠離海邊，是什麼經濟原因使原始人流連忘返地依戀海岸？是海洋捕撈嗎？肯定不是。原始人還不會造船，更沒有海洋捕撈的器具。海洋生物很少會自己爬上岸來，偶爾有上岸的，初始也是原始人眼中的惡魔，如螃蟹、鱷魚什麼的。琢磨來琢磨去，只有製鹽能夠較長久地為駐紮在海岸邊上的原始人提供經濟來源，因為它是所有內陸地區原始公社都有所需求的消費產品。由此，製鹽業也許就是人類歷史上最早出現的工業之一，而且鹽很可能曾經是交換市場中流通最活躍的商品。只不過到了後來，從事製鹽業的人多了起來，鹽的大量剩餘與製鹽者之間的競爭，更出於製鹽的勞動耗費與其它產品生產勞動的耗費有明顯的差別，缺乏知識的人不會總交「學費」，總進行吃虧性的交換，故鹽的商品價值逐漸降低，最終失去「流通物」的職能。

其它產品的生產，也都有類似的情況。這樣一來，食鹽就成了沿海的原始公社同其它原始公社交換產品的「近似等價物」；石器製品就成了石器原料地區的原始公社同其它原始公社交換產品的「近似等價物」；糧食就成了土地肥沃地區的原始公社同其它原始公社交換產品的「近似等價物」；牲畜就成了草原地區的原始公社同其它原始公社交換產品的「近似等價物」。對於生產食鹽產品的原始公社來說，它的交換價值公式是：

50斤鹽≈100隻羊，或≈50把石斧，或≈50擔米，或≈其它
對於生產石器製品的原始公社來說，它的交換價值公式是：
50把石斧≈50斤鹽，或≈100隻羊，或≈50擔米，或≈其它
對於生產糧食產品的原始公社來說，它的交換價值公式是：
50擔米≈50把石斧，或≈50斤鹽，或≈100隻羊，或≈其它
對於生產牲畜產品的原始公社來說，它的交換價值公式是：
100隻羊≈50擔米，或≈50把石斧，或≈50斤鹽，或≈其它

這種都以某個原始公社自己生產的產品作爲交換的「近似等價物」的現象，其根本原因是我們在前面已經提到的公社之間沒有一個公認、固定的產品交換市場。

原始社會的中後期，由於剩餘產品的增多，受供求關係的影響，某些原始公社出現了最早的「推銷員」，專門從事到其它的原始公社商議交換事宜的業務工作。在公社中能夠作出交換產品決定的人，往往是公社中的酋長、長老。一旦交換事宜談妥，爲了表示誠意，也爲了建立長久的交換關係，「推銷員」免不了會向酋長、長老贈送一些稀有的禮

品，例如海貝什麼的（現代社會出現的「行賄」現象，自古就有之）。從這個時候起，交換地也有了變化，出現了最早的「送貨上門」，即：雙方不再在某個中間地帶進行「易貨貿易」，而是某一方將交換的產品直接送到另一方的住地內，從對方的住地內取回所需的交換產品。這一交換地的變化，為後來形成固定的交換市場創造了部分條件。

如果所有的原始公社都只生產單一的產品，那麼就很難形成固定的交換市場，也就不會發展成為後來的城市。某些原始公社在經濟上較迅速地發展的同時，改變原先單一產品的生產模式，興起綜合性的產品生產模式，這不但促進了社會的分工，更形成了多樣化產品的市場，使四周生產單一產品的原始分社，都可以在這裏交換到想要交換的任何一種產品。有了較固定的交換市場，「一般近似等價物」才有了更進一步的條件派上用場。

產品的剩餘促進了交換，交換又促進了市場的形成，市場的形成又促進了「一般近似等價物」的形成，「一般近似等價物」又反過來促進了市場交換，由此經濟的發展越來越快。

形成了「近似等價物」之後，產品交換價值公式就出現了新變化。即：

$$
\left.
\begin{array}{l}
100\text{隻羊（x）} \approx \\[4pt]
50\text{把石斧（x）} \approx \\[4pt]
50\text{斤鹽（x）} \approx \\[4pt]
50\text{擔米（x）} \approx \\[4pt]
\text{其它產品（x）} \approx
\end{array}
\right\} \text{（x）一般近似等價物}
$$

上述公式說明，很多產品都曾經充當過「一般近似等價物」。哪一種產品最受各個公社的歡迎同時又供不應求，哪一種產品就容易登上「一般近似等價物」的寶座。一旦這種產品的市場供應量越來越大時，人們就會逐漸地放棄對這種產品的儲存，尋找新的能保值、增殖的產品來替代它。

從前面的分析中不難看出，原始社會的中後期已經形成了初步的經濟。沒有商品經濟就不可能有交換的市場繁榮，也就不會有「一般近似等價物」的出現。只不過它的商品市場受到公社（國家）產品消費經濟單位體制的阻礙，無法更迅猛、更龐大地發展罷了。

在此必須說明的是，原始社會時期產品交換價值公式中是不會有金銀出現的，甚至連鐵器和銅器也沒有份兒。到了奴隸社會的初期，隨著公社（國家）產品消費經濟的解體，隨著家族產品消費經濟單位的形成，才在陶器大量燒製的過程中發現了鐵、銅等金屬，在鐵器和銅器的冶煉中發現了黃金和白銀等貴金屬，這才爲以後的「一般近似等價物」由陶器、鐵器、銅器發展到金和銀創造了客觀條件。

總之，「貨幣」的發展是循著這樣一個過程進行的：可再生的自然產品→原造的人工產品→創造的人工產品→原造的不可再生的人工產品→創造的不可再生的人工產品（紙幣、信用卡等）。這一過程是從「一般近似等價物」的「粗糙量化」到「精細量化」的過程。即是說，由不易分割和合併的產品向容易分割和合併的產品轉化。分割，可以分割到第一元、每一角、每一分；合併，可以隨意輕鬆地拼湊成幾百萬、幾千萬。

說來說去，這種充當穩定的「一般近似等價物」即充當
貨幣的東西叫什麼？它不叫貨幣商品，而是叫貨幣產品。貨
幣的起源和本質，其中最簡單的價值關係，不是「一個商品
對另一個不同種的商品（不管是哪一種商品都一樣）的價值
關係」，[59] 而是一個產品對另一個不同種的產品（不管是哪
一種產品都一樣）的價值關係。

15-4 中西文化差異的經濟原因

社會主義與資本主義之爭，發展中國家與發達國家之
爭，歸根結底，是經濟體制之爭。誰優誰劣，誰勝誰敗，就
看誰開放的商品市場越大，就看在誰的商品市場中具有主體
資格的自由交換者越多。由於經濟體制往往受制於政治體
制，所以在表面的經濟體制之爭中，必然隱藏著更加激烈的
政治體制之爭。

產品的商品性交換，是人與人之間建立「平等價值
觀」的社會經濟基礎。這是因為，商品經濟中
的交換，乃是交換雙方互利互惠、平等協商的結果；在商
品市場中，「貴賤尊卑」、「等級倫常」一概不起作用。就
是說，交換的雙方通過交換都能得到利益，滿足各自的「自
私和貪欲」，絕對不能讓某一方享有特權，進行不公平的交
易。盧梭的《社會契約論》，可以說就是把商品經濟的「平

【59】《馬克思恩格斯全集》第23卷，頁61～62。

等價值觀」引申到社會政治領域中的理性推理。社會中的每個人，如果都能成爲自由市場的交換者主體，這肯定會爲民主政治和民主文化的形成創造根本性的條件。

但是，在公社（國家）產品消費核算經濟單位階段和家族（集團）產品消費核算經濟單位階段，其中的很多很多人都無法成爲商品經濟中自由交換的主體，甚至成了公社（國家）或家族（集團）中掌有生殺大權者或享有特權者的可供他們使用或消費的產品，以至還可以成爲被交換的對象。就是說，在產品經濟體制最猖狂的時代，很多人不但不能成爲自由交換的主體進入商品市場，反而成了商品被特權者自由買賣（例如奴隸）。它怎麼會產生「平等價值觀」呢？

以公社（國家）和家族（集團）爲本位的經濟體制，乃是一個封閉的小型社會，其內部有時也可以有商品經濟的交換關係產生，但它們都是被限制在爲公社（國家）和家族（集團）服務的前提下而處於從屬的地位。在這樣的經濟體制中，人們不會產生「平等價值觀」，而「等級價值觀」則不得不深深地植根於人們的經濟意識中。

過去人們一直誤以爲原始公社是平等的樂園，這是非常錯誤的。人們所看到的公社酋長、長老與其它公社成員之間沒有太大的經濟差別，這一表面現象，只不過是因爲酋長、長老在那個產品剩餘極爲有限的時代確實沒有什麼物質東西值得多享有。酋長、長老們能夠關注並在他們看來值得關注享有的特權之一，就是獨享公社中那些長得漂亮的少女的初夜權。其他的公社成員能同酋長、長老平等地享有這一特權嗎？可見，「貴賤尊卑」、「等級倫常」的封建主義「等級

價值觀」包括腐敗現象，早在原始社會時期就開始萌生了，只不過它還沒有體現在產品的私人占有上罷了。

以君權爲特徵的國家，不過是公社的翻版，用現代公社的產品經濟體制代替了原始公社的產品經濟體制。所有具有古老東方文明的國家（如古巴比倫、古埃及、古印度），都自然而然地沿著古老的公社（國家）產品消費核算經濟單位的方向，發展成爲以「等級價值觀」爲文化特徵的專制主義國家。如果有所進步，那也僅僅是偶爾停留在家族（集團）產品消費核算經濟單位階段。

西方文化源自於希臘文明，而希臘文明的形成，應該歸功於商品經濟體制在這個特殊的地域、特殊的歷史時代第一次從經濟結構上有效地摧毀了產品經濟體制。不管是城邦，是商團，還是木匠、鐵匠、製繩匠、皮革匠等等手工業製造者，都可以產品交換的主體資格進入自由市場。尤其是造船業的興起，更是爲社會分工的細化和產品的專業化生產創造了有利的條件。市場的繁榮、交換原則的廣泛遵守，使古希臘成爲以商業商團組織爲本位的政治實體。在這樣一種商品經濟體制中，產品消費核算經濟單位化解到每個家庭、每個手工業製造者身上，使他們能夠以獨立的經濟主體資格在商團市場中、城邦市場中甚至在「國際貿易」中自由交換，而不再從屬於某個公社（國家）或家族（集團）產品經濟體制的擺佈。與此相反，由商人組成商團，由商團組成城邦，使得權力由下而上地構築起來，不給「天賦神授」的王權君權創造任何賴以產生的經濟條件。

總之，只要中國的產品經濟體制不變革，像過去一樣，

總是讓商品市場被束縛和控制在產品經濟體制中，那麼市場的繁榮絕對不會長久。因為它從根本上並沒有改變人們的「等級價值觀」，使人得不到解放，也就得不到發展。

可以這樣說，「社會主義」與「資本主義」之爭，發展中國家與發達國家之爭，歸根結底，是經濟體制之爭。誰優誰劣，誰勝誰敗，就看誰開放的商品市場越大，就看在誰的商品市場中具有主體資格的自由交換者越多。由於經濟體制往往受制於政治體制，所以在表面的經濟體制之爭中，必然隱藏著更加激烈的政治體制之爭。

究竟哪一種經濟體制是最先進的，其根據是什麼？得出這一結論，有賴於我們將各種各樣的經濟問題先一一地分析清楚。在這些經濟問題之中，「價值」及其相關的問題應是我們必須應該首先著手分析的，從價值規律中，我們才可以逐步地摸索出其它的經濟規律，為最終確定出一種先進的經濟體制找到其先進的理論根據。這即是本書的寫作目的之一。

第16章　產品價值和商品價值

16-1 對「價值」概念的異議

舊的價值觀把天然存在的物品看成是沒有價值的東西，這是對價值的犯罪！正是由於我們曾經忽視了自然界的價值，造成水土流失，造成環境汙染，造成生態環境的惡化，其結果，我們必然會因為破壞了價值而付出慘重的代價。

在《資本論》和西方的經濟學中，都把價值同產品價值和商品價值、使用價值和交換價值等概念並列起來使用，極易造成概念的混亂，把人們弄得糊裏糊塗。例如：「一物可以是使用價值而不是價值。只要它對人類的效用不是由於勞動，情形就是這樣。例如空氣，處女地，自然草地、野生林木等等。」【60】又如：「在許多地方，水雖然是人所不可少的東西，卻完全沒有價值。當然，這一觀察只是直接指以貨幣表示的價值，即所謂『交換價值』而言」。【61】維塞爾的意思，是不把價值當價值來說，而是把交換價值當作價值

【60】《資本論》第1卷，頁11。

【61】《自然價值》，頁51。

來闡述，在否定了水沒有價值（實際是指交換價值）之後，忽然發現以財物的用處來表示的價值即「使用價值」，也在價值的否定的同時被否定了，故而自己都覺得「這一觀察與實際不符」，【62】真是說不清、道不白！同樣，《資本論》的意思，是說空氣、處女地、野生林木、自然草地以及陽光和水這樣一些天然性的東西，對人類來說是有很大的使用價值，但由於沒有人的勞動耗費在它上面，因而它們都不具有價值。只有使用價值而沒有價值，所以它們就不能成爲商品。【63】很明顯，《資本論》也是把交換價值當作價值來闡述，只不過讓價值完全脫離開使用價值，讓使用價值丟掉了價值的來源。

混淆價值與使用價值和交換價值概念的上述種種奇談怪論，是經濟學研究從商品的分析開始的最大「穿幫」！【64】

通常我們所說的價值，應是一個「母概念」，本不應與使用價值和交換價值這樣一些「子概念」並列使用。因爲價值概念的「外延」【65】包含了使用價值、交換價值等等具體性價值的概念。就是說，價值這一概念中包含有許多具體的價值內容，例如自然的價值、人的價值、觀念的價值、社會

【62】《自然價值》，頁51。

【63】《政治經濟學教材》，頁25。

【64】「穿幫」是電影專業中的一個術語。意思是指在再現「真實」的影片中出現了明顯的人爲拍攝過程的「虛假」。

【65】邏輯學上指一個概念所確指的對象的範圍，例如「人」這個概念的外延是指古今中外一切的人。

關係的價值、產品的價值、商品的價值，以及使用價值、交換價值和其它價值。在某項具體價值內容的概念中，又包含有更爲具體的價值內容。例如在「人的價值」概念中包含有男人的價值、女人的價值、工人的價值、農民的價值等；在「產品的價值」概念中包含有自然產品價值、人工產品價值等。

因此，價值理論研究者不能把「價值」這個概念隨意地當作某個具體性的概念來使用，而應該把它看作「價值一般」才比較客觀、準確。

就人與自然的關係來說，價值是有兩個屬性：客觀價值和主觀價值。自然草地、野生林木、水等等一切天然存在的東西，都是有價值的，即都有它們客觀的價值。客觀的價值就是指一物品可能暫時沒有被人認識到的潛在的價值。有人說天然存在的東西沒有「價值」，是相對於人的主觀價值而言的，即人沒有認識到客觀價值的存在。客觀價值是不以人的意志爲轉移的客觀存在：你認爲它有「價值」時它有價值，你認爲它沒有「價值」時它也有價值。主觀價值則是以人的意志爲轉移的認識過程，是對客觀價值的能動反映。當客觀價值與主觀價值相分離的時候，「價值」問題就會在人們之間引起爭議，有的人說有，有的人說沒有。一旦客觀價值與主觀價值相統一的時候，「價值」問題就會轉化爲價值量的問題了。有關價值問題的理論研究焦點，不是爭論有沒有「價值」，而是怎樣讓客觀價值與主觀價值相統一，其相統一的方法對不對？爲什麼對，又爲什麼不對？

1978年以前的中國深圳，只不過是一個小小的漁村，

那兒的土地根本不值錢。「不值錢」不是說它沒有價值（客觀價值），而是說它沒有主觀價值。幾十年以後的深圳，誰也沒往地裏埋金子，它如今一畝地能值多少錢？說出來能把《資本論》嚇一跳！既然有人說土地沒有價值，那它的價值是哪裏來的？連土地都有價值，那土地上面的草地、野生林木等天然的東西怎麼會沒有價值呢？如果沒有價值，我們如今幹嘛下這麼大的力量保護野生動物呢？為什麼至今還有人冒著犯法的風險捕獵野生動物呢？捕獵者完全可以舉著《資本論》責問執法者：野生動物是天然的東西麼？有人的勞動耗費在它上面麼？沒有人的勞動耗費在它上面的天然物品就是沒有價值的東西，你們幹嘛要保護這些沒有價值的東西？你們又有什麼理由不讓我們捕獵這些沒有價值的東西？你們竟然膽敢反對馬克思主義……（給他們上綱上線！）這下一來，豈不亂套了？

有人說「無償的自然賦予就沒有價值」，這簡直是胡說八道！他所說的「價值」究竟是指什麼？是交換價值，還是使用價值、占有價值？是產品價值，還是商品價值？自然的賦予即使人們暫時感覺不到它的「價值」，那也僅僅是指這個「價值」的價值量。一旦自然的賦予沒有了、喪失了，由此給人們帶來災害造成確鑿的經濟損失時，人們就會立刻根據其顯現出來的價值量而感覺到「價值」的存在。為什麼到了乾旱的時候，人們會產生出「滴水貴如油」的價值感覺來？這就是主觀價值感覺被客觀價值感覺逼出來顯現出其價值本質的最好說明。

說到水，它更有價值了。當人認識不到水的客觀價值

時，造成了多少水資源的浪費？沒有水，我們就是建多少個大壩也發不出電來。一旦水源緊張、供不應求時，不管它上面耗費沒耗費勞動，它的價值都會顯露出來。

舊的價值觀把天然存在的物品看成是沒有價值的東西，這是對價值的犯罪！正是由於我們曾經忽視了自然界的價值，造成水土流失，造成環境汙染，造成生態環境的惡化，其結果，我們必然會因為破壞了價值而付出慘重的代價。野生林木的價值量好像看不見摸不著，但是，只要我們破壞了野生林木，造成水土流失，導致洪水泛濫，淹沒了村莊和良田，它給人類社會造成了多大的經濟損失，它讓人類付出了多大的代價，正好就是野生林木的價值量。

對於生命來說，任何所需都是有價值的。就連一些看似沒有價值的東西，它實際上也蘊含著價值，只是我們沒有挖掘出來而已。例如垃圾，好像它是沒有絲毫價值的廢棄物，只要我們利用先進的科學手段對其進行分解、加工，不但能夠使它產生新的使用價值，甚至還可以使它產生新的交換價值。

人類應該珍惜身邊的一切自然存在物，因為它們都是有價值的東西。

再進一步說到有勞動耗費到它上面的產品問題，也是同樣的道理。生產過剩時期被傾倒進大海裏的牛奶，誰說它沒有價值？它明明有價值麼，有很多的勞動曾經耗費在它上面，包括往大海裏傾倒它時所付出的費力的勞動。傾倒的原因不是它沒有價值，也不是它沒有使用價值，而僅僅是因為它被認為沒有交換價值。還有商店裏的積壓產品，工廠裏

生產的廢品，都有勞動耗費在它上面，因為這個原因，即它們都是「勞動產品」，就認定它們都具有交換價值（《資本論》經常把交換價值當作價值來說），明明交換不出去，卻以「勞動耗費」作為理由說它們都有「價值」（即交換價值），這不是自相矛盾麼？

一種物的「有用」與「無用」，僅僅體現這一物本身價值身上有否貼著「價值標籤」，不能因為它「有用」才認為它有「價值」，也不能因為它「無用」就認為它無「價值」。這是「主觀價值決定論」，是唯心主義的價值觀。

當前人沒有認識到煤的作用時，可以認為煤沒有「價值」，把煤同陽光、空氣和水一樣看待。那麼當後人發現了煤的作用對它進行挖掘開採時，又認為它有「價值」，把煤同貨幣一樣看待，這「價值」是從哪裏變出來的？事實上，煤的價值過去處於一種「客觀價值」與「主觀價值」相割裂的狀態：前人誤以為它沒有「價值」，那是因為還沒有人把「價值標籤」貼在它上面；後人誤以為它有「價值」，並不是真正認識到它的「客觀價值」，而僅僅是看到了它上面被人貼上去的「價值標籤」。這樣一來，價值就被莫明其妙地變成了過去根本沒有而後來被人創造出來的東西，誇大了人的主觀能動性，這不是唯心主義是什麼？

所謂價值，「這個概念所肯定的內容，是指客體的存在、作用以及它們的變化對於一定主體需要及其發展的某種適合、接近或一致。」如果我們明確地表示贊同李德順先生所著的《價值論》一書中有關價值概念的定義，那麼我們就必須明確地表示《資本論》和西方經濟學中所說的「價值」

概念定義有誤，或者說距離「原義」還有距離。

16-2 產品價值與商品價值

相對他人來說，為我所有的具有使用價值的東西，只要我無意放棄，任何人都不能把它變成商品而強迫我非交換別的東西不可。也就是說，不能因為他人認為為我所有的東西具有使用價值，就把我使用產品的權利轉變成他使用「商品」的權力——不管我願意不願意，想交換得交換，不想交換也得交換。這種只談使用價值、不談占有價值的理論哪裏是什麼交換價值規律的邏輯？純粹是強盜的邏輯！

在我們現今所有的經濟學教科書中（不管是「東方」的還是「西方」的），很少提及產品價值，偶爾提到，要麼是被當作「價值」來論述，要麼是被當作「使用價值」來論述，還有的時候竟然被當作「商品價值」來論述。這就如同把經濟學的價值範疇當作哲學的價值範疇來論述、把「價值特殊」當作「價值一般」來論述一樣，[66]造成了概念上的混亂。

價值，在人與自然、客觀價值與主觀價值之間達成的「某種適合、接近或一致」之後，就被縮小了概念的外延範圍，限定在人與某個特定的物品上，形成了產品價值概念。

產品價值也是有兩種屬性：占有價值和使用價值。任何

【66】李德順：《價值論》，中國人民大學出版社，1987，頁14～15。

一種產品價值，都是占有價值與使用價值的統一。因爲沒有占有價值，使用價值就無從談起；沒有使用價值，占有價值就顯得毫無意義。

在原始社會時期，當公社內部沒有產品剩餘或有了產品剩餘但還沒有進行交換的時候，原始人的「價值觀」裏只有公社整體性的產品占有價值和產品使用價值，根本沒有「交換價值」。在占有價值和使用價值沒有形成交換價值的這一前提下，特定的物品的狀態都是產品而不是商品。也就是說，沒有交換價值的存在，絲毫不影響占有價值和使用價值的存在；產品的存在不以商品的存在爲前提，而是恰恰相反。譬如說，沒有形成交換價值即沒有成爲商品的糧食產品和毛皮產品，對於它們的占有者和使用者來說，仍然具有占有價值和使用價值：從事農業的原始公社，不會因爲糧食剩餘產品沒有交換出去而實現交換價值就認爲它沒有了「價值」統統扔掉；從事畜牧業的原始公社，也不會因爲毛皮剩餘產品沒有交換出去而實現交換價值就認爲它沒有了「價值」全部燒毀。

產品價值，「能用來滿足自己的需要，因爲他們努力通過多多少少時常重複的活動來握有它們，從而也保持對它們的占有」；「人們可以把這些產品叫做『財物』，或者叫做別的什麼，用來表明，他們在實際地利用這些產品，這些產品對他們有用……」，【67】「使用價值表示物和人之間

的自然關係，實際上是表示物爲人而存在。」【68】這裏所說的「物」，叫什麼都可以，唯獨不能叫「商品」。因爲「爲人而存在」，「對人有用」，爲人所「握有」、「占有」、「利用」的都首先是產品。需要以人的尺度加以衡量的都首先是產品的占有價值和產品的使用價值。

占有價值是產品的「應然價值」，意思是說它本是應該有用的，但有時它還暫時處於「無用」的狀態；使用價值是產品的「實然價值」，意思是說，它肯定了產品的有用性，否定了產品的「無用」性。

「物的有用性就是物的使用價值。」【69】這裏所指的「物」，不應是商品而應該是產品。產品的「有用性」，應該包含兩層意思：一個是物爲誰所用的「應然性」；另一個是物的有用的「實然性」。前者是指產品的占有價值，後者指的是產品的使用價值。把占有價值從產品的屬性中無理地剔除出來，只留下半殘的使用價值，使得交換價值的分析也變得殘缺不全。

相對他人來說，爲我所有的具有使用價值的東西，只要我無意放棄，任何人都不能把它變成商品而強迫我非交換別的東西不可。也就是說，不能因爲他人認爲爲我所有的東西具有使用價值，就把我使用產品的權利轉變成他使用「商品」的權力──不管我願意不願意，想交換得交換，不想交換也得交換。這種只談使用價值、不談占有價值的理論哪裏是

【68】《馬克思恩格斯全集》第26卷，頁III326。

【69】《政治經濟學教材》，頁23。

什麼交換價值規律的邏輯？純粹是強盜的邏輯！

只有離開產品體就不存在的使用價值，沒有「離開商品體就不存在」【70】的使用價值。因爲產品體首先確定的是與使用價值密切相關的占有價值。「使用價值只有在使用或消費中實現」，【71】這正是產品的主要特徵。至於說到商品，它涉及的內容不是一種產品的占有價值和使用價值，而是一種產品占有價值和使用價值同另一種產品占有價值和使用價值二者之間互相交換的「數量關係或比例」。【72】

所有的產品都具有占有價值，這是一般性的問題，不會有什麼特殊。但是，每一種產品的使用價值具有各不相同的性質。例如，糧食只能用來充饑，衣服只能用來取暖。正是因爲人們有各種不同的需要，各種產品具有不同的使用價值，所以才會生出交換價值，通過占有價值和交換價值的交換關係使產品轉變成商品。使用價值不是商品體的自然屬性，因爲商品體牽扯到兩種占有價值之間相交換的交換價值問題。所以我們可以說：凡是有使用價值的東西都是產品；我們絕對不可以說：「凡是有使用價值的東西都是商品」。【73】

由此看出，教科書中所說的「商品是用來交換的勞動產

【70】《資本論》第1卷，頁6。

【71】《資本論》第1卷，頁6。

【72】《資本論》第1卷，頁7。

【73】《政治經濟學教材》，頁24。

品」【74】這一定義，很容易混淆產品與商品的不同性質，好像所有的產品都會成為用以交換的商品，導致人們將產品和商品混為一談。

說到商品價值問題，其表現的形式就是交換價值，即它是一種產品價值同另一種產品價值之間的交換關係。因此商品價值歸根到底是體現為產品價值所有權和使用權的享有或轉移，即放棄一產品價值的所有權和使用權去取得另一產品價值的所有權和使用權。

交換價值是商品的屬性，它決定了商品所涉及到的占有價值和使用價值，不是一種產品的占有價值和使用價值，而是不同產品的占有價值和使用價值之間的交換關係。因而產品價值和商品價值也是兩個性質根本不同的概念。

教科書上說：「價值就是凝結在商品中的勞動。勞動創造了商品的價值，」【75】對此，「社會成本經濟學原理」是無法接受的。先退一步說，假設是勞動獨自創造了價值，那它也首先應該是創造了產品價值，怎麼會首先創造了商品的價值呢？沒有產品，哪來的商品？沒有產品價值，哪來的商品價值？要知道，「價值」假若是勞動獨自創造的，那麼在它還沒有被凝結在「商品中的勞動」之前，它是首先被凝結在「產品中的勞動」中的。十尺布之所以能交換一把石斧，使十尺布和一把石斧都由產品轉變成商品，那是因為生產十尺布和製作一把石斧都耗費了基本相同的成本支出，故而十尺

【74】《政治經濟學教材》，頁22。

【75】《政治經濟學教材》，頁25。

布和一把石斧具有了等量的產品價值。至於商品價值，它以產品價值為基礎，同時還提出了一項在產品價值本身看來根本用不著考慮的條件，那就是：有十尺布的人正好需要一把石斧，有石斧的人正好需要十尺布。這一交換關係提出的苛刻要求是，十尺布和一把石斧必須同時一起由產品轉變成商品。只要有一方堅持自身的產品狀態，那麼，十尺布和一把石斧就都無法變成商品。

我發現，無論是《資本論》，還是教科書，總是反反覆覆地大談特談商品價值問題，從來不對產品價值問題進行深入的分析，真搞不清那商品價值是從哪裏來的。如同我們在前面剛剛舉過的例子一樣，我生產了十尺布，這十尺布首先是產品，具有了產品價值；他製作了一把石斧，這石斧也首先是產品，具有了產品價值。不能說我與他在還沒有交換之前，我生產的十尺布和他生產的一把石斧都是沒有價值的產品。這樣的話，先別提我和他為購買原材料所投入的資本價值不翼而飛了，僅就我和他的勞動而言豈不都是白費啦？原材料、生產設備等資本性投入本身就具有價值，勞動本身也具有價值，當我們通過勞動將原材料即自然產品加工成人工產品的時候，這個新產品肯定就具有了新的價值，怎麼能把產品價值問題故意回避開呢？

西方經濟學理論中經常可以看到有關「產品」和「產品價值」的概念，但它們所反映出來的內容，與商品和商品價值的概念並沒有嚴格意義上的區別，而是同《資本論》一樣，經常把產品價值同價值、交換價值、商品價值混淆在一起來使用。

　　在經濟學中，有意無意地將產品和商品、產品價值和商品價值混為一談，不知是一種疏漏，還是一種詭辯？

　　綜上所述，產品價值是一種「權利性」、「應然性」的價值，而商品價值則是一種「權力性」、「實然性」的價值。產品所體現出來的「人的根本」是權利，權利是社會的人的權利；商品所體現出來的「人的根本」是權力，權力是人的社會的權力。【76】商品或商品價值，就是人們之間社會的經濟賦權關係。這就是產品與商品、產品價值與商品價值最

【76】張春津：《人權論》，天津人民出版社，1989，頁66。

　　權利與權力的區別：

① 權利是與每個特定的人身密切聯繫不可分割的人格和能力資格；而權力則是人與人之間社會關係的產物。

② 權利是大自然賦予給人的，是天生的、客觀的；權力則是由人賦權給人的，是追加的、主觀的。

③ 權利是與生俱來任何人也剝奪不了的，只能隨著權利主體的死亡而消亡；權力則是既可以由人賦予，也可以由人再剝奪，同時它還可以被主動放棄掉。

④ 權利的基本要素是一個人──即權利主體；而權力的基本要素是兩個人，是一種關係-權力關係或社會關係。

⑤ 權利是人們之間平等享有的，並與其主體是相對持衡的，誰也不比誰多，誰也不比誰少；權力則是人們之間不能平等享有的，有多、有少、有大、有小、有時有、有時沒有，具有一種「可變性」。

⑥ 權利是不承擔任何社會義務的，是自由的、自利的權利；權力則應承擔相應的社會義務，權力與義務是統一的。沒有義務的權力和沒有權力的義務都是不存在的。

⑦ 權利不具有道德性和階級性；權力則具有道德性。在階級社會中，它還具有階級性。

本質的區別。

產品價值與商品價值的區別問題，從古至今，在很多學者的著作中都被忽略甚至是將它們混爲一談，這不能不說是件遺憾的事情。

李向民先生在其創作的《精神經濟》一書中敘說了這樣一件事：「1998年9月初，美國總統克林頓訪問愛爾蘭期間，曾打過一場高爾夫球。打完球後，克林頓將親筆簽名的運動手套送給了愛爾蘭財政大臣的夫人，9月8日這位夫人又將手套捐獻出來用於慈善拍賣，最後以9 000美元的驚人價格售出……」「一副舊的甚至還帶有汗漬的手套應該不值一文，但事實上，因爲這是克林頓的用品，便成了公共的『信使』，也就可以在拍賣會上一槌千金。」李向民由此得出結論說：「一個人的知名度越大，公眾傾慕率越高，其相關物品的精神含量也越高，該物品的價值構成中精神內容所占的比重越大。剛才這副舊手套從物質意義上講已絲毫沒有價值，其經濟意義完全來源於豐富的精神內容。」

這樣分析未免太牽強了。

一副手套的產品價值是由它的產品成本決定的。按說，它的成本確實不會值9 000美元，也許幾美元或十幾美元就夠了。但是它爲什麼能拍賣出高價？它並不完全是來源於「豐富的精神內容」（客觀地說只有一部分屬於精神的屬性，但這種精神內容最終是由物質內容決定的），而是因爲它的產品價值在偶然的情況下出現了另外一種產品價值的附加，把另一種產品價值附加到這副手套上，才使得它發生了產品價值的升值。那另外一種產品價值是什麼？它就是克林頓先

生。先別說克林頓先生從小到大其成本投入是多少美元，只說他爲競選總統所投入的宣傳費用，就是一筆不少的成本投入，如果把這些成本投入都附加在那副手套上，相信誰也不會買，想買也不一定買得起。好就好在，附加在手套產品價值中的不是克林克頓總統，而只是他的簽名。簽名的勞動價值在克林頓總統所有的成本投入中占多大的比例？這不好簡單地計算。如果天下所有人共同認定簽名的勞動價值在每個人的整個成本投入中所占的比例爲0.01%，那麼誰的成本投入多，當然誰的簽名就值錢嘍。克林頓先生的簽名到底值多少錢，只有請他自己算一算。

不管怎麼說，克林頓簽名的產品價值同手套的產品價值相加，不一定正好是9 000美元，也許比它多，也許比它少。9 000美元的成交價，是產品的商品性交換所體現出來的商品價值（即商品價值）。

假設那副手套的產品價值是15美元，如果讓我在那上面簽個名，也許它的產品價值可以升到16美元，但是它的商品價值也許會跌到1美元都沒有人要。這由供求關係來決定。精神內容的經濟價值只能在供求關係的較量中、在商品價值上體現出它的含量是多還是少，是高還是低。

中國服裝設計大師，都知道他設計的服裝有價值，但是，范思哲難道一生下來就會設計？他爲成爲服裝設計大師所投入的成本費用共是多少錢？他爲此付出了多少辛勤的汗水？這難道不是物質的投入卻是精神經濟的作用嗎？

產品價值的附加，在於向其注入了具有社會廣泛需求至少是引起社會廣泛關注的另外一種產品內容，這種產品內容

可以是物質的，也可以是精神的，它使原有的產品價值附加上另一種產品價值後能夠在未進行新的產品成本投入的前提下，將人自身的過去已進行過投入的產品價值挖掘後變成某種「商標」貼在現在的產品之上，從而達到大幅度地把另一種產品價值轉移到這一產品價值上的目的。當然，這一附加的過程必須是能夠在商品價值的精神性評價中體現出最大增殖效率的行為，如果不能實現增殖效率，即使我們在手套上簽上一百個名字，我們也無法吸引人們的目光，也就不會有人為此肯掏腰包。

綜上所述，「精神經濟」只是局限在產品的商品性交換中的商品價值範疇內起作用，它對產品價值的評定毫無影響，因此「精神經濟」的本質就是某種需求刺激讓人持續振奮或一時衝動而已。

16-3 成本與價格

《資本論》的不足就在於，它誇大了主體價值量，忽視甚至可以說否定了客體價值量，認為產品的價值（即產品成本）完全是由主體價值量決定的。忽視了自然價值，只承認「勞動價值」，並且把「勞動價值」看成是決定產品價值量是多還是少的唯一因素。這就與很多實際觀察不符。

產品成本的形成和商品價值的確定，究竟是由主觀因素決定的，還是由客觀因素決定的？對這一問題所展開的爭論，一直是經濟學的議題之一。要想弄清這一問題，就必須首先回到主觀價值和客觀價值之間關係的問題

上，並把它們引深到產品價值和商品價值的分析中。

維塞爾說：「政治經濟學，除闡述價值理論的那一章用不著再說，幾乎全部與交換價值有關。因此，理論著作把交換價值當作自己的目標，就沒有什麼奇怪了。」「……就說明而論，第一重要的還是主觀價值，因為只有通過主觀價值才能達到交換價值。主觀價值是價值原有的、完備的形式；不和主觀價值聯繫起來，單憑交換價值本身，是不完備的、不可理解的。」【77】

從維塞爾的以上論述中，我只看到主觀價值，看不到客觀價值；只看到交換價值，看不到使用價值；只看到商品價值，看不到產品價值。難怪它被馬克思主義經濟學家斥之為庸俗的理論。

《資本論》在價值量的問題上是這樣說的：「價值量由勞動時間規定，是一個隱藏在商品相對價值現象運動背後的秘密。它的發現，為勞動產品價值量的決定除去了偶然性的假象，但沒有除去這種決定的物質形式」，「因為在勞動產品的偶然的不斷變化的交換關係中，它們生產上社會必要勞動時間，會作為起調節作用的自然規律，而強制貫徹下去，和重力規律在房屋向人頭上傾倒的時候一樣。」【78】

《資本論》與維塞爾的不同之處就是：它把客觀價值完全限定在交換價值的範疇內而否定主觀價值；把使用價值完全限定在交換價值的範疇內而無形中否定了產品的占有

【77】《自然價值》，頁101。

【78】《資本論》第1卷，頁51。

價值。難怪西方經濟學家對它作出結論：「在馬克思的思想中，他的經濟學是最不持久的部分。」[79]

說到主觀價值和客觀價值問題，我們不得不從原始社會最早期出現的自然產品說起。自然產品，在它還沒有在人的意識中形成「產品價值」概念——即主觀價值與客觀價值還處於相割裂的階段時，它只有客觀價值，沒有主觀價值。但是，當自然產品在人的意識中形成了「產品價值」概念——即主觀價值與客觀價值實現了統一之後，再去否認主觀價值的作用，就顯得脫離實際。反過來，因爲看到了主觀價值的作用就否定自然產品的客觀價值，這也是毫無道理的。也就是說，產品價值本身，既不是主觀價值單獨因素的產物，也不是客觀價值單獨因素的產物，而是主觀價值與客觀價值相統一的產物。

舉例說，當原始人早期還未意識到野生穀子具有價值時，野生穀子仍具有自己的客觀價值，只不過它與人的主觀價值處於相割裂的階段。後來原始人意識到野生穀子有價值時，並不是人的主觀價值創造了野生穀子的客觀價值，而是實現了主觀價值與客觀價值的統一。統一的過程，使自然價值上升到產品價值。

確定了上述的觀點，才能爲產品成本和商品價格的分析奠定基礎。

【79】薩繆爾森：《經濟學》下冊，商務印書館，1982，頁310。

　　首先我們來分析產品成本。

　　產品成本所要說的是產品價值的價值量的問題，包括這個價值量的來源及其核算量化的問題。

　　產品價值的價值量是由兩個內容組成：客體價值量和主體價值量。客體價值量是指自然產品本身客觀具有的價值量；主體價值量是指附加在自然產品上面的人的勞動和對價值量的主觀認識和判斷。在此必須說明的是，主體價值量的產生，並未由此刪除掉自然產品本身所具有的客體價值量。有時人們看不到它的存在，一個原因是客體價值量不好計算和量化，另一個原因是它被主體價值量太過於明顯的作用淹沒了。一般的情況是這樣，在自然產品階段，產品價值的價值量其客體的價值量必定大於主體的價值量；在人工產品階段，產品價值中的主體價值量越來越大，最終遠遠地超過這一產品價值中的客體價值量。不管怎樣，任何一種產品，其中都包含有兩種價值量，即客體價值量和主體價值量，兩種價值量的總和，構成產品成本。

　　《資本論》的不足就在於，它誇大了主體價值量，忽視甚至可以說否定了客體價值量，認為產品的價值（即產品成本）完全是由主體價值量決定的。忽視了自然價值，只承認「勞動價值」，並且把「勞動價值」看成是決定產品價值量是多還是少的唯一因素。這就與很多實際觀察不符。例如，金的「發現、開採和冶煉要耗費大量勞動，少量的金包含著大量的價值」，[80]但是，一顆並沒有耗費太多的勞動而偶然

【80】《政治經濟學教材》，頁36。

挖到的天然鑽石，爲什麼會比金的產品價值還要高？顯而易見，以勞動爲形式的主體價值量並不能完全決定產品價值的價值量，自然產品本身所具有的客體價值量往往也起著不可忽視的作用。

那麼，自然產品本身所具有的客體價值量是由什麼決定的？它的主要因素，就是物的稀缺性。想想看，地球上如果遍地都是金，即使它是貴金屬，它的客體價值量也會隨之降低，就如同如今地球上的石油和煤一樣。假若地球上的石油和煤的儲量剩下最後幾桶、幾噸時，它的客體價值量就會在客觀價值上升的過程中與主觀價值相統一，把產品價值中的主體價值量遠遠地甩在一邊。

可見，產品價值是通過產品成本表現出來的，而產品成本的組成，既包括以人的勞動量爲內容的主體價值量，又包括以自然物存在量爲內容的客體價值量。二者缺一不可，只是量的比例不一樣。生活資料產品也好，生產資料產品也好，都是在前一種產品成本基礎上的主體價值量的累加。意思是說，任何一種產品的客體價值量，都是由它前一個產品成本決定的；把新的主體價值量附加在一種產品的客體價值量上，又構成了它後一個產品的客體價值量。於是，產品越深化，投入到這個產品價值中的主體價值量累計就越多，但與此同時，對後一個產品加工者來說，他的產品成本中的客體價值量的投入也就越多。譬如說，農民購買種子，通過耕作勞動，生產出糧食產品；食品加工廠購買糧食，在糧食的產品價值中，包括了種子的客體價值和農民勞動的主體價值；食品加工廠再出售加工食品的時候，又添加進新的主體

價值。所以，後一種產品的生產必須首先全部消費前一種產品的成本，然後通過附加進新的主體價值，形成新的產品成本。

如果我們照此方法往前追溯產品成本起源的話，一定會發現最初有「不買而獲」的「產品成本」（系指只有客體價值的自然產品）。譬如古猿人從樹上摘下的果子或獵殺的野生動物等，也包括「守株待兔」者和那些「財產來源不明」者。當然，自然的原因是出自自然產品，社會的原因是出自「巧取豪奪」。

產品成本決定產品的價值量，這是無法否認的客觀規律。如今，任何一個企業，不但會把勞動工資（即一種主體價值）攤入產品成本中，而且會把地租、廠房設備、原材物料（即客體價值）等計算在產品成本中，這足以說明，在產品成本的面前，人們都是同樣的聰明。

其後我們來分析商品價格問題。

每一個人或每一個企業，對自己的產品成本計算，應該說都是比較清楚、準確的，但對他人或其它企業產品成本的計算都來得比較模糊。在產品價值上，自己沒有必要欺騙自己；但在商品價值上，對他人或其它企業隱瞞自己的實際產品成本，往往在市場競爭中顯得極為必要。在這一點上，西方經濟學家是比較誠實的，因為他們認為「經濟學不管自覺還是不自覺，經常使用推測別人的心理狀態這種有用的內省方法」，[81] 這在商品市場上就有關商品價格產生異議時更是

【81】雷諾茲：《宏觀經濟學》，商務印書館，1983，頁5。

適用。試試看，如果一件標明商品價格爲400元的服裝，買主開玩笑提出200元行不行，而賣主卻毫不猶豫地告訴你：議完了價不買可不行！這個時候，買主定會爲這種推測的不準確性帶來的經濟上的過多付出而後悔。究竟它的產品成本是多少錢？除了賣主以外誰也不可能知道，而且賣主通常保證不會如實地告訴任何一名消費者。

經常看到的情況是，賣方一個勁地喊賠了，可賣得特別帶勁兒，這怎麼能不讓人疑惑呢？

說到產品的商品性交換的最早時期，交換的雙方莫說能知道對方的產品成本其價值量是多少，就連自己產品成本的價值量是多少都無法弄個清楚、準確。石料的客體價值量是多少錢？棉花的客體價值量是多少錢？把棉花紡成線、織成布的主體價值量值多少錢？這些其實都是無法確切的。就是按照《資本論》所說的按勞動時間來計算，那也只能知道主體價值量，無法測出客體價值量，而且所知道的主體價值量，也只限定在自己一方，無法確切地知道對方的勞動時間究竟是多長多短。這樣一來，在產品的交換中，就不得不仰仗經驗去對對方的商品價格進行心理評估。

於是，人的勞動在產品的商品性交換中不再是單調的，而是變得活躍起來。這是因爲，它不但要估算和評價自己的產品成本的價值量，還要估算和評價對方的產品成本的價值量；這種估算和評價的腦力勞動過程，不僅僅作用於準備用於交換的兩種產品成本中的主體價值，而且還作用於準備用於交換的兩種產品成本中的客體價值。交換雙方腦力勞動所作出的估算和評價，就是尋求將兩種不用的產品價值通過

「數量關係或比例」【82】的調整，使之逐漸攏爲近似等價的「適合、接近或一致」。【83】

如果說，出現了商品價值的「等價關係」，這絕對是偶然的，因爲估算和評價都少不了心理上的主觀因素，都缺少科學的依據，所以商品價值的必然性就是「近似等價關係」。

所謂「近似等價」，是指在產品的商品性交換中，出於經濟自衛的目的，很少會把真實的產品成本價值暴露出來，這就使得交換不是產品成本與產品成本之間的獨自表演，而是更多地包含了人的主觀認識的成分。因此，交換價值不可能是絕對等價的；可以實現等價關係的只能是產品成本，但沒有人的根本因素，即使兩種產品成本相等，它們也不會自己長了腿，自己劃分出量的比例。由此，「等價」都是相對的等價，不是絕對的等價，產品成本之間所有的「量的比例關係」，都是經過交換雙方進行估算和評價這種腦力勞動再加工的。

「一件上衣和10碼麻布。假定前者有後者價值的二倍。所以，如果10碼麻布＝W，一件上衣就＝2W。」【84】這種「等價」指的是產品成本的價值量，還是指的是商品價格的價值量？指的是占有價值、使用價值，還是交換價值？指的是客體價值，還是主體價值？如果按照《資本論》的原意把它看

【82】《資本論》第1卷，頁7。

【83】《價值論》，頁13。

【84】《資本論》第1卷，頁12。

作指的是交換價值的話，那麼這種「等價」僅僅反映爲估算和評價這種在交換中出現的腦力勞動的再加工，而不是最初反映爲物和勞動即產品成本之間的「等價」。

因此，如果「10碼布＝Ｗ」是指它們的產品價值的話，那麼最終反映出來的商品價值「一件上衣」就不見得正好等於「2Ｗ」；也許比「2Ｗ」多一些，也許比「2Ｗ」少一些，也許巧合等於「2Ｗ」。總之，它是接近或一致的近似。反過來說，如果「一件上衣就＝2Ｗ」是指它們的商品價值的話，那麼最初反映出來的產品價值「10碼布」就不見得正好等於「Ｗ」；也許比「Ｗ」多一些，也許比「Ｗ」少一些，也許巧合等於「Ｗ」。總之，是不可能總是絕對等價的。

十尺布和一把石斧都成爲商品而實現了交換，不是僅僅因爲生產十尺布和製作一把石斧都耗費了等量的勞動，而是因爲它們具有了近似等量的產品價值和商品價值。也就是說，生產十尺布的成本和製作一把石斧的成本即使是相同的，不見得耗費在其中的勞動就是等量的。因爲購買紡線的成本和購買石料的成本是不一樣的，而且爲織布所製作的生產工具的成本與爲磨石斧所配備的生產工具成本也是不一樣的。生產十尺布所有成本之和與製作一把石斧所有成本之和「相等」，既不能證明購買原材料的成本是一樣的，也不能證明購置的生產工具、生產設備的成本是一樣的，由此就更不能證明耗費在其中的勞動成本也是一樣的。

一句話，勞動不是產品成本的全部，而只是產品成本中的一部分。其它的產品成本投入不相同，勞動的成本怎麼會相同呢？勞動也不是產品「價值量」的全部，僅是產品「價

值量」中的一部分。因爲除了勞動以外，其它的產品成本也是「價值量」的一部分。

把產品價值的創造與商品價值的創造統統完全歸功於勞動，把「政治經濟學」庸俗地變成「勞動經濟學」，否認客觀物的自然價值，只承認主觀性的勞動價值，這是一種唯心主義的價值觀！是「勞動至上論」！是把勞動等同於上帝！說勞動創造價值，與說上帝創造價值有什麼兩樣？對於這一點，《資本論》自己就已經懷疑上勞動創造價值的觀點，它說：「任何一物，要不是一種有用的物品，就不能有價值。如果它是無用的，其中包含的勞動也就是無用的，」因此它「不形成價值。」【85】可見，就某一物品而言，勞動了不見得它就有價值，就好比給水泥杆子施肥；沒勞動不見得它就沒價值，就好比古猿人從樹上摘下的果子。更何況，你認爲有價值的東西，你認爲它無用，由此我就可以認爲它沒有價值，沒有價值你就等於白勞動；反過來一樣，我認爲有價值的東西，你認爲它無用，由此你就可以認爲它也沒有價值，沒有價值我也等於白勞動了。這樣一來，「有用」與「無用」，「有價值」與「無價值」，豈不是又成了你和我之間估算和評價的遊戲較量？至於說到勞動算作勞動還是「不算作勞動」，【86】這句話本身就有毛病！勞動不算作勞動，算作什麼？價值不算作價值，算作什麼？資本不算作資本，算作什麼？搞不清《資本論》在這個問題上說的是哪種邏輯的外

【85】《資本論》第1卷，頁12。

【86】《資本論》第1卷，頁12。

國話。

「商品的價值量決定於社會必要勞動時間，商品必須按照價值量相等的原則進行交換」，[87] 這一結論是不正確的。

「社會必要勞動時間」不但根本不能決定商品的價值量，而且連產品的價值量也決定不了。因為在體現產品價值的產品成本中，不但有體現勞動價值的勞動成本，而且還包括有體現原材料價值（即自然產品價值）的原材料成本（即自然產品成本）。我們怎麼能把產品的價值量完全計算在勞動成本上呢？怎麼能把原材料的成本撇開不管呢？沒有原材料這樣的自然產品，「勞動」是怎麼樣把沒有絲毫價值的一件空白變成「有用物」的？可見，所謂的「社會必要勞動時間」即我們所說的勞動成本連產品的價值量都不能單獨地決定之，它又怎麼能決定商品的價值量呢？

不是交換規定產品的價值量，也不是勞動就能單獨地規定產品的價值量，產品的價值量由自然產品成本和人工產品（含勞動）成本共同規定的。因此，應該是「產品必須按照價值量相等的原則進行交換」，商品只不過是遵循著這一原則盡可能別偏離太遠而已。僅就「交換」而言，產品的價值量應是相等的，產品的商品性交換其價值總是近似的。但是在實際的交換關係中，由於產品之間單位量的局限性，使得產品價值的「等價」也難以真正保持相等。例如，用兩隻羊交換一把石斧，不見得它們的產品成本是一點不差的。一把石斧本換不了兩隻羊，但換一隻羊又明顯地不夠，最準確的

【87】《政治經濟學教材》，頁42。

等價關係也許應該將兩隻羊中的一隻羊再砍去半條腿。有誰會爲產品的「等價原則」去費這種事？而商品價值的近似原則正好彌補了這一不足，使兩隻羊等於了一把石斧——換就換，不換拉倒！

很明顯，早期產品價值的交換都不得不「粗糙」地量化，嚴重地阻礙了商品市場的發展。後來出現的「一般等價物」（即貨幣），恰恰是爲了克服「粗糙」地量化產品價值的不足，使價值量化向著越來越「細緻」的方向演化，由「一隻羊」量化到每一元、每一角、每一分，由此促進了公平原則的體現，促進了商品經濟。

商品價值是通過商品價格表現出來的。由於商品價格與產品成本之間價值量的不一致性，以致貨幣雖然只是產品的價值形式，但商品價格卻可以使貨幣完全不是產品價值的表現。也就是說，產品同貨幣之間的商品性交換，既可以表現產品價值量的接近或一致，「也可以表現比它大或比它小的量」，「商品就是按這種較大或較小的量來讓渡的」。【88】這樣一來，貨幣就可以充當特殊的產品角色，它既可以發揮出積極的作用弄它個翻江倒海，爲社會造福，又可以製造消極的作用弄它個天塌地陷，使社會蒙難。

【88】《馬克思恩格斯全集》第23卷，頁120。

16-4 產品價值規律和商品價值規律

在產品價值領域，尤其是對產品成本中主體價值的認識方面，馬克思的「勞動價值」理論功勳卓著；但在商品價值領域，「勞動價值」理論則幫了倒忙。在商品價值領域，尤其是就商品市場而言，西方經濟學的「邊際效用」理論功不可沒；但在產品價值領域，「邊際效用」理論則添了大亂。

看得出，「勞動價值」理論和「邊際效用」理論都是有功也有過，各有所短也各有所長。其根本原因是，它們都把產品價值規律同商品價值規律混為一談，只不過偏重的內容有所區別罷了。

在有關「價值理論」方面，關鍵在於弄清產品價值和商品價值各自有什麼不同的規律，而不應該把產品價值規律和商品價值規律混為一談。

產品價值的本身具有客觀物質的基礎，其價值量是由產品成本決定的，不能把產品價值視為「主觀」的產物，因為產品成本中的勞動量（即主體價值），也不是人可以憑主觀想像隨意確定的，而是可以通過類似時間等計量單位較精確地量化出來的。在產品價值領域，尤其是對產品成本中主體價值的認識方面，馬克思的「勞動價值」理論功勳卓著；但在商品價值領域，「勞動價值」理論則幫了倒忙。與產品價值不同，商品價值是在客觀物質的基礎上融入進人的主觀能動性，它要對對方產品中物的自然價值量進行能動性的估算和評價，還要對對方產品中人的勞動價值量進行能動性的

估算和評價。這種估算和評價具有不確定性。在商品價值領域，尤其是就商品市場而言，西方經濟學的「邊際效用」理論功不可沒；但在產品價值領域，「邊際效用」理論則添了大亂。

看得出，「勞動價值」理論和「邊際效用」理論都是有功也有過，各有所短也各有所長。其根本原因是，它們都把產品價值規律同商品價值規律混爲一談，只不過偏重的內容有所區別罷了。

產品價值規律相對商品價值規律較簡單，大體分爲兩種：自然產品的價值規律和人工產品的價值規律。

自然產品的價值規律是：它的價值量以它的滅失或泛濫所給人類社會造成的直接或間接的經濟損失的總量爲依據。

人工產品的價值規律是：它的價值量是以生產者投入的生產設施（土地、廠房、機器設備等）、原材料和勞動力的成本之和爲依據。

產品價值規律就是自然產品的價值規律和人工產品的價值規律交互作用的綜合規律。

商品價值規律以產品價值規律爲基礎，但又有著自身獨特的規律。

當我急需一把石斧的時候，那個有石斧的人卻要求換我的十二尺布。我提出了「產品價值」規律問題，希望說服他仍換我的十尺布，以此來遵守「等價交換」的原則。但是，他的理由似乎比我更充分——他說：「我現在並不急需要布，因爲我家裏還存著二十尺呢。如果我又多了十尺布，我就得積壓在手裏，還得細心地保管好，不能沾上土，不能被蟲

咬，這會浪費我的很多時間和耗費我的很多勞動。多要的那
二尺布，實際上並沒有多要，它將被消耗在我的時間和額外
的勞動中。如果按照你說的『產品價值』規律用十尺布換我
的一把石斧是『等價交換』的話，我不反對什麼。但是，請
別忘了，我們是在進行商品性交換，而不是在進行『產品更
換』，『產品更換』是你用十尺布換我的十尺布，這有什麼
意義呢？你用布換我的石斧，商品性交換就得遵循『商品價
值』規律。按照『商品價值』規律，你用十尺布換我的一把
石斧不是『等價交換』，而是你占了我的便宜。瞧！另一個
人願意用十三尺布換我的一把石斧，看來他比你更急需這把
石斧。」

　　說到這，我不得不服貼。因爲我清楚，當我還沒有把布
作爲商品去交換的時候，我應該以產品價值爲依據。而當產
品變成商品時，就不能照抄照搬產品價值了，就必須遵循商
品價值規律。這個時候，產品價值只是商品價值的參考，商
品價值就會圍繞著產品價值上下波動。

　　首先，它受產品交換的雙方各自需求程度強弱關係的影
響。例如，一個在沙漠中迷路急需水喝的人用金銀財寶交換
一碗水，金銀財寶和水本身的產品價值都沒有變，但在商品
性交換中，金銀財寶的商品價值就會遠遠地低於它的產品價
值，而水的商品價值就會大大地高於它的產品價值。

　　其次，它受產品交換的雙方供求數量對比關係的影響。
供小於求時，商品價值就升高；供大於求時，商品價值就降
低。

　　最後，它受產品交換的雙方權力意志素質優劣的影響。

在聰明與愚蠢、靈活與笨拙、隨和與固執之間，商品價值也會隨之發生變化。

　　我們對照《資本論》上的論述就可以發現，它的概念體系混亂不堪。它在很多地方大談「商品」的時候，它實際上說的是產品；它在很多地方大談「價值」的時候，實際上它有時是指產品價值，有時是指交換價值；它在很多地方大談「價格」的時候，它實際上說的是商品價值。我至今弄不清，這是原著的錯還是翻譯的錯？

第17章　勞動投入與勞動成本

17-1 勞動力的產品延伸

　　單純用人的勞動（體力勞動即活勞動）耗費無法征服的勞動對象，通過用人的腦力勞動耗費把自然產品、人工產品加以巧妙利用和轉化，使它成爲勞動力的產品延伸，由此輕而易舉地征服了勞動對象，這就是消費產品被勞動力俘虜成爲勞動力的馴服的工具的過程。所謂的提高生產力，就是要通過提高勞動力的產品延伸來實現。

價值，乃是任何一種產品在生產過程中必要勞動成本與實際勞動量之間差額的反映，是剩餘勞動的體現。

　　勞動在生產價值的同時又將其全部消耗掉，它就不會有價值的剩餘。如果我們每日的勞動成果正好等於我們每日生存所必須進行的必要勞動。必要勞動本身沒有價值剩餘，或者說它僅維持了價值的「零度」，即付出的勞動量假若是「10」這個數的話，那麼爲了維持這個勞動量所必須耗費的自然價值或是其它價值正好也是「10」這個數。於是，10減10等於0。它的價值即生即滅，沒有餘存。只有出現剩餘勞

動，才能創收價值，它就是價值剩餘。

那麼價值剩餘是怎樣創獲出來的？簡單地說，它是通過勞動力產品的延伸創獲的。如何延伸的？怎樣理解勞動力產品的延伸？爲什麼它的延伸會創獲價值剩餘？這就是我們在這一章中需要解釋說明的。

人的胳膊大約有兩尺長，而且骨頭特別脆，外面包著柔軟的肉。如果用胳膊與野獸搏鬥的話，人的力量完全處於下風。但是，一根五尺長的木棒握到人的手裏，在長度、硬度及力量上都延伸了人的胳膊，而且在這延伸的過程中使「胳膊」得到了異乎尋常的加強。

遠古時代，原始人想把山崖上的一塊巨石推下來，在白白地耗費了胳膊、手、肌肉、神經等活勞動之後，巨石仍然紋絲不動。勞動力的耗費在勞動對象面前顯得無可奈何，得不到一點同情和憐憫——巨石沒有這種感覺。但是，當人們用一根木杠，利用「槓桿原理」很輕鬆地把這塊石頭撬下了山崖時，這種靈機一動想出的辦法（人類的第一個智慧，並不是產生於「深思熟慮」，而都是產生於「靈機一動」。人類總是能夠在具有了智慧之後仍不斷地「靈機一動」，自然也就會變得越來越聰明），或稱它爲最簡單的技術，就使得這根木杆不再是簡單的消費產品了，它在人的腦力勞動耗費的激發下，成了人征服勞動對象的工具，即：轉化成了人的體力勞動的一部分，是勞動力的產品延伸。這種產品延伸，對人非常有利：它比人的胳膊長，比人的胳膊粗，比人的胳膊硬。10個人的胳膊接在一塊都沒有它好使。

單純用人的勞動（體力勞動即活勞動）耗費無法征服的

勞動對象，通過用人的腦力勞動耗費把自然產品、人工產品加以巧妙利用和轉化，使它成為勞動力的產品延伸，由此輕而易舉地征服了勞動對象，這就是消費產品被勞動力俘虜成為勞動力的馴服的工具的過程。所謂的提高生產力，就是要通過提高勞動力的產品延伸來實現。

通過人的智力和創新力，將精神財富物化為物質財富，使生產工具、機器等成為勞動力的延伸，等於是在不增加對自然價值消耗的同時，大幅度地增加了腦力勞動的成本投入，其投入的功率之大，是人的原本勞動力無論自身怎樣耗費也是根本達不到的。經過勞動力的延伸，提高了生產率，相應地提高了產品的產量和質量，為產品的積累又創造了進一步的條件。整個社會經濟發展的過程，可以從勞動力的延伸過程中集中地展現出來。

從歷史的發展中可以發現，隨著社會經濟的發展，人的勞動力延伸得越來越深、越來越廣、越來越具有威力。單就武器而言，從大力延伸到長矛，從長矛延伸到弓箭，從弓箭延伸到步槍，從步槍延伸到大炮，從大炮延伸到導彈、火箭……延伸的距離越來越遠，延伸的威力越來越大。

通過人的智力和創新力，將精神財富物化為物質財富，使社會科學成為勞動力的延伸，等於是在不增加對自然價值消耗的同時，大幅度地減少了體力勞動的成本投入。因為如果沒有社會科學，很多腦力勞動和體力勞動都會是相矛盾的，不但會白白耗費了自然價值，而且還會白白損耗雙方的勞動資料（譬如將雙方的廠房、生產工具和勞動成果都毀掉），甚至還能夠毀滅雙方的勞動者（譬如「人體炸彈」製

造的恐怖事件）。可見，勞動力產品延伸的範圍之廣，不但包攬了人的體力勞動的範疇，而且擴大到人的腦力勞動的範疇；不但擴大到各種物質形式的範疇，而且逐漸浸透到精神作用的範疇；不但蔓延到人本身的個體範疇，而且擴充到整個社會和諧的範疇。現時代的電腦和機器人的出現，可以預測到勞動力的產品延伸遠沒有到達極限。如今不但可將勞動力延伸到貨幣資本等經濟基礎領域，而且可以延伸到政治權力等上層建築領域，只要文化能夠涉足的地方，就會看到勞動力延伸的影子，足以發現勞動力的延伸是「無孔不入」的，延伸到哪裏，哪裏就會出現「突飛猛進」的局面。

　　這樣一來，原來以消費產品爲特性的自然產品和人工產品，就有很大一部分在勞動力的挾持下成了爲人控制的特殊的勞動力「人質」，經過「思想改造」之後，便永遠地甘心情願地成了人的勞動力的「幫凶」，而且及其忠誠，毫無怨言。如今資本家大都願意使用自動機器來進行生產，不到萬不得已不願意雇傭勞工，就是因爲人沒有機器這樣的勞動力產品延伸忠誠，忠誠得一絲不苟；人沒有機器這樣的勞動力產品精確、熟練和「耐心」。除此之外，勞動力的產品延伸還有很多人的活勞動耗費根本無法相比的長處，例如，生產工具、機器設備是不需要吃飯、睡覺的，而且不會罷工鬧事什麼的。

　　生產工具、機器等勞動力的產品延伸，大幅度地增加了勞動產品成本投入，其投入的功率之大，是人的勞動力無論自身怎樣耗費也是根本達不到的。經過勞動力的產品延伸，提高了生產率，相應地提高了產品的產量和質量，爲產品的

積累又創造了進一步的條件。整個社會經濟發展的過程，可以從勞動力的產品延伸過程中集中地展現出來。

資本家也好，投資者也好，他們首先也是勞動者。在商品的生產中，起初他們是從手工業起家的。隨著科學技術的進步，手工業也得到了延伸，出現了機器工業。這些生產工具、機器設備，本都是投資者實現的勞動力的產品延伸，是他們勞動力的一部分，怎麼可以把它們說成是「不變資本」呢？

生產工具是屬於「生產資料」（即生產性消費產品），還是屬於勞動力範疇，這可是一個非常重要的問題。

實事求是地講，土地、廠房、生產工具、機器設備以及企業的規章制度、營銷方法、廣告宣傳等等所有的「硬體」和「軟體」，都是投資者的勞動力的產品延伸。在「勞動價值論」的問題上，這是「社會成本經濟學原理」與西方經濟學和《資本論》的最主要的區別之處。就是說，在勞動價值的成本投入中，除了投資者投入的體力勞動成本和腦力勞動成本之外，還包括那些投資者用以延伸自身勞動力的生產工具設備等各種各樣的成本投入。斷然地將人的勞動力耗費同生產工具、機器設備等產品的耗費完全對立起來，把它們分成什麼「可變資本」與「不變資本」，這是難以服人的。如果非要區分的話，那也應該區分成「原本的勞動資本」與「延伸的勞動資本」，二者並非是對立的，只是略有不同，它們都是勞動資本。如果我們把生產性消費產品即原材料的耗費單獨地抽出來作為勞動對象而與人的勞動力分別相對地看待，這還說得過去。因為生產工具、機器設備等在體現為

勞動力的產品延伸後，已經不再是以勞動對象的身份出現在人的勞動（即活勞動）與生產性消費產品之間，而是以勞動力自身的特殊的身份發揮著協助投資者進行商品生產、征服和改造勞動對象的作用，它已經離開了勞動對象的陣營「宣佈起義」，投靠到勞動力（或說是生產力）的一邊。

「科學技術是第一生產力」講的就是這個道理。

勞動力產品的延伸，不但延伸到廠房、車間、機器設備，而且還延伸到管理科學、營銷科學的領域，延伸到可以延伸到的任何地方，以至於把人（即勞動者）也延伸進來（用商品交換的方式即以工資的形式購買勞動力），引得學者們爲此爭論了幾個世紀，至今還在爭吵不休。

其實道理很簡單，雇傭勞動力，目的就是想實現勞動力的產品延伸。雖然被雇傭的勞動者是一個有生命的人，可是一旦這個人願意出賣自己的勞動力產品以換取貨幣（即工資）產品，那這個人的勞動實際上被轉化爲投資者的勞動了，只不過是以他的勞動力的產品延伸的形式完成的。如果這個勞動者嫌投資者給的工資（即貨幣產品）少，那這個勞動者可以不出賣自己的勞動力產品。勞動者不願意出賣自己的勞動產品，投資者難道還敢強拉硬拽不成？也就是說，哪給的工資多，勞動者就可以去哪，雙向選擇嘛，沒有任何強迫。

反過來一樣，投資者只要有能力，他才不需要購買勞動力呢。煎餅果子攤的大娘自己幹得好好的，沒必要再雇一個人；很多自食其力的「個體戶」也是如此。一旦他們覺得自己人手不夠了，他們肯定要走延伸的道路，不是延伸到機器

設備，就是延伸到人的身上。

問題的最關鍵之處，是天下所有的勞動者，你願不願意成爲人家勞動力的產品延伸。願意你就去幹，不願意就拉倒，誰也不能把你怎樣著！

通過分析我們可以看出，活勞動有三種具體的勞動形式：第一是產品性的活勞動，這種勞動是勞動者爲自身所進行的勞動，自己用不著跟自己算賬，看看勞動價值是多少；第二是商品性的活勞動，這種勞動是勞動者出賣勞動力，用賺取貨幣產品的方法「替」他人勞動，是勞動者把自己的勞動出賣給另一個勞動者作爲勞動產品來消費和使用；第三種是資本性的活勞動，被雇傭的勞動者與用人的勞動者二者之間都是投資者，只不過有的是貨幣的投資者，有的是勞動力的投資者。

第一種活勞動是主動性的勞動，想幹就幹，不想幹就不幹，自己說了算；第二種活勞動是被動性的勞動，不幹也得幹，否則就會被炒魷魚；第三種活勞動是各個勞動者之間都成爲了主動性的勞動，「你是我的勞動力的產品延伸，我也是你的勞動力的產品延伸」，「一根繩拴兩個螞蚱」，要麼雙贏，要麼兩敗俱傷！

但是，有一個問題必須弄清楚：人力向「物力」延伸的載體是什麼？它的載體就是人的腦力勞動。

17-2 生產力的「零點」追溯及思考

生產力的提高，其核心力就是人的智力，而它的主導力就是創新力。沒有人的智力和創新力，所有物質的、社會的內在的潛力及其規律就無法發現。

所有敢為人先動腦思想，對一事物進行研究和探索，通過發現、發明和創新，使人獲得新知識、建立新制度，或是創造出先進生產工具或新產品等等開創之舉，這樣一些人，他們的腦力勞動之過程，就是剩餘勞動之過程。

現今人們都認可「科學技術是第一生產力」這句話，但至今沒有人提問過「科學技術為什麼是第一生產力？」人們談論生產力，往往都是從它後來的發展過程入手的，似乎還沒有人明確地提出應追溯它的起源；沒聽說有人提出這樣的問題：生產力的「零點」在哪裏？然而，任何一事物都絕對不會是「天生」就有的，都應該有它的一個「零點」即起源，就如同經過研究，大爆炸宇宙學得出結論，宇宙是起源於大爆炸之前的一個「奇點」一樣。只有弄清楚一事物的起源問題，才更有利於全面地了解並掌握它的內在規律。

同時，在對生產力高與低的對比中，人們也往往是以它的某個具體形式作區分，譬如，將生產力區分為「手工生產力」、「機器生產力」、「信息生產力」；又如，將生產力區分為「蒸汽機生產力」、「電力生產力」、「原子生產力」；等等。這樣區分，無法體現出量化的準確數據，均沒

有以量化分析作依據。

　　我的目的，就是要在追溯生產力起源的同時，找到它量化依據的原理，從而探尋到提高生產力的核心力、主導力及其內在規律。

　　首先，必要勞動，應是生產力的「零點」。

　　所謂的必要勞動，是指一個人或一個社會的勞動成果，剛好只能滿足自身的生存需要，不能再多也不能再少，使勞動的總收獲與維持勞動最低消耗的總成本正好持平，相互抵消。如果勞動成果多了，不管是出於什麼原因，那肯定是生產力的提高所帶來的；如果勞動成果少了，這個人就會餓死，或者這個社會就會出現動亂。因此，必要勞動說的應是生存上的「必要」。

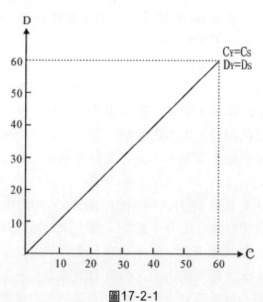

圖17-2-1

譬如，某個農民維持其生存，其半年的糧食消耗最低限需要60千克。由於當時他的勞動生產力水平低，其半年的勞動耕作成果正好只能收獲60千克糧食，於是我們就會發現，他的價值創獲量C與消耗量D是相同的（如圖17-2-1所示，實際創獲量CS線與應該創獲量CY線、應該消耗量DY線與實際消耗量DS線均重合在一起）。這樣一種勞動創獲量與其維持生存的實際消耗量相同的狀況，不管他使用不使用工具、使用的是什麼工具，也不管他所面對的勞動對象是什麼，這樣的勞動量化，我們稱它爲「生產力的價值平衡」。即：當C（創獲量）= D（消耗量）時，或者當C−D=0時，就是一個人或一個社會的必要勞動所能維系的最低生活保障，就是生產力的「零點」狀態。

其次，我們來分析一下生產力是怎樣提高的。

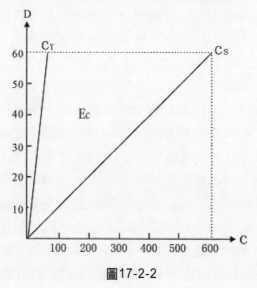

圖17-2-2

　　當我們確定了生產力的「零點」量化指標之後，再來研究生產力是怎樣提高的，就能較容易地發現其中的內在規律。

　　前面我們所舉的某個農民耕作的例子，現在我們換一種情況看看會出現什麼不同的結果。還是這個人，他苦思冥想地通過腦力勞動生出智慧，創新性地構想出一個耕犁，並且異想天開地把犁拴在牛身上去耕地，代替了以前的木鋤頭，用加大腦力勞動量（即運用智力）的方法提高了體力勞動的生產力，其半年的糧食消耗仍是60千克，但其半年的勞動耕作成果卻有可能收獲600千克糧食，在消耗量不變的情況下提高了創獲量。其結果如圖17-2-2所示：C－D時不再等於0，而是等於EC（EC=實際創獲量CS－應該創獲量CY）。EC即是這個人生產力提高的量化指標。

　　另外一種情況，是在創獲量不變的情況下降低消耗量，也可體現出生產力的提高。譬如，還是這個農民，他的創獲量沒有變化，但他耗費的時間少了，仍可使C大於D（如圖17-2-3所示）。

　　這就好比，有同等價值量的某個產品，張三用落後的生產技術須用10天才能製造出來，而李四通過研究創新出一種先進的生產工具，他僅用3天就將同樣的產品生產出來。在這裏，李四在研究創新的腦力勞動過程中，用腦力勞動成本投入的價值量替代了另外本應投入7天的體力勞動成本價值量。也就是說，張三和李四他們在不同勞動時間的前提下，其勞動價值量的總投入是相同的，但其結果卻不盡相同：張三的勞動沒有創獲任何財富，而李四卻能夠創獲財富ED（ED=應該

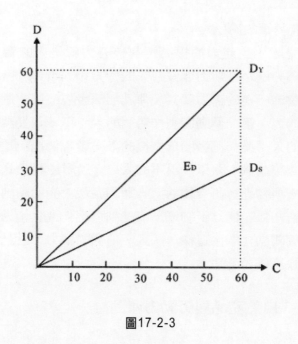

圖17-2-3

消耗量DY－實際消耗量DS）。因爲李四所節省的那7天，可以說等於節省了對自然價值的耗費，或者說可以利用節省的這7天從事別的工作和勞動。甚至於，李四所創新出的這種先進的生產工具，所有使用它的人都能實現社會性的節省，所有個人或社會所實現的節省，都是李四腦力勞動所帶來的剩餘勞動，是提高生產力的有效途徑之一。

　　可以這樣說，所有物質財富的創造和積累，都是源於精神財富的創造和積累；物質財富是精神財富的物化結果。如果說，文化是人類在社會歷史發展過程中所創造的物質財富和精神財富的總和的話，那麼，生產力的提高無疑就是人類

社會文化昇華的過程。

就是說，生產力的提高，其核心力就是人的智力，而它的主導力就是創新力。沒有人的智力和創新力，所有物質的、社會的內在的潛力及其規律就無法發現。第一個思考製造弓箭的人；第一個動腦製作耕犁的人；第一個發現萬有引力定律的人；第一個發明蒸汽機的人；第一個提出建立共和國的人；第一個主張以民爲本的人……所有敢爲人先動腦思想，對一事物進行研究和探索，通過發現、發明和創新，使人獲得新知識、建立新制度，或是創造出先進生產工具或新產品等等開創之舉，這樣一些人，他們的腦力勞動之過程，就是剩餘勞動之過程。

17-3 自然產品與勞動力產品

社會產品的剩餘，首先歸功於從事腦力勞動的知識分子，他們在進行腦力勞動耗費的過程中，實際上加大了勞動力的投入，爲剩餘勞動的實現作出了非凡的貢獻。直到今天仍是這樣，知識分子在自然科學、社會科學的探索中，並不比別人吃得多了、享受得多了，但他們卻以獻身的精神耗費了大量的腦力勞動，創造了一個又一個輝煌。真可謂「吃的是草，擠出來的是奶。」

社會消費產品成本的投入是由兩大部分組成的：自然產品（原材料）成本和勞動力的產品延伸成本。

在勞動力的產品延伸成本中，勞動力被當作產品而被消費，這實在是一件感情上難以接受、但現實中又不得不如此

的無法避免的問題。

　　如果一個人消費自己的勞動力，他明白也好不明白也罷，都無關緊要，反正他自己幹多少都心甘情願。可是如果一個人消費別人的勞動力，有些事情就必須弄個明白。

　　勞動力被消費，就是勞動力成爲產品，不再是勞動的對象。

　　人們總是習慣於把產品的消費對象僅僅看成是物，這是被表面現象迷惑所致。有道是：「不識廬山真面目，只緣身在此山中。」其實，人在實現把物當作產品的消費對象這一目的時，勞動作爲一種手段早已經成爲人們時時刻刻都在消費的產品。從摘果子，到農田耕作；從操縱機器，到發明創造；從打球、遊泳、下棋，到唱歌、舞蹈、畫畫；哪一種不是人類勞動力的耗費？哪一種不是人的腦、肌肉、神經、手等等的耗費？這樣耗費的過程，就是人「自給自足、自產自銷」的產品消費過程。只不過有的是用體力來消費勞動產品，有的是用腦力來消費勞動產品。

　　勞動力產品，不是指勞動的對象，而是指勞動的本身。消費「消費產品」必須用消費「勞動力產品」的手段來實現，兩種產品的消費構成社會產品成本。

　　就是說，勞動力產品是指勞動耗費，就是指勞動；而勞動的對象，是勞動力產品的對象；就是指勞動的產品（即消費產品）。

　　起初，原始社會的最早期，在社會消費產品成本的構成中，自然產品的耗費量同勞動力產品的耗費量總是基本相同的。這是因爲，如果自然產品太少，滿足不了人的需求，

那麼必定會有一些吃不到食物的人會餓死，從而使勞動力產品的耗費量減少。這一階段，自然產品的耗費正好維持了人類的勞動力產品消費；反過來，勞動力產品的耗費也正好等同於對自然產品的耗費，形成了「吃（自然產品耗費）了摘（勞動產品耗費），摘（勞動產品耗費）了又吃（自然產品耗費）」的成本平衡狀況。成本平衡，即社會財富成本核算既不虧也不盈，就不會有財富增長積累出來，社會經濟也就不可能發展了。

人對自然產品的耗費是有限的，吃飽了就滿足了；同時又是必需的，每天都要進食，否則就會饑餓。人對勞動力產品的耗費則是無限的，在自然產品耗費量基本不變的情況下，既可以大量地增加勞動力產品耗費量，又可以減少勞動力產品的耗費量（例如吃飽了沒事幹）。在增加的勞動力產品耗費中，腦力產品的耗費那更是不可限量，它幾乎是在自然產品耗費量基本上沒有什麼變化的情況下發生的。俗話說：「不想白不想」。如果不進行腦力產品的耗費，絲毫不會減少對自然產品的耗費，每天該吃多少還得吃多少。這個道理不難弄懂。

原始社會的中後期出現了產品剩餘，財富有了最初的增長和積累，其原因就是勞動力產品的耗費成本開始大於自然產品的耗費成本。就是說，勞動力產品產出得多了，導致自然產品也增加了產出，而與此同時，人類對自然產品的耗費量並沒有相應地增加。在勞動力產品耗費量逐步增加的情況下，對自然產品的耗費並沒有增加，但勞動力產品耗費量的增加，直接導致自然產品產量的增加，尤其是自然產品在勞

動力產品耗費的刺激下向人工產品轉化，使得產品產量的增加越來越多。

在這裏，腦力產品的耗費功不可沒。腦力勞動的特點，就是在保持勞動成本幾乎不變（即使有變化也不會太大）的情況下無限制地加大了勞動的投入，提高了勞動投入的價值。這種投入一旦奏效，就能大幅度地提高生產效率。當然，腦力勞動的投入也有不見回報的時候，但由於腦力勞動幾乎是一項「無本」的生意，故而即使不見回報，它也不會給勞動者帶來多大的虧損。由於腦力勞動在維持一個人的生存過程中並不絕對是必要的，故而它體現出來的特性就是剩餘勞動。就是說，動腦可以，不動腦也可以。不動腦你就維持現狀；動腦了就能參與剩餘勞動；參與了剩餘勞動就有可能演化爲提高生產力而創造財富。因此，增加剩餘勞動是提高生產力的本質。

第一個把石塊和木杆構思在一起製作成石斧的人；第一個想像把犁套在牲畜身上進行農田耕作的人；第一個琢磨出手工紡紗的人；等等，所有敢爲人先地創造出地球上本來沒有的產品的人，都是不厭思索、進行了腦力勞動產品耗費的資本投入者。

我們自豪地看到，社會產品的剩餘，首先歸功於從事腦力勞動的知識分子。他們在進行腦力勞動耗費的過程中，實際上加大了勞動的投入，爲剩餘勞動的實現作出了非凡的貢獻。直到今天仍是這樣，知識分子在自然科學、社會科學的探索中，並不比別人吃得多了、享受得多了，但他們卻以獻身的精神耗費了大量的腦力勞動，創造了一個又一個輝煌。

真可謂：「吃的是草，擠出的是奶。」

　　通過增加勞動的投入與耗費，使社會產品成本的投入實際上增多了，由此帶來了產品產量的增加，出現了價值剩餘。不斷出現的價值剩餘，就會使財富不斷地積少成多。既然社會財富的總量不斷在增加，那麼能說這就是勞動創造的「剩餘價值」嗎？不能這樣說。這是因為，社會產品產量的提高，是由於社會勞動力產品成本的總投入增多了，二者之間是平衡的。我們自己耗費了部分原材料和勞動力產品，製造出一個衣櫃產品，能說這衣櫃就是勞動創造的剩餘價值嗎？原材料成本的價值加上勞動力產品耗費成本的價值，正好等於衣櫃產品的價值，並沒有新的價值被創造出來。之所以出現了價值剩餘，那是因為在社會產品成本的投入中，雖然自然產品耗費成本與勞動力產品耗費成本相加正好等於新的產品產值，但由於自然產品的耗費成本相對來說在社會產品成本的投入中所占的比例越來越小，而勞動力產品的耗費成本相對來說在社會產品成本的投入中所占的比例越來越大，這樣一來，自然產品的耗費總是少於整個社會產品成本投入所帶來的新的產品產值，這就必然會出現價值剩餘。在這裏，耗費成本的提高僅僅是把耗費成本的價值轉化到新的產品價值上去了，剩餘產品的出現，是以耗費了勞動力產品價值為代價的，並沒有在自身的價值耗費中創造新的剩餘價值。

　　有一點必須承認，在勞動力產品價值的耗費的同時，沒有將自然產品的價值全部耗費掉，出現了價值的剩餘——這就是產品剩餘的原因。於是，我們把這種財富增長的形式稱之

爲價值剩餘。價值剩餘是財富的相對增長。

我們把話說回來。當勞動力轉化成產品，說的準確一點就是，當一個人的勞動力通過商品交換的形式轉化成爲另一個人的產品而被消費時，問題就變得複雜起來。

人終究是人，不應是什麼產品。但是，人的勞動力可以變成產品被人消費，這就極不容易把二者的界線分清楚。好像資本家購買了一個工人的勞動力，就等於這個工人把自身人的地位和資格也賣給了資本家似的，這豈不是又回到了農奴制時代了嗎？

如果購買勞動力的投資者一方在消費勞動力產品的同時，認爲這個人也可以爲他所消費，那麼這個投資者無疑就是一個最反動的傢伙。馬克思所要痛斥的「資本家」，就是這樣一些人。

一個國家之所以要制定、頒布勞動法規，其目的就是要規範勞動力產品的消費，保護勞動者在出賣自己勞動力的同時仍能維護自身人的主體地位。

越往前追溯歷史，勞動者與勞動力產品之間的界線越模糊，很多剝削和壓迫，就是因爲一些投資者在消費工人勞動力產品的同時也在慘無人道地消費著工人的人身。總之，勞動者人身與勞動力產品之間的界線越清楚，被雇傭的勞動者自身的權利才越有保障。勞動法規制定的目的，就是在勞動力的產品延伸問題上將人與勞動力產品分清楚，並保護雙方的合法權益。

很多很多的矛盾和鬥爭，都是在勞動力成爲產品之後發生的。一方購買了勞動力產品，可這勞動力產品又不能像自

然產品和其他人工產品一樣任由投資者隨意支配和使用，並且這個勞動力產品並沒有完完全全無條件地歸他所有，這讓多少投資者困惑和苦惱。

其實道理很簡單，你購買的僅僅是勞動力而不是人。這個勞動力應該有其確定的標準；這個標準應該由國家和政府來制定，而不是由投資者一方來制定。

繼龐巴維克之後，弗裏德裏希・哈耶克相信資本主義經濟會通過更加迂迴的方式生產商品，他認爲，商品被投放到市場上所經歷的時段將不斷延長，因爲在商品與服務生產過程中使用機器與工具之前，必須完善機器與工具。對於資本主義生產力分析的著重點被放置於資本主義時代的機器和工具完善與否的問題上，這無疑是哈耶克的首創。這一定論是不是正確的我們不想多說，但他的觀點和思維方法確實大膽。

從低級的社會形態發展到高級的社會形態，在商品生產的過程中，機器與工具從無到有、由簡單到繁雜恰恰是越來越趨於完善、越來越先進的。這種完善和先進首先是由產品的科技含量、生產難度越來越高決定的，使得產品的應付社會成本越來越高，在市場率也同步提高的情況下將實付社會商品成本降至低點。應付與實付之間的價值差距越來越大，爲價格騰出了空間，使利潤不斷增加。一句話，資本主義的發展是得益於在自由創新的環境下依靠科學技術的進步來創獲大量的價值剩餘，這些價值剩餘（其中主要是發明創造）在市場經濟的環境中又有賴於資本的成功運作而創造大量的剩餘價值。如果哈耶克所說的「完善的機器和工具」即是價

值剩餘的一部分的話，至少可以算他歪打正著。

通過對生產力「零點」的追溯及其量化原理的掌握，從中我們不但發現人的智力和創新力是提高生產力的核心力、主導力，增加剩餘勞動是提高生產力的本質，而且還發現：考量生產力高與低的標準，不應單單集中在物質財富的積累、運用形式上，還應該體現在精神財富的儲藏、發揮內容上；衡量生產力先進與落後的標準，也不是單單看我們人類各自擁有財富的數量和各自精神生活的美滿程度，同時要看這種生產力是否能與大自然和諧發展從而使人獲得更多的自然自由，還要看這種生產力是否能使社會和諧發展從而使人獲得更多的社會自由。

17-4 必要勞動與剩餘勞動

過去所說的剩餘勞動，只認體力剩餘勞動，不認腦力剩餘勞動，而且完全埋沒了腦力者對剩餘勞動的巨大貢獻，甚至本末倒置，把知識分子罵成「臭老九」實在是歪理邪說！它對天下所有的腦力勞動者（發明創造者、科研人員、思想家、企業管理和經營者、國家的治理者包括政治家在內等等），是極為不公平的。

必要勞動與剩餘勞動不是用什麼「時間」來確定的，而是由勞動價值質量的優劣來確定的，是由生產力水平來確定的。

所謂的必要勞動，它是指一個人的勞動成果剛好只能滿足自己的生存需要，不能再多也不能再少，使勞動的總投入

與勞動的總成本正好持平，相互抵消。如果勞動成果多了，那就會出現價值剩餘；如果勞動成果少了，這個人就會餓死。因此，必要勞動說的就是生存上的必要，如果這點勞動也不「必要」了，那人的生存就沒有了保障。

這樣的一種必要勞動，並不是用時間來控制和計算的。原始人從早幹到晚，甚至沒黑沒白，累死累活，卻有時連生存都無法保障。如果我們給原始人規定出什麼「必要勞動時間」和「剩餘勞動時間」，實在是沒有意義。因爲所有的勞動時間都用上，別說仍然見不到什麼剩餘產品，甚至還餓得慌。其原因很簡單，當時的生產力水平低，低得不成樣子。

如果我們非要把勞動與時間掛上勾，那麼我可以肯定地作出結論：在生產力水平低的時代，其必要勞動的時間就長；水平越低，時間就越長。如果把這樣的勞動比作老鼠，那麼就如同將1 000隻老鼠裝在口袋裏，一隻手就可以提起來。在生產力水平高的時代，其必要勞動的時間就短；水平越高，時間就越短。如果把這樣的勞動比作大象，那麼就如同一隻大象站在那裏，100個人也恐難擡起它。

低劣的勞動儘管持續的時間長，但其勞動的質量仍然是差的。爲了達到一定的質量——滿足生存的最起碼的質量，低水平的勞動就不得不用延長時間的辦法來彌補，有時延長了勞動時間都不管用。優異的勞動儘管持續的時間短，但其勞動的質量卻是好的，這種高質量的勞動可以使人早早地滿足生存的需要。

可見，必要勞動的確定，是由勞動的質量決定的；勞動的質量低，必要勞動的時間就長；勞動的質量高，必要勞動

的時間就短。

所謂的勞動質量，指的是勞動投入的效力，而不是數量。一大口袋爆米花，吃下肚還會覺得餓；幾塊壓縮餅乾可能就會讓人噎著。

由於人與人之間的差異，他們的必要勞動是有差別的。我們不可能知道所有人的必要勞動是多長時間。但是，每個人都應該知道維持自己生存的必要勞動是多少。

社會必要勞動完全是由政府根據人民的生活水平大體計算出來的。所謂的「最低生活標準」，就是指社會必要勞動的標準。

說到剩餘勞動，雖然它在某些範圍內與時間問題有了關聯，但它不完全是由時間來決定的。

歸根到底，剩餘勞動的源泉是人的腦力勞動，只是後來體力勞動也參與進來。

假設從原始人開始就不動腦，完全靠體力勞動進行有限的生產，那麼在勞動投入與勞動成本之間總是保持平衡的狀態下，怎麼會有剩餘勞動出現呢？真是這樣的話，人和其它動物一樣，就不會有發展了。

第一個動腦製造弓箭的人；第一個動腦製作耕犁的人；所有敢為人先動腦思想創造出先進生產工具和武器的人，他們的腦力勞動之過程，就是剩餘勞動之過程。

譬如，一個農民耕地的體力勞動，一天需要消費0.5千克糧食，這個農民勞動的果實分攤下來，正好是每天0.5千克的收成，於是這個農民每天的必要勞動就是生產0.5千克糧食。

另一個農民邊耕地邊動腦想出製作耕犁的方案，在思

想動腦進行腦力勞動的時候，雖然這個農民加大了勞動的投入量（加大的是腦力勞動），但他一天下來的勞動成本還是0.5千克糧食。腦力勞動的特點就是在保持勞動成本幾乎不變（即使有變化也不會太大）的情況下無限制地加大了勞動的投入，提高了勞動投入的價值。這種投入一旦奏效，就能大幅度地提高生產效率。當然，腦力勞動的投入也有不見回報的時候，但由於腦力勞動幾乎是一項「無本」的生意，故而即使不見回報，它也不會給勞動者帶來多大的虧損。

但是，有效力的腦力勞動所帶來的價值收益，那可應該是一個不小的數額。這個數額是多少？譬如第一個發明耕梨的人，按說天下所有後來使用耕梨的人，都應該向發明人交納「專利使用費」，因為耕梨的使用給人們帶來了巨大的收益，帶來了數不清的剩餘勞動。從巨額的收益中拿出一部分「專利使用費」交給發明人，這本是天經地義的。可是，在那遙遠的過去，「知識產權」無從談起，腦力勞動的成果沒有使發明人得到應有的報償，全部無償地獻給了全人類。直到現在，「專利保護」才走上正軌，但有時這種保護還像原始社會時期那樣難以到位而無法有效地發揮保護的作用，使很多腦力勞動者吃盡了苦頭，形成了「腦體倒掛」、「本末倒置」的惡境。

對腦力勞動者的歧視和對腦力勞動價值的「搶劫」與「盜竊」，使很多科技人員不再願意幹發明研究工作，這對社會的經濟發展是極為不利的。

由於腦力勞動在維持一個人的生存過程中並不絕對是必要的，故而它體現出來的特性是剩餘勞動。就是說，動腦可

以，不動腦也可以。不動腦你就維持現狀；動腦了就參與了剩餘勞動；參與了剩餘勞動就有可能實現價值剩餘。我們把這種剩餘勞動稱作腦力剩餘勞動。另一種剩餘勞動，就是體力剩餘勞動。

體力剩餘勞動是在腦力剩餘勞動體現出價值之後出現的，沒有腦力剩餘勞動就不會有體力剩餘勞動，腦力剩餘勞動是體力剩餘勞動產生的前提和條件。

我們還以農民耕地爲例。最初，每天消耗0.5千克糧食的這個農民一天只能耕地1畝。後來，由於他加大了腦力勞動的投入，研製出耕犁，在每天仍消費0.5千克糧食的情況下，一天可擴大耕地爲5畝，或者說，他只用五分之一的體力勞動就已經完成了必要勞動，那剩餘下來的五分之四的體力勞動就成了剩餘勞動。這樣一來，這個農民腦力剩餘勞動的結果，是每天可帶來很多體力剩餘勞動，在每天消耗0.5千克糧食的情況下，另可增加2千克糧食的剩餘。如果沒有腦力剩餘勞動，這個老農仍然用土法子耕地，他怎麼會有剩餘勞動呢？也就不會有剩餘產品。

說到勞動時間，它只是勞動價值的參數，是勞動價值的間接體現。不是勞動時間決定勞動價值，而是勞動價值決定勞動時間。

經濟學家爲什麼對勞動時間這麼感興趣？一是因爲當初對勞動質量的量化實在找不出別的什麼更有說服力的數據；二是因爲人們有意或無意地感覺到勞動時間與人的最低生活保障有無法割裂的聯繫：連續勞動8小時後不吃飯就心慌；連續勞動12小時後不吃飯就出虛汗；連續勞動16小時後不吃飯

就臉變灰了；連續勞動20小時後不吃飯就抽風不停；連續勞動24小時後不吃飯就該翻白眼了！

一個人的剩餘勞動成果，正好是這個人財富增加的數額；不斷地有剩餘勞動，就不斷地有剩餘產品出現，也就不斷地有財富的積累。這種積累並不是只上不下、只多不少的。假如一個人在某個特定的時期出於某種特定的原因沒有參加必要勞動，那麼剩餘勞動就得反過來貼補，使財富積累的數量減少。一個人是怎樣；一個企業是這樣；一個城市是這樣；一個國家也是這樣。人們常喜歡使用的「國民生產總值」（GDP）這一概念，根本反映不出財富的積累是多還是少的情況，它只是一個相對的參考數，不能代表一個國家經濟發展與倒退、富裕與貧窮的真正水平。

道理同上，社會剩餘勞動，也正好是這個社會財富增加的數額，它本應可以非常準確地計算出來。

綜上所述，我們過去所說的「剩餘勞動」和「提高生產力」，只認體力勞動，不認腦力勞動，而且完全埋沒了腦力勞動者對剩餘勞動的巨大貢獻，甚至本末倒置，把知識分子罵成「臭老九」，實在是歪理邪說！它對天下所有的腦力勞動者、發明創造者、科研人員、思想家、企業管理和經營者、國家的治理者包括政治家在內等等，都是極為不公平的。現今，「科學技術是第一生產力」已成為共識，「文化生產力」也為越來越多的人所接受，這從一個方面證實，關注腦力勞動價值、肯定人的精神作用、確認人的智力和創新力是提高生產力的核心力、主導力，都不是無緣無故的，都有其內在的必然規律在起作用。

17-5 人類社會的「借貸」與「還貸」

現代的文明社會並不文明，它表現在經濟上，權利與義務有時仍被弄得模糊不清。所有人都以為靠別人「代墊投入」而獲得的消費產品（包括貨幣）都是天經地義、理所應當的事情，而且似乎所有人都缺少向社會「還貸」的意識，從不把它看成是自己的一項義務。

一些人根本不承認價值乃是來自大自然對人類無償的「借貸」反而認為價值完全是自己靠勞動創造的，不但欠債不還，還倒打一耙，真是胡攪蠻纏！

世界上的每一個人，都是首先背著價值負債的十字架長大成人的。從嬰孩到成年，這期間的吃、穿、住、行等等所有維持生存所進行的消費，包括醫療、教育等費用，全都是社會「借貸」給他們的。所謂「借貸」，是指這種消費的價值成本根本不是消費者靠自己的勞動所得投入的。儘管這實屬源於消費者還沒有勞動能力，但這不應該成為他們享有經濟權力無償地享受，而不盡本應應盡的經濟義務的借口。就是說，「借貸」的財富必須「還貸」，前面消費了，後面就應該產出。消費得多產出得少，那麼就等於這個人仍然負著債；產出大於消費，才能創造價值。如果世界上所有的人都消費得多產出得少，那麼社會財富只能是越來越少；只有社會的總產出大於社會的總消費，才會出現財富的積累。也就是說，有一些剩餘要彌補必要勞動，使財富減少，但與此同時要增加剩餘勞動，使增加的多於減少的，這

樣才能使財富持續增長。

每個人所獲得的「借貸」，或是來源於與他們有血緣關係的親屬（通常是他們的生身父母），或是來源於社會，總之都是別人「代墊投入」的，只不過很少被附加上應該歸還的條件。僅以人與社會的經濟關係而言，不管是誰曾經「代墊投入」使我們獲得了產品消費，都應該把它看成是社會給予我們的「借貸」，也就意味著，每個人都要通過以後的勞動產出向社會「還貸」。

現代的文明社會並不文明，它表現在經濟上，權利與義務有時仍被弄得模糊不清。所有人都以爲靠別人「代墊投入」而獲得的消費產品（包括貨幣）都是天經地義、理所應當的事情，而且似乎所有人都缺少向社會「還貸」的意識，從不把它看成是自己的一項義務。現代的所謂文明，不過是家庭產品消費核算經濟體制被當作合理的經濟制度而得到人們的稱讚，尤其是那些從父母那裏能夠不勞而獲地繼承大量財富的人更是如此。他們可以欠債不還，而且還獲得了免費贈送；他們可以大肆消費，卻沒見他們給社會創造什麼財富。這就是家庭產品消費核算經濟體制的「文明」所在。另一些人則與此相反，他們產出得多，但獲得的卻少。人與人的不平等，在經濟上，在價值上，沒有人理會這種消費投入與產品產出之間量的關係體現在人身上會出現兩種標準的不合理的現象。這樣一來，每個人的產品消費的成本核算都會有一段「空白」的歷史，於是每個人所進行的產品消費都會把一部分欠賬記在了別人的頭上。其結果，自己早晚也會爲另一些人無償地進行消費投入——哪怕投入的對象是自己親生

的兒女。

社會歷史也是如此。最早期的原始公社不得不依靠天然的野生植物、野生動物來作爲維持生存的消費產品，無須爲此支付任何貨幣。如果非要找到它的投入者的話，即人類要弄清誰是「借貸」給我們人類財富的施舍者，我們人類今天應該向誰「還貸」以了卻負債的歷史，那就是大自然，是自然價值成了我們無償的「借貸」者。

然而，時至今日，我們人類對大自然沒有一點的負債感，還在幹著很多破壞大自然的事情。老債未清，又一次次地欠下了新債。甚至於，一些人根本不承認價值乃是來自大自然對人類無償的「借貸」反而認爲價值完全是自己靠勞動創造的，不但欠債不還，還倒打一耙，真是胡攪蠻纏！

由以上可以看出，人的初期與社會歷史的初期是一樣的，都是產品消費在先，產品投入在後；先「借貸」，後「還貸」，而不是相反。後人總是欠著前人的債，前人欠著大自然的債。弄明白了這一點，才能真正明白勞動的價值是從哪裏來的。有關勞動價值問題，我們後面還要詳細談。

人的價值好像最難判斷，其實計算起來也許並不是多麼地困難——當然，確實有點麻煩。如果一個人從他能夠勞動的那一天起，他的所有經濟活動都能記錄在他的「信用卡」上的話，那麼隨時可以看出他所創造的價值是正數還是負數，正或負的數額是多少。假設一個人活到了60歲，他的勞動收入共計60萬元，這60萬元是他爲社會創造的價值嗎？不是。因爲他在沒有勞動能力的時候，他的產品消費投入都是別人（社會）「借貸」的。假設他從出生到成年共消費了10萬

元，那麼這10萬元理應從他60萬元勞動收入中減除，作爲向社會的「還貸」。他從成年到60歲這期間，用於自己消費花去了20萬元，最後應該剩下30萬元。但用於撫養孩子的消費投入（即「借貸」出去的那部分）共10萬元。「借貸」出動的10萬元和創造的20萬元加在一起等於30萬元，這30萬元才是他所創造的價值。就是說，他爲社會增加了30萬元的財富做出了貢獻。但實際上，社會的財富才增加20萬元（另10萬元被另一個人消費了還未償還）。

在我的《社會成本經濟學原理》中，繼承就是沒有附加上「還貸」條件的「借貸」。從成本核算的意義上說，繼承得越多，那麼負債就越多，「還貸」的責任就越大、越重。如果一個人繼承了很多的財產，但他卻只消費、無產出，沒有爲社會創造出財富來，那麼他就是一個永遠背著債離開人世的人。背著債離開人世的人，就是價值的剝削者！所謂的階級剝削是另外一回事。

比爾・蓋茨現在是世界上最富有的人之一，但他同所有的人一樣，也曾經是背著債務長大成人的。不管他現在有幾千億美元，應該從中減去對父母、對社會的「還貸」後才是他的價值體現。

扭虧增盈不但是我們的「國有企業」的經濟目標，也是我們每一個人的經濟目標。人與人之間、國與國之間的競爭，歸根到底就是價值的競爭。

社會同人一樣，在價值問題上也有一個「借貸」和「還貸」的問題。所謂的「經濟增長」，不應該單純地是什麼「國民生產總值」的增加或是「人均國民生產總值」的增

加，理應考核投入與產出的效益，更應考核歷史的「借貸」與「還貸」。這是因為，假若故宮一把火燒了，假若原始大森林都被砍伐殆盡，假若野生動物被我們捕殺得都絕了種，都絲毫不會影響「國民生產總值」，甚至還會為一時的虛假繁榮增加產值呢。故宮燒了重蓋，投入的人力、物力，不就增加了產值了嗎？砍伐的木材出售，不就增加了產值了嗎？野生動物上了酒店的餐桌，不就增加了產值了嗎？如果故意讓一座橋縮短使用壽命，偷工減料，架了塌，塌了再架，重複地折騰幾次；產值不就翻番了嗎？一塊地皮多轉手幾次，不就增加產值了嗎？剛剛寫到這，正巧聞聽南京車站一把火燒了。燒了重建，為增加產值做出了貢獻！這是一種什麼經濟邏輯？

　　說一千，道一萬，「經濟增長」指的是社會財富的增加，是在原有社會財富積累基礎上新創造的財富。在這樣的核算中，不管是人為的事故還是天災，只要造成了經濟損失，使社會的財富減少了，都應該作為虧損額計算在社會成本內。國家經濟管理部門如果不把交通安全、生產安全、防火防災等經濟預防工作看成是經濟工作的一部分，把這些經濟指標排除在經濟核算之外，那麼，「經濟增長」就與財富的實有量脫了節，變成了麻醉人的數字遊戲。

　　總之，一切勞動價值，都是由產品消費成本和產品投入決定、派生的，而不是憑空出世的。勞動價值就是對自然價值的「還貸」，就是對社會消費成本的「還貸」。

第18章
對「勞動創造價值論」的質疑

18-1 勞動既是特殊商品，又是特殊產品

　　《資本論》中所舉的很多類似的例子，只管生產，不管銷售；只看資本，不看市場；只談資本家，不談消費者；只顧所謂的「多數人利益」，卻不顧資源的浪費和環境汙染問題，它怎麼能有說服力呢？

根據《資本論》所總結出來的「剩餘價值」理論，我們的「教科書」是這樣分析「剩餘價值」問題的：

　　資本主義的生產過程不僅是一個生產使用價值的勞動過程，還必須同時是一個使資本家獲得剩餘價值的價值增值過程。勞動過程和價值增值過程的統一，可以從下面的公式中表現出來：

$$G\,(貨幣) - W\,(商品) \underset{Pm\,(生產資料)}{\overset{A\,(勞動力)}{\big\langle}} \ldots P\,(生產過程) \ldots W'\,(商品) - G'\,(增大了的價值)$$

在上述公式中，資本家買進的商品和賣出的商品並不是同一的東西。以經營皮鞋製造的資本家 例，他買進的是工人的勞動力和牛皮、鞋釘、鞋繩、油漆、縫鞋機等生產資料。他賣出的，是已經製成的皮鞋。由於資本家在購買的商品中包括了勞動力這一項，勞動者在勞動過程中創造了比勞動力價值更大的價值，所以資本家出賣皮鞋所得的貨幣，比他購買勞動力和生產資料的貨幣更多，實現了價值增值。

下面，我們把數字代入公式來進一步說明它。

假定，製造1雙皮鞋耗費的牛皮值10元，鞋釘、鞋繩、油漆、機器損耗等值5元，那就是說，製造1雙皮鞋所必需的生產資料共值15元。這些生產資料經過工人的具體勞動，制成了皮鞋，創造了一個新的使用價值。生產過程中消耗掉的牛皮、鞋釘等生產資料的價值，已轉移到新產品上去，成 皮鞋價值的一個構成部分。

製鞋工人的勞動，不僅是創造使用價值的具體勞動，而且也是形成價值的抽象勞動。現在假定，製鞋工人1小時的勞動形成1元價值，他每小時製鞋1雙，也就是說，每1雙皮鞋裏，凝結著1元新創造的價值。這樣，加上轉移過來的生產資料的價值，每雙皮鞋的價值是16元。

假定這個製鞋工人勞動力的日價值是6元，而且資本家是按照價值來購買他的勞動力的。現在，如果製鞋工人每天只勞動6小時，制成6雙皮鞋，那 ，資本家在生產資料上墊支了（15×6）90元，購買工人勞動力6元，共96元。他按皮鞋的價值每雙16元出售，6雙也是96元。這樣，資本家就一分錢都賺不到了。這樣的生意資本家是不幹的。 了賺錢，資本家

不是叫工人每天勞動6小時，而是12小時，製造12雙皮鞋。現在，資本家在12雙皮鞋上的預付資本是（180元生產資料+6元勞動力價值）186元，出售皮鞋12雙得（16×12）192元。

　　資本家按照價值購買生產資料和勞動力，按照價值出賣製成品皮鞋，而6元剩餘價值已穩穩當當地落入他的腰包了。【89】

　　上述分析乍一看，挺有道理；但仔細一琢磨，很多地方就說不通了。它之所以讓我們誤以爲有道理，是因爲它把產品價值規律和商品價值規律混合在一塊讓我們看。它之所以很多地方說不通，就是因爲它本身根本就沒有搞清產品價值規律和商品價值規律究竟有何不同，沒有弄明白產品和商品、產品價值和商品價值、權利的應然性和權力的實然性是根本不同的兩類概念。而且它還忽視了貨幣和勞動力均具有的既是特殊商品又是特殊產品的雙重屬性，毫無道理地把勞動力的二重性與貨幣的二重性割裂開來。在這種糊塗的混合中，所總結出來的所謂剩餘價值理論能站得住腳嗎？

　　「教科書」上說：「勞動力成爲商品」，難道勞動力就不能成爲產品嗎？我們已經得出過結論，貨幣不僅僅是從商品世界中遊離出來充當一般等價物的一種特殊商品，而且還可以是從產品世界中遊離出來充當一般財產量的一種特殊產品。勞動力同貨幣一樣也具有二重性：既是特殊商品，又是特殊產品。都是特殊商品和特殊產品，就使得勞動力和貨幣

【89】《政治經濟學教材》，頁52～54。

成爲可以相互轉換的內容。所以，勞動力既可以被當作商品出賣，又可以被當作產品收買並儲存。貨幣是勞動力產品主要的儲存方式，資本的投入，實際上也可以看成是勞動力產品的投入。

《資本論》的意思是說，「剩餘價值」是資本家剝削工人勞動獲得的；如果工人的勞動不被剝削，那就不會有剩餘價值。看來，問題一開始就出在資本家購買工人勞動力上。

購買工人勞動力，是一種商品性交換的過程。譬如，我用貨幣來購買工人的勞動力，表面上看好像持幣的一方掌握著主動權，而另一方完全處於被動局面，實質上並非如此。因爲我手中的貨幣在商品性交換前，完全變成了特殊的產品，而工人的勞動力在商品性交換前，也完全變成了特殊的產品，這種轉變都是出於爲進行商品性交換而做的必要準備。在商品性交換的過程中，貨幣和勞動力都各自變成各方的特殊商品，買買關係就是商品的交換。在這一過程中，任何一方都不會成爲單純的買方或單純的賣方，都是有買有賣的。我在購買某種特殊商品——勞動力的同時，賣出了某種特殊商品——貨幣；工人在賣出某種特殊商品——勞動力的同時，也買進了某種特殊的商品—貨幣。有買有賣，有賣有買，各取所需，雙方自願，誰也沒有剝削誰。

例如，我自己製造一個衣櫃產品。買木料、膠、油漆、釘等原材料共花了50元，又購買了鋸、刨、鑿等必備的製作工具共花了100元，共用了5天勞動時間將衣櫃製作好。那麼，這個衣櫃的產品成本即產品價值是多少元？是150元嗎？不是。它還應加上勞動的成本即勞動力價值。如果當時的社

會平均勞動力價值是每日按10元計算的話，那麼這個衣櫃的實際產品成本即產品價值是200元。當這個衣櫃製作好後，如果有個人提出要購買的話，那麼我肯定會圍繞著200元的產品價值去與對方商討衣櫃的商品價值即商品價格。如果這個衣櫃僅供我自己使用，也不能因爲是自己使用就可以把凝結在這個產品中的勞動價值剔除掉。

假如，我自己不幹，而是購買一個工人的勞動力，他幹了5天活，我付給了他50元，於是人們會發現這個衣櫃的產品價值還是200元。只不過我的口袋裏少了50元，用它來購買特殊的產品即勞動力了；而那個工人的口袋裏就多了50元，它是工人用勞動力（即特殊的產品）購買進的特殊的產品（即貨幣）。這完全是「等價交換」，談不上誰剝削誰。

「勞動要作爲商品在市場上出賣，無論如何必須在出賣前就已存在。」【90】《資本論》講的太對了，但是只講對了一半。出賣前就已存在，它是什麼？什麼狀態？不能作爲勞動力商品出賣的是勞動力產品，勞動力產品在勞動力商品出賣以前就存在。勞動力產品是供自己使用、消費的勞動。

從前面的分析中應該看到，不能因爲我購買了工人的勞動力我就成了一個剝削工人的資本家，那工人還購買了我的貨幣呢，能就此認爲工人同樣也剝削了我嗎？同時，也不能因爲我的貨幣不是「資本」，那個衣櫃不是用於出售賺取剩餘價值的商品，就可以不給那個工人勞動報酬，讓他白幹，爲的是不讓他的勞動力成爲商品，這聽起來真是太滑稽可笑了。

【90】《馬克思恩格斯全集》，第23卷，頁586。

　　事實上，即使在原始的產品交換時代，在交換的諸多形式中，不見得都是以物易物的。在人們之間的經濟權力關係中，以勞動力這樣一種特殊的產品形式去交換某個商品，這是不足爲奇、司空見慣的事情。由此，勞動力成爲一種特殊的商品和勞動力又可以成爲一種特殊的產品，早在原始的、最低級的社會經濟權力關係中就存在了，甚至早在貨幣還沒有來得及充當一般等價物的時代就存在了。而那時，「資本」還沒出「娘胎」了。

　　勞動力成爲一種特殊的商品和勞動力又可以成爲一種特殊的產品，它首先不以貨幣產生與否爲前提，它其後更不以貨幣轉化爲資本爲條件。只不過當貨幣出現的時候，使勞動力成爲商品和使勞動力成爲產品的形式多樣化了，過程複雜了，並且在操作和流通上顯得更爲方便，更便於量化罷啦。故而，「教科書」中所說的「貨幣轉化爲資本，是勞動力轉化爲商品和資本家剝削雇傭工人的剩餘勞動所創造的剩餘價值的結果」[91]這句話，就顯得缺少點分量。這是因爲，我爲製作衣櫃而支出的貨幣沒有轉化爲資本，但是我照樣可以剝削我所雇傭的那個工人。假若我只付給他10元的勞動報酬，就等於我用160元創造了200元的產品價值。雖然眼下這個衣櫃沒有成爲商品，但它實際上已經蘊含著40元的「剩餘價值」（實際上應是價值剩餘）。

　　在我看來，重要的不是貨幣是否轉化爲資本，而是勞動力的價值究竟怎麼來評定，應該評定爲多少才是公平合理

【91】《政治經濟學教材》，頁55。

的。假若爲製作那個衣櫃，我付給了那個雇傭工人100元，這就等於我用250元錢只創造了200元的產品價值。這樣一來，雖然是我用貨幣來購買工人的勞動力，但工人卻把「資本家」給剝削了。勞動力價值如何來評定的問題，我們將在後面深入分析。

　　說到這，我們再反過來分析一下「教科書」上所舉的那個製鞋的例子，其中說的「鞋釘、鞋繩、油漆、機器損耗等值5元」這句話，就會發現問題所在。機器損耗在這裏肯定不是5元，這5元中還包括其它原材料費用。我們假設其它的原材料費用製作1雙鞋需要2元，那麼就等於製作1雙鞋機器損耗爲3元。這種損耗是怎樣計算出來的呢？按說我們必須首先知道購買機器的實際支出是多少錢，然後再看它生產了多少雙鞋後被損耗而報廢，這才能知道1雙鞋製作造成的機器損耗合多少錢。假設購買機器的費用是600元，這台機器共生產了200雙鞋後耗損，於是我們可以很準確地計算出這台機器生產1雙鞋的損耗是（600÷200）3元。但是這是一個可變的商品成本因素。它受產品究竟能否、能有多少可以轉變成商品這一決定性的影響，隨著它的變化而變化。比如，這個鞋廠只賣出10雙鞋，那麼商品的成本就會上升。計算如下：

　　購牛皮1雙10元×10雙＝100元；

　　其它原材料：1雙2元×10雙＝20元；

　　購機器：600元；

　　雇傭工人：1雙1元×10雙＝10元。

　　這樣，資本家製作10雙商品鞋的總投入是730元，只有每雙鞋賣到73元時，資本家才剛剛保證不賠錢。如果這10雙鞋

都沒賣出去，或賣的價格低於1雙鞋73元時，資本家都會賠錢的。當然，資本家若想賺錢，就必須擴大銷售，必須保證把所有生產出來的產品全部轉變成商品，這才能給資本家帶來利潤，帶來剩餘價值。

如果按照「教科書」上所定的皮鞋價值（這種價值計算的依據是建立在猜測機器的損耗費用上）16元出售，豈不是把資本家賠死？哪裏來的什麼剩餘價值啊？

可見，《資本論》中所舉的很多類似的例子，只管生產，不管銷售；只看資本，不看市場；只談資本家，不談消費者；只顧所謂的「多數人利益」，卻不顧資源浪費和環境汙染問題，它怎麼能有說服力呢？

18-2 資本家有罪還是有功

剩餘價值是從實付社會商品成本與應付社會產品成本之間靠擴大市場率、滿足市場需求而產生的。而實付社會商品成本中和應付社會產品成本中都已經包含了勞動力價值，即勞動工資已經作爲一項費用計算其中。如此這般，剩餘價值的產生就與勞動力商品毫不相關了。

創造剩餘價值靠的是擴大市場占有率，把工人的勞動力撇在了一邊，這樣一來，好像資本家不但無罪反而有功了。因爲他們在滿足社會消費需求而從事商品生產的前提下創造了貨幣剩餘價值，因而使社會財富總量不斷地增加，同時他們還爲人類社會在滿足各種各樣消費需求的時候節省下大量的人力物力，避免了人類社會很多重複性的投

入，創造了很多為人看不見的無形剩餘價值，這豈不是給資本家臉上抹粉嗎？

更讓人感情上過意不去的是，剩餘價值是從實付社會商品成本與應付社會產品成本之間靠擴大市場率、滿足市場需求而產生的。而實付社會商品成本中和應付社會產品成本中都已經包含了勞動力價值，即勞動力工資已經作為一項費用支出計算在其中。如此這般，剩餘價值的產生就與勞動力商品毫不相關了，這豈不是掩蓋資本家對工人的剝削了嗎？

我的心情同「教科書」一樣沉重和不安。

我曾試圖把勞動力與剩餘價值直接聯繫在一起，讓它們之間形成某種因果關係，使剩餘價值的創造歸功於廣大的勞動者。然而實踐使我感到很遺憾，無論如何也無法把勞動力商品價值從應付社會產品成本中剔除出來。

人類從事社會產品的生產以滿足自己消費需求的時候，都無一例外地必須以投入自己的勞動力為前提。肚子餓了，我們不買盒飯，是不是就得自己下廚房去做？我們不買現成的服裝，是不是就得自己裁好了布料一針一線地去縫製？我們不買商品房，是不是就得自己一磚一瓦地去施工？只要我們有了某種需求，又不想購買別人製作的商品，都自己生產產品自給自足，那麼，我們自己投入到產品消費中的勞動力價值總是被我們自己所忽視。自己為自己勞動好像從來不在乎幹的時間是長了還是短了，也不在乎哪些是「必要勞動」，那些是「剩餘勞動」。而且，為自己勞動不管多苦多累，多髒多難，都不會有什麼怨言。但是，在產品的使用價值上，都無一例外地凝結著一定的勞動力價值。難道產品生

產的勞動力就沒有價值麼？自己給自己勞動同樣具有價值，只不過人們從來沒想自己跟自己算算賬，也從來沒想過要算算產品性勞動的價值量。只有當人們在滿足產品消費需求時雇傭勞動力的時候，勞動力產品的價值量才以勞動力商品「實然性」的市場價值量體現出來。

勞動力產品即人們從事產品性的勞動；勞動力商品即人們從事商品性的勞動。

在這裏，人的勞動具有了二重性：在產品的生產和消費中，勞動過程本身，都是一種被局限於「客體價值」範疇內的支出。這種產品性的勞動，本是應該具有明確的價值量但卻很少有人去進行核算。譬如，給自己做飯、洗衣服、打掃衛生等，投入在其中的勞動「都是人的腦、肌肉、神經、手等等的耗費」，[92]哪一種不是人類勞動力的耗費？但是，很少有人自己跟自己算一算賬，看看做飯的「具體勞動」值多少錢？洗衣服的「具體勞動」值多少錢？打掃衛生的「具體勞動」值多少錢？然後再算一算賬，看看做飯、洗衣服、打掃衛生它們那種撇開其具體特點的勞動——即「抽象勞動」[93]值多少錢？即使有人做這種無聊的事情，也是毫無意義的。對此，儘管我們沒有對這種自己為自己的勞動去進行「主體價值」的認定和結算，也從來沒有人要求我們這樣做，但也不能就此認為自己為自己的產品性勞動是沒有「客體價值」的。除此之外，不是自己為自己的勞動，而是為別

【92】《政治經濟學教材》，頁26。

【93】同上。

人的勞動，即在非商品性交換中，勞動，只要它的性質是產品性的，它的「客體價值」也會被剝得精光。中世紀的農民爲封建主生產的租稅穀物所進行的勞動，爲牧師生產的什一稅穀物所進行的勞動，【94】這些勞動不是沒有產品價值的勞動，都是具有「客體價值」的，但由於農民的這部分勞動被迫限制在產品性的範圍內（即不允許產品成爲商品），故而它的「主體價值」失去了產生的條件，「客體價值」也就隨之被抽光。

那麼，勞動力能否從實付社會商品成本中剔除出來呢？我們可以說，在特定的歷史時期內是不能的。這是因爲，不管哪個資本家，他們只要從事商品生產，就必須雇傭生產者。在他們所有實付社會商品成本的投入中，都少不了支付購買勞動力商品的費用。也就是說，雇傭工人就得給工資，資本家經營賠錢了與工人無關。支付給工人勞動工資，那是企業經營成本的一部分。任何一個企業，勞動工資都是計入到企業經營成本中的。

在這裏必須說明的是，幹剝削和壓迫工人活計的，不是「資本家」，而是「剝奪家」。把剝奪家稱作資本家，這是對剝奪家最無知、最無恥的美化。

如果說，社會成員在產品的生產中都注意到了勞動力的產品價值，只是自己與自己無法計較的話，那麼在商品的生產中把別人的勞動力商品當作自己的勞動力產品來使用，這絕對是一個最聰明且又最反動的傢伙！這是因爲，人們對於

【94】《資本論》第1卷，頁12。

消耗在產品生產中的勞動力價值或是忽視，或是很少計較，而對於消耗在商品生產中的勞動力價值就比較注重了。所以，如果有那麼一種辦法，使勞動者在商品生產的過程中，始終以為是在進行著為自身服務的產品性生產，那麼誰還會去計較什麼勞動工資是多還是少呢？

但同時我們又可以說，勞動力價值是可以從實付社會商品成本中派生出來。這不足為奇。

在特定的情況下，個別商品成本是可以與勞動力價值分開來計算。但它有賴於一個前提，那就是：勞動力不再是商品；勞動力必須從商品市場中脫離出來進入資本市場中，使勞動力變成資本。

譬如，有些企業不固定支付給工人勞動工資，而是讓工人參與利潤的分配。有些勞動者乾脆與工廠主實行承包制、效益工資制等。還有一些有技術專長或者具有一定管理經驗的人享有企業的「乾股」等。這些都是勞動力資本的體現。

顯而易見，勞動力不是單一的、僵化的，而是具有多種多樣形式可變化的。根據不同的時間、不同的地點，根據不同人的素質和選擇，勞動力就會以不同的表現形式體現其價值。從勞動力產品，到勞動力商品，再到勞動力資本，雖然其勞動的活動本質都是一樣的，但因其表現形式和內容的不同，它們的價值量就會出現差異。這種差異並不會因為貨幣是否轉化為資本而消除或產生，完全是勞動者個人的素質和選擇決定的。

實事求是地作歷史的分析，資本家既有罪又有功。說他們有罪，是因為他們或多或少地剝削了工人的價值剩餘；說

他們有功，是因爲他們在滿足市場需求的同時創造了剩餘價值，爲人類社會財富的增長做出了貢獻。

當他們有罪時，他們不該被稱作資本家，而應稱剝奪家。有罪的是剝奪家，不是資本家。

18-3 勞動力價值量如何來確定

勞動力價值如何來評估，是一道非常難解的題。這是因爲，勞動力價值是可變的而不是固定的，其價值量的確定隨著勞動力不同的具體內容和不同的表現形式的變化而變化：勞動力產品的價值量只能按產品價值規律去衡量；勞動力商品的價值量只能按商品價值規律去衡量；勞動力資本的價值量只能按資本價值規律去衡量。它們之間沒有一個統一的標準，都按照各自的價值規律去運行，絕對不能混爲一談。

剩餘價值應該屬於投資者，這不應有任何爭議。俗話說，「誰投資，誰受益」就是這個道理。至於人們通常所爭論的「剝削」問題，實際上就是勞動力價值如何來評定的問題。如果勞動力價格定高了（只拿工資不幹活或少幹活），那就是勞動者「剝削」投資者；如果勞動力價格定低了（貢獻大報酬少），那就是投資者「剝削」勞動者。但是，我們怎麼來確定勞動力價值評定高低的標準呢？

我們還以前面提到的製作衣櫃爲例來進行分析。

雇傭只會打磨、油漆的工人，原來每人每天工資9元，現在資本家只給7元。這樣一來，資本家的實付社會商品成本每人每天降低了2元，這時我們能否確定這降低的2元就是資本

家對工人剝削的結果呢？下此結論恐怕還爲時太早。

這是因爲，原來所確定的每人每天9元工資是不是科學合理的勞動報酬？會不會是定高了？如何分辨合理與否呢？這就有待於與社會平均商品成本中的勞動力價值進行對照，而且還要考慮社會平均商品成本中的勞動力商品價值合理的上下幅度。假設：社會平均商品成本中的勞動力商品價值是每人每天12元，它的合理價格上限是15元，下限是9元，這樣我們就可以確定每人每天9元的工資是工人的最低收入標準。如果這個假設成立，資本家少給工人的2元工資就是資本家剝削所得。

可是，如果社會平均商品成本中的勞動力商品價值不是12元，而是10元，它的合理價格上限是13元，下限是7元，那麼資本家就稱不上是剝削。

另外，我們還假設：資本家投資生產1個衣櫃社會所公認的合理利潤爲72元；社會平均商品成本是128；平均一個人生產1個衣櫃的勞動時間是4天；市場平均商品零售價格是200元。那麼，由於資本家少付給工人工資，生產1個衣櫃的商品成本由原來的128降至120元。但是，資本家沒有按照平均的商品價格200元出售衣櫃，而是爲了市場競爭，按192元出售衣櫃。顯然，資本家生產1個衣櫃合理利潤還是72元，既沒有增多，也沒有減少，受惠的是消費者。由於資本家所取得的利潤仍在合理的範圍內，所以談不上資本家剝削了工人。此時如果我們非要找出一個剝削者的話，那麼消費者就不得不成了「剝削」者，因爲他用192元錢購買到200元產品價值的商品。這豈不是冤枉消費者？可見，在勞動力商品市場上進

行買賣交易時妄言誰剝削誰，是缺乏科學理論依據的。

　　勞動力價值如何來評估，是一道非常難解的題。這是因為，勞動力價值是可變的而不是固定的，其價值量的確定隨著勞動力不同的具體內容和不同的表現形式的變化而變化：勞動力產品的價值量只能按產品價值規律去衡量；勞動力商品的價值量只能按商品價值規律去衡量；勞動力資本的價值量只能按資本價值規律去衡量。它們之間沒有一個統一的標準，都按照各自的價值規律去運行，絕對不能混為一談。

　　首先，勞動力產品是人類勞動中最初級的形式，是最一般、最平常、最頻繁的勞動。它的勞動價值往往最為人們所不識，就是因為它屬於權利性的勞動。它的服務對象是每個人自身或被認同為自身的人。在我們每天的生活中，從買菜做飯，到打掃衛生，從服侍老人，到養育後代，為維持人自身生存的每一項產品性勞動，其價值都被無形地淹沒在人的需求滿足中，其價值量都是被人忽視的。即使我們現在的社會早已進入了商品時代，但我們的很多勞動仍舊是產品性的。因為勞動力商品無法取代人類所有的勞動，人類的有些勞動是永遠不能商品化的，它必須由人類自身依靠自己的勞動去滿足自己的需求。因此，勞動力成為一種特殊的產品，是人類各種勞動中最基礎性的勞動。

　　勞動力產品最大的特點就是它的無償性，這也正是勞動力產品與勞動力商品最明顯的區別。無償性，就是指勞動力產品不遵循「等價有償」的原則；它從來不講什麼公平合理，只講義務和責任，不講權利和權力。在所有落後的社會制度中，勞動力商品全都是被當作勞動力產品來使用的，

例如農奴和奴隸。隨著社會的發展，隨著城市工業的興起，隨著強權社會感覺的形成，以「公平競爭」、「等價有償」爲基本原則的勞動力商品市場才逐漸形成並最終建立發展起來。

其次，勞動力商品是勞動力產品社會化發展的必然產物，是人類社會勞動中的中級階段。就歷史的發展而言，確立並認可勞動力商品市場，是對人類勞動力的一次偉大解放。因爲它徹底打開了套在人身上的經濟枷鎖，使人的勞動力成爲一種可由人自身隨意支配的增值工具。這是人類歷史的一大進步。

但是，勞動力一旦進入商品階段，問題就出來了。人的本性總是買的人嫌貴、賣的人嫌賤。誰出的價格合理？誰出的價格最科學？誰能給確定出一個科學、合理、準確的勞動力商品的「價格表」，然後買賣雙方都根據這個「價格表」所規定的數額從事勞動力商品的交易？豈今爲止，誰也無法制定出這樣一個統一的「價格表」，而且永遠也不會見到它。就連我們現在常說的「按勞分配」一詞，也是一個含含糊糊、無法具體準確量化的概念。怎樣評定這個「勞」的數量和質量？它的單價是多少錢？它的評定的標準是什麼？以誰制定的標準爲標準？以勞動者制定的標準爲標準，還是以管理者制定的標準爲標準？依我看，《資本論》是無法把勞動力的質量和數量全部量化成商品價格的。這是因爲，勞動力商品與其它商品相比較而言有著非常特殊的地方，那就是勞動力商品本身的「材質」都是相互區別、千差萬別的。它所表現出的「能量」也是不盡相同、高低懸殊的。因此，

勞動力商品不具有統一規格性，而是因人而異、因人而價，
無法提前規定出一個準確統一的、人人適用的價格體系。所
以，勞動力商品表現出來的市場化價值規律，即勞動力商品
的價值量完全由市場的供求關係按照「自願自負」的原則來
靈活確定這樣一種規律，是最充分、最透徹、最簡單易行
的。也就是說，我給老闆打工，我得先問一問幹一天給多少
錢。老闆給的工錢也許多，也許少，這得看我對自身的勞動
力商品的價值量是如何估算的。如果我認為老闆給的工錢
少，我有權不給他幹。我不幹，他能把我怎麼樣？如果我把
自己的勞動力商品的價值量估算得很低的話——目前最要緊的
事情是肚子餓，則老闆即使不給我工錢，只要能讓我吃飽飯
就知足了。由此，前一個「我」和後一個「我」並沒有本質
意義上的勞動價值的變化，但是最終所確定出來的勞動力商
品的價格卻有著天壤之別。如果有人問，是前一個價格科學
合理還是後一個價格科學合理？我只能說，在勞動力商品市
場上只要雙方自願認可的就是科學合理的。不存在誰剝削誰
的問題。我如果不想被「剝削」，我可以不幹嘛，而且我也
可以自己辦工廠成為資本家。如果我沒有這個能力，那麼誰
天生就有這個能力？去調查一下每一個資本家，在他們的家
史中，準有一個祖先曾經也是「窮光蛋」，也曾經是給別人
打工的。只是後來一點一點地創起家業，且不管是用規矩的
方法還是不規矩的手段，但都是從無到有的過程是不容否認
的。

　　當然，我絕對無意美化資本家，因為資本家（實際上
應稱呼他們為剝奪家）對工人剝削和壓迫的事實歷歷在目。

越往前追溯歷史，這種剝削和壓迫就越殘酷。但必須說明的是，剝削和壓迫是緊密聯繫在一起的。沒有政治上的壓迫就沒有經濟上剝削的意義存在。一切剝削——真正意義上的剝削，都是以伴隨著政治上的壓迫爲前提的。因爲政治和經濟是一對連體的雙胞胎，作惡的時候是無法分開的。

如果資本家和工人能夠保證在政治上處於平等的地位，而在素質上的差異導致工人的勞動力商品價值的貶值，這絕對不能稱之爲剝削，頂多是「價值剩餘」分配的「不均」罷了。但是，如果工人同資本家不能在政治上處於平等的地位，或者是工人不能同社會的管理者處於平等的政治地位，那麼不管是「私有制」還是「公有制」，工人都將會成爲被剝削的對象。

最後說到勞動力資本，它乃是勞動力表現的高級形式，也是特殊的形式。勞動力資本相對勞動力商品來說，既有利又有弊。有利之處在於勞動力的價值可以同剩餘價值緊密地聯繫在一起，真正體現出多勞多得的原則，而且可以從實實在在的利潤數額中準確地計算出勞動力資本價值的質量和數量，量化到每一元，每一角，每一分。勞動力資本的弊端是，它與貨幣資本一樣，無法在剩餘價值出來之前提前支取，並且要同貨幣資本一起承擔虧損的風險。有可能勞動了半年，最後因爲生產的產品賣不出去，看不到利潤，故而所付出的勞動力資本就都白費了，甚至還要承擔經濟損失。

高風險高收益嘛。勞動力也是如此。你若怕擔風險，不想把勞動力變成資本，而只想成爲勞動力商品來個旱澇保收，那麼，你就不可能要求高收益。相反，資本家除了要冒

貨幣資本投入的風險，同時也要冒他自身勞動力資本投入的風險，這雙重的風險投入一旦創造出利潤，怎麼能一概地斥之爲剝削呢？

誰想獲得勞動力的最高價值，那麼誰就要勇於承擔風險，把勞動力變成資本。只有承擔風險的勇氣還不行，還必須具備把勞動力變成資本的素質和能力。只有素質和能力還不行，還必須具備一定的承擔風臉的物質基礎和條件。

社會上有些人，總是報怨說掙的錢太少，總是看別人掙錢多眼紅，卻從來不看自己的基礎和條件是一個怎樣的狀況；從來不提自己的素質和能力怎麼樣；從來不說自己究竟有多少承擔風險的勇氣。人們應該問問自己：我們有什麼特長？我們有什麼超過別人的能力？我們有什麼別人所不具備的基礎和條件？要知道，人的高素質，那就是勞動力資本呀！爲什麼高材生找工作要容易得多，而且還都是高薪？平時不努力學習，不刻苦鑽研，不發奮圖強，我們怎麼會享有勞動力資本呢？撇開了人的素質去空談什麼「剝削」和「剩餘價值」，不知「教科書」是想讓人類社會歷史進步還是想讓人類社會歷史倒退？

歷史的發展告訴我們，勞動力價值的表現形式由低層次向高層次轉化，是隨著人類素質和能力的不斷提高而實現的。當然，歷史的進步是一步一步發展而來的，勞動力價值的表現形式也不會一下子就進入到高級階段。但是，勞動者素質和能力的提高，必然會把勞動力價值的表現形式推向勞動力資本階段。如今很多的美國工人都變成了「白領」階層，甚至持有部分公司的股權，這乃是歷史發展的必然結果。

只看「生產關係」，不看人的素質和能力；只談「生產資料」，不談勞動力價值的表現形式，它怎麼能有說服力呢？

18-4 什麼是勞動力？

經濟規律處處顯靈：勞動力是產品時，則「嫁雞隨雞，嫁狗隨狗」，賠本賺吆喝；勞動力是商品時，則討價還價，「創利創收」；勞動力是資本時，則一本萬利，榮華富貴，取之不竭，用之不盡。

什麼是勞動力，過去以爲工人掄錘、農民鋤地才是勞動力，把知識分子的腦力勞動看成是「小資產階級」的東西。後來改革開放思想進步了，把科學技術也歸納在勞動力之中，這是歷史的進步。事實上，人的智慧，人的某種天賦，人的某些精神性的東西都是勞動力中特殊的組成部分。1998年中國所遇到的特大洪澇災害，2008年汶川所發生的大地震，那全國上下團結一心的精神，那解放軍戰士冒死拼搏搶險的動人場面，已經不是一般意義上的「勞動力」所能表現出來的，其迸發出來的力量，已經遠遠超出了「勞動力」所規定的能量極限。在這裏，有很多的成分，都是人一般意義上的勞動力所不能完成的，而它恰恰被不可思議地完成了。因此，勞動力不僅僅具有物質客觀的屬性，而且還具有精神的屬性；既有生理上低層次的物質性的勞動力，又有心理上的高層次精神性的勞動力，甚至有時後者比前者的能量更巨大。

由此，人的意志、人的精神狀態、人的信譽、人的名望、人的知識、人的經驗、人的智慧、人的語言、人的儀表包括人的體型、長相、氣質等，它們都可以演化成勞動力。譬如，一位長得美貌的女子，往往比一個膀大腰圓的壯漢更有力量。表面上看壯漢能殺死一頭野牛，若把那美女抓在手裏，就像抓住了一隻小雞。但是，弱小的美女可以用姿色資本影響某個掌握有實權的大人物，做出那個壯漢根本無法做到的驚世之舉。她不但可以隨時決定那個壯漢的生與死，甚至可以影響一個社會歷史發展的方向，改變一個國家的命運。所以，「低級」的勞動力看似力大無比，但比起那些「高級」的勞動力來，則顯得既笨拙又弱小。當然，不見得所有長得漂亮的女子都是「高級」的勞動力，天底下比妲己、貂嬋、楊貴妃長得漂亮的女人有的是，卻沒有幾個敢於或是有能力把自己的勞動力天賦當成資本的。大都是把自己的勞動力天賦當成是產品，嫁給一個丈夫。還有一少部分風塵女子看破紅塵，把自己的勞動力天賦當成是商品，做肉體生意，敗壞「社會道德」。看得出，經濟規律處處顯靈：勞動力是產品時，則「嫁雞隨雞，嫁狗隨狗」，賠本賺吆喝；勞動力是商品時，則討價還價，「創利創收」；勞動力是資本時，則一本萬利，榮華富貴，取之不竭，用之不盡。

勞動力是什麼？勞動力就是某種權的付出和索求，只不過付出和索求的權內容各有不同罷了。勞動，歸根到底，就是人們最終體現爲實現某種經濟目的的活動。

我們通常所說的勞動，即體力勞動或稱爲活勞動，其本身根本不能創造剩餘價值。剩餘價值是在滿足市場需求、

擴大市場率的過程中在應付社會產品成本以下不斷降低實付社會商品成本，形成價值差距所形成的，創造剩餘價值的三大功臣是貨幣資本、科學技術和消費者，三者缺一不可。勞動不但不能創造剩餘價值，連價值剩餘也不是憑空創造出來的。我們這裏所說的「剩餘價值」和「價值剩餘」，是兩種不同的社會財富增長方式，具有各自的經濟規律，對此，我們在後面詳細論述。價值剩餘不是原先本來沒有，而後創造出來的東西，它是勞動的總投入與勞動的總成本之間所體現出來的節省。就是說，勞動的總投入大（體力勞動加上腦力勞動），而維持這種投入大的勞動所支出的勞動成本少，從而使總投入的價值之中出現剩餘。勞動本身所體現出來的是總投入的價值，而總投入之中所出現的剩餘不是勞動的創造，它僅僅是低成本所帶來的節省。

18-5 對「勞動創造價值論」的質疑

「一切經濟學者，都在這點上面犯了錯誤：他們不把剩餘價值純粹地當作剩餘價值來進行考察，而是在利潤和地租那各種特殊形式上進行考察。」很不幸，《資本論》也落陷於其中，儘管它把那「各種特殊形式」從「利潤」和「地租」擴展到「勞動時間」上，但它仍然在價值剩餘的圈子裏轉磨磨，根據就沒有換上剩餘價值的邊兒。

現今，人們對《資本論》中的核心理論「勞動價值論」有兩種不同的說法：一種解釋是，它指的就是「剩餘價值理論」，其依據是：按照恩格斯的說法，唯物

史觀和剩餘價值理論是馬克思的兩大發現；【95】按照列寧的說法，歷史唯物主義和剩餘價值學說，是馬克思主義的兩大理論基石。【96】另一種解釋是：「勞動價值論是一個完整的、科學的理論體系，包括諸多範疇，例如：商品的二重性、勞動的二重性、價值的本質、價值實體、價值量、價值載體、價值形式、價值構成、價值轉形、價值規律、國際價值等。」兩種說法各有各的道理。不過，我們認為，諸如商品的二重性、勞動的二重性、價值的本質……等問題的闡述，最終仍然是為了從整體上證明剩餘價值理論，恩格斯和列寧不愧是偉人。

然而，有時候概念的簡化會給人們帶來困惑，讓人摸不著頭腦。就拿「勞動價值」一詞來說吧，它是指維持勞動所必須進行的成本投入（例如吃飯）的「維持價值」，還是指勞動本身「活動」（例如掄錘——體力活動，或思考——腦力活動）所體現出來的「過程價值」？是指勞動者自己為自己所進行的勞動（例如洗衣、做飯）而體現出來的「產品價值」，還是指勞動者為別人進行勞動（例如打工）而體現出來的「商品價值」？分析來分析去，我覺得「勞動價值論」一詞是被人無意中簡化了的概念，細心讀了《資本論》之後我們就會發現，它的完整的「定義」應該稱作「勞動創造剩餘價值論」。由此，對所謂「勞動價值論」的質疑，實際上就是對「勞動創造剩餘價值論」的質疑。

【95】《馬克思恩格斯選集》第3卷，人民出版社，1995，頁740。

【96】《列寧選集》第2卷，人民出版社，1995，頁312。

　　杜爾閣先生早在1766年就對剩餘價值問題進行過探討，他說：只要耕者的勞動超過他滿足需要的程度來進行生產，他就能夠用這個剩餘來購買社會其他成員的勞動。這個剩餘，是自然超過他的辛勤勞動的報酬，作爲純粹的贈與提供給他的……因爲只有這種人的勞動，會在勞動的工資以上生出一個剩餘，所以，他是財富的唯一源泉，這種財富通過流通，使社會上的一切勞動活躍起來。【97】

　　杜爾閣在這裏所說的剩餘，在我看來，不是指剩餘價值，而是指價值剩餘。僅就價值剩餘而言，也不能把它完全看成是自然超過他的辛勤勞動的報酬，而是勞動投入的總和，減去勞動成本總和後的剩餘，根本不是什麼「天上掉下來餡餅」式的純粹的贈與。如果把這種剩餘——價值剩餘說成是財富來源的唯一源泉，那就更是視界狹窄了。

　　浮弟南・白奧勒第在他所著的《使社會幸福的真正辦法》一書中說：「像土地產品那樣的物質繁殖，從來沒有在工業上發生，也不可能在工業上發生。」他舉例說：「給廚師一定量的豌豆；他會由此爲各位調製好午餐；他會爲各位調製得好好的，把它端到食桌上來，但數量完全和他接受的數量一樣。但若你把這一定量的豌豆給一個園藝工作者，種到地裏，時候到了，他至少會把四倍於原量的數量奉還各位。」【98】看得出，與杜爾閣有所不同的是，白奧勒第在財富的來源問題上，絲毫不去理會剩餘問題，關注的只是可增殖

【97】馬克思：《剩餘價值學說史》第1卷，人民出版社，1975，頁24。

【98】《剩餘價值學說史》第1卷，頁31。

產品的自然增殖性上。但他們的共同之處是，他們只看到財富來源的價值剩餘這一途徑，卻沒有真正看到剩餘價值的另一個財富增長的途徑。

傑姆士・斯杜亞先生在有關剩餘價值的問題上區分出積極的利潤和相對的利潤，更是讓人摸不著頭腦。什麼是積極的利潤？什麼是相對的利潤？斯杜亞是這樣說的：「積極的利潤對任何人說都不意味著損失；那是由勞動、勤勞或熟練的增進發生的，並且會引起社會財富增大或增進的結果。……相對的利潤卻意味著某人的損失。」【99】

我實在看不出，這種區分究竟能說明什麼問題。他所說的「積極的利潤」如果是指價值剩餘的話，那麼對任何勞動者說都意味著「損失」，這個損失就是勞動的投入：體力、腦力的消耗。不勞而獲是另外一個話題，不是財富來源問題範圍內的事。「積極的利潤」，不管它是怎樣引起社會財實的增大或增進的，它與人類社會勞動力所消耗的價值總是平衡的。社會財富的增大或增進，純粹是在價值之內節省出來的結果。僅就這種價值之內的節省而言，實在看不出「積極的利潤」積極在哪裏。

其實，斯杜亞所說的「積極的利潤」，乃應是在人類勞動力所消耗的價值之外創造的利潤，這才真正顯示出它的「積極」性。這種在勞動力所消耗的價值之外所創造的利潤，它就是剩餘價值。但是，我所知道的所有經濟學者包括馬克思在內，他們所談論的利潤或者把它叫做「剩餘價值」

【99】《剩餘價值學說史》第1卷，頁7。

的東西，都是在人類勞動力所消耗的價值之內發生的，都本是價值剩餘範疇內的事情，與剩餘價值根本不挨邊兒。偶爾說到流通領域，也沒有分清價值剩餘與剩餘價值的區別，從而把二者混為一談。

　　所謂的相對利潤，其實說的就是價值剩餘。它有兩種形式：一種是人與自然之間產生的價值剩餘，即我們剛剛在前面談到的人的體力勞動和腦力勞動本身價值的消耗大於人對自然產品的消耗所帶來的剩餘（即勞動投入大於勞動成本）；另一種是在人與人之間發生的；由於某種特定的原因所產生的價值剩餘，它才意味著某人的損失，但與此同時又意味著某人的收益，是一個「我多了你少了」或「我少了你多了」的結局。前者是整個社會意義的價值剩餘，後者只是局部的價值剩餘。

　　所謂的剝削所得，它根本不是什麼剩餘價值，而是價值剩餘。因為它是發生在資本雄厚的剝奪家與貧困的雇傭工人之間，由於工人處於受壓迫的地位，故而其通過體力勞動和腦力勞動的價值消耗所實現的價值剩餘被剝奪家所占有，出現了「剝奪家得到的多，工人得到的少」這樣一種結局。這與剩餘價值毫不相干！

　　儘管那些以前的重農主義學者已經把經濟學的研究從流通領域轉移到直接生產的領域，似乎為資本主義生產的分析打下了基礎，但在剩餘價值的問題上，他們都白費了功夫。就連馬克思也似乎覺察出有些不對勁，他曾經這樣寫到：「一切經濟學者，都在這點上面犯了錯誤：他們不把剩餘價值純粹地當作剩餘價值來進行考察，而是在利潤和地租那各

種特殊形式上進行考察。」【100】

　　說這話時，馬克思大概把自己排除在「一切經濟學者」之外，但是很不幸，《資本論》也落陷於其中，儘管它把那「各種特殊形式」從「利潤」和「地租」擴展到「勞動時間」上，但它仍然在價值剩餘的圈子裏轉磨磨，根本就沒有換上剩餘價值的邊兒。不管《資本論》把勞動問題分析得多麼透徹，它也無法把剩餘價值的問題說清楚。這是因爲，它把勞動本身的社會成本價值忽視了；把勞動的性質和形式問題忽視了。

　　一個有用物在生產的過程中，勞動本身的社會成本價值的損耗（完全可以用勞動量的損耗或勞動時間的損耗來說明）恰恰是這一有用物的產品價值的體現，它既沒有創造出多一點的產品價值，也沒有損失掉少一點的產品價值。但是，在勞動本身的社會成本投入中，維持這種勞動投入所需的產品消費往往小於社會成本所轉化的產品價值，這就必然會出現價值剩餘。反過來也可以這麼說，如果社會勞動生產率（即是勞動社會成本的總和）只發展到這樣的程度，以至於每一個人的全部體力勞動和腦力勞動的消耗所實現的產品價值只夠每一個人自己的生活，只夠每一個人生產和再生產他們自己的生活資料，那就不會有價值剩餘。原始社會的早期相當長的一段時間裏就是這樣。

　　是誰創造了價值剩餘的奇蹟？不是「勞動時間」，直截了當地說不是什麼「剩餘勞動時間」。原始社會最早期的

【100】《剩餘價值學說史》第1卷，頁5。

原始人沒黑沒白地勞動有時還餓著肚子，每天在24小時以外再也擠不出什麼「剩餘勞動時間」來了；「上帝」也從來沒有規定過從幾點到幾點是「剩餘勞動時間」。最終創造價值剩餘奇蹟般出現的是勞動力產品延伸，勞動力產品延伸得越廣闊，越深入，越具先進性，那麼節省的價值剩餘就越多。在這裏，勞動生產率如果與勞動力的產品延伸沒有了因果關係，真不知這勞動率是如何改變的。假設一個人有了所謂的「剩餘勞動時間」，可他的勞動生產率還是只夠維持他自己的生活，只夠生產和再生產他自己的生活資料，那麼，在「剩餘勞動時間」裏所必須進行的「剩餘產品消費」豈不是往「天秤」上同時加碼？不但不會生出剩餘價值，連價值剩餘也節省不出來。

開始我們就說過，人類社會財富的「增長」與其說是增長，不如說是節省。既然人們已經習慣地用「增長」來表述財富的增多，我們也只好順其自然。

綜上所述不難看出，人類社會財富的增長有兩種方式，一是價值剩餘導致的財富增長，另一是剩餘價值導致的財富增長。前一種財富增長主要靠勞動力的產品延伸，就是說，靠科學技術，靠發明創造，靠提高社會生產力等等。後一種財富的增長主要靠社會化的商品市場，靠市場占有率，就是說，靠集中化的社會大生產，靠擴大市場需求，靠資本的科學化、合理化運作等等。把兩種財富增長的方式混為一談，恰恰是很多的經濟學包括《資本論》在內所犯的邏輯錯誤之所在。

最後，我們必須說明，「勞動價值」這一概念與「勞動創造價值論」這一概念是完全不同的。前者是科學的，後者是非科學的。這是因為，勞動本身不能創造價值，而是勞動自身在「消費勞動」的過程中把勞動成本轉移到其它產品上去，並不是某個產品本無價值，勞動使它們生出了價值。一個新產品的創造性發明，這不是產品價值的直接創造，而是勞動──腦力勞動在勞動價值自身上的消費損耗並將其價值投入轉移到產品中去。

勞動不能創造剩餘價值，只是創獲價值剩餘。

當古猿人從樹上摘果子吃的時候，果子本身所具有的「客體價值」難道是古猿人的勞動創造的嗎？如果古猿人不勞動，那果子就不存在，是因為古猿人的勞動，才使本沒有的果子生出了果子──這勞動可是真神了。

即使到了後來，人類有意識地種果樹，把勞動的耗費轉移到果樹上面去，最後使果樹生出了果子，這確實有「主體價值」投入的功勞，但這種投入是有前提的，它需要耗費勞動成本的，即「吃著果子種果子」。顯而易見，不管古猿人勞動不勞動，果子都會從樹上長出來，而且年年不斷。現代人種植果樹摘果子吃，表面上看是勞動創造了「價值」，實際上是在「客體價值」面前，勞動起了促進的作用。通過勞動，使一顆果樹移植出多顆果樹，果子生長得多起來，這與勞動的促進作用確實有關係，但我們能就此說，果樹長出果子是勞動的創造，沒有人的勞動，所有的果樹就都不會長出果子來！如果勞動能有這麼神奇的力量，能夠魔術般地創造價值，那它能不能讓插在地上的水泥桿子長出果子來？很清

楚，不管我們如何給水泥桿子澆水、施肥，不管我們爲此付出多少辛勤的勞動，水泥桿子都不會長出果子來。

生產「一擔米」固然需要投入勞動，但是如果我們不花錢去買種子，不把種子撒在地裏，土地怎麼會自己生長出「一擔米」來？如果我們把沙子撒在地裏，澆水、施肥辛勤勞動，投入的勞動再多，也生產不出「一擔米」來。假如我們買的不是活種子，而是死種子，再繁重的勞動也無法讓死種子發芽。死種子不生長，失去了活種子本身所具有的「自然價值」資本增殖的客觀屬性，剩下孤零零的勞動還有什麼用？

因此，「勞動創造價值論」，是上帝創造價值論的同義語。

18-6 《資本論》的缺陷

就宏觀經濟學而言，斯密和李嘉圖如果是在「勞動創造價值論」的命題上出了錯，這錯也僅僅是「量」上的錯。但是，將「勞動創造價值論」從局限於宏觀經濟學領域內，突然擴展到微觀經濟學範疇，就把間接勞動的價值割裂在「總勞動價值論」之外，這樣的錯，乃是「質」上的錯。

從18世紀末期至19世紀末期，亞當・斯密、大衛・李嘉圖和卡爾・馬克思是活躍在古典經濟學界的三位偉大人物。其中，斯密和李嘉圖對經濟學做出的最重要的貢獻，即是他們首創的「勞動創造價值論」。馬克思在他的《資本論》中涉及的勞動價值問題，基本上是沿襲了斯密和李嘉圖

的「勞動創造價值論」，但《資本論》卻「出奇制勝」地
將「勞動創造價值論」從宏觀經濟學領域生搬硬套地植於微
觀經濟學中，把連續的、完整的、不可分割的「勞動價值
論」，變成了孤立的、片面的、零散不整的「勞動創造價值
論」。馬克思信奉總價值勞動論，而斯密和李嘉圖則並不信
奉總勞動價值論。李嘉圖認爲，生產不同商品的資本結構是
不同的。例如兩件商品都需耗費1 000小時的勞動，但一種商
品全部都是通過直接勞動生產的，另一種商品的生產卻利用
了大量的機器勞動，這兩種商品花費的成本就不相同。其根
本原因是，製造機器所耗費的前期勞動產生的利息成本造成
了成本差異，這種利息在商品生產中只耗費直接勞動時不需
要另外支付，但耗費過去的勞動或機器時，就必須將利息因
素考慮進來。

　　看得出，李嘉圖曾經在論述勞動價值論的時候，歪打正
著地涉及到了勞動力產品的延伸問題（有關勞動力產品延伸
的問題我們已在上篇中論述），但他還是把勞動簡單化，將
體力勞動視作總勞動。儘管李嘉圖未將勞動問題深入展開，
但他畢竟注意到勞動的連續性和整體性，看出有些勞動（比
如直接體力勞動）是不可以替代整個勞動（比如間接勞動：
間接的體力勞動和間接的腦力勞動）的。就宏觀經濟學而
言，斯密和李嘉圖如果是在「勞動創造價值論」的命題上出
了錯，這錯也僅僅是「量」上的錯。但是，將「勞動創造價
值論」從局限於宏觀經濟學領域內，突然擴展到微觀經濟學
範疇，就把間接勞動的價值割裂在「總勞動價值論」之外，
這樣的錯，乃是「質」上的錯。因爲某個鞋廠工人的勞動你

看到了，卻看不到某個製鞋機器廠工人的勞動，鞋廠工人所使用的機器，它早已包含了別的工人的勞動，這機器本身就具有了價值。與機器相類似，廠房以及其它生產工具，哪一樣不包含了前期的間接的勞動？怎麼能把所有鞋商品的價值全歸功到製鞋工人的勞動頭上？

照此推論，製造機器廠的工人的勞動，也不全是他們的獨功，沒有第一個發明創新研製出機器的人，工人們怎麼會知道機器怎樣製造？因此，腦力勞動是功勳卓著的，很多的價值都是靠它挖潛的。勞動力產品的延伸，其實現的方法不是靠體力勞動，恰恰是靠腦力勞動。

對於腦力勞動，斯密、李嘉圖和馬克思均未做深入的研究，對於一個研究「勞動創造價值論」的人來說，這是萬萬不該的。正是由於腦力勞動的價值被這些偉人忽視了，因此他們的「勞動創造價值論」從一開始就未打好地基，經濟理論大廈越砌越加傾斜，終究會有倒塌的那一天。

勞動分工如何使工人的勞動生產率得以提高？亞當·斯密在《國富論》一書中描述了一個別針廠的生產過程：

「這一行業的生產方式現在展開……它被分成幾個部分。一個人將金屬線展開，另一個人將它拉直，第三個人負責切割，第四個人使它尖利，第五個人磨光針頭，製作針頭另外還需要二至三個工序……這樣，別針生產的主要過程將被分為大約18個不同的工序。」

斯密經過測算指出，別針廠按生產流程分工後，10個工人每天可生產48 000個以上的別針；相反，如果這些工人必須單獨工作的話，他們每天生產的別針不會超過20個，勞動分

工使別針的產量提高了2 000倍。

通過勞動分工，勞動生產率會得到提高的原因是：

1、專門從事一項工作可提高工人的勞動技巧和熟練程度，因此工人的工作速度加快；

2、可節約從一道工序轉到下一道工序所耗費的時間；

3、當只專門從事一項工作時，工人們將有可能發明一些有助於提高勞動效率的生產工具，這一點至關重要，因爲一些專門的生產工具的發明和創造，實現了勞動力的產品延伸。

通過勞動分工，使勞動者也從中受益，可以實現學習、培訓費用的節省。如果一個人必須將鉗、銑、刨各門專業都學會，那他得花費多少學習費用？消耗多少培訓的時間？

馬克思則認爲，人類天生具備創造力並渴望主宰和塑造環境。但是，工人在「資本主義」制度下由於自身的生產方式而發生異化，因爲勞動分工並未促進工人的靈巧與技能，相反它使生產過程變得簡單而枯燥，工作變得令人厭倦，除了能提供收入來源以外別無意義，認爲這破壞了工人所蘊藏的創造性、激情、審美和智力上的潛力。

可見，馬克思對工人的評價顯然是用一般來代替了個別，好像天下所有的發明創造都是全體工人一個不少地共同具備的潛力和天性而得到的傑作，沒有一個懶惰者、頹廢者，每個工人都是發明家、科學家，他們智力上的潛力之所以沒有發揮出來，都是資本家的罪過。這是哪家的道理？實質上，馬克思寄予的渴望確實誘人而且催人奮進，但與現實對照不上。眼前所看到的是，一部分工人厭倦學習比厭倦單

調的工作還勝一籌，喜好平庸（只求能得到維持生活的貨幣）、喜好眼前的利益，比喜好主宰和塑造自然，喜好長遠利益來得更迫切。甚至於，他們中的有些人還認爲那些具備創造力並渴望主宰和塑造自然的人都是瘋子，是精神不正常的人；他們的審美觀僅停留在吸煙、喝酒、打牌、跳舞、玩女人等「趣味性」的活動中，其潛能的挖掘也往往局限在這些領域之內。如某些工人酒量驚人，每天都要喝上幾兩，多時能喝一瓶多；又如近八十歲的退休工人還有潛能去嫖娼……等等，不一而論，他們的「創造性、激情、審美和智能上的潛力」確實表現得淋淋盡致，但並不是馬克思所期望的那樣。

因此，一上來就把所有的工人都供奉爲不食人間煙火的神靈，把他們都當成了「共產主義者」，這種假設的前提是絕對靠不住的。

當初，馬克思對資本主義失望至極，認爲它無可救藥。這是因爲，馬克思看到經濟上的「一隻無形的手」【101】和政治上的「一隻有形的手」經常是卑鄙地握在一起，相互勾結、狼狽爲奸。投資經營者常常會出錢買通政府官員，政府官員靠手中的權力爲給了他們賄賂的投資經營者謀取好

【101】亞當・斯密在《國富論》一書中認爲，人們總是依照利己主義來行事的，但是這種個人的利己行爲最終會有利於全社會的利益。斯密是這樣說的：「當每個人行事時，他想要的只是自己的利益……但……一隻無形的手將最終帶來一種個人預料不到的結果。」這種沒有預料到的結果，就是促進社會經濟增長和人民生活水平的提高。

處，或是對他們的違法行為熟視無睹，使得勞動者的權益得不到維護，他們的生活狀況日益惡化，矛盾不斷激化。所以馬克思主張階級鬥爭和進行革命，推翻「資本主義」制度。然而在20世紀，世界各地的發達國家由於實行了民主政治制度，政府為了社會穩定，為了調控宏觀經濟，為了取得主政業績，為了贏得競選連任，這些政治上的「一隻有形的手」並不總是與投資經營者們牽在一起，偶而有時也會假裝與勞動者們表示親密，或是大喊大叫「為人民服務」，或是提出一些傾斜性的政策，甚至會在一定程度上幫助工會，對投資者、經營者一方提出一些要求，使勞資衝突減弱到可以控制的程度，並在規範勞動力市場的政策上不斷制定出科學合理的法規，實施社會保險福利、失業保險、最長工作時間和最低工資標準等制度，使得「資本主義」的陰暗面得到了一些糾正，緩解了各種社會矛盾。

如果說，馬克思的一些預言——「資本主義」滅亡之說——至今還未兌現的原因是馬克思低估了「資本主義」制度自身的「免疫力」以及它為了挽救自身而尋求變革的能力等諸多彈性因素，那麼可以得出這樣一個結論：《資本論》不像天氣預報、地震預報那樣準確，在很多方面它都存在著一定的缺陷；它像馬爾薩斯的《人口論》一樣對某個問題似乎有誇大其辭之嫌。但是儘管如此，也許正是這「誇大其辭」，才能夠引起更多的人廣泛注意，使人們警覺起來，促使人們不得不深思，為「資本主義」的驕傲自滿和自鳴得意打了一次預防針。若真是這樣，今天仍見繁榮的「資本主義」都應該向馬克思深深地鞠一躬，雖然他老人家只算得上

是一位經濟學方面的「赤腳醫生」，【102】可他的功績決不亞於學院裏「科班出身」【103】的紳士。

　　事實上，即使「科班出身」的經濟學家，也不見得就預測得那麼準確。曾獲得政治經濟學碩士學位的威廉・斯坦利・傑文斯就是這樣一位經濟學家。傑文斯寫作的《煤炭問題》一書，應該說同《資本論》一樣同屬於「馬爾薩斯主義」的著作。自該書出版後，關於行將到來的煤炭短缺的故事充斥於英國的各家報紙，成了熱門一時的話題。傑文斯對能源短缺的憂慮使他的聲譽不但經久不衰，而且越來越受寵，這得自於他對自然價值在經濟學中地位的著重。然而，傑文斯的預言顯然偏離了實際，現在看來這些預言簡直就是危言聳聽，屬杞人憂天之事，因為很多傑文斯所不知道的煤炭礦藏不斷被發現，而且還有石油、天然氣、水力發電、核發電以及將來會大力發展的風力發電、太陽能、生物發電等可替代煤炭的新能源的開發利用。這些新能源都是傑文斯未能預料到的。所以，傑文斯由於擔心未來儲藏不足，擔心日後稿紙短缺，於是買了大量的稿紙，以至於他死後50多年，一直到他的孫子們也沒把這些稿紙用光，成為後人的一大笑談。

　　類似《人口論》、《資本論》和《煤炭問題》這樣一些著作，客觀地說，它們都屬於「警告性預言」，不是「必然

【102】馬克思沒有專門攻讀過經濟學，他曾在德國的波恩大學攻讀法律，後在柏林大學學習哲學，1841年獲得哲學博士學位。

【103】指在大學裏進行過專門的專業學習，並考取了該專業的學位。

規律性預言」，它們的歷史功績——即對歷史的警示影響是不可磨滅的，但是絕對不可以將它們奉供為聖旨。這是因為，它們都有科學的成分，但又不完全科學，它們初始似乎從科學假說出發，卻在論證和分析的過程中有意或無意地出了邏輯毛病，最後的結論往往就會偏離了科學，成了地地道道的假說。這就好似對一事物發展的判斷，本來有10個變量會起作用，這將會出現10個不同的結果，但「警示性」的理論卻只著重分析5個變量，甚至在還未看清另5個變量是什麼時就匆匆得出結論，急於求成，其結果是，它們僅僅在一段時期內名噪一時，但絕對經不住歷史的反覆檢驗。

馬克思注意到資本家有三種可供支配的手段來增加價值剩餘，從而加劇對工人的剝削：首先，他們可以延長勞動時間；其次，他們可以加大勞動強度，這樣工人在原定的時間內就能生產出更多的產品，加大勞動強度的另一個辦法是提高生產線的速度；最後，他們可以通過減少工人的工資來增加價值剩餘。

在當時的歷史時期，馬克思的結論無可置疑，但這些結論的前提是當時特定的歷史時期。如果撇開了「特定」的因素，有些結論會遇到無法適用的情況，也就必然會引起爭議。

應該說，馬克思的分析是從微觀經濟學範疇出發，進而擴大到宏觀經濟學範疇，如果他的思路的確如此，那我們就不得不對他的這一思路進行評議。

對於一個廠商來說，任何一家企業都是如此：降低成本是進行資本運作的必備常識。工資是成本中的一個重要的

組成部分，用微觀經濟法則來衡量，廠商的本能就是降低成本。如果廠商在工資不變的情況下通過其它手段降低成本，譬如延長工作時間、提高生產線的速度等，只要勞動者願意接受，廠商並未觸犯微觀經濟法則。因為微觀經濟法則規定的勞動力就是商品，其勞動的內容和價格是雙方協商的結果，這種協商當然是在確保沒有壓迫的平等地位上進行的，否則就不是協商。廠商提出勞動時間是10小時，勞動者若不同意你就可以別幹，所有的勞動者出賣勞動力商品的底限如果都限定在8小時上，那麼廠商就會雇不到工人，它就不得不將勞動時間縮短。問題在於，一些工人別說幹10小時，就是幹12小時還找不著工作呢。這些對工人不利的情況的根源是歷史造成的：「工人生的工人太多」。如果工人的人數少於廠商需要雇傭工人的人數，那麼情況就會朝著對工人有利的方面發展，按照馬克思的思路來說，工人就會「剝削」資本家。「工人生的工人太多」，不是資本家的責任，資本家沒有權力管工人生多少個孩子，更無權管工人上多少次床，責任在於歷史，在於國家和政府，它們沒有對人口的異常增長早一點進行有計劃的限制，沒有對這些新增加的人口進行必要的素質培養，沒有有計劃地擴大社會分工。如果工人生的工人越來越少，可以肯定，資本家的好日子絕對不會太長。只要不改變勞動力市場供大於求的局面，微觀經濟法則告訴我們，工人就肯定處於不利的地位。如今，國家不但重視了計劃生育工作，而且面對現實地實行勞動時間、勞動最低工資等相關規定，目的就是以宏觀經濟法則的長處來彌補微觀經濟法則的短處。或者可以這樣說，馬克思所說的剝削，它

之所以發生，罪魁禍首不是資本家，而是當時的國家制度，它沒有盡到宏觀調控的職責。如果說在微觀經濟範疇內勞動力只是商品可以任由雙方討價還價的話，那麼在宏觀經濟範疇內，勞動力既是商品，又是需要消費一些商品的消費者。他們也許不用消費自己的勞動力，但可以消費別人提供的勞動力（如家政服務）；他們也許不用消費自己勞動所在的企業裏生產出來的商品，但可以消費別的企業裏由別人生產出來的商品。為了保證他們都有能力相互之間共同促進消費，就必須在他們的消費能力上（體現為工資）做出有利於消費的規定。

假設A企業的工人需要消費B企業生產的商品，而B企業的工人需要消費A企業生產的商品，就會使A企業和B企業生產出的商品都找到出路，對兩個企業的經濟效益都有好處。但是，如果A企業的工人所得工資少，無法去消費B企業的商品，那麼B企業在保持工人原有工資水平的情況下不會妨礙對A企業商品的消費，就會暫時使A企業增加利潤。但這種現狀無法維持長久，因為由於在A企業工作的工人工資少，他們沒有能力消費B企業的商品，久而久之就會使B企業出現庫存積壓，造成停產，最終B企業的工人失業，他就不再購買A企業的商品，於是，B企業的「死亡經歷」又會讓A企業再次體驗。

因此，宏觀經濟法則是從市場的整體出發，維護的是整體的經濟秩序，如果所有的企業都遵守這一秩序，應該說其結果是對所有的企業都有利。如果某個企業不遵從宏觀經濟法則，它不但是對勞動者（也是消費者）權益的侵害，

也是對其它所有廠商權益的侵害。這是因爲，市場競爭迫使廠商不得不把降低成本提高廠商競爭力的希望寄托在如何提高生產率、如何降低消耗的目標上。在競爭的市場環境中，並不是每一個廠商都能贏利並生存下來。不能與衆多競爭對手們並駕齊驅的廠商將不可避免地被市場淘汰。因此廠商之間的競爭也驅使每一個企業都最大限度地降低成本，把降低成本的主要方法集中在降低工人工資或對工人工作時間的搜刮上。歷史極其讓人啼笑皆非的是，只有那些最大限度地剝削、搜刮工人勞動的廠商才能生存，而其它稍有善心的廠商必定因生產成本高而失去競爭優勢被淘汰，結果是，逼得所有資本家在沒有國家和政府協調控制的情況下惡性競爭，將惡性競爭的戰火從價格、市場一直燒到對工人的勞動進行剝削的「技術水平」上，比誰更殘忍，比誰更血腥，比誰的屠刀更快更亮。其結果是，「稱職」的消費者越來越少，消費能力越來越低，消費市場越來越狹窄，資本距離枯竭的墳墓越來越近。可以這樣說，哪個廠商違反了宏觀經濟法則，它就是在給整個市場埋上一顆「定時炸彈」。國家經濟管理部門就是一些拆彈專家，不但要將隱患排除，而且還要將經濟領域的「恐怖分子」繩之以法，給予他們嚴厲的處罰。馬克思所處的那個時代，是經濟上的「黑白兩道」串通一氣、無惡不作最猖獗的時代，是根本沒有宏觀經濟法則的「亂世時期」。

由此，資本家用可供支配的手段來降低成本的一些做法，用微觀經濟法則來衡量，可以被指責的地方明顯不像馬克思所說的那麼多；但如果我們用宏觀經濟法則來衡量，

資本家的一些做法就是違法的，是對經濟發展的整體大局不利的。為了控制這一局面，政府應該提出勞動法律法規規範勞動力市場。首先，工資的下限應根據當對的消費生活水平規定出最低工資標準，以維護整體經濟秩序的正常運轉；其次，勞動保護條件應有明確的標準，對勞動者的福利待遇要有保障，對違反勞動保護規定的廠商應該加大懲罰的力度；再次，勞動時間應規定出上限，限制超時工作；最後，應建立並健全社會保險制度，用宏觀經濟法則來防止勞動者及廠商各方無形虧損的出現。

　　總之，涉及剝削的問題，不能從微觀經濟學範疇出發，而應該首先從宏觀經濟學範疇出發，去進行分析做出判斷。微觀經濟學範疇我們把它限定在某一個廠商在資本運作過程中其自身內在的供應、價格、成本、工資、管理等等與其它廠商並無外在關係的獨自發生的問題和範圍，而宏觀經濟學範疇顯然將一切經濟問題尤其是將整個廠商之間的市場關係問題都囊括其中，將需求、銷售、消費、勞動力市場供求關係等等全方位的經濟問題也融入其中。因此，在微觀經濟學範疇之中只能運用微觀經濟法則，在宏觀經濟學範疇中必須運用宏觀經濟法則。用微觀經濟法則來評判是公允的事情，再用宏觀經濟法則來評判也可能就是不公允的；反之也然，用宏觀經濟法則來評判是公允的事情，再用微觀經濟法則來評判也許是不公允的。但是微觀經濟法則應該服從宏觀經濟法則，儘管可能某個微觀經濟法則確實被否定得冤枉。

　　因此，把不同領域適用的法則摻混在一塊使用，公允的會變成不公允，不公允的也許會變成公允；本是革命的會變

成實際上的反革命，本是反革命的倒成了革命的了。這樣一來，最有利於經濟發展的經濟秩序就會發生混亂，看似順眼的「經濟秩序」也許恰恰是有礙於經濟發展的。

18-7 「井水不犯河水」

勞資雙方本質上是不應對立的，若從一開始就對立，他們就不會走在一起，何必雙方都鬧個不痛快，爭來鬥去的。正因為勞資雙方是互求的，本質上是具有和諧基礎的，所以才有勞資關係，否則各幹各的，「井水不犯河水」。從實際來看，儘管勞資雙方的出發點各不相同，各懷各的目的，但畢竟他們出於不同的目的走到一起來了，打來鬧去，一直到今天，仍然無法將他們斷然分開。這就是歷史緣份。

很多的西方經濟學家都對《資本論》耿耿於懷，批這批那，然而都沒有直接說到點子上。例如，與英國的古典經濟學家相反，奧地利經濟學派的創始人卡爾‧門格爾主張，價值由主觀因素（效用或需求）來決定，而不是客觀因素（生產成本或供給成本）決定的，由此推翻了古典的勞動價值論。

門格爾這樣寫道：「商品價值的決定性因素既不是勞動力的數量或其它必要的生產資料，也不是產品的複製的必要數量，而是我們所感知的這些滿足的重要程度。」

門格爾還認識到，生產要素（土地、勞動力和資本）也是有價值的，因為它們間接地滿足了需求，這些要素是生產人們直接需求的商品所必需的。為了確定某個要素的實際價

值，門格爾認為我們應撤回一個單位的要素（比如說一個工人），然後觀察產出的損失。這部分損失的價值就是那個工人增加的價值，代表該工人提供給消費者的滿足程度。這樣每個生產要素創造的價值均取決於它的邊際生產力。

　　說到這就讓人感到奇怪，既然生產要素作為客觀因素也是有價值的，為什麼又要否定這些客觀因素轉而只強調主觀因素的獨自作用呢？根據門格爾的觀點，商品必須滿足消費者的主觀需求，並且，如果商品具有一定價值，消費者必須認識到這一事實。不錯，若想讓客觀價值與主觀價值相統一，消費者必須認識到商品具有的需求性。但是某個消費者不需求，就說這個商品沒有價值，而另一個消費者需求，又說這個商品有價值，他們誰說得對呢？假設所有的中國人都不需求某個商品，就認為這個商品沒價值，而有一個西方人需求這個商品，反過來認為這個商品有價值，那麼是13億中國人說得對，還是那個少得不能再少了的西方人說得對？若讓這個孤零零的西方人與13億中國人打起嘴架來論是非，那13億中國人一人一口唾沫就可以將這個西方人淹死，他哪有獲勝的可能呢？如果按照「少數服從多數」的原則來斷是非，那可真是沒有科學公理了。因此，以人的主觀需求來作評判價值的標準，這是人給人自己出了一道難題——誰也不知道以誰的標準為標準，都認為自己的對、別人的錯，這樣一來，價值問題豈不變成了打嘴仗的小孩遊戲？

　　不管你需求不需求、消費不消費，人家生產出來的產品都具有不可否認的產品價值，這個價值是由人家投入的生產要素的成本決定的。這個產品的產品價值能不能轉換成商品

價值，那就要看有沒有人需求它了；有人需求，它的商品價值就會在買賣成交中體現出來。在這一過程中，消費者首先必須認識到這個產品有用，即認識到了這個產品有價值，但很難確定這個產品的產品價值（即產品成本）是多少，於是根據自己的收入水平和消費能力及商品的定價，從內心判斷出商品的可接受價格，由此才使產品價值過渡到商品價值。

可見，像門格爾這般，誇大主觀價值、否定客觀價值，或是像古典經濟學派（例如李嘉圖和馬克思）那樣，完全否定主觀價值、誇大客觀價值（只誇大了生產要素中的一種——工人勞動，該適當「誇大」的資本H和U的投入卻被貶低得一文不值），這兩種正好相反的、偏激的經濟學研究方法都是經不住歷史實踐檢驗的。

只要我們循著門格爾的理論脈絡再向前走一步就可以發現，需求的重要作用是為創造剩餘價值的土地播撒種子。可以這麼說，利潤最終源於人類需求的滿足；人類需求成為經濟發展的驅動力，它通過資本運作實現社會性節省，在有助於對價格水平的決定基礎上創造剩餘價值，使人類社會財富的總量不斷增長。

需求趨勢規律表

I	II	III	IV	V	VI	……	X
10	9	8	7	6	5		1
9	8	7	6	5	4		0
8	7	6	5	4	3		0
7	6	5	4	3	2		0
6	5	4	3	2	1		0
5	4	3	2	1	0		0

　　門格爾在經濟學中最大的貢獻乃是他總結出的需求趨勢規律。他在於1871年撰寫的《經濟學原理》一書中是這樣闡述的：當一個人購買某種商品的數量越來越多時，購買每增加一個單位數量，給予消費者的滿足程度都將降低。也就是說，對於任何商品，當人們消費增多時，都將遭遇邊際效用遞減。因而從下面的表中可見，消費任何一種商品的第一個單位產生的效用最大，而以後每一個單位產生的效用則越來越小。

　　其實，門格爾的這一觀點之雛形應是傑文斯總結出的邊際效用遞減規律，它是傑文斯於19世紀50年代在澳大利亞工作期間總結的。該思想被簡明扼要地濃縮在1860年他寫給兄弟的一封信中，其內容是，「其中一條最重要的公理是當一個人必須要消費的商品——如家常飯菜的數量增長時，那麼耗用最後一部分所得到的效用或收益程度將會降低。」此後，大約是與門格爾撰寫《經濟學原理》一書的同時（1871年），傑文斯更精確地闡明了總效用與效用程度或邊際效用之間的重要區別。該發現促成了現代消費者行為理論的發展。傑文斯注意到，當人們消費的任一種商品越來越多時，他們從該消費商品中得到的總效用是增長的。但是當人們的消費越來越多時，他們從每增加一單位的商品中獲得的效用在減少。因而一個乾渴的人從飲用的第一杯啤酒中獲得的滿足比第二杯，第三杯要多；喝到第五杯、第六杯時，這個人就開始膩煩啤酒，若再來一杯啤酒，他所獲得的效用也不會增加。

　　門格爾比傑文斯高明之處，是將這種需求趨勢中的邊際

效用遞減規律由一個層次、一個商品擴大到多個層次、多個商品，使得這個發現更貼近實際、適用面更廣。儘管門格爾並未將每種類型的商品舉例說明，但按照馬斯洛的需求層次理論，可以因人而異地由人們自己對照出一個大體的趨勢。

此後，弗朗西斯・伊西德羅・埃奇沃思又用數字的形式將邊際效用遞減規律作了在他看來是清晰的定義和精確的推算。

這些經濟學家們所得出的結論通常都是適用的，但非常明顯的是，他們肯定都未吸食過海洛因，也都不是官迷，否則，需求趨勢規律即使不用否定，但其中的部分內容也會被改寫。

美國的經濟學家約翰・貝茨・克拉克運用邊際生產力的概念創立了收入分配理論。該理論構想的目的是解釋決定不同個體的收入水平的規律，即影響經濟領域內收入分配的規律。他還利用該理論證明現有的收入分配是公正與公平的。邊際生產力理論反對享利・喬治的觀點，認爲地租收入是應得的勞動收入；該理論又與馬克思的論點相反，認爲工人並未遭受剝削，因爲他們獲取的收入等於他們賺取的收入。

克拉克的邊際生產力理論的主要內容，爲了便於理解，我們設想一個特定的廠商就如同一個教育機構。那麼我們就會發現，只要學校多聘用一名教員，就能提供更多的班級和教學課程，因而學校的入學人數將增加，學校將從每個學生身上獲得額外收入。如果新教員享有國內或國際聲譽，則學校收入將更多；國內或世界各地的學生將湧入這所大學，以贏得跟隨這名新教員學習的機會。新教員的邊際生產力就是

聘用該教員的學校所增加的收入。

克拉克的邊際生產力理論在實踐中，也許可以適用於白領階層，因爲某個中層或高層管理者或經營者能力的高低，較方便地顯示在企業的某項業績上，他的個人的作用在他所處的獨特崗位上能夠一目了然地表現出他的「邊際生產力」，考核起來似乎能找到「清晰的輪廓」。但是，這個所謂的邊際生產力理論，恐怕不太適用於群體性的勞動力身上甚至包括「群體性」的原材料。因爲某些一般性的崗位通常需要很多人集體合作，某個人的作用無法單獨體現出來。就像某個企業設立的門衛崗位，三個人工作是一個整體，每人每天工作8小時，四個人工作還是一個整體，每人每天工作6小時，多一個人或少一個人，這個整體的「邊際生產力」都是一樣的。原材料也是如此，假設買來的是1米×1.8米的鐵板，那多餘的0.2米它沒有什麼「邊際生產力」，但它又的的確確是我們花錢爲了充實「邊際生產力」而買來的。

大衛・李嘉圖認爲，工資收入是由最低生活需求——人們生存的最低限度來決定的。他所說的最低限度，並非我們現在所說的出於國家宏觀經濟調控需要規定的「最低生活標準」和「最低工資標準。」「最低工資標準」的核算參考值，不是某個個體，而是大部分個體的平均綜合情況。對於某些人來說，「最低工資標準」並不一定是某個人的生存最低限度，有可能綽綽有餘；同時，對另一些人來說，用「最低工資標準」來滿足生存的最低限度仍是不夠的，可能會連肚子有時都填不飽。據說某人體重190千克，每天的飯量驚人，他的最低生活標準肯定會比最低工資標準高。仔細

想來，李嘉圖所言的是勞動力價格由什麼來確定的問題是每個人對自己勞動力價格進行評估所參照的最低限度的標準問題，實屬微觀經濟範圍內，而不能擴大到宏觀經濟範圍中。在微觀經濟學領域，當宏觀經濟政策還未能以國家的形式出面干預的時候，工資收入的評定，每個人心裏都各自有一桿秤，它的「最低限度」就是滿足生存需求。當然，往高處想，自然沒有人封頂，但現實是工資的最後確定，不是勞動者一方是不是往高處想，而是需要與用人單位或投資者進行協商。勞動力市場的法則是：投資者一方沒有嫌賤的，只有嫌貴的；而勞動者一方只有嫌少的，沒有嫌多的。如果投資者一方給的工資不足以滿足勞動者的最低生存需求所必須要求的數額，那麼，投資者即使給勞動者下跪哀求，勞動者也不會答應。

　　所謂的「最低工資標準」是出於宏觀經濟的考慮對微觀經濟所進行的勞動力價格的干預。如果按微觀經濟的法則來衡量勞動力的價格，它的下限就是李嘉圖所說的最低生活需求，但是當宏觀經濟政策進行勞動力價格的干預時，微觀經濟法則就得無條件地服從宏觀經濟法則。假設某個時期的某個勞動者的最低生活限度是200元，他與用人單位商定的工資就是200元，工作了一個月後，用人單位按約定支付了200元的工資，那麼用人單位就是履行了自己的義務，沒有違反微觀經濟法則。但恰恰是在同一時期，國家規定的「最低工資標準」是450元，即所有的用人單位或投資者都不得低於450元支付給工人工資報酬，這時用人單位或投資者仍支付200元的工資，就是違反宏觀經濟法則的行為，就應該受到懲處。

因爲低於最低工資標準而支付工資，不但侵害了這個勞動者的經濟權益，更爲嚴重的是，它同時還侵害了其它所有用人單位或投資者的權益，造成企業之間的工資費用成本未處在一條公平的起跑線上，這會造成不公平的競爭。總之，用微觀經濟法則來衡量，這個投資者並不違規，但按照宏觀經濟法則來衡量，這個投資者就是違法的了。

　　作爲一名社會思想家，羅伯特・歐文的悲劇就在於，他把理想和實踐均傾注在一個微觀經濟範疇的小工廠中，得不到政府的支持，同時又受到其它工廠的競爭和排擠，使得他兩面受敵，無力施展，再加上工人們的背叛（人性的弱點導致一些工人具有逃避勞動、追求享受、好逸惡勞的缺點，這同其他人都是一樣的），使歐文的報負難以施展。如果歐文是一個政府的高級官員，用他的思想維護宏觀經濟，站得高看得遠，也許結果要好得多。然而，假如他真的成了一個政府高官，他也許就顧不上這些了。

　　《資本論》所倡導的反抗和鬥爭，在特定的歷史時期內是一種不得已的選擇。但是，勞資雙方本質上是不應對立的，若從一開始就對立，他們就不會走在一起，何必雙方都鬧個不痛快，爭來鬥去的！正因爲勞資雙方是互求的，本質上是具有和諧基礎的，所以才有勞資關係，否則各幹各的，「井水不犯河水」。從實際來看，儘管勞資雙方的出發點各不相同，各懷各的目的，但畢竟他們出於不同的目的走到一起來了，打來鬧去，一直到今天，仍然無法將他們斷然分開。這就是歷史緣份。

　　當然，對立的傾向肯定是客觀存在的，但它不是主流，

不是絕對對立不可調和的。大多的情況是趨向於調和。不調和的後果，要麼發生矛盾衝突，雙方都會付出一些代價，雙方也都達不到初始的目的，要麼是雙方解除這種勞動關係，「你走你的陽關道，我過我的獨木橋」。傑文斯所說的「勞動者自主決策是否參加工作，在就業導致的收益與損失之間仔細權衡，資本家在決定是否投資和雇傭更多工人時也會作出類似的決策」，這一結論的後者自不必說，前者就過於武斷了。因為它並不是通常的結果，其前提是勞動者在無須依賴就業就可滿足自身生存需求這樣的情況下勞動者才具有了「自主決策」的資格。否則，不就業就得餓死，就無法生存，在這樣的狀況下，勞動者能有多少主動權？沒有了主動權就往往處於弱勢，不得不接受投資者一方的苛刻條件。不情願地、違心地甚至是「被迫」地接受諸多的苛刻條件，這就為以後的勞資關係出現矛盾埋下了禍根。如果如前面所言不得已進行鬥爭，這鬥爭的矛頭無論如何不能錯誤地指向資本家，而應指向剝奪家，尤其是應該指向這些剝奪家的後台和同夥，正是他們憑借手中的政治權力為圖私利地祖護這些剝奪家，這些剝奪家才敢如此膽大妄為。敲響剝奪家的喪鐘不是局限在微觀經濟領域，而是應把力量放在宏觀政治領域，是從政治體制下手的。只要不使這種祖護剝奪行為的政治體制發生變革和修正，那麼受剝奪的勞動者就永遠沒有出頭之日！

第19章 資本與資本家

19-1 資本的正確定義

　　能夠使價值得到增殖的被稱為資本的東西，不只局限於貨幣。貨幣資本只不過是資本發展到一定階段的必然產物。在貨幣資本未產生之前，資本——當然是非貨幣的資本早就存在了。任何一種產品都可以成為資本，問題是它能不能得到市場需求的響應和關照。

　　什麼是資本？資本就是人們在社會賦權活動中能夠使權利主體【104】、權力能力【105】增殖的「原始股」。這個被稱作「原始股」的東西，它可以是物、是生產資料、是貨幣，也可以是意志、膽量、技術或其它相類似的精神性的東西，還可以是人的大腦、四肢等與人的某種素質相關的人的某個器官或人本身。哲學家的資本就是他的思

【104】權利主體是指生活在社會中的彼此相對獨立的個人。

【105】權利能力不僅包括政治權力能力，還包括生存權力能力、經濟權力能力、社會文化權力能力等。

想；鋼琴家的資本就是他的十指；企業家的資本就是他存的貨幣；詐騙犯的資本就是他編造謊言的技巧和能力。一句話，資本就是人們能夠牟取某種利益的憑藉。資本的特點是，它總是以受權增殖爲目的，[106] 但爲了實現這一目的，總是要求權利主體必須事先預支某種授權內容。就好比爲釣上魚兒，總要預先投下魚食。這種事先預支的授權會給資本帶來的兩種不同的結果：一是授權的貶殖特性會使資本不但不能帶來想要索求的受權，反而會造成資本的虧損，好似沒釣上魚兒來，連魚勾上的魚食也沒了。其原因是授權得不到受權的響應，或是授出的多，受回的少。二是授權的「誘餌」總是能夠不斷地有所收獲，使受權的數量和質量大大地超過「原始股」的投入，即授出的少，受回的多。

資本的運動過程，必須依靠權力[107] 轉換來完成，即授權的內容和受權的內容決不會是同一的東西，就如同我們誰也不會用貨幣資本去購買相同等值的貨幣一樣。

用一句最簡單的話來說：什麼東西能帶來好處，什麼東西就是資本。

過去人們僅僅把貨幣看成是資本，好像開放資本市場僅僅是爲了引進外資，這種認識是狹隘的。其實，科學技術、

【106】受權與授權相對。前者可以增加或提高某種權力能力，後者會減少或降低某種權力能力。

【107】這裏所指的權力不是單指政治權力（即公權力），而是一個廣義的概念，說的是某種社會關係。例如生存權力、經濟權力。參閱張春津：《人權論》，頁62～83。

先進的企業管理和營銷經驗，還有具有某些特長的人才等等，這些都是資本。在我們大量吸引國外貨幣資本進入國內市場的同時，卻將自己國內更爲重要的人才資本白白地閒置和浪費，或是無動於衷地任由其流失到國外，這真是一件在資本市場上撿了芝麻丟了西瓜的最愚蠢的事。

我們浪費人才資本好有一比：老農將存款埋在牆角裏。

資本是什麼？歸根結底，它是一種產品投入，這種投入是以增殖爲目的的。它雖然以增殖爲目的，但它有時能夠達到增殖的目的，有時不但不能增殖，反而還會使原有的資本（即產品價值投入的總成本金額）減少、貶殖。

能夠使價值得到增殖的被稱爲資本的東西，不只局限於貨幣。貨幣資本只不過是資本發展到一定階段的必然產物。在貨幣資本未產生之前，資本——當然是非貨幣的資本早就存在了。任何一種產品都可以成爲資本，問題是它能不能得到市場需求的響應和關照。由於貨幣具有雙重屬性——既是特殊的產品又是特殊的商品，具有攜帶方便、結算精確等特點，所以它才受到人們的青睞，使資本的屯積者把貨幣視爲首選。貨幣資本在資本市場上也就變得越來越顯眼。

養雞下蛋，就是一種最簡單的資本屬性的表現，「就像梨樹的屬性是結梨一樣」。不是雞下的蛋，能叫雞蛋麼？不結梨的樹那它也就不該叫梨樹了。養雞也罷，種植梨樹也罷，資本的屬性就是以增殖爲目的。排除了失敗的因素，它們理應能夠增殖。增殖是它們的「自然權益」，因爲它們是可再生的產品。貨幣（紙幣）本不是可再生的自然產品，但商品市場的發展卻把它刺激得活躍起來，使它在自然價值之

外創造社會價值，這就是剩餘價值。這種創造價值的過程，賦予給了貨幣資本再生的機會，同時也公平地賦予給了貨幣資本滅亡的可能。

如果勞動力商品可以享有一切利潤，那人們誰還再會去投資經營？沒有人投資經營，都靠出賣勞動力商品過活，那麼這勞動力商品賣給誰去呢？如此一來，社會經濟還怎麼能發展呢？

19-2 資本家與剝奪家

《資本論》中所痛斥的「資本家」，其實乃是剝奪家。誤把剝奪家說成是「資本家」，這無意之中是對剝奪家最無知的美化。請記住這樣一句最準確、最響亮的話：「剝奪者被剝奪了」（馬克思語）。

「**資**本家」最初不叫資本家，人們一開始把他們稱作企業家。

「企業家」一詞最初源於遠古中世紀時代人們對從事某種職業的人的稱呼，後來人們改為將承包商（尤其是那些與政府簽訂合同的承包商）稱作企業家。被經濟學界稱為「第一位真正的經濟學家」的理查德・坎蒂隆借用了「企業家」這一名詞將其重新定義。他認為，相對於一般按時領取工資的人而言，企業家應是冒險者，他盈利了得發給工人工資，他虧損了也得發給工人工資。相對說，工人則沒有這麼大的風險。坎蒂隆認為，未來具有太多太多的不確定因素，所有的經濟活動在本質上都是有風險的。

　　儘管如此，還是要有一些人在現在冒險以期在以後獲取利潤，否則生產將無法進行。冒險的企業家對於循環的生產過程的良好運作和經濟的繁榮是必不可少的。

　　此後，弗朗索瓦・魁奈在論述法國的農業體系應如何進行調整時，把那些爲擴大耕種土地面積、將新的耕種技術推廣使用並爲此而投資的人，稱作是從農村中滋生出來的資本家。魁奈認爲，小塊的土地、落後的生產技術，都嚴重地影響了農業的生產效率。只有通過擴大農民的耕種土地面積，新的、只有大規模才適宜的耕種技術才可推廣使用。對新生產技術的投資，只有廣泛普及到大量土地、大量生產品中，才能提高農村的勞動生產率，才能大量增加農業的盈餘。如果將爲小面積耕種土地投資的人稱作是「地主」的話，那麼那些將爲大面積的耕種土地投資的人就脫去了「地主」的外衣，穿上了「資本家」的套裝。資本家這一概念的原意，就是能爲規模性地生產而投資的人，他們成爲適宜新生產技術推廣使用的大量土地耕作，由此得到更多的農產品盈餘。因此，資本家最先是從農村中滋生出來的從事資本運作的人，後來才被用於城市中的製造業，再後才將商人也容納進來。總之，資本家的歷史足跡，也有過一段「農村包圍城市」的經歷，打它誕生那天起就不是什麼邪惡的東西，而是在當時做爲先進生產力的代表而榮登雅座的。

　　從古至今，投資者隊伍中的所有投資者，他們既不是青一色的「壞蛋」，也不是青一色的「好人」；既有有人性爲雇傭勞動者擁護的投資者，又有沒人性爲雇傭勞動者痛恨的投資者。在這些投資者中間，「好人」與「壞蛋」區分的

標準是什麼？我們過去的「教科書」上確定的標準是：雇傭工人8人以上的投資者（含8人）就是壞蛋，把這些壞蛋稱作「資本家」；雇傭工人不足8人的投資者就不是壞人，就不是「資本家」。我真搞不清，確定這一「標準」所依據的標準是什麼？

　　經過仔細的研究和分析，我發現「資本家」這一概念在19世紀乃至20世紀時期，都是適用的，是無可非議的。但是，到了21世紀的今天，它就有些不適用了，甚至極易引起概念的混亂，造成不良的政治後果。譬如，現今國內、國外很多的投資者都爭先恐後地把資本注入中國市場中，國家還給予了很多鼓勵、優惠政策，這些投資者雇傭工人的數量少說幾十，有的上百上千。如果把這些人稱作「資本家」──即是那個與「壞人」、「階級敵人」劃等號的資本家，那我們豈不是引狼入室、把敵當友了嗎？如果不稱他們為資本家，可他們都是帶著資本來開辦工廠的，與19世紀、20世紀的「資本家」在投資的形式和內容上毫無兩樣。他們到底是敵還是友？敵人是「資本家」，朋友也是「資本家」，簡直把我搞糊塗了！

　　事實上，投資者中可以區分出六種類型的人：資本者、剝奪者、半資本半剝奪者；資本家、剝奪家、半剝奪半資本家。

　　資本者和資本家都是好人，雖然他們雇傭雇工的人數有少有多，投入的貨幣資本有的少些、有的多些，但他們只要遵守勞動法，維護雇工的合法權益，同時又不侵害國家和社會的利益，那麼他們就是我們應該擁護的人，就像現在在我

們國家進行投資的資本者、資本家都是我們的朋友一樣。就是說，即使雇工人數超過8人以上的資本者或資本家，他們照樣是朋友而不是敵人。

剝奪者和剝奪家都是壞人，專靠非法剝奪雇工的勞動價值剩餘（如克扣工資等）或非法剝奪國家的價值剩餘（如偷稅漏稅等）而過活的投資者。剝奪1個雇工與剝奪8個雇工以上的剝奪者和剝奪家，本質上都是「吃剝奪飯」的，也就沒有本質上的區別。因此，只要是剝奪者或剝奪家，他們都是我們的敵人。

半資本半剝奪者和半剝奪半資本家，他們都具有兩面性，既有好的一面，即創造剩餘價值，又有壞的一面，即剝奪價值剩餘。既有功又有過。是功勞大還是罪過大，這就不好簡單評說了，而是要具體情況具體分析，不好一概而論。除了投資者以外，一些企業管理者和享有政治權力的人也可淪為剝奪者或剝奪家。

我發現，很多的經濟學理論，「都在這點上面犯了錯誤：他們不把剩餘價值純粹地當作剩餘價值來進行觀察」，【108】或是把自然價值當作剩餘價值來解釋，或是把價值剩餘當作剩餘價值來評說。從亞當・斯密和李嘉圖，到舉世聞名的《資本論》，所謂的剩餘價值理論其實是價值剩餘理論，都把剩餘價值與價值剩餘混為一談。

剩餘價值是靠資本運作滿足市場需求擴大市場率而創造出來的，它根本無法靠剝削來獲得。因為商品交換本身是

【108】《剩餘價值學說史》，頁5。

自由、公平、自願、平等的事情，既來不得剝削也來不得壓迫。

那些完全靠資本運作而增加了財富，尤其是由於資本運作水平高而成名成「家」的人，我們把其稱爲資本家，這沒有什麼不可。顧名思義嘛，資本家就是搞資本運作非常成功，其水平之高堪稱爲大「家」的人。不能將資本家與剝削劃上等號。

價值剩餘可就不同了，正如《資本論》所揭露的那樣，勞動者的很多剩餘勞動所體現出來的勞動價值剩餘本應歸勞動者自己所有。這種強行占有是以剝奪價值剩餘的手段來實施的。如果剝奪的手段特別殘酷、特別狡詐，那麼這些人就會由於其剝奪的手段不一般而成爲剝奪家。《資本論》中所痛斥的「資本家」，其實乃是剝奪家，誤把剝奪家說成是「資本家」，這無意之中是對剝奪家最無知的美化！請記住這樣一句最準確、最響亮的話：「剝奪者被剝奪了」。【109】

現實的狀況是：一些投資者或是用人單位的領導，既是資本家又是剝奪家，他們一邊非法地剝奪工人的價值剩餘，一邊又合法地滿足市場需求搞資本運作。搞資本運作、靠擴大市場率所創造的剩餘價值，「毛孔裏」滴的都是智慧和汗水；用欺壓勞動者的手段剝奪工人的價值剩餘，「毛孔裏」滴的才是血。

如果因爲投資者或是用人單位的領導剝奪了勞動者的價值剩餘，就說他們靠資本運作所創造的剩餘價值也不是好來

【109】《馬克思恩格斯全集》第23卷，頁832。

的，這就有點以偏概全、不講道理了。不能因爲他們的罪惡就把他們的功勞也一概抹殺了。反過來一樣，如果因爲投資者或是用人單位的領導市場意識強，創造了剩餘價值，就說他們剝奪勞動者價值剩餘也是應該的，這也是以功掩過、不識好歹。不能因爲他們的功勞就把他們的罪惡全忘了。

所有搞經濟學研究的人，必須將資本家與剝奪家區別開，必須將剩餘價值與價值剩餘區別開，萬不可在它們之間劃等號當成一個概念來看待。

然而，幾十年甚至上百年，人們好像已經習慣了，用「資本家」這一概念代替了「剝奪家」，就好比用「剩餘價值」概念代替了「價值剩餘」概念一樣，是非不辨、黑白不分，這可要不得！

本書的目的之一，就是要把那些剝奪家身上所披的「資本家」的外套脫下來，讓他們露出剝奪家的尾巴。與此同時，爲「資本家」這一概念正名，不能讓資本家充當剝奪家的替罪羊。

在托爾斯坦·凡勃倫和馬克思看來，商業企業是由那些僅對謀取利潤感興趣的資本家經營管理的。資本家是對賺錢感興趣而不是對商品感興趣的剝削者。商品可以質量低劣，毫無使用價值，只要它們能夠賺錢，其它一切都不重要。

然而，凡勃倫的結論未免太過於絕對。因爲眼睜睜的有一個叫恩格斯的從事商業企業經營管理的資本家，[110] 他

【110】恩格斯出生於一個富裕的紡織品製造商的家庭，是一位著名的經濟學家，曾寫作《英國工人階級狀況》一書（1844年）。

就絕對沒有凡勃倫說的那樣壞。儘管他經營企業也是爲了賺錢——實際上是在追求投資利潤——這本身就是一項事業，但他並未把此事看作是唯一的追求，《資本論》的續篇正是由他來完成的，在馬克思的功勞中至少應該有一半應歸功於他。

　　細細想來，如果資本家只對利潤感興趣，對市場、對需求都不感興趣，那麼他總生產沒有人需求的商品誰人去買？無人購買，他生產出來的產品只能積壓在庫房裏，不會有一絲一毫的利潤產生，如此這般，他靠什麼剝削獲取利潤呢？無人需求的產品被生產出來，可產品積壓賣不出去，別說賺錢，賠錢別賠得跳樓就不錯了。

　　根據我們在上篇中所總結出來的剩餘價值和價值剩餘兩種不同的經濟規律，我們可以很清楚地分析出來，《資本論》中所說的「資本家」，本不應該把它稱作資本家，而應稱其爲剝奪家或半剝奪半資本家。

　　創造剩餘價值離不開資本的運作，資本運作的核心內容就是擴大市場率、滿足市場需求。就市場而言，靠的是物美價廉；靠的是人無我有；靠的是優質服務；靠的是精打細算。從來靠不得剝削和壓迫。有了剝削和壓迫那就根本談不上是市場，與刀光劍影的戰場差不多。以創造剩餘價值爲己任的資本不該有什麼罪過，因爲它在市場的運作中以產品質量、企業信譽、售後服務等經濟措施爲依托，與剝削和壓迫離得遠遠的。

　　獲得價值剩餘也本該是理所應當的事情，但它僅限於通過自己的勞動付出來獲取應屬於自己的價值剩餘。但剝奪家

的缺德之處就在於，他總是把別人勞動所獲得的價值剩餘不擇手段地剝奪到自己的手上，這種剝奪的過程絲毫沒有增加社會財富的總量，而是在別人財富減少的前提下使自己的財富增多了。這種剝奪的過程其反動之處就在於，在根本沒有增加社會財富總量的前提下，它本身的活動成本支出，加大了社會成本的投入，而且還破壞了經濟秩序，出現了剝削和壓迫。如果沒有剝削和壓迫，剝奪也就會失去威力，失去保障，因爲誰也不願意被別人剝奪。既要去剝奪，又不能讓被剝奪者反抗，就不得不進行剝削和壓迫。剝奪者靠的就是剝削和壓迫。

假如我們必須按照《資本論》所下的定義把半剝奪半資本家仍舊統稱爲「資本家」的話，那麼我們也必須看到這一事實：「資本家」有兩種「資本」，一種是創造剩餘價值的資本，另一種是剝奪價值剩餘的「資本」。前者所帶來的財富的增加是有利於社會經濟發展的；後者所帶來的財富的「增加」（以工人被剝奪爲前提）是對社會經濟發展有害的。

對於這樣的「資本家」而言，增加財富的兩種資本形式都是「可變資本」，但是，對兩種「可變資本」的評價卻是截然不同的。創造剩餘價值的「可變資本」，它「可變」得有利、有理、有功；剝奪價值剩餘的「可變資本」，它「可變」得有過、有錯、有罪。

事實上，剝奪價值剩餘所依靠的並不是什麼貨幣形式的「可變資本」。打仗靠槍桿子；偷竊靠乘人不備；搶劫靠強盜膽量；剝削靠以強欺弱……一句話，靠的是利用不公

平的社會經濟、政治制度，靠的是某種特定的、不公正的社會關係，靠的是政治權力對資本的祖護。任何人都相信這一點：所有的剝奪家，包括那些半剝奪半資本家，他們進行剝奪價值剩餘的首要條件，就是和一些掌握有國家管理職權的官員串通一氣、狼狽爲奸。有了保護傘，就不用擔心在剝奪價值剩餘時會遇到被剝奪者的監督和反抗。因此，剝削與壓迫——更準確地說是經濟上的剝削與政治上的壓迫，它們是密切聯繫在一起的。沒有政治上的壓迫，就談不上經濟剝削的意義存在。馬克思曾在《資本論》中轉述英國資產階級經濟學家威克菲爾德所著《英國和美國》一書中的這樣一段記載：一位名叫皮爾的英國「資本家」（準確地說是剝奪家或半剝奪半資本家），把價值5萬鎊的生活資料和生產資料從英國運到澳大利亞的斯旺河去，並同時帶去了3 000名男工、女工和童工，企圖在英國的這個富饒的殖民地上開工廠發大財。可是，英國工人一到物產豐富、極易獨立謀生的澳大利亞，就紛紛離開，皮爾先生竟連一個替他鋪床或到河邊打水的僕人也沒有留下。這個例子有力地說明，有了貨幣「可變資本」並不一定能讓它「可變」，它必須依靠具有某種強制力的社會制度，迫使被剝奪者不被剝奪不行。因此，可惡的不是貨幣資本本身，而是某種不公平的社會制度出於自己的私利，對貨幣資本進行偏袒，對那些被剝奪者進行出賣。

19-3 天下人都可以是資本家

　　投資者就是投資者，不分什麼階級不階級，在投資者中，運用資本非常成功，獲取貨幣剩餘價值成績比較突出

的，我們稱之爲資本家。資本家必定是一個企業家，他若連企業都管理不好，怎麼可能會在資本增殖上成名成「家」呢？企業家必定是一個資本家，因爲企業管理工作的好與壞，歸根到底還是最終體現在經濟效益上。

叫資本家也好，叫投資者也好，本質上都是一樣的，那就是他們投資的目的，都是爲了索求經濟上的回報，是希望由此帶來利潤，是使貨幣產品由少變多、不斷增殖。而這增殖的條件，當然是建立在資本的投入這一條件之上的。沒有資本，當然就沒有有價值的產品投入；沒有產品投入，當然也就沒有利潤。

　　正如我們在前面已經說過的那樣，資本不僅局限於貨幣資本，它還包括科技資本、人才資本、經驗資本等等很多其它的資本內容。故而並不只是貨幣資本的投入者是資本家，那些享有特殊勞動力資本或有某種價值的產品資本的人，以及那些並非特殊但卻有本事將自己的勞動產品變成資本的人，也都應是資本家。例如政治權力資本的投入者，也是投了資的資本家。所不同的是，在經濟權力領域的資本投資大都是公開進行的。開辦企業辦理營業執照，那是要審驗資本金的。相反，在政治權力領域的資本投資大都是私下進行的，行賄的和受賄的，誰都不會向外界張揚。因此，從某種意義上講，天下所有人都可以是資本家，只不過大多數人不懂投資、不會經營或經營不善罷了。

　　所有成功的企業家，都是運用資本超凡的資本家。至於剝削和壓迫工人的那些過去被稱作「資本家」的人，他們

根本就沒有資格被稱爲資本家，他們的準確、真實的身份是剝奪家，是連剝帶奪工人勞動的價值剩餘致富的。之所以稱他們爲剝奪家，乃是因爲他們在吃「剝奪」這碗飯行當中，其技術和能量是超凡的，故而成「家」。那些小偷小摸也是吃「剝奪」這碗飯的，但水平和檔次太低了，所以成不了「家」而成爲普通的剝奪者。

與此相對照，資本家也原本是投資者中的一員，只是因爲他們在投資者中水平和檔次上了一個台階，成了氣候，成了「家」，也就榮獲了資本家的稱號。沒成「家」的小商販、小店、小鋪、小攤之類的投資者（我們稱他們爲個體投資者），不也是爲了創造利潤獲取剩餘價值的嗎？

「無產階級革命理論」把創造剩餘價值少的投資者看成是「同盟軍」，把創造剩餘價值多的投資者看成是「階級敵人」，我實在看不出究竟有什麼道理。

投資者就是投資者，不分什麼階級不階級。在投資者中，運用資本非常成功，獲取貨幣剩餘價值成績比較突出的，我們稱之爲資本家。資本家必定是一個企業家，他若連企業都管理不好，怎麼可能會在資本增殖上成名成「家」呢？企業家必定是一個資本家，因爲企業管理工作的好與壞，歸根到底還是最終體現在經濟效益上。

剝奪家可以是一個投資者，但他絕對稱不上是企業家，更談不上是資本家。把剝奪家稱作資本家，乃是對剝奪家最無恥、最無知的美化。它混淆了剝奪者和投資者的界線，使資本家即企業家成了革命的對象，而剝奪者（例如一些毫無人性的企業老板）和剝奪家（例如一些政府官員）卻成了革

命家。這真是是非不分，顛倒黑白！資本家挨罵、挨整了好幾十年，該給「資本家」這一概念徹底平反了。請永遠記住馬克思和恩格斯在《共產黨宣言》中說的一句非常準確的話：「剝奪者就要被剝奪了」。剝奪者或剝奪家不但在經濟領域中有，而且在政治領域中也有，尤其是後者，更應該認清而提高警惕。

　　前面我說過，人人都可以是資本家，只不過大多數人不懂投資、不會經營或經營不善，這一結論也許會遭到一些人的反對，好像誰投資盈利，誰就成了「地、富、反、壞、右」了。人們不但憎恨資本家，而且還害怕成為資本家，這種觀念是極其有害的。不錯，在投資者隊伍中，確實有一些惡毒、狡詐之人，這些人為了一己之利，不惜以他人的利益受侵害為前提，侵害他人的手段，不管是使用暴權，還是使用霸權，都是具有政治性的，即讓政治權力關係來干擾正常的經濟權力關係，用政治上所享有的特權，來獲取經濟上的特權。這樣一來，這些人實質上已經脫離了投資者的隊伍，搖身一變而成了剝奪者，剝奪他人的技巧和能力夠上一定的水平就成了剝奪家。可見，不能因為在投資者隊伍中混進了剝奪家，就將所有的投資者包括資本家在內都斥之為毒惡、狡詐之人。其實，在無產者的隊伍中，也有一些偷竊、搶劫和殺人的壞傢伙。如果因為出現了一些犯刑事罪的無產者，就將所有的無產者都斥之為流氓、強盜、罪犯，那「無產階級」豈不成了流氓、強盜和罪犯所組成的階級？

　　雖然我極力地提醒人們不要盲目地蔑視資本、憎恨資本家，但是我卻要反對資本主義異化。就是說，我不反對

資本，也不反對資本家，我反對的是剝奪家，是資本主義異化。資本乃是可以平等地爲每個人服務的，只不過服務的形式和內容不一樣，只不過要看每個人知不知道、願不願意把資本作爲權力能力增殖的工具。什麼能給人帶來好處，什麼就可以成爲資本，這對每一個人來說，機會都是等同的。及時地掌握並巧妙地運用資本的人成爲資本家，那只是反映出這個人運用資本的方法和能力超過了其他也享有某種資本但卻不會掌握和運用的人。也就是說，人本都可以是資本家，但有的人能成爲資本家，有些人卻成了「賠本家」。如果因爲大多數投資者不懂、不會或是不願意積累資本，又不懂、不會或是不願意投資和經營，由此導致他們不但未獲取到貨幣剩餘價值反而還賠了本錢，就集中地對所有獲得成功的投資者進行討伐和打擊，這對社會的進步和經濟的發展絕對是最最有害的。想想呀，誰也不敢投資經營了，人人都沒有了經濟動力，那剩餘價值從哪裏創造出來呢？

可以這樣說，誰反對資本，誰就是反對公平；誰反對資本，誰就是反對發展；誰反對資本，誰就是反對進步；誰反對資本，誰才是真正的反革命！

不想、不學、不會掌握和運用資本的人，乃是不思進取、不圖發展、懶惰頹廢的人。自己甘願靡靡，卻不許其他投資者成爲獲取成功的資本家，甚至還不擇手段地予以打擊，這就是有些國家總是落後的根本原因。

社會上有些人，注意力不放在如何解決人口過剩的問題上，卻一個勁兒地指責資本家不給工人提高工資，甚至指責資本家對工人「剝削」；不下力量去疏導勞動力商品的

就業渠道、提高勞動者的權力能力素質，卻只想著鼓動群衆
鬧事，將投資者的財產沒收、分光，以此來「維護大多數人
的利益」，這恐怕是有失公平的。因爲真理往往在少數人手
裏，所有的科學發現、科學創新都是由少數人領頭完成的。
某些需要承擔風險的事情非要由大多數人來共同完成，那就
等於說永遠也無法完成。況且，大多數人也是由無數個少數
人組成的，所有少數人的利益都得不到維護，怎麼會有大多
數人的利益可言呢？其邏輯上推理出來的可笑又可悲的結果
是：以「維護大多數人的利益」爲幌子，使所有組成這個
「大多數」的人，誰的利益也得不到維護。只有那些享有
「維護大多數人的利益」之政治權力的人，才能在各種各樣
利益的「維護」中總是使他自己的利益得到了維護──這就是
政客們所玩弄的魔術！

　　所有仇恨資本家並且企圖通過暴力手段剝奪資本家財富
的人，如果不是因爲他們沒有能力和條件成爲資本家，那麼
就是因爲他們想不勞而獲地成爲資本家財富的新主人。這種
仇恨和暴力不但不能帶來人類社會財富總量的增加，反而會
使所有人最終都陷入到更悲慘的貧困之中。這種情況在東歐
發生過，在蘇聯發生過，「文化大革命」中也發生過，所有
打著「公有制」招牌的國家幾乎都先後發生過，直到現在還
有「一條胡同走到黑」的。

　　爲資本家正名，可不是贊成資本主義異化。資本主義異
化使很多人從一出生就面臨著巨大的經濟差別，富家的子女
生來就富，窮家的子女生來就窮。巨大的經濟差別，使人們
在生存權上、教育權上、政治權上不可能享有平等的待遇，

使每個人的人生價值體現失去了衡量的標準。尤其是在經濟資本同政治資本「偷情通姦」的時候，廣大的投資者就不可能得到公平的保護。這種經濟特權向政治特權的滲透，使資本主義的社會制度出現扭曲，「只認錢不認人」還不算是它的罪惡之處，「只認錢不認理」才是它最腐朽之處。護強欺弱的特徵，使表面上政治的平等也大打折扣。

資本能使所有的投資者過上好日子，而資本主義異化則使大多數人無力真正地、以平等的身份進入資本市場。雖然當今生活在資本主義國家中的很多人提高了生活水平，但那純粹是這些國家的某些社會法律意識和文化教育的進步所帶來的好處，而絕不是受益於資本主義異化的社會經濟制度。

資本主義異化就是以強欺弱的代名詞。

19-4 資本的運動方向

資本的運動方向，不是一條坐享其成暢通的路，而是有一片產品性投入的「沼澤地」。所有的貨幣資本若想獲取貨幣剩餘價值，都必須首先跳入產品性投入的「沼澤地」中，沒有別的路可走。在必經的風險之路上行進，深一腳、淺一腳，隨時都有可能被埋沒在泥潭裏。個人投資是如此，集體投資是如此，國家投資也是如此。

我們列出一個公式：

$$F（力）= m（質量）\times a（加速度）$$

不管是誰，都無法否定它。這是因爲，公式中的各事物

之間有著必然的聯繫，不受其它因素的干擾。

　　然而，我們再來看一看《資本論》列出的公式：

$$G（貨幣）─W（商品）─G'（增加了的貨幣）$$

$$G' = G + \triangle G（剩餘價值）【111】$$

　　這其中就有詐了。資本家用貨幣去購買商品，他當然不是爲了自己消費，而是爲了加價再賣出去，從而取得更多的貨幣。在這裏，《資本論》又把產品與商品摻混在一起，有如魔術一般。實際上，資本家用貨幣購買的商品，它之所以成爲商品，乃是由買與賣雙方的權力關係【112】構成的。就是說，在資本家購買之前，它只是另一個人的產品；資本家通過商品性的交換把它買到手裏後，這個「商品」就失去了商品的意義，而成了資本家的產品。可見，在這個「商品」被資本家賣出去之前，它不再享有商品的權力，而是處於權力的產品狀態。資本家只有等到有了購買這個產品的消費者時，這個產品才轉變成商品。產品變成商品，G'才有出現的可能。

　　但是，如果沒有人買資本家的產品，就是說，資本家的產品始終賣不出去，那麼這個產品就不可能變成商品，從而

【111】《資本論》第1卷，頁138。

【112】權力關係是指人與人之間的社會關係。權力是由人賦予給人的，所有的社會關係都是不同內容的權力賦予。賦權具有雙向性，即授權與受權是統一的。在資本家買商品的同時，他實際上賣出了貨幣；另一個人賣出商品的同時，也是以買進貨幣爲條件的。

也就無法將這個產品轉變成增加了的貨幣G'，由此也就無錢可賺。資本家到了這個時候，面臨的選擇只有兩種，一是自己消費，二是削價處理。不管做出哪種選擇，都不可能獲得G'，甚至還要賠錢。

《資本論》的公式欺詐之處就在這裏：它給人們一個錯覺，好像買進來的商品肯定都能再賣出去，而且都能保證買的價低、賣的價高，由此來證明，資本G肯定會、必然會變成增加了的貨幣G'，所以把它列成一個公式。

靠不住的「公式」不稱其爲公式。如果這個公式靈驗的話，那爲什麼有的資本家會跳樓呢？如今我們有很多企業都虧損，甚至有的已經倒閉了，宣告破產了，可當初哪個企業沒有投入資本G呢？

實際的情況是這樣，投入資本容易，買設備、買原料也容易，買勞動力商品更容易，一句話，凡是往外花錢的活計都容易。但是到了掙錢的時候，也就是將產品變成商品賣出去可就不容易了，這其中有許多因素制約著它們之間能否暢通。即使暢通了，有多少產品能變成商品賣出去？這又是一個未知數，它又取決於需求的質量和數量。在本書的前面我們已經說過，消費者越多，生產者越少，那麼受權者（即投資者）增殖的比率就越大；消費者越少，生產者（小規模的重複性投入）越少，則要麼產品轉化不成商品造成庫存積壓，要麼就不得不「割肉」甩賣，致使資本虧損。

因此，G變成G'是有條件的。

以一個小菜販爲例：他從甲地購買土豆1 000千克，買價是每千克0.30元，花了300元錢；運到乙地花了運費100元，合

每千克土豆的實際成本是0.40元，共計花了400元。當時的市場零售價是每千克0.80元。假設平均每個消費者購買土豆2千克的話，那麼就是說，必須有250個人買了土豆之後，小菜販的收入剛好是400元，與他的資本投入G是相等的。此時，小菜販剛剛收回了本錢。此後，再有人買土豆，那都是小菜販的利潤了。也就是說，對於這個小菜販來說，G變成G'的條件是：

1、必須有人需求並購買土豆。

2、需求購買土豆的人數——即需求數量必須超過250人（每人不得少於2千克）。

可見，需求數量越多，則G'值就越大。如果人們都不買土豆，或是買土豆的人達不到250人／2千克以上，小菜販就不可能獲得G'。遇到這種情況，小菜販就不得不降價，降價之後還沒有人買，就不得不一降再降，一直降到「割肉」的時候。

當然，「數量」不是絕對的，它還和需求質量有關係。譬如有一個開飯館的人，一個人就買了500千克，這下，小菜販的本錢一下就收回來了。不過，需求質量往往又與商品價格有關係。凡是大買家，都會無一例外地要求享受優惠價。這不能說大買家太聰明，而是這確實符合市場的規律。

還以剛才的小菜販為例。他如果零售土豆，必須有500個人購買後他才完成銷售任務，這其中他必須付出更多的時間和勞動。如果一上來就有一個人買他的1 000千克土豆，只是要求享受批發價，以每千克0.50元購買，小菜販也許樂意成交。這是因為，小菜販首先能夠確保G變成G'，獲得利潤100

元，不用擔心賣不出去倒賠錢。其次可以節省大量的時間和勞動，並且可以用這節省的時間和勞動再去購買土豆進行第二次販運，然後再以優惠價批發出售。如此這般，賺的錢也許更多呢。

在社會經濟賦權的活動中，單純的「買」和單純的「賣」都是不存在的。買中有賣，賣中有買，這就是商品市場的特性。市場中的買賣關係，是一個非常複雜的過程。所以，需求數量，需求質量與商品價格之間，都是相互影響、相互關聯的。而商品價格又與供應數量和供應質量糾纏在一起，各個因素之間好像各自的手裏都握有可討價還價的籌碼，因此它是一個非常複雜的市場現象，因時而異，因人而異，往往難尋較準確的規律。但是，雖然作為市場中的個別經濟現象是複雜多變不好預測的，但市場中的供與求的總體趨勢還是有章可循的。就資本而言，市場中需求某種商品的消費越多，則投資的風險越小，利潤越高；反之，需求者越少，則投資的風險越大。如今不管是大人小孩都在反反覆覆地說市場經濟、市場經濟。什麼是市場的核心？需求就是市場的核心。為什麼很多企業都不惜血本作商品廣告，其目的就是為了擴大消費者的隊伍，就是為了喚醒人們的需求。如果說一個企業的銷售部門垮了，那麼，這個企業離倒閉破產的距離也就不遠了。這是因為，銷售部門乃是一個專門尋找市場需求的部門。一個企業的銷售部門癱瘓了，那就等於與需求斷了聯繫，也就等於被趕出了市場。到這個時候，資本再多，也無濟於事。

誰首先發現了需求，誰就等於提前看到了利潤。在資

本、商品、剩餘價值和需求這幾個最重要的經濟要素中，需求應該被列在首位，而不應該把需求忘在腦後或視而不見。

　　需求，就每個人來說，都是必需的。不過，人們所需要的需求，是有層次性的：首先是生存上的需求，其後是求知上的需求，再後就是經濟的、政治的和榮譽的需求。人們的所有需求都是由低到高逐步擴展的，而且都必須以生存需求的滿足作爲基礎，然後再發展到其它方面的需求。如果一個人總是餓著肚子，我們卻不顧現實地投資開戲園子，等著那餓著肚子的傢伙買門票給我們創造利潤，這肯定是枉費心機的。

　　綜上所述，資本在邁步之前，必需把滿足市場需求作爲大方向，而不應把眼光僅盯在眼前自己計算出來的利潤上。目光遠大，道路就通暢；目光短小，就會迷失方向。

　　就公式的問題說回來。正確的貨幣資本流通公式是：

$$G（貨幣）——H+U \begin{cases} 管理費用 \\ 生產設備 \\ 原料物耗 \\ 雇工工資 \end{cases} ……C（產品） \begin{cases} Cp（積壓產品）——'G（減少了的貨幣額） \\ Sp（滯銷產品）——'G（減少了的貨幣額） \\ Sx（暢銷產品）——G'（增加了的貨幣額） \end{cases}$$

　　從上述公式中可以看出：並不是所有的貨幣G都必然會變成增加了的貨幣額G'，好像只要投了資，閉著眼也可以獲得利潤。爲什麼有的投資者不但沒賺錢反倒賠了錢？國家往國營企業裏投了無以數計的資本金爲什麼企業反倒虧了損？顯而易見，在G（貨幣）與S（商品）二者之間，沒有一種直接的、必然的聯繫，不是一條可以坐享其成暢通的路，而是有一片產品性投入的「沼澤地」，它是貨幣資本運作首先要

行進的必經風險之路。

　　投資者要想獲得剩餘價值，就必須首先承擔費用上的風險，即首先要租廠房、辦照交費，還得購買生產設備、原材料，支付各種物耗費用和雇工工資。這些費用先不說能否全部賺回來，連能不能生產出合格的產品都是個未知數。

　　按照《資本論》所確定的公式，我們的「教科書」上是這樣說的：

　　公式中的G是資本運動開始時的一定量貨幣，是資本家的預付價值；G'是資本運動過程告一段落時增大了的貨幣額；△G是增加的貨幣。

　　例如，資本G運動開始時的貨幣額是100元，資本家以100元購進商品W，出售商品時獲得110元貨幣G'，其中的10元是超過預付價值的餘額△G，這部分就是剩餘價值。[113]

　　看似挺有道理，可很多的實際結果與這個「理論」根本就對不上。

　　資本家以100元購進商品S，出售商品時獲得110元貨幣G'，那麼我們能否就判斷資本家是賺錢了還是賠錢了？單從這一買一賣的流通過程來看，是無法最終確定資本家的盈虧的。假設資本家在他的經營中，僅僅做了這一筆生意的話，那資本家非但不會有那10元的剩餘價值，反倒是賠進去不少錢。資本家做買賣不租房子不交房租麼？不辦營業執照不交管理費用嗎？不給雇工工資嗎？不交水電費嗎？不上稅嗎？不知那10元的「剩餘價值」夠不夠開銷？倘若不夠，那肯定

【113】《政治經濟學教材》，頁47～48。

是賠了，哪裏來的什麼剩餘價值呀？資本家要想獲得剩餘價值，就必須首先承擔費用上的風險，即首先得用一筆錢租房子、辦照交費，還得用一筆錢雇用工人。這些費用能不能賺回來暫時還是個未知數，是盈還是虧取決於經營與商品銷售情況。所買進的商品S首先要考慮必須賣出去，因爲在G— S之間，資本家有主動權，但是在S— G'之間，就不完全以資本家的意志爲轉移了。購進的商品要符合市場需求；賣的價格還不能太高以防失去市場競爭力；服務的態度還要好不能把「上帝」得罪了；除此之外，購進和銷出的商品數量也不能太少：一件商品的毛利是10元，如果每月費用的投入是1 000元的話，那麼資本家就至少每月購進10 000元的商品，就必須保證這些商品不低於11 000元的價格全部賣出去，這樣才能剛剛好保證資本家不虧損。在這一經營活動中，只要有一個環節出了問題，有一個條件沒有具備，那麼資本家都要面臨虧損的風險。只有當上述的要求都符合之後，在這一基礎上，資本家多買進來又多賣出去的那部分商品，才會給資本家帶來貨幣剩餘價值。

可見，資本的運動方向，不是一條坐享其成暢通的路，而是有一片產品性投入的「沼澤地」。所有的貨幣資本若想獲取貨幣剩餘價值，都必須首先跳入產品性投入的「沼澤地」中，沒有別的路可走。在必經的風險之路上行進，深一腳、淺一腳，隨時都有可能被埋沒在泥潭裏。個人投資是如此，集體投資是如此，國家投資也是如此。

如果說，《資本論》發明的資本流通公式具有一種誤導作用的話，那麼所有虧損甚至破產的企業都可以向它提出索

賠申請。

　　一個企業即使生產出產品，誰也無法保證它能變成暢銷商品進入市場。它還有可能造成庫存積壓：或是不得不低於成本進入滯銷商品市場，或是成爲一堆被淘汰的廢品。不管是哪一種結果，都會使貨幣額減少，使資本出現虧損。因此，產品是否符合市場需求、能否成爲暢銷的商品，是關係到資本能否得到利潤、能否闖出「沼澤地」鬼門關的關鍵一環。資本稍有不慎，就會陷入虧損和破產的泥潭裏。

　　可見，資本G的運動方向是個未知數，它不見得總能變成增加了的資本貨幣額G'，有時它還可以變成減少了的資本貨幣額'G。前者可以帶來剩餘價值，而後者不但不會帶來剩餘價值，還會使原投入的資本G減少，使資本家出現虧損。

　　任何一個投資者要想通過資本的運作獲取剩餘價值，就必須看准市場，看准人們的需求；必須有足夠的膽量和魄力，在「沼澤地」裏不腿軟；必須有足夠的經濟實力和承擔失敗風險的能力；必須有經營的謀略和先進、有效的企業管理手段。總之，投資者在投入資本G以外，還必須投入很多往往比貨幣資本更重要的東西。

19-5 消費者是資本的大救星

　　天底下所有英明無比的資本家或投資者，都是具有非凡市場頭腦的，都是能夠首先看準並緊緊把握市場需求的最有超前眼光的人。他們時時刻刻地盯著市場需求，一旦發現戰機，便果斷大膽地將資本投放到商品生產中去。在市場需求得到滿足的過程中，剩餘價值也就自然而然地從中而生。

不管我們當初投入了多少資本，也不管我們事先計算出來的進銷差價有多大，只要我們所生產出來的產品沒有人需求，只要我們不能將產品變成商品，那麼我們就永遠也見不到利潤，等著我們的只有虧損。

看得出，只有在滿足市場消費需求的前提下，資本才能產生出剩餘價值。一個人，一個國家，將貨幣變成資本這是再容易不過的了，只要下了決心便可辦到。但是，此後如果想把資本再變成增加了的貨幣，這可就不是一件容易的事了。在這個時候，資本已變得無能為力，因為正是它自身陷入了泥潭裏，它自己都自身難保，難道還能企盼它去救主人嗎？

唯一的救星是誰？唯一的救星就是市場，就是消費者。

我們可以毫不誇張地這樣說，天底下所有英明無比的資本家或投資者，都是具有非凡市場頭腦的，都是能夠首先看準並緊緊把握市場需求的最有超前眼光的人。他們時時刻刻地盯著市場需求，一旦發現戰機，便果斷大膽地將資本投放到商品生產中去。在市場需求得到滿足的過程中，剩餘價值也就自然而然地從中而生。

除此之外，資本家還是最不知做「老好人」、敬崗敬業一絲不苟的生產管理者，在降低實付社會商品成本的問題上，最有決心，最不手軟，「請客送禮」都難起作用。他們眼裏不揉沙子，見不得一個工人磨洋工，更別提吃閑飯了。也正是因為這樣，資本家便多了一個「罪惡」，尤其是被資本家辭退的人，無一不對資本家心懷不滿。

過去，我也曾對資本家沒有好感，總覺得他們太殘酷，

太不講人情。但是，在我親身體驗資本家的生活中，我的觀點改變了。本來，我的目的是實驗，是爲了進行理論學術研究而深入實踐，不完全是爲了追逐利潤「榨取」剩餘價值——當然，虧本的買賣是不會做的。然而，在資本的運作中，自覺不自覺地就陷入到「無情無義」、「唯利是圖」等資本市場經濟規律的陷阱中：不擇手段地降低實付社會商品成本；不失時機地增加企業的銷售收入。多虧了我只是在「實驗」中扮演一個角色，否則，我會真的像資本家那樣更「冷酷無情」，更「狡詐凶狠」，把每一分錢都掰成兩半花。如果這就是「資本主義」，那麼我看「資本主義」蠻不錯的。創造得多，消費得少，積累的社會財富早晚還是要留給全社會，死後什麼也帶不走。與此相比，國有企業中的某些領導，創造貨幣剩餘價值的本領他們沒有，可坐豪華轎車，吃豐盛的宴席，甚至找「三陪女」，全都不用掏自己的腰包。他們特別有人情味，凡是登門送過錢的，就可以提拔爲幹部；凡是送過禮的，就可以留在崗位上，且不管他們幹不幹活。可以這樣說，所有的國企下崗職工，都是不懂孝敬領導的，沒事還總提意見，不讓你們下崗讓誰下崗？如果把這叫做「社會主義」——呸！呸呸！呸呸呸！……全國人民一人啐它一口唾沫。因爲它不養資本家，淨是養剝奪家。

　　表面看資本家沒有人情味，實質上那是因爲他們獻身於資本事業。資本運作的本能，是希望實付社會商品成本比應付社會產品成本越低越好。商品成本越低，那麼社會商品成本與社會產品成本的價值差距就越大；價值差距越大，則商品價格就越在商品市場的競爭中處於有利的地位。

降低實付社會商品成本，必定會影響到勞動力商品的價格。勞動力商品價格高了，就會加大實付社會商品成本，加大了資本投入的風險。勞動力商品價格定低了，工人的收入就會減少，生活水平就會下降，他們就會對資本家有意見。商品市場是講理的，嫌少可以辭職不幹嘛，哪裏給的工資多就去哪裏就業，誰的手腳也沒有被捆著。資本家的天職就是增加收入、降低成本，這是他們永遠也改變不了的性格。在這個問題上，連我這樣一個「實驗」者都不能自拔，怎麼能指望資本家在勞動力商品市場上大發慈悲地違反資本的經濟規律高價購買勞動力呢？可以這麼說，在資本的田地裏耕作，節省消耗，降低成本，實現利潤，創造貨幣剩餘價值，乃是每一個投資者和資本家無法抗拒、與生俱來的本能。

天下所有的「無產者」，只要他們有機會、有能力使自己成為投資者，那麼他們定會立即改變立場，成為資本的維護者；他們不會再去叫喊什麼「革命」，而會把「私有財產神聖不可侵犯」作為公理來崇尚。這種立場的變化，用不著宣傳家們喋喋不休的鼓噪，隨著自身財富的積累，自然而然就完成了，而且財富積累得越多，立場變化得越迅速、越徹底。隨著社會經濟的不斷發展，人們會逐漸地都富裕起來，於是不可避免地，人們會逐漸地改變原來的「無產者」立場，「資產階級」的隊伍會逐漸壯大起來，這是當初「無產階級」革命之初始料不及的事情。願意也罷，不願意也罷，隨著人們享有的財富越來越多，越來越多的人會改變立場，這是不以某個人的意志為轉移的客觀規律，誰也阻擋不了。

第20章 資本歷史的過去、現在和未來

20-1 不同歷史階段的資本運動規律

政治投資者所關心的，是權力賞賜者（即上級領導）是否高興和滿意，尤其是希望引起「皇上」的注意，這關係到他們到手的權力能否保住進而再求高升的大問題。即使有些人會投入一部分精力顧及貨幣資本運作，但其最終目的，仍是想通過貨幣資本運作的成功來作為權力資本的積累，為獲取權力資本增加籌碼。就是說，如果貨幣資本運作帶來利潤能使權力賞賜者高興和滿意的話，當然會促使一些剝奪家的走狗們不得不把眼睛盯在利潤上。

在前面的經濟分析中，我們曾列出了貨幣資本的流通公式，即：

$$\text{貨幣資本G} \longrightarrow \text{H+U} \begin{cases} \text{管理費用} \\ \text{生產設備} \\ \text{原料物耗} \\ \text{雇工工資} \end{cases} \dots\dots\text{C（產品）} \begin{cases} \text{Cp（產品積壓）} \longrightarrow \text{'G（減少了貨幣額）} \\ \text{Sp（滯銷產品）} \longrightarrow \text{'G（減少了貨幣額）} \\ \text{Sx（暢銷產品）} \longrightarrow \text{G'（增加了貨幣額）} \end{cases}$$

　　這一公式僅僅是對貨幣資本運動規律在一個特定的社會歷史形態中的總結，並不代表所有歷史形態中所有的資本運動規律。勞力資本有勞力資本自己的運動規律；政治權力資本有政治權力資本自己的運動規律；任何一種資本都有自己的獨特的運動規律。

　　原始社會時期，雖然還沒有貨幣出現，但在它的社會經濟結構中，已經顯現出低級的資本運動軌迹。它的運動公式是：

　　從上面的公式中可以看出，勞力資本的產品性投入是非常簡單且低水平的，它主要是付出勞動體力和極簡單的勞動腦力。在當時的歷史條件下，勞動工具都是利用天然物品加工製作的，如石器、棍棒等，製作工具的過程也是勞動體力和極簡單的勞動腦力投入的過程。

　　原始社會的產品即原始人的勞動對象，初始主要是獵物，所有的勞力資本投入，都是圍繞著追趕和殺死野獸而展開的。在與野獸的搏鬥中，有時能夠殺死野獸獲取產品，並使所有人都能得到產品消費；有時搏鬥了半天，殺不死野獸使其逃掉，白白地浪費了勞力資本而未獲取到任何產品，甚至於還有可能「賠了夫人又折兵」，捕獵者被野獸所傷，造成勞力資本的虧損。當然，個別人的勞力資本虧損不會導致整個氏族部落的破產，只有遇上了較大的自然災害，如森林

大火、洪水泛濫等，才有可能使某個原始部落的資本瀕臨全面破產的境地。

　　過去人們認爲原始社會時期沒有商品市場，完全是產品消費，這種觀點是不正確的。在原始社會的中後期，隨著原始部落人數的增多，原始人的捕獵經驗和技能不斷豐富和提高，社會分工不斷擴展，尤其是工具的製作水平的提高，致使勞力資本的投資回報率也越來越高，人們獲取的各種各樣的產品越來越多了。由於當時人們需求的有限性，逐漸多起來的產品就出現了剩餘。如果各個氏族部落的剩餘產品都是相同的物品，那麼交換就是多此一舉了。正是因爲各個氏族部落的剩餘產品各不相同；你剩餘的某種產品正好是我需要的，我剩餘的某種產品正好是你需要的，於是兩個氏族部落之間就會以物易物地進行商品性交換。它的交換公式是：

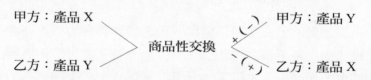

　　交換有時是等價的，有時是不等價的。所謂的「等價」永遠是相對的，而不等價才是絕對的。前者屬於心理上的滿足，而後者屬於計量上的無奈。

　　在氏族部落內部，這種簡單的商品性交換也時有發生。如某個人用自己製作的裝飾品去與另一個人交換其它物品等。

　　可見，商品性交換並不在以貨幣的產生與否爲前提，它早在原始社會時期就存在了，只不過它還沒有形成市場化。

　　原始社會後期，由於各個氏族部落之間社會權力關係失衡，在沒有公平的社會裁決的情況下，暴力成了可以論成敗的英雄，致使奴隸社會感覺占據社會的主流。如果說，原始社會時期的資本運動過程沒有政治權力資本參與、完全體現爲一種勞力資本的經濟化運作的話，那麼到了奴隸社會時期，經濟化的勞力資本完全被政治化的暴力資本所取代。暴力就預示著戰爭，戰爭就是流血的政治。暴力資本與政治權力資本如果有不同之處的話，那就是暴力資本的運動過程總是伴隨著鮮血淋淋而完成的。

　　暴力資本的運動公式是：

　　從上面的公式中可以看出，暴力資本與勞力資本在產品性投入上出現了很大的差別：勞力資本投入的是勞動者自己的體力，而暴力資本投入的是具有組織性、完全聽憑暴力資本的投入者調遣、專門從事殺人職業的親兵打手；勞力資本投入的是勞動者自己製作的用於捕獲野獸的簡陋工具，而暴力資本投入的不僅有用於捕獲野獸或從事農業生產的工具，而且更多地有用於殺人害命的武器、刑具和牢房；勞力資本獲取的剩餘產品不是用於再消費就是用於商品性交換，而暴力資本獲取的剩餘產品（例如糧食、衣服等）會被當作新增加了的暴力資本進行產品性再投入。勞力資本與暴力資本在產品的性質上也出現了很大的差別：勞力資本的生產對象是

野獸等獵物，而暴力資本的生產對象把「獵物」的外延擴大了，不僅有野獸，有種植業而且還有人，有別人的生產工具和剩餘產品。

既然是資本——暴力資本也要冒風險——不是盈就是虧，對別人施暴獲勝時，則一切戰利品包括俘虜就都成了自己的產品。有些剩餘產品多得不想要，例如把男俘虜和老的、小的都殺掉。被別人施暴失敗時，則自己的一切包括小命兒就都歸屬了勝利者——這是最殘酷、最悲慘的破產。

奴隸社會使人人都處於動亂之中，於是人人都思安定，封建社會便進入了歷史的軌道。

封建社會政治權力資本（以下簡稱權力資本）的運動公式是：

歷史發展到封建社會階段，權力資本便大有市場。權力資本的產品性投入，其中也有一些貨幣的參與，但這貨幣的性質是被當作產品貢奉給當權者的。權力資本的投入者費盡心機，其生產的是官位產品；有了官位，就可以輕輕鬆鬆地獲取享用不盡的經濟產品。與暴力資本相比，權力資本的投入者儘管也有一定的風險，例如送完了禮品、巴結了半天，最後仍未得到提升，但這種風險還是很小的，不用擔心掉腦袋，頂多是損失了一些產品。讓這些投資者高興的是，接受禮品或受到讚揚的大官們，大都不會使權力資本的投入者失

望，或多或少都會得到一定的回報。如果說權力資本投入者的投資對象比較「慷慨」，總是不讓投資者失望，那是因爲這些「公權力消費者」（即指享有一定特權的人）從來不用掏自己的腰包，慷的都是國家之慨。成爲一名消費享受者，卻不用自己支付半毫貨幣產品，這樣的好「買賣」，誰不願意經營呢？況且還能借機培植親信、黨羽。所以，封建社會的一大特色，就是所有會做大買賣的聰明人都把撈取個一官半職作爲產品生產的一項重任，一旦成功便榮華富貴。當官，成了人人的志向。

　　封建社會的中後期，貨幣資本的獨立運作處於萌芽時期。貨幣資本的投入者發現，小打小鬧的貨幣資本運作尚可不受打擾，例如那些每天只能掙個塊兒八毛的小商販、小店鋪。如果貨幣資本的運作規模大了，必定會成爲權力資本的眼中釘：貨幣資本家再富他也是民，權力資本剝奪家再窮他也是官；官管著民，民怎麼可比官富有呢？於是我們可以從很多的歷史實例中看到，權力剝奪家隨便羅織一個罪名，就可以將貨幣資本家頃刻之間整得傾家蕩產、家破人亡。由此，聰明的貨幣資本家都不得不緊緊地依附在權力剝奪家的懷抱裏，使資本的運動出現了非常複雜的局面：在貨幣資本的產品性投入中，除了管理費用、生產設備、原料物耗和雇工工資以外，還必須把權力資本的產品性投入內容（例如攀親、賄賂等）加在其中。也正是從這開始，貨幣資本的流通公式中，總是暗藏著權力資本運動的魔影，可以這樣說，在封建社會至資本主義社會的中期，所有有成就的貨幣資本家都是或多或少與官府有「奸情」的。資本家與剝奪家聯姻，

其結果是使資本家變成了半資半剝奪家。

　　一旦經濟和政治通姦，那麼社會就沒有了公平。封建社會就是經濟和政治最荒淫無恥的年代。這是因爲，封建社會時期雖然允許一些貨幣資本的獨立運作，但它在整個社會經濟結構中，乃處於一種無關緊要的地位。社會經濟的性質，是國家化產品經濟。關係到國民生計，屬於國家經濟命脈的產業，都被把持在國家官僚集團手裏，所有「經營者」和「管理者」，都不是貨幣資本的主人，都是國家資本（國家貨幣資本和國家權力資本）產品性投入的打手，他們根本稱不上是資本家或企業家，充其量不過是國家官僚集團中那些剝奪家的走狗。這些走狗與其說在搞貨幣資本運作，倒不如說是在搞權力資本運作，因此他們大都不會對企業資本運作的盈虧上心的。投資者所關心的，是權力賞賜者（即上級領導）是否高興和滿意，尤其是希望引起「皇上」的注意，這關係到他們到手的權力能否保住進而再求高升的大問題。即使有些人會投入一部分精力顧及貨幣資本運作，最其最終目的，仍是通過貨幣資本運作的成功來作爲權力資本的積累，爲獲取權力增加籌碼。就是說，如果貨幣資本運作帶來利潤能使權力賞賜者高興和滿意的話，當然會促使一些剝奪家的走狗們不得不把眼睛盯在利潤上。

　　原始社會的中後期的勞力資本是可以創獲價值剩餘和創造剩餘價值的，只不過其創造的水平比較低而已。

　　奴隸社會時期的暴力資本和封建社會時期的權力資本，它們都不能創造剩餘價值，甚至連社會性的價值剩餘也創造不出來。它們所能做到的，是將別人通過勞力資本本該獲得

的剩餘價值或價值剩餘不勞而獲地轉移到自己手裏，其最簡單的手段是將勞動力束縛在產品的狀態中，使之得不到增殖的資格，享有不了增殖的權力。想想看，連勞動者本人都成了統治者的特殊產品，勞動者到哪裏去討要那增加了的貨幣額。

20-2 資本的三大種類與社會發展

社會的進步，不是使所有人都不能以自身私人的身份占有生產資料，而是使越來越多的人（包括工人在內）都能以私人的身份占有生產資料中的部分份額。大家都以私人的身份實實在在地占有了生產資料，那麼這就等於實現了生產資料「公有制」，公有制就是「實有制」，是把「有」量化到每個人的人頭上，使人人都實實在在享有的社會經濟制度。

勞力資本、暴力資本和權力資本這三種資本流通公式中的產品性投入內容不是一成不變的，而是隨著社會形態的變化而改變。

勞力資本的產品性投入，在原始社會時代它主要內容是勞動體力和簡陋、簡單的勞動腦力和簡陋工具。到了奴隸社會時代，能夠享有勞力資本的人，只憑勞動體力和簡陋工具是絕對不行的，他必需具有對維護暴權統治者利益有用的特殊技能，例如能以一當十地殺死敵手的技能等，他才能成爲勞力資本的投入者。發展到封建社會時代，腦力勞動越來越重要，成爲勞力資本產品性投入的主要內容。體力上的特殊技能雖然仍派得上用場，例如保鏢，但腦力上的特殊技能

（例如足智多謀）更是受統治者的青睞。從春秋戰國，到大清王朝，凡是有頭腦、有智慧，能言善辯，能招會算的「聰明」之人，都可以通過向當權者投資而獲取到豐厚的賞賜。發展到資本主義社會時代，研究、發明和創造就成了勞力資本產品性投入的主要內容，看起來它似乎還是腦力勞動形式，但與封建社會時代相比，它服務、投資的對象已不再是「政治」而是「經濟」。

暴力資本和權力資本都起始於奴隸社會形態，原始社會時期沒有它們的市場。暴力資本在暴權社會時代，它的產品性投入的內容主要是親兵、打手、武器、刑具和牢房，但到了封建社會時代，其投入的市場變小了，主要原因是它投資的風險加大了，人們一般不敢把暴力作為資本去賭注。封建社會時期最大的暴力資本投入就是搞軍事政變。資本主義社會時代，暴力資本投資的市場有變大的趨勢，其產品性投入內容的不同，主要體現在武器的現代化和作案工具的高科技上，例如原子彈的研製等。社會主義初級階段，由於世界經濟、政治一體化的進程加快，緩解了國與國之間的社會權力關係矛盾，更由於「福利制度」確保了人人都有最基本的生活保障，也緩解了國家內部的社會權力關係矛盾，由此使暴力資本處於一種幾乎無用武之地的境況。但是，類似偷竊、打架、強姦、搶劫等個別的暴權現象不會一下子滅絕，故而殘餘的暴力資本還會作垂死掙扎。

權力資本雖起始於奴隸社會時代，但它那時還處於「摸索」階段，估計它的產品性投入也就是表表忠心或說出幾句讚揚性的語言，偶有「送禮」行為，也只不過是把漂亮的女

俘送到當權者的手上。發展到封建社會時代，是權力資本投資回報率最高的年代，所有的資本投資，都要圍繞著權力資本投資這一核心內容轉圈圈。到了資本主義社會時代的中後期，權力資本的市場開始走下坡。這個時候，阿諛奉承、送禮行賄和結親聯姻都難以派上用場；欺上瞞下、結黨營私、相互利用，尤其是用政治謊言來欺騙民衆，似乎成了權力資本產品性投入的主要內容。到了社會主義初級階段，雖然權力資本的投機者還會存在，但其數量定是少得可憐，且他們的日子也定是越來越不好過。

　　貨幣資本也是起始於奴隸社會時期，但它初期的產品性投入內容是再簡單不過了，那就是：用商品性交換的方式直接獲得某種產品，是以交換現成的產品作爲產品性投入的內容。也就是說，最初的貨幣資本就是特殊的產品資本。

　　發展到封建社會時代，貨幣資本的產品性投入內容一開始主要集中在土地上。這種產品性投入並不是用土地產品去與別人交換其它的產品，而是利用土地這一特殊產品本身具有的增殖特性而將它有償性地租給農民種植，坐收地租，使資本增殖。但是，貨幣資本的投入者並不是用商品性交換的方式就能把土地全部買到手裏，因爲很多的土地都是「國家」的，是當權者的，所以資本的運作在某些方面就必須滲入權力資本運作的手段，達到官商結合的目的，或是直接從當權者那得到賞賜，或是與執權者聯手套取。

　　土地在地主的手裏，不種莊稼農民就無法生存，於是農民幾乎沒有任何選擇的餘地，不得不與地主訂立高額地租的不平等契約，導致農民有時將所有的收獲全部送給地主也不

夠「約定」的租金。無論是奴隸社會還是封建社會，勞動的價值形式都是以勞動力產品的狀況或被當作勞動力產品來使用的。所以這些歷史年代中的勞動是根本沒有什麼自由可言的。

發展到資本主義社會時代，雖然勞動力以極其廉價的商品形式仍然地位卑賤、備受欺壓，但它畢竟逃出了勞動力產品的地牢而逐漸地迎來了自由的曙光。勞動的價值形式由勞動力產品發展到勞動力商品，這是歷史的一大進步，任何一種把勞動力商品的價值體現形式再退回到勞動力產品狀態中去的企圖，不管它所描繪的社會前景多麼美好，它都會阻礙社會的發展，甚至使社會歷史倒退。解放勞動力，不是用勞動力產品取代勞動力的商品，而是要用勞動力資本逐漸取代勞動力商品。歷史的事實也足以證明，所有那些試圖恢複勞動力產品社會制度而大搞計劃經濟、排斥市場經濟的國家，都被歷史碰得頭破血流，損失慘重。

當社會歷史發展到社會主義初級階段時，在貨幣資本的產品性投入內容中，將會發現雇工工資的份額越來越少，最後以至完全消失。取而代之的，是越來越多的科技方面的投入。「工人」的收獲，不再依靠出賣勞動力商品，而是改變成貨幣資本的投入（例如享有公司的股份）。生產的社會化與生產資料私人占有的這一矛盾，在勞動力商品向勞動力資本的轉化中逐漸地得到解決。這就是，社會的進步，不是使所有人都不能以自身私人的身份占有生產資料，而是使越來越多的人（包括工人在內）都能以私人的身份占有生產資料中的部分份額。大家都以私人的身份實實在在地占有了生產

資料，那麼這就等於實現了生產資料「公有制」，公有制就是「實有制」，是把「有」量化到每個人的人頭上，使人人都實實在在享有的社會經濟制度。

我們在前面所說的勞力資本的勞力，既包括一般意義的勞動之力，又包括特殊形式的勞動之力；既包括用於從事物質資料生產的勞動之力，又包括其它所有與人生活相關的非生產性勞動之力。李蓮英靠對慈禧太後的阿諛奉承所獲得的豐厚賞賜，不能說李公公一點也沒有付出勞動，那善於巧舌討好上司的嘴巴和善於察言觀色投其所好的眼神兒就是李公公的勞力資本。同此一樣，自由市場上小攤販的叫賣吆喝聲，那也是勞動力的一部分。楊貴妃一家的榮華富貴不是天上掉下來的餡餅，那是楊小姐靠自身的美色資本向皇上出賣肉體勞動換來的。社會上所有靠勞動幹活所取得的勞動報酬，無不是勞力資本所帶來的利潤。

表面上看，勞力資本與貨幣資本相比，似乎是個「無本」的生意。其實，它的本錢隱含在人的勞力之中，不易被發現並且不易被量化出價值來罷了。

20-3 資本發展的高級階段

如果有500%的利潤，它就可以讓人學狗叫；有1 000%的利潤，它就不知廉恥地把老婆當成消費的產品送人；有10 000%的利潤，它就陷害忠良、無惡不作；有1 000 000%的利潤，它就能使父子相殘、兄弟相煎；有100 000 000%的利潤，它就要實現帝國之野心發動世界大戰。

勞力資本、暴力資本和權力資本，都是資本歷史的低級階段。資本歷史的高級階段，也可以具體地劃分出三個明顯不同的階段——即：貨幣資本階段、混合資本階段和科技資本階段。

貨幣資本階段是資本歷史高級階段之中的低級階段。貨幣資本階段又可稱爲滿足生存需求階段。

人們的需求是從吃、穿、住、行起步的。這些需求是人的最基本的需求，是人人必需的。生存需求階段就決定了：在社會經濟發展還比較落後的時期，凡是首先在加工食品、生產服裝、鞋帽及各種日用消費商品等與人的生存需求密切相關行業中投入貨幣資本的人，根本用不著耽心產品會積壓，那定是供不應求的。

這一階段的特點是：

1、供求雙方的關係不平衡——供小於求。需求的人特別多，而生產的企業相對特別少。如此一來，對投資開辦企業的一方特別有利，只要投資，都會獲得較高的回報。

2、貨幣資本充當這一階段的主角，勞力資本顯得無能爲力。這是因爲，投資開辦企業要的是實實在在的貨幣，有了足夠的貨幣，才能成爲開辦企業的本錢。而這個時候，李蓮英的甜言蜜語和楊貴妃的漂亮臉蛋兒無法直接成爲開辦企業的條件。如果開辦企業也需要勞力資本的話，那也不得不充當配角。這一時期可以說就是「金錢萬能」的年代。

3、新成立的企業少，新企業誕生的速度較慢。與此同時，破產的企業也少，企業死亡的速度也慢。

上述的幾點決定了：在滿足生存需求的資本階段中，

貨幣資本起著決定性的作用。在貨幣資本明顯不足，而且即使有一定的貨幣，卻還不大敢進行資本性投入的社會現狀下，成功都是留給那些勇於冒險的人。在具有冒險精神的前提下，誰有足夠多的貨幣資本，誰就能很容易地獲得極高的利潤；反之，即使具有冒險精神但卻缺少貨幣資本，僅是靠出賣勞動力商品過活，那麼，誰就會處在窮人的隊伍中。至於那些既有冒險精神卻缺少貨幣資本，又想輕易地獲取大量社會財富的人，為達到目的唯一可行的辦法就是革命，就是造反，就是要用暴力，使資本歷史總是不時地重複低級的階段。

　　就整個世界的資本市場發展總體狀況而言，從17世紀中葉到20世紀中葉近300年，世界經濟處於滿足生存需求階段時期。在這一時期，貨幣資本毫無爭議地充當了資本市場的主角。凡是有辦法成為資本家的人，都無一例外地發過大財。不過，由於貨幣資本階段是資本市場高級階段中的低級階段，它以滿足人們的生存需求為主要特徵，故在這一階段，世界經濟發展的速度是緩慢的。

　　混合資本階段是資本市場高級階段之中的中級階段。混合資本即是指貨幣資本和科技資本混合在一起，共同充當資本市場的主角。混合資本階段又可稱為提高生活質量階段。

　　人的需求是無限的。人們在滿足了生存需求之後，就會追求高層次的生活內容。因此，提高生活質量就成為人們的一種普遍需求。所有人都可以清楚地看到，那些生產洗衣機、電冰箱、電視機、通訊設備等與人們提高生活質量密切相關的行業，都得到了迅猛的發展。

這一階段的特點是：

1、供求雙方的關係基本平衡。有時會有短暫的不平衡，但這種不平衡性總是圍繞著平衡線在差距不大的範圍內上下波動：有時供略大於求，有時供略小於求。這是因爲，需求的人多，而生產的企業逐漸也多起來。如此一來，在生產企業之間出現的競爭現象便在所難免。廣告的出現，就是一個很好的說明。如果說，滿足生存需求階段時期，企業根本用不著廣告的話，那麼到了提高生活質量階段時期，企業大都離不開廣告，以圖在競爭中獲勝。

2、貨幣資本雖然仍在資本市場的舞台上，但它已不能獨自擔當主角，它必須與科學技術緊密地結合在一起，才能在資本市場的競爭中占有一席之地。到了這個階段，不是有了足夠多的貨幣資本就能確保有高額利潤，而是在有了足夠多的貨幣資本的同時，看誰能獲得先進的科學技術資本。只有獲得了先進的科技資本，才能確保貨幣資本在競爭中取得最多的效益。因此，資本市場發展到提高生活質量的混合資本階段時，貨幣資本和科技資本共同成爲市場主角，缺一不可。當然，所謂科技資本，不僅包括專利技術、發明創造，還包括先進的管理經驗等。

3、新誕生的企業非常多，死亡的企業也非常多，新陳代謝的速度異常地快。

4、勞力資本以一種新的形式開始有所作爲，其原因是它朝著科技資本的方向演化，並逐漸地成爲科技資本的依托。這種新形式，就是以腦力勞動資本取代體力勞動資本。於是，人們可以普遍地看到，在「藍領」的資本收益有限提高

的同時，「白領」的資本收益出現了前所未有的最迅猛的增長。

就整個世界的資本市場總體狀況而言，20世紀50年代開始，世界經濟已步入提高生活質量階段。這一階段，是世界經濟發展速度最快、最猛、最能持續不斷的階段。就整個世界經濟發展的總過程而言，提高生活質量階段可以持續100~150年。

科技資本階段是資本歷史高級階段之中的高級階段。科技資本階段又可稱爲開發享受創新階段。

人的求異的本性是難移的。凡是人類沒有到過的地方，凡是人類沒有體驗過的事情，恐怕都會引起人們的極大需求興趣。誰能研製開發出使人享受能夠得到創新的東西，誰就必定會在資本市場的競爭中獲得最後的勝利。

這一階段的主要特點是，貨幣資本已舉無輕重——有錢的人太多了。而對科學技術的需求，將會變得越來越迫切。由於科技資本與貨幣資本有一個差別最大的地方，那就是科技資本會使所有權人得到獨享保護，即誰獲得了科技資本，誰就會在一定期間內獨自享有其成果，因此不用耽心其它貨幣資本會隨便侵入進來。

科技資本階段到來之時，世界經濟增長的速度將會減緩。這是人類不得不面對的一個現實。我估計，這一階段的到來，大約將發生在22世紀。

在中國的資本歷史中，資本市場一直處於低級階段，這是由中國獨特的大產品經濟思想意識和大產品經濟文化傳統的歷史現狀決定的。大產品經濟收益最大的是暴力資本

和權力資本，勞力資本能容下身，也是以能爲暴力資本和權
力資本服務、效命爲前提的。所以從古至今，中國的所有智
慧，都集中地反映在暴力資本投資的技巧和權力資本投資的
技巧等權術規律的總結上。在這樣的大氣候下，貨幣資本總
是處於萌芽狀態，因爲它的投資收益總是遠遠地低於暴力資
本和權力資本的投資收益。如果資本的異化會使人喪失理性
的話，那麼貨幣資本的異化就會使投資者爲創造利潤不顧一
切，正如馬克思所說的那樣──「如果有10%的利潤，它就
保證到處使用；有20%的利潤，它就活躍起來；有50%的利
潤，它就鋌而走險；爲了100%的利潤，它就敢踐踏人間一切
法律；有300%的利潤，它就敢犯任何罪行，甚至冒絞首的危
險。」【114】但是，它比起暴力資本和權力資本來，那簡直是
小巫見大巫。暴力資本和權力資本的異化就會使投資者爲創
造利潤不擇手段：如果有500%的利潤，它就可以讓人學狗
叫；有1 000%的利潤，它就不知廉恥地把老婆當成消費的產
品送人；有10 000%的利潤，它就陷害忠良、無惡不作；有
1 000 000%的利潤，它就能使父子相殘、兄弟相煎；有100
000 000%的利潤，它就要實現帝國之野心發動世界大戰。可
見，貨幣資本的不顧一切，畢竟還有國家法律管著它；暴力
資本和權力資本的不擇手段，連國家法律都無可奈何。在這
麼懸殊的利潤面前，人們自然都願意投資後者。貨幣資本也
就總是發展不起來。

　　即使在中華人民共和國建國後至「文革」期間，中國

【114】《馬克思恩格斯全集》第23卷，頁829。

的資本市場仍然是暴力資本和權力資本的天下，貨幣資本幾乎被清掃得一乾二淨。這個時代，中國與西方國家的對立，實質上是「暴力資本主義」、「權力資本主義」與「貨幣資本主義」的對立，是大產品經濟與大商品經濟的對立。一句話，都是資本主義異化，只不過資本的內容不一樣罷了。

從1979年開始，中國有計劃、逐步地開放了貨幣資本市場，使中國的經濟建設得到了飛速的發展。但是，暴力資本和權力資本——尤其是後者的市場並未受到限制，甚至於更加猖獗，這與中國不肯放棄大產品經濟思想意識和文化傳統有著密切的關係。可以預見，在不遠的將來，貨幣資本與暴力資本、權力資本還要進行一場大較量。這種較量或是在「言談笑語」中完成，或是在「腥風血雨」中完成，總之它是無法回避的。

另外一個問題也必須注意，那就是在中國處於滿足生存需求的資本市場初期階段，便提前迎來了提高生活質量的混合資本階段的衝擊，使兩個階段混雜在一起，在經濟上出現了錯綜複雜的局面。中國應如何面對？對此，我們將另作專題探討，本書中不想過多地涉及。

20-4 《資本論》擴大了概念的外延

《資本論》犯了邏輯錯誤，把不該擴大的概念外延擴大了。它根本不是研究整個資本變化的歷史，研究的只是滿足生存需求階段時期的貨幣資本市場規律，其核心和基礎是貨幣資本。如果馬克思還健在的話，我一定會給他老人家寫信，建議他將《資本論》的題目修改成《貨幣資本論》。

　　理論研究，只要它成了政治鬥爭的「運動員」，那就誰也保證不了它不犯規，誰也保證不了它不會帶進主觀的色彩。從「運動員」的立場出發，凡是對打敗對方有利、能給對方製造出麻煩來的事情，都可以「添油加醋」地大肆渲染。

從資本歷史的分析中我們可以很清楚地看到，馬克思的《資本論》誕生於貨幣資本階段。身處其境的馬克思受到歷史的局限性，不可能提前展望到混合資本階段和科技投資本階段。尤其是，貧困的馬克思從感情上說很自然地會把鬥爭的矛頭指向那些富有的人，使得《資本論》寫作的立場從一開始就偏向了貧困者的一邊，而不是以一個「裁判員」的身份，以完全中立、客觀的立場去仲裁。理論研究，只要它成了政治鬥爭的「運動員」，那就誰也保證不了它不犯規，誰也保證不了它不會帶進主觀的色彩。從「運動員」的立場出發，凡是對打敗對方有利、能給對方製造出麻煩來的事情，都可以「添油加醋」地大肆渲染。凡是認真讀了《資本論》的人，都可以或多或少地得出這一結論：《資本論》犯了邏輯錯誤，把不該擴大的概念外延擴大了。它根本不是研究整個的資本發展變化的歷史，研究的只是滿足生存需求階段時期的貨幣資本市場規律，其核心和基礎是貨幣資本。如果馬克思還健在的話，我一定會給他老人家寫信，建議他將《資本論》的題目修改成《貨幣資本論》。同時，我還會毫不客氣地批評他，他把更該予以批判的暴力資本和權力資本忽略了，使蘇聯、東歐、中國、朝鮮等等很多的國家都曾

誤入了歧途，造成了極其嚴重的經濟損失。這種後果，我想連馬克思本人也是不願看到的。

在經濟體制改革進行之前，中國的經濟理論這個「大姑娘」儘管還愚昧落後地纏著足，深藏屋中閉門不見人，但她的的確確恪守貞操，表與裏是一致的。當然，人性的壓抑時常使她歇斯底裏、脾氣大發，一會兒弄一出「文化大革命」，一會兒搞一場「反擊右傾翻案風」，獨舞室內，好不熱鬧，沒有一會兒清閑的時候。天長日久，她的性格越來越古怪，瘋瘋顛顛，精神不正常。建國只有二三十年，年紀輕輕，卻滿臉的憔悴，蓬頭垢面，無精打采。

改革開放以後，中國的經濟理論，即那些曾被我們奉為聖旨的「教科書」，都變得口是心非起來。一方面，她仍然緊關著前門，還多加了幾道門栓，門口高高地掛著「貞節牌坊」，上面寫著三個大字：「公有制」。另一方面，她解放了思想，剪掉了纏足的帶子，偶爾還脫得淨光，明目張膽地打開後窗，不分早晚地幹著偷漢子（即：資本和私有制）的事情。也別說，她越來越像人樣兒了，遍地的高樓大廈，使她的臉頰紅潤起來。這種表裏不一的現象且不論它道德不道德，僅就她所依戀的對象——在這麼多的資本「姦夫」中，她至今也鬧不清究竟真心愛上了哪一個。她總是信誓旦旦地說，她絕對忠誠地愛上了馬克思所喜愛的「社會主義」，可是她眼睜睜地天天和馬克思最痛恨的「資本」偷情，不管是腐朽的、垂死的，都不放過。

到了這步田地，中國的經濟理論便沈迷到最墮落、最自欺欺人的境地。

中國經濟的前途只有一條路，那就是想方設法摧毀權力資本市場，嚴厲打擊暴力資本市場，大力開放貨幣資本市場，鼓勵扶持科技資本市場。只有這樣，中國的經濟不斷地朝著越來越繁榮的方向發展才有希望。

舊的計劃經濟體制，用行政手段把所有的企業都束縛在整體的產品性生產的各個「工序」中，使商品包括勞動力商品都被迫失去自由選擇市場的權利，嚴重地阻礙了社會經濟的發展，使人類社會財富總量增長的速度變得異常緩慢甚至停滯不前。「無產階級文化大革命」運動，更使社會財富總量出現了大幅度地減少，給國家、人民帶來巨大的經濟損失和難以磨滅的精神痛苦。

以鄧小平爲核心的中國第二代領導集團，衝破舊的條條框框，大膽地進行社會主義經濟體制改革，確定了向商品經濟發展的方向，使國家發生了翻天覆地的變化。改革開放的這20年，是中國社會財富總量增長速度最快的年代。

但是，由於舊的剩餘價值理論的局限性，認識上肯定會出現一些偏差，探索中必然會出現這樣或那樣的一些問題和弊端。我們可以看到，在改革的過程中，貨幣資本在商品市場上大顯身手的同時，政治權力資本也偷偷地借機參與進來，肆無忌憚地橫徵暴斂，「尋租」活動泛濫不堪，導致嚴重的社會分配不公問題。政治權力資本獲利的基本條件是產品性生產和產品性交易，而不是商品市場。商品市場的建立和完善必然會使政治權力資本最終喪失「投資」的空間。在沒有有效方法限制甚至完全取締政治權力資本市場的時候，儘管很多商品市場開了張，但暗地裏卻還在進行著各種各樣

骯髒的產品性權力交易，以至於很多的商品交易都不得不緊緊地依附在政治權力交易的懷抱裏。在政治權力資本市場控制下的商品經濟市場，它雖然也能帶來社會財富總量的增長，但卻使很多貨幣剩餘價值最終流入到享有政治權力資本、有權進行產品性交易的那一少部分人的口袋裏。對於廣大的民眾來說，他們無力進入政治權力資本市場，又無力進入勞力資本市場。就是說，他們與資本市場無緣，也就與貨幣剩餘價值「隔海相望」，只能在勞動力商品市場中自相殘殺苦苦地掙扎。幸免於難的只有一部分農民。國家把一部分土地承包給農民，使農民能夠在國家「免費贈送」的、經過量化的生產資料中有條件地投入勞力資本，直接獲取價值剩餘。擺在我們面前的一個非常嚴峻的問題，那就是如何使城市中的廣大工人將勞動力商品中的一部分勞動價值轉變成勞動力資本，使他們也能直接參與剩餘價值的分配，從剩餘價值中得到屬於自己的那一份。除此之外，擺在我們面前的任務還有以下幾個：

1、逐步縮小並最終完全取締政治權力資本市場。讓所有搞政治權力腐敗的人無利可圖。

2、規範和保護貨幣資本市場。創造一個使所有投資者（不管是個體、私營等非公有制經濟，還是公有制經濟）都能平等地參與競爭的公平的市場環境。

3、提倡和保護科技資本市場。尤其是應大力扶持和重點優待科技資本市場中的管理資本和營銷資本，使國家中的高級管理人員和高級營銷人員人盡其才，價值體現。

4、改變過去那種「政策超前、法律滯後」的矛盾現象，

使社會少付出一些不必要的代價，降低改革的社會成本，統一認識，更新觀念，讓政策和法律並駕齊驅。

令人高興並備受鼓舞的是，自鄧小平冒著天大的風險將《資本論》丟棄一邊而進行經濟體制改革，爲中國的發展確定了正確的大方向以來，後面接任的中共領導集團都沒有被左傾思潮所束縛，頂著巨大的壓力一直朝著正確的發展方向，沒有出現一點「走回頭路」的徵兆。從嚴力打擊官吏腐敗，逐步地限制政治權力資本市場，到大力整頓金融秩序，改善貨幣資本市場的投資環境；從確立「科教興國」的總戰略，爲科技資本市場開「綠燈」，到恢複非公有制經濟在國家經濟中的合法地位，奠定商品經濟、市場經濟的堅實基礎；從中共十五大、十六大、十七大、十八大所確定的路線、方針和政策，到全國人大通過的憲法修正案；等等。處處都可以看到國家領導人高瞻遠矚、務實進取的超凡智慧和實幹精神。就漫長的歷史而言，這是國家諸多大不幸中之大幸！這是人民諸多大不幸中之大幸！這是中國歷史諸多大不幸中之大幸！

第21章 經濟動機與動力

21-1 為「自私和貪欲」正名

世界上所有貧困的人，並不是他們沒有追求和嚮往財富的「自私和貪欲」，而是在追求和嚮往財富的競爭中，常常無法享有權力來滿足「自私和貪欲」。這或許是在能力素質上出現了問題，或許是在方法和手段上出現了問題，或許是社會制度（即競爭財富的「遊戲規則」）出了問題。

盼望獲得財富，乃是人的一種本能、一種天性！任何政府、任何法律、任何權力、任何道德，都休想徹底消失掉人所具有的追求和嚮往財富的「自私和貪欲」。某種政府命令，某種法律規定，某種權力干預，某種道德說教，企圖讓他人放棄對財富的追求而滅私欲，其目的只不過是他們為自己獲取到更多的財富創造更方便的條件。所有用最高明的手段獲取財富的人，總是竭盡全力地向別人鼓噪和宣傳所謂的「高尚理想」，就如同買賣股票的「莊家」準備「吃進」的時候總是要事先製造「利空」的消息一樣，唯恐他人都爭先恐後地加入到追求財富的行列中，從而加大了他們自己獲取財富的難度。所有用最卑鄙的手段獲取財富的

人，總是咬牙切齒地痛恨法治，因爲法治維護公正，妨礙了某些人靠著那些侵害他人和社會利益的勾當來獲取財富的圖謀，使得特權、霸權、強權等等蠻橫不講理的權力在財富的競爭中變得毫無用場。人與人之間是這樣，國與國之間也是這樣。

財富，對人而言不但是一種生存保障，而且還是一種人格榮譽的保障。當我早晨懷揣著僅剩下的兩角九分錢去打算喝一碗需要三角錢才能買到的豆漿時，不但會感到肚子恐慌，還會感到心裏恐慌：區區一分錢不但會給我帶來餓的滋味，而且還給我帶來屈辱的滋味。眼瞅著那些琳瑯滿目的各種各樣的商品，我們卻一貧如洗，有什麼理由不讓我們蒙生追求和嚮往財富的「自私和貪欲」？在財富面前，尤其是因爲財富的問題使我們寸步難行的時候，任何人都別想假裝高尚！

所有購買彩票的人，都會抱著中特獎的希望。

生活在社會中的每一個，都是追求和嚮往財富的主人，都享有追求和嚮往財富的不可剝奪的權利。正是出於人類所具有的這種對財富的追求和嚮往的天賦的人性，才促使社會經濟不斷發展。

追求和嚮往財富的「自私和貪欲」本是人人都可以享有的權利，是天經地義的事情。但是，能夠享有「自私和貪欲」的權利，不見得就能享有「自私和貪欲」的權力；權利是人的生理本能所規定的對財富的客觀需要，而權力則是人的社會性所規定的爲滿足客觀需要所由產生的社會關係。既然是人與人之間的社會關係，那麼權力既可以表現爲正義、

公平、合理——有如產品的商品性交換使交換的雙方都得到
「自私和貪欲」的滿足一樣，又可以表現爲邪惡、蠻橫、非
理——有如強盜搶劫、強姦使其一方得到「自私和貪欲」的
滿足，同時卻侵害和剝奪了他人滿足「自私和貪欲」的權利
一樣。正義、公平、合理的權力是一種權宜之舉；邪惡、蠻
橫、非理的權力是特權、霸權、強權的不同表現。造成侵
權的罪魁禍首不是「自私和貪欲」，而是爲滿足「自私和貪
欲」所採取的特權、霸權、強權等非法的侵權手段。如果企
圖扼制人的「自私和貪欲」，那絕對是針對人的權力手段而
言的：它不但涉及到道德問題，而且還涉及到法律問題。因
爲他在追求和嚮往財富的活動中，不得侵害他人的這一權
利，更不能損害社會的利益。只要不侵犯和損害他人和社會
的權益，不管你有多少「自私和貪欲」，都是合情合理的。
因此，社會需要限制或禁止的，不是人所享有的獲取財富的
「自私和貪欲」的權利，而是付諸行動的造成他人和社會利
益受損的非法的權力。

　　我們說的財富，不等同於金錢，它包括物質財富和精神
財富兩個內容。金錢只是物質財富之中的一種，除了金錢以
外，還有其它的物質財富，如自然資源、勞動產品等。在精
神財富中，先進的思想、創新的意識、豐富的想像力，所有
的發明創造包括獲取財富的科學手段（例如企業管理學和營
銷學等），都是精神財富的不同內容。可見，那些只知「向
錢」獲取財富的人，乃是一種低級的追求和嚮往，學知識、
學技術、學科學以及那些尋求真理的人，才是一種高級的追
求和嚮往。例如很多聰明的經營者和管理者，他們追求和嚮

往財富的首要目標，都是把高級人才和科學技術放在首位。當然，不可否認的是，所有的高級追求和嚮往都應該建立在低級的追求和嚮往基礎之上，但萬萬不能局限於或滿足於低級的追求和嚮往之中。

世界上所有貧困的人，並不是他們沒有追求和嚮往財富的「自私和貪欲」，而是在追求和嚮往財富的競爭中，常常無法享有權力來滿足「自私和貪欲」。這或許是在能力素質上出現了問題，或許是在方法和手段上出現了問題，或許是社會制度（即競爭財富的「遊戲規則」）出現了問題。不管是哪一種原因，必定是權力範疇的問題：與他人相比，要麼是我們知識淺薄、愚昧無知；要麼是我們能力低劣、素質太差；要麼是我們「挑肥撿瘦」、惡勞好逸；要麼就是有人騎在我們的脖子上拉屎，對我們進行剝削和壓迫。誰要是把貧困的原因自己歸結為權利的問題，即認為自己沒有追求和嚮往財富的「自私和貪欲」之權利，那就等於承認自己貧困的原因是「上帝」安排的命運，不可抗拒！如果這般，鬥人家地主、資本家幹什麼？誰要是把別人貧困的原因歸結為貧困者沒有追求和嚮往財富的「自私和貪欲」，那麼誰就是不懷好意地用世界上最動聽的讚美之語誇獎貧困者應該為保持「無產階級高尚的品格」而再繼續貧困下去——多麼險惡和歹毒的「好主意」！

探索有關經濟學的問題，必須首先為人的追求和嚮往財富的「自私和貪欲」正名，還「自私和貪欲」一個公道。

沒有「自私和貪欲」，人就不成其為人，社會經濟就失去了發展的動力，也就會使經濟學成為一種多餘。

21-2 人有三種「自私和貪欲」

　　所有愛家、愛國、愛社會、愛人類、愛生靈的偉大舉動，不是獻身者沒有「自私和貪欲」，而是他們把家、把國、把社會、把人類、把生靈看成是自己的化身，把維護他們的「自私和貪欲」同維護自己的「自私和貪欲」緊密地結合起來聯繫在一起。

人的「自私和貪欲」是人自然的客觀屬性，是沒有善惡之分的。「自私和貪欲」本不是什麼壞東西，人類社會的發展和進步，每時每刻都離不開它。那些曾被宣傳的所謂的「大公無私」的人是根本不存在的。這是因為，「我」不管走到哪，都是從「我」出發的。雖然在客觀上每個人都離不開社會，但主觀上人們都是以「我」的身份生活在社會中，即每個人都享有絕對歸屬於自己的權利。「我」如何如何，「我」怎樣怎樣；把「我」字置於每個權利主體即每個人最重要的位置上，這是人的一種本性。這種本性就是人的「自私和貪欲」。

　　依據每個人追求和嚮往財富的「自私和貪欲」表現的不同，我發現人有三種「自私和貪欲」，它們之間從低到高是分層次的。

　　1、人的第一種「自私和貪欲」（即人的第一自我性）。這種「自私和貪欲」是人最低層次、最原始的衝動，它的主要表現是主觀為自我客觀也為自我。

　　當我餓了的時候，主觀上就有了飲食的需求，而吃飯

這一食品消費的過程，客觀上只滿足了我自己的食欲，消除了自身的饑餓感。絕對不會出現這樣一種情況：我吃飽了，別人會打飽嗝。在體育比賽中，運動員們主觀上都想獲得金牌，但客觀上，當一名運動員得到了金牌使他獲得金牌的「自私和貪欲」得到了滿足之後，其他的運動員就絕對拿不到這塊金牌了。

可見，人的第一種「自私和貪欲」只爲自身服務，不會使他人從中得到任何實際利益。

2、人的第二種「自私和貪欲」（即人的第二自我性）。這種「自私和貪欲」是人中間層次、具有發展性的衝動，它的主要表現是主觀爲自我客觀爲他人（社會）。

一個司機爲了取得工資報酬維持生活去開車，主觀上他是爲了自己，但客觀上他卻成了乘客們的服務員。一個投資者爲了給自己賺取更多的利潤，就會想盡辦法加強企業管理，提高產品質量，占領更廣闊的市場。從主觀上看，他的動機和衝動是源於「自私和貪欲」，但其客觀結果卻在一定程度上有利於他人（社會），因爲他所生產出來的產品只有爲社會所需求，即滿足他人的某種「自私和貪欲」，投資者才能達到賺錢的目的。

不難看出，人的第二種「自私和貪欲」不僅僅爲自身服務，同時還不可避免地服務於他人（社會），使他人也能獲得某種享受。

3、人的第三種「自私和貪欲」（即人的第三自我性）。這種「自私和貪欲」是人高級層次、最文明的衝動，它的主要表現，是把自身與他人（社會）相等同而重合。換句話

說，它或是把自身擴大了，擴大到與他人和社會一樣大小，或是把他人和社會縮小了，縮小到與自身相一致。一句話，就是把自身的「自私和貪欲」與他人和社會的「自私和貪欲」混爲一體、合二爲一。

我們總是讚頌母親的偉大，其偉大，就偉大在母親哺育幼兒的「自私和貪欲」上──她把幼兒看成是自己的心肝，看成是自己一個組成部分，看成是自己的化身，把滿足幼兒的「自私和貪欲」看成是自己「自私和貪欲」的滿足。在危難關頭，她往往是爲了幼兒的生命而不惜獻出自己的一切。「孩子都是自己的好」，原因就在於此。

所有愛家、家國、愛社會、愛人類、愛生靈的偉大舉動，不是獻身者沒有「自私和貪欲」，而是他們把家、把國、把社會、把人類、把生靈看成是自己的化身，把維護他們的「自私和貪欲」同維護自己的「自私和貪欲」，緊密地結合起來聯繫在一起。現代社會最缺少又是應該大力提倡的，就是人的第三種「自私和貪欲」。

過去人們總是把「自私和貪欲」當作貶義詞來使用，把它看成是惡魔，其原因是總有人利用正當的「自私和貪欲」的權利去謀取不正當的「自私和貪欲」的權力，總是依靠侵害別人的「自私和貪欲」來滿足自己的「自私和貪欲」，這不是「自私和貪欲」的人性不好，而是某種社會制度所規定的人們滿足「自私和貪欲」的「遊戲規則」出了問題，使競爭有失公平。假若有那麼一種社會制度，它能夠使人們在滿足自身「自私和貪欲」的同時，不但不侵害他人和社會的利益，而且還有利於他人「自私和貪欲」的滿足，它能夠在

有人做出了侵害他人「自私和貪欲」的事情時，立即對其制止，並進行嚴厲的制裁和懲罰，這樣的話，「自私和貪欲」有什麼不好？人們都具有了追求和嚮往財富的「自私和貪欲」，這是一種多麼巨大的經濟動力！

21-3 在財富面前誰也不是傻子

　　單純地分析占有、分配、使用和處分的問題，只會導致對追求和嚮往財富「遊戲規則」的盲目規定，它說不清財富的來源問題，也就使「遊戲規」缺少科學的依據。經濟學的出發點，就是首先要找到財富的來源，找出科學的依據，在這一基礎上，才能夠制定出科學合理的「遊戲規則」。

既然人人都有追求嚮往財富的「自私和貪欲」，那麼可以這樣說，在財富面前誰也不是傻子，你們想獲得，我們也想獲得，誰也不會甘拜下風、自願放棄。不管是富人還是窮人，財富本是不偏不向、絕對「中立」的，和誰也沒有血緣關係。但是最終的結果，總是有人能夠獲得財富甚至非常的富有，也總是有人不能獲得財富甚至非常的貧困。相對地說，富有的人在社會中總是少數，貧困的人在社會中總是多數。這就給所有的人都帶來困惑：爲什麼財富總是關照少數人？爲什麼總是置大多數人於不顧？是因爲大多數人沒有對財富的「自私和貪欲」嗎？顯然不是。那到底是什麼原因使大多數貧困的人與財富無緣？看來，這不是單純的經濟問題，也不是單純的政治問題。

　　從人與財富的關係上（例如人對財產的占有和對產品的

消費），我們只能看到權利的問題，看不到為何富有、為何貧困的原因。如果把財富置於人與人之間，把權利問題轉變成權力即社會關係問題時，就會很清楚地看到很多與富有和貧困有關的難題：誰應該獲得財富？誰不應該獲得財富？可以通過什麼方法和手段獲得財富？不可以通過什麼方法和手段獲得財富？在允許獲得財富的前提下，每個人應該獲得多少財富，其評判的標準是什麼？這個人根據什麼獲得的財富多，又根據什麼那個人獲得的財富少？等等。顯而易見，這些疑難問題圍繞著財富如何占有、如何分配、如何使用、如何處分這樣一些權力性問題而相互纏繞在一起，有如亂麻一團。

在解決財富的占有、分配、使用和處分這樣一些社會問題之前，理應首先解決財富的來源問題。單純地分析占有、分配、使用和處分的問題，只會導致對追求和嚮往財富「遊戲規則」的盲目規定，它說不清財富的來源問題，也就使「遊戲規則」缺少科學的依據。經濟學的出發點，就是首先要找到財富的來源，找出科學的依據，在這一基礎上，才能夠制定出科學合理的「遊戲規則」。

這樣一來，我們就不能只研究經濟活動的過程，而是必須把財富的來源問題弄清楚，就必須對與財富有關的產品、商品、價值規律等等問題進行深入的分析。這些分析我們已在前面作出了詳細的闡述。

21-4 如何確定「那是一所女子學校」

現時代，女人們喜歡留短髮、穿男式的牛仔褲；而男人

們卻喜歡留長髮、穿花衣。這樣一來，如果僵化地用《資本論》所演繹出來的經驗總結做門衛工作的話，那麼女人就會被「女子學校」拒之門外，而男人們就會暢通無阻。

西方經濟學和馬克思的《資本論》，在研究經濟問題的方法上，都有不同程度的片面性。

西方經濟學注重研究權利問題，把個人的經濟行為（例如人的需要）作為研究社會問題的起點。本來這沒有什麼錯。如果我們判斷一所學校裏的學生都是女生，而把這個學校稱為「女子學校」，那不是因為這所學校是女子，不是這個「社會存在」是女子，而是因為這所學校裏的每一個學生，都確鑿無誤地是女性。就是說，每一個學生都經得住生理學上的檢驗。但是，西方經濟學庸俗就庸俗在——它為了證明那是一所「女子學校」，把精力都放在對每個學生的實際驗證上：不看她們過去的生活履歷表，也不觀察她們的相貌、聲音、體型及行為特徵，更不用演繹的推理找到她們本質上的共性，而是過於依賴歸納，對她們一個一個地進行生理體檢。為了證明體檢的正確性，總是從男人和女人在生理上區別最大的地方著手，甚至使用卑鄙下流的手段。這種手段，就叫「歸納經濟學研究法」。

無可置疑，這種偏重歸納的研究方法就人的個性而言，體檢結果都是實用的、真實的，一些濫竽充數者肯定會被檢查出來趕出校門。但是，這種體檢工作庸俗得毫無理論意義：它必須不斷地進行下去，永遠也得不到「這的確是一所女子學校」的最後結論。因為歷史不是靜止的，總是不斷地

會有新生走進這所校門，體檢工作永遠也搞不完，忙壞了西方的經濟學家。新古典綜合派、新劍橋學派、西德新自由主義學派、供給學派、現代貨幣主義學派、理性預期學派、新制度學派、瑞典學派、新經濟史學派、公共選擇學派、激進經濟學派、管理思想流派、管理科學學派、管理過程學派、決策理論學派、權變理論學派、系統管理學派、社會——技術系統學派、經驗主義學派、經理角色學派……一派又一派，是說過去又講回來，沒完沒了；門格爾、馬歇爾、凱恩斯、薩繆爾森、熊彼特、弗裏德曼、哈耶克、布坎南……等等，一幫又一幫，忙得心慌！

馬克思的《資本論》注重研究權力問題，把「生產關係」作爲研究社會問題的起點。這也沒有什麼錯。因爲所有的人都是社會的人，都要與別人發生這樣或那樣的關係。但是，《資本論》抽象就抽象在——它爲了證明那是一所「女子學校」，把精力都放在過去已有的觀察經驗上：只看她們的檔案，只觀察她們的相貌、聲音、體型等表面的帶有共性的行爲特徵，從不用歸納的推理方法找到她們之間存在的個性差異，而是過於依賴演繹，看重的是這所學校門口掛著的招牌。爲了證明經驗的正確性，總是從男人和女人在外表上區別最大的地方著眼甚至戴上教條主義的眼鏡。

無可置疑，這種偏重演繹的研究方法就人的共性而言，經驗總結都是概括的、通用的，從來不犯「侵犯人的隱私權」的錯誤。但是，這種經驗總結抽象得過於理論化了，往往在實踐中總是被一些事實驚得目瞪口呆：當西方經濟學家在這所「女子學校」中把一個男扮女裝者逮了個正著，扒光

了衣服赤裸裸地推到《資本論》的面前時，「演繹經濟學研究法」就會頓時破綻百出、啞口無言。由此，「女子學校裏的學生肯定都是女性」這一結論就下得早了，與「公有制就是社會主義」的結論如出一轍。現時代，女人們都喜歡留短髮、穿男式的牛仔褲；而男人們卻喜歡留長髮、穿花衣。這樣一來，如果僵化地用《資本論》所演繹出來的經驗總結做門衛工作的話，那麼女人就會被「女子學校」拒之門外，而男人就會暢通無阻。

總之，過於偏重歸納或過於偏重演繹，在邏輯方法上都有片面性。由歸納到演繹，由演繹再回歸到歸納，即由個人的權利到共性的權力，由共性的權力再回歸到個性的權利，這樣一種研究經濟學的邏輯方法才是嚴謹的、全面的、科學的。

有人說，很多事情是不能捅破的，尤其是《資本論》的破綻更是不要去揭露，否則很可能會觸犯一些政客們的利益而給你穿小鞋。但我堅持認爲，自改革開放以來，我們在實踐中做都做了，怎麼就不能說說呢？爲了追求真理，對一些與實踐不相吻合的東西，怎麼就不能提出我自己獨立的見解呢？如今那學校裏現在明明有男生（也許當初確實沒有），男生的數量已經同女生的數量相差無幾了，可幹門衛工作的我們的「幹部們」非要教條地舉著《資本論》說「那是一所女子學校」，還不允許我們站出來說真話，到底是誰錯了呢？想說對但沒能說對，與有意說假話，這二者的性質可不一樣。

第22章　結　尾

22-1 建立「中觀經濟學」

由於客觀與微觀的區分，使得經濟學在分析和量化中常常脫節，不得不使用各自的分析和量化「工具」，於是造成它們之間往往出現銜接的困難，難以通暢，甚至在中間地帶出現空缺。

宏觀經濟學和微觀經濟學在現代西方經濟理論中，是兩個互相對稱的概念。顧名思義，宏觀是著眼於整個國民經濟的總體分析和總量分析；微觀的著眼點，則在於單個經濟單位的局部經濟活動，故而也稱「個體經濟學」或者「子經濟學」。

由於宏觀與微觀的區分，使得經濟學在分析和量化中常常脫節，不得不使用各自的分析和量化「工具」，於是造成它們之間往往出現銜接的困難，難以通暢，甚至在中間地帶出現空缺。因此，一種介於宏觀和微觀之間，既能適用宏觀又能適用微觀，或者說能夠將宏觀與微觀緊密地銜接在一起的「中觀經濟學」理論就急待出現。這是一項完善經濟學體系的歷史重任。

不能否認，很多西方經濟學家早有此志，但一直未能

如願。他們所形成的學派各自占著自己的「山頭」，使經濟理論越來越顯得散亂，讓人不知所措。且不說將宏觀與微觀融合在一起，僅就宏觀經濟學而言，其不同的甚至是對立的門派想融合在一起都難上加難。新劍橋學派中最有影響的經濟學家瓊・羅賓遜，在她晚年的研究生涯中，曾經想把馬克思、凱恩斯和李嘉圖的經濟理論結合起來，形成一套新的經濟學理論，但最終沒有實現。在一些經濟學家看來，這是不切合實際的幻想。

「社會成本經濟學原理」的出發點，就是要在宏觀與微觀這兩條死不相連的鐵軌之間架起網絡，填補空缺，形成既涵蓋宏觀又涵蓋微觀的具有獨立體系、自成一體的「中觀經濟學」，不但意欲將馬克思、凱恩斯、李嘉圖的經濟理論融合在一起，而且還要將新的和舊的、宏觀和微觀的以及不同門派的眾多的經濟學家不同的甚至是對立的經濟理論，在取其精華、去其缺陷之後融合在一起而最大程度地實現經濟理論的統一化。儘管距離這一目標可能還會尚有一段路要走，但至少我們已基本架起了這一框架，在廣大的經濟學研究者支持、幫助下使它不斷完善。如果這一經濟學理論能夠爲國家的經濟建設提供一些有價值的參考的話，不枉我二十多年的苦心鑽研和以血爲代價的社會實踐。

不知人們是否發現，當民族的分歧、信仰的分歧、意識形態的分歧、主義的分歧以及階級的分歧發生時，政治理論不但絲毫不能緩解這些分歧，反而會加深這些分歧，於是暴力、戰爭還有現今鬧得人心慌慌的恐怖主義便不可避免地滋生漫延。阿拉伯人與猶太人之爭，共產主義與自由主義

之爭，「基地」組織與美國人之爭，所有矛盾的背後，都有他們自己的一套政治理論在作指導。如果想將這些政治理論融合在一起，形成一個使普天下之人能達成共識的統一的政治理論，看現在這般情景，恐怕誰也難以做到，除非有外星人來到地球。於是，世界的和平並未能受惠於政治理論的研究，甚至於受害於那些各形各色的政治理論。但是，並非世界的和平沒有了希望，它的希望就寄托在經濟理論上。

這是因爲，不管是哪個民族、哪種信仰、哪個主義，所有人都是「經濟人」，他們都會有經濟要求，並且都有求於經濟。他們都清楚，誰遵守了經濟規則，按經濟規律辦事，誰就可以得到發展並過上富裕的生活。盼望過上幸福的生活，是世界上所有人的「共同語言」。如果我們找到了經濟規律的真諦，相信誰也不會跟它過不去。只要人們想過上富裕幸福的生活，他們就不得不討好經濟。政治上對立的事情，靠政治手段只能是越靠越亂，反過來要是向經濟求助，和緩起來顯然容易得多。譬如，中國的「無產階級文化大革命」使中西雙方的對立越來越嚴重，而中國的經濟體制改革，使中西雙方的對立逐漸緩和並在很多方面走向了合作。因此，經濟語言相對來說比政治語言更重要，更容易溝通；要想清除分歧獲得世界的和平，首先要消除經濟學中的分歧，形成一個爲世人均可接受的經濟理論，讓它來充當消除分歧和對立的「紅娘」，使人們放棄戰爭和暴力，將注意的焦點放到經濟規則上來。要達到這一目的，必須做好兩項工作。第一，要使更多的人學習經濟學，掌握經濟規律，這樣就可以爲使他們有「共同語言」打下基礎。第二，要使四分

五裂、門派對立的經濟學逐漸走向統一，形成「經濟學憲法」，樹立起它的權威性。

「社會成本經濟學原理」所追求的目標，即是這第二項工作。當然，它只是開了一個頭，後面還有一段路要走，但我們堅信它能夠最終完成這一歷史使命。

22-2 經濟是一把神秘之鎖

馬克思所著的《資本論》，是一部渴望開啓社會經濟這把神秘之鎖的探索之作，它所鉎造出來的「鑰匙」產生於19世紀中葉。因此，其鉎造的「技術水平」，正如同馬克思自己曾經論斷過的那樣，歸根到底是受當時社會生產力發展水平所制約的。

時下，無論是中國還是西方，許多人對馬克思主義仍報有偏見，甚至大有群起而攻之的架勢。在西方，實證主義學派說馬克思主義是「形而上學」、「過時了」；存在主義學派說馬克思主義是「教條主義」、「概念化」、「公式化」；實用主義學派說馬克思主義哲學的歷史唯物主義是「經濟決定論」；新托馬斯主義學派說馬克思主義「停留在常識水平上」，因而「膚淺」、「沒有任何意義」；甚至於，新哲學主義學派則乾脆稱馬克思主義是「人民的鴉片」，認爲「社會主義」只能產生恐怖和警察制度，「無產階級專政」必然把國家變成「古拉格群島」（即蘇聯集中營）。在中國大陸，雖然並未公開存在與馬克思主義學說相對立的不同學派，但對於一些人來說，採取的是一種消

極的態度。究其原因是多方面的，人們學習並領悟、認識的
能力差，由此無法獲得正確評價，這是個較普遍存在的現
象；一些所謂的馬克思主義者和「唯物論者」，通過他們自
己缺乏最起碼做人的道德甚至為非作歹的言行歪曲了馬克思
主義，這在現實中也確存在。但還有一個值得注意並應正視
的問題是不容忽視的，這就是我們不得不承認，構成馬克思
主義整體理論中的部分經濟理論本身，確實存在著歷史缺陷
和遺漏，用這一帶有歷史缺陷和遺漏的經濟理論去推導社會
政治理論，顯然會導致一些偏差，這就給一些別有用心的人
留下了可乘之機。這種歷史缺陷和遺漏集中地體現在《資本
論》中，它給馬克思主義在後來的社會實踐中或多或少地造
成了一定的負面的影響，使一些未經理性分析的人，從發現
一個錯誤中會自然而然地聯想到另一個結論肯定也有錯誤。

　　某個大陸出版社的編輯一看我寫的《探索剩餘價值的真
正來源──社會成本經濟學原理》（還沒有敢把題目寫成《資
本論》批判）書稿中，有批評馬克思《資本論》的內容，就
害怕了。從中可以看出，我們的「言論自由」的環境已經
「恐怖」到了何種地步！明明是錯誤的東西，你卻不能公開
地提出批評，還要讓人們將錯就錯地繼續學下去，這是一種
什麼文化？有人說是「醬缸文化」，我看卻不然。「醬缸」
雖然「雜亂」、「渾濁」、「汙齪」，但它畢竟還能有點
「自然空氣」的外界氛圍；要是臭，那也是它自己願意臭。
因此要我說，這乃是「酸菜文化」：用厚厚的磚石將人們的
創新能力、求索的勇氣以及奮發的思想，全都當菜一樣深深
地壓到水缸裏面去淹著，不讓它接觸哪怕一點點的「自然空

氣」，讓這些「菜」變味、發酸、糜爛。問題更嚴重的是，明明我們明智的領導者已經開始在務實地搬開那些磚石，而這些「酸菜」卻已經完全喪失了最初時的「朝氣」，仍在水中瑟瑟發抖，甚至滿足於被淹時的那種安逸，不敢越「雷池」一步。其實，學術研究只講「真」字。虛虛假假那不是學術研究，那是政治伎倆。

　　馬克思所著的《資本論》，是一部渴望開啟社會經濟這把神秘之鎖的探索之作，它所銼造出來的「鑰匙」產生於19世紀中葉，是在總結了那個時代以前所有類型的社會經濟鐵鎖的基礎上，尤其是較全面分析了當時的社會經濟鐵鎖構造——即資本主義早期制度的情況下仔細地銼造出來的。因此，其銼造的「技術水平」，基本上是在亞當・斯密和大衛・李嘉圖這兩個經濟學大師所建造起來的「勞動價值理論」框子裏的訓導下形成的，正如同馬克思自己曾經論斷過的那樣，歸根到底是受當時的社會生產力發展水平所制約的。

　　人的認識同歷史一樣「永遠也不會把人類的某種完善的思想狀態看作是盡善盡美的；」「……每一個階段都是必然的，因此，對它所發生的時代和條件說來，都有它存在的理由；但是對它自己內部逐漸發展起來的新的、更高的條件說來，它就變成過時的和沒有存在的理由了；它不得不讓位於更高的階段，而這個更高的階段也同樣是要走向衰落和滅亡的。」【115】

【115】《馬克思恩格斯選集》第4卷，頁212～213。

「馬克思去世以後一百多年，究竟發生了什麼變化，在變化的條件下，如何認識和發展馬克思主義，沒有搞清楚。絕不能要求馬克思為解決他去世之後上百年、幾百年所產生的問題提供現成答案。列寧同樣也不能承擔為他去世以後五十年、一百年所產生的問題提供現成答案的任務。真正的馬克思列寧主義者必須根據現在的情況，認識、繼承和發展馬克思列寧主義。」【116】

誰要是說馬克思主義已經發展到盡善盡美的地步，把他老人家說的每一句話都當成聖旨，甚至愚昧地認為連馬克思放的屁都是香的，那豈不是把馬克思給神話了。

更何況，現時代生產力水平飛速發展；機器人的出現；電腦的應用；航天飛機的升空；複製羊的叫喚；人類基因組的破譯……等等，這都是馬克思所想像不到的，都證明了科學技術進步必然會使現今的社會經濟鐵鎖更加複雜化，「花色品種」更為繁多。因此，如果我們仍然教條地用那把舊鑰匙去開啟現時代的這塊多性能的經濟鐵鎖的話，也就是說，機械地照抄照搬馬克思的支言片語，那將是非常愚蠢而可悲的。

世界上沒有一個一貫正確的人，即使馬克思也不例外。就拿馬克思初會恩格斯這段經歷來說，這就以可見偉人出錯也是常有的事。

1842年，馬克思在《萊茵報》編輯部初次會面恩格斯後

【116】鄧小平：〈結束過去，開闢未來〉，《鄧小平文選》第3卷，頁291~292。

對妻子燕妮談起了這次會見：「今天又遇到了一個同鄉，誰知道，他是什麼樣的人……做買賣人的兒子，他叫佛裏德希‧恩格斯，據說他是個革命家。唉，我卻不相信這種商人出身的革命家。」但是，在與恩格斯的進一步交往中，馬克思改變了原來的看法，對妻子燕妮承認說：「當初，我把人看錯了。」

金無足赤嘛！誰沒有出錯的時候呢？那種把偉人說成是超人、完人的做法是站不住腳的。倘若有人認爲馬克思主義是盡善盡美的，馬克思所有的分析和論斷都是絕對正確的話，那麼，馬克思如果在世的話，就會第一個起來斥責他，因爲他的那個教條主義的觀點恰恰敗壞了馬克思主義，在群眾中降低了馬克思主義的威信。我們應該自始至終牢記恩格斯所說的話：「馬克思的整個世界觀不是教義，而是方法。它提供的不是現成的教條，而是進一步研究的出發點和提供這種研究使用的方法。」【117】

科學探索，既然是探索，歷來是有風險的。我們常常看到，由於社會習慣勢力或權威的壓制而慘遭不幸的事例是屢見不鮮的。據統計，僅在歐洲的中世紀與近代之交——15世紀～16世紀的200多年間，因科學探索而被殺害者就達75萬之多。探索自然科學是如此，探索社會科學的風險性豈不是更大。然而，社會日益走向文明和進步，雖然偶爾有時仍會有探索者爲此付出血的代價，但畢竟它已不合時代潮流，所有的經濟理論創新活動都最終會得到社會的支持和讚許。但問

【117】《馬克思恩格斯全集》第39卷，頁406。

題是，如今還有多少「酸菜」能自己從水中掙扎出來？某一棵「酸菜」想掙扎出來，其他「酸菜」幹不幹？若所有「酸菜」都萌生出「臨死拉個墊背的」念頭，如此這般，「酸菜」們是不是還要再淹上幾十年甚至上百年？

我們總結出來的剩餘價值與價值剩餘理論、成本與價格理論、無形虧損與有形虧損理論、市場競爭與社會分工理論，以及其它相關的理論，不但與以《資本論》為藍圖的「教科書」不一樣，也與以「西方經濟學」為借鑒的「教科書」不一樣，算是一種「酸菜理論」。自1994年起，它就已經成形，但一直處於被淹制的狀態。好在我沒有閑著，始終在不斷充實著，並企圖掙扎著要呼吸一點新鮮空氣。其間，一些出版社給予了關心，並有一家大陸出版社於2003年與我簽訂了出版合同，但領導出於「穩定」的考慮（應該說是為了我好），要求我將所有對馬克思《資本論》不恭敬的言論予以刪除，我也照辦試著刪了一些，可仍距離成為「公公」有很大的差距，不甘願失去陽剛之氣，結果致使出版擱淺。

經濟學理論上的一些是是非非，究竟誰是正確的、誰是錯誤的，現在還不好下最後的結論。誰是誰非，這就要看誰的理論能夠經得起實踐的檢驗，看誰能夠經得住歷史的考驗。「真理只有一個，而究竟誰發現了真理，不依靠主觀的誇張，而依靠客觀的實踐。」[118]在真理面前，誰也不應該享有特權。

「要適應實踐的發展，以實踐來檢驗一切，自覺地把思

【118】毛澤東：〈新民主主義論〉，《毛澤東選集》第2卷，頁663。

想認識從那些不合時宜的觀念、做法和體制的束縛中解放出來，從對馬克思主義的錯誤的和教條式的理解中解放出來，從主觀主義和形而上學的桎梏中解放出來。」【119】

「凡是符合科學發展觀的事情就全力以赴地去做，不符合的就毫不遲疑地去改，真正使促進發展的各項工作都經得起歷史和人民的檢驗。」【120】

儘管我明確地表示過，對那些灌輸式的「教科書」極爲反感，但我必須說明的是，在我嗷嗷待哺的時候，在我咿呀學語的時候，在我茁壯成長的時候，都是這些「教科書」哺育了我、培養了我、教育了我。如果說，是我偶然發現了她頭上藏著一些「頭皮屑」的話。那是因爲我被她慈愛地抱在懷裏甚至偶爾坐到了她的肩膀上。現在，我要往她頭上潑清甜的泉水，並不是想讓她出醜，而是想沖走她頭上令人生厭的那些「頭皮屑」，是想給她洗出潔淨柔軟的秀髮，使她今後更迷人、更美麗。

22-3 總結論

《資本論》雖然沒有從關注X值的經濟學角度出發，但它所追求的卻恰恰是使更多的人們能富裕起來，落腳點放到

【119】江澤民：〈全面建設小康社會，開創中國特色社會主義事業新局面——在中國共產黨第十六次全國代表大會上的報告〉（2000年11月8日）。

【120】參閱胡錦濤：〈在中央人口資源環境工作座談會上的講話〉，《保持共產黨員先進性教育讀本》。

了符合經濟學中X值規律上，僅從最終目的上說，它的正確性和社會公正性是不容置疑的。

綜前所述，社會成本經濟學原理所作的探索，總結出的經濟規律可以概括爲下述內容：

社會財富增長的方式區分爲兩種，一種是剩餘價值G的創造，另一種是價值剩餘E的創獲。兩種財富增長的方式各有各的規律不能混爲一談，但二者之間又往往是互爲條件、缺一不可的。

G的生成是應付社會產品成本Z減去實付社會商品成本S的餘額，它說明社會財富依靠資本運作所實現的「增長」實際上是「節省」的。

用公式表示：$G = Z - S$　　　　　　　　　　＜1＞

Z是社會中每個成員各自生產相同的一單位產品整個社會成本投入的連續相加，即用一單位產品成本Y乘以社會需求數量X，因此：

$$Z = Y \cdot X \qquad\qquad <2>$$

S是某個生產者依靠集中化的商品生產而降低對自然資源尤其是對屬於不變耗費U一類的資源所實現的社會需求的滿足，它隨著需求數量X的增加而降低，它的組成是：

$$S = H + U \qquad\qquad <3>$$

H是可變耗費，即每一種資源的耗費都是隨著產品數量的增加而增加。由於可變耗費可以有多種，因此：

$$H=H1+H2+H3\cdots HN \qquad <4>$$

U是不變耗費，即在一定量的產品生產中，並不隨產品數量的增加而增加或減少而減少，是較爲固定不變的。由於不變耗費也可以有多種，因此：

$$U=U1+U2+U3\cdots UN \qquad <5>$$

將<2>和<3>帶入<1>：

$$G=（Y\cdot X）-（H+U） \qquad <6>$$

一種商品，它的Y值越大，需求數量X越多，則創造的G就越多。但是，G是由兩部分組成的：貨幣剩餘價值GM和資源剩餘價值Gw。Gw是直接節省的自然自源；GM是消費者在滿足需求中實現了節省後對生產者的被動獎勵（也可以成爲主動獎勵），即商品價格J中已包括了GM。當S>J時是資本的虧損區域K；當S=J時正好是資本盈虧分界線F；當S<J時才能創造GM。

$$Gw=Z-（J+K） \qquad <7>$$

$$GM=Z-（J-S） \qquad <8>$$

獲得GM，最重要的兩點是：擴大市場率和提高商品價格。前者是使U/X公式中的X值增大，從而使更多的消費者參與分攤U的投入；後者是使H/U中的H值減少，並把減少的部分通過知識資本的投入途徑轉換到U中去，使U值增加，即提高了技術含量，增大了附加值，從而使商品更難製造，商品價格的定位更易於定高。

一個企業開拓市場從而創造GM，其最簡單又最重要的經濟參數是：

H+U / X   <9>

只有當X值達到一定數量時才能保證資本越過盈虧分界線F，且其X的數值越大，創造的GM就肯定越多。

市場競爭體現的N個投資者和通過H+U的投入搶奪消費者X，它的公式是：

X / N · （H+U）   <10>

N值越大，重複性的投入就越多，整個社會成本就越高。如果X值除以N（H+U）之後使所有投資者的資本運作都剛好等於「資本盈虧分界線」時，則這樣一種社會化的大生產儘管產值GDP很高、一派繁榮景象，但社會財富並沒有由此而增加，所有投資者都處於不虧不盈的狀態中。如果連「資本盈虧分界線」都到達不了，則社會財富還會因此而減少。

如何使N保持在適當的水平上，既不要控制過死，又不能放任其泛濫而導致惡性競爭，這是每一個國家政府部門都不能輕視的經濟管理問題。

價值剩餘E的創獲可進一步區分爲兩種方式，一種是提高創獲量EC，另一種是降低消耗量ED。這兩種方式都可以使社會財富增加。

EC等於實際創獲量大於應該創獲量；ED等於實際消耗量小於應該消耗量。公式是：

$$EC = CS > CY \qquad\qquad <11>$$

$$ED = DS < DY \qquad\qquad <12>$$

舉例說，水稻本身的產量若爲每畝500千克，但通過人的科學耕種尤其是研究發明了雜交水稻後，還是這畝地，也還是付出基本相同的耕種勞動，其產量也許可以翻一番達到1 000千克，其CS比CY多出的部分，可以使財富增加。

又如，一個人維持其生存並在此基礎上勞動，他所創獲的價值與維持創獲的勞動必須消耗的價值相等時，這樣的勞動量化叫做必要勞動。必要勞動即是指一個人爲創獲一定量的財富所進行的勞動剛好與維持這種勞動所必須消耗一定量的價值相等。這樣的一種勞動不能創獲財富，只能保持價值平衡。但是，當人們通過發明創造先進的生產工具、設備提高了生產力的時候，由於實現了勞動力的產品延伸，在創獲量不變的情況下降低了消耗量，或是在消耗量不變的情況下提高了創獲量，使DS<CS，由此增加了財富。

由<11>和<12>得出，一個人的「價值平衡」，即是他的實際創獲量等於實際消耗量，維持其生存所進行的勞動，這樣的勞動量化，我們把它叫做「必要勞動」。

當我們擴大範圍後，一個社會的實際創獲量等於實際消耗量，這種創獲量就是這個社會的必要勞動，就是這個社會的最低生活標準。

它表示爲DS=CS　　　　　　　　　　　<13>

所謂應該創獲量CY，即是指一個人在最低的、自然的勞動力水平下所創獲的勞動價值量；所謂應該消耗量DY，即是

指一個人在最低限度的消費水平下所消耗的物質價值量。

每個人都是從DY=DS開始的，此時只有消耗沒有創獲。人類社會也是從DY=DS開始的，那是最原始的。DY=DS，即是表示一個人或一個社會需求能力最低下的階段。

一個人為創造發明所消耗的腦力勞動價值，正好是CS>CY和DS<DY之間的差額。僅就一個個體而言，他所實現的財富的增加正好是他腦力勞動的價值體現。但是，如果一個社會中所有的人都能無償地使用這一創造發明，在不用進行任何重複性投入的前提下，所實現的財富的增加都屬於剩餘勞動，均是價值的剩餘。這說明，E的「增長」實際上也是「節省」出來的。因為如果每個人都必須自己重新創造發明，且不說有些人不管再消耗多少財富也創造發明不出來，就算都有這種本事，那社會成本的耗費也是一個驚人的數字。

所謂教育，就是用「必要勞動」的代價，換得大量的「剩餘勞動」，其整個過程均以腦力勞動為核心。受過專門教育的人，在他們所接觸的行業中，都大大地減少了重複性的投入，或是將這必不可少的投入大大地壓縮了。

因此，E的創獲靠的是學習，是建立在腦力勞動基礎上的創造發明所帶來的節省。

由<9>得出，需求數量X值的大小，將在一定程度上決定社會財富增加的數量。如果某種商品沒有多少人購買，那麼投資者就肯定入不敷出。因此，參與市場購買商品的人越多，對資本的正常運作就越有利，創造的社會財富就越多；反之則反。

　　由這一點可以得出結論，如果大多數人都因爲口袋裏沒有錢而被關在市場的門外，則商品的生產就會受阻，因爲並不是人們不參與市場，而是因爲人們沒有經濟能力參與市場。於是商品就會出現積壓，導致蕭條的連鎖反應。爲了使經濟繁榮，政府就必須關注人們的收入，只有人們的收入水平提高了，可支配的貨幣多了，他們才能具備消費的能力，才能使X值增大。故而，解決就業問題只是手段，它的目的是使更多的人有收入，並且收入越來越多。

　　《資本論》雖然沒有從關注X值的經濟角度出發，但它追求的卻恰恰是使更多的人們能富裕起來。僅從最終目的上說，它的正確性和社會公正性是不容置疑的。

　　問題是，爲了達到使更多的人一同富裕起來的目的，人們應該採取什麼措施和手段才是公正而有效的？是靠階級鬥爭動刀動槍，還是靠經濟科學、靠科學管理？這恐怕是《社會成本經濟學原理》與《資本論》的不同之處。

後記

本書的寫作始於1984年我在南開大學上學期間。入校前，我是某機械廠企業整頓辦公室的一名管理人員，一直自學法律專業，參加全國自學考試取得多門單科合格證書。考入南開大學後改學政治理論——馬列主義基礎理論，這一專業可以說是當初學校培養未來企業政工幹部（當時叫「第三梯隊」）的幹部專修科。在激烈的競爭中經過考試被錄取後，當很多同學都對未來前途充滿美好憧憬的時候，我卻早早地立志絕不當官只作學問，因此在學習目的和學習方法上就有所區別，這注定我在後來的學習中與我的那些同學們將會出現兩種截然不同的結果。在上學期間，除了馬列主義著作必讀外，我同時自學閱讀了大量的西方政治、經濟、哲學、天文學著作，這種「兼聽則明」的閱讀方法比起那種「偏聽則暗」的灌輸，從一開始就使我真正對得起這短暫的三年大學時光。

然而，學習中對一些學術理論問題的理解產生不同的看法，導致我和一些同學甚至同某個教授發生爭論，幾個回合下來之後便使我變得清醒許多：僅停留在理論上爭來爭去而

遠離實踐，或多或少都缺乏說服力。對經濟學感起了興趣，
與其說是出自自身的愛好，不如說是始於與人的辯論。

　　畢業後不久我就獲得了一次極佳的實踐機會，我全額承
包了一家商店（某企業的三產），它當時賬面上的資金僅有4
分錢，虧損3萬多元，還欠著外債十幾萬元。我自己籌措資金
進行資本運作，在小獲成功之後，又借款自己投資成立了一
家零售商店，另開辦了一個酒家，雖經商的水平遠遠比不上
恩格斯，但我均是白手起家，將資本運作的艱辛過程從頭到
尾體驗個夠。企業經營幹得好紅火，在20世紀90年代初我就
購買了進口原裝私人轎車，手下業務骨幹都配上摩托，家裡
都安裝上電話，收入也了不得。當然，最後我卻失敗了，但
並非失敗在經營上，而是失敗在政治權力的腳下──某個官員
和「執法者」暗地裏聯手，於1994年5月隨便找個藉口就把我
送入牢房，一關就是528天，最後才被無罪釋放。但我所投資
經營的企業早被他們「共產」後又虧得一塌糊塗。

　　作為一個投資者（稱資本家也無妨），我與其他投資
者的不同之處就在於，在經營中，我用於對經濟學研究、思
考、探索所投入的精力遠遠比對利潤追求和對權力奉承所投
入的精力要多得多；作為一個經濟學研究者，我與其他經濟
學家的不同之處就在於，我把學術理論強按到實踐中去檢驗
的次數遠遠比空談的次數要多得多。這正是我在學術研究上
略有收獲的原因之一（實踐出真知），也是我從事資本經營
失敗的原因之一（沒有和權力勾結，沒有「孝敬」他們）。

後　記

　　至1999年底，本書已基本完稿，我將其中的一小部分彙
成論文，寄給幾位國內知名的經濟學家，還送給一些好友閱
讀。雖然當時似乎感覺到本書尚有不完善之處，但也確實沒
有及時發現它的缺陷之處在哪。我於2000年6月起應聘在天津
工人報社做記者工作，為我提供了與各種類型企業接觸的機
會，尤其是與眾多的勞動者的接觸，使我終於發現了本書中
的缺陷之處，那就是，在「微觀經濟法則」與「宏觀經濟法
則」發生衝突後，究竟誰應該服從誰？而在此前，我始終沒
有深入研究這一課題。在2年多的時間裏，我又對本書作了
補充和修改。2003年，我向某出版社投稿，並簽訂了出版合
同，但編輯要求將書名進行修改。先是修改成《探索剩餘價
值的真正來源——社會成本經濟學原理》，但仍覺得不行，因
為還是有否定馬克思剩餘價值理論的含義在其中，無奈又修
改成《民富國強的途徑——社會成本經濟學原理》，這次在
編輯那兒過關了，但終審時又擱淺。編輯告知，領導要求作
者必須將書中所有對《資本論》進行批評的語句全部刪除。
我不甘心成為「公公」，不願失去「陽剛」之氣，撤稿不出
了。

　　有好朋友勸我說：「這本書別再寫了，更別想著出版，
因為它也許會給你帶來災禍。」我聽從了勸告，暫時擱下
了。但仍不甘心。半年後，我將本書中的一章進行了修改，
以〈剩餘價值與價值剩餘〉為題投寄給中國管理科學研究
院，獲得該院學術委員會優秀學術論文一等獎，並入編《中
國當代思想寶庫》一書（被列為首篇），由中國工人出版社

出版。我母親在去世之前看到了這本書，並沒有直接誇獎
我，但她心中的喜悅和驕傲，可以從她的眼神和笑容裏明顯
地感受到。而在此前，我母親是最反對我寫這些文章的，她
是害怕我會為此受磨難。

　　此後，我又先後與大陸的4家出版社聯繫投稿，可以說是
費勁周折，結果是都沒有得到任何回覆，有如石沉大海。這
不能怪大陸出版社的編輯們沒有魄力，而是自1949年之後直
到當今，在大陸出版批評馬克思著作的文章，就如同幾個世
紀前在歐洲宗教統治下撰寫並宣傳批評「地心說」的文章，
是要冒巨大風險的。雖然現今不至於被燒死，但也是犯大忌
的，後果不堪設想。幾番碰壁後，我真的有些失望了，心裏
一直嘀咕：看來出版此書就得學哥白尼了，他是臨死的時候
才敢出版《天體運行論》一書的。

　　也許是天意，就在我心灰意冷之時，我的恩師李正中教
授伸出鼓勵、援助之手，他告誡我：做一個真正的學者，不
應為個人的利益得失所左右，而是要以民族大義為重，對人
民、對社會負起歷史責任。想要做學問，先要學會做人，做
誠實之人、做厚道之人、做求真之人，做勇於承擔、不屈不
撓之人，做不崇拜權勢和金錢之人，做有理想、有知識、有
志氣、有信仰之人，做對得起自己良心的人。在特定的一段
時期內可能會遇到一些挫折，但國家的發展前景是美好的，
社會是在不斷進步的，因而只要不斷地努力、孜孜以求地追
求真理，早晚會得到社會認可的。正是在李教授的直接幫助

後　記

聯繫下，在蘭臺出版社社長盧瑞琴女士的鼎力支持下，這才有機會讓這本書見了天日。如果本書所提出的學術觀點能夠有幸為社會經濟發展做出一點貢獻的話，那麼這個功勞不能歸我一人所有，李正中教授和蘭臺出版社都功不可沒。沒有他們的幫助，本書也許還要塵封於箱底之中不知多久。

此外，我還要藉此感謝蘭臺出版社執行主編郭鎧銘先生、執行美編康美珠小姐和負責封面設計的鄭荷婷小姐，他們都為此書的順利面世付出了辛苦。

我自己一直這樣認為，本書的研究與寫作，不是跟在某個經濟學派的屁股後面亦步亦趨，而是根據自己的親身實踐，獨自開闢了一個新領域，意欲創建一個自成一體的新的經濟理論體系。是否做到了？真心地希望專家、學者和讀者們給出一個公正的評判。當然，由於我的水平有限，書中也許會有缺陷或錯誤之處，敬請專家、學者和讀者們提出批評指正。

張春津